内蒙古民族文化通鉴·调查系列丛书

# 巴尔虎蒙古族婚俗变迁调查研究

香 梅　赵金辉　乌 云 ◎ 著

中国社会科学出版社

## 图书在版编目(CIP)数据

巴尔虎蒙古族婚俗变迁调查研究 / 香梅, 赵金辉, 乌云著. -- 北京：中国社会科学出版社, 2025.3.
(内蒙古民族文化通鉴). -- ISBN 978-7-5227-3833-8

Ⅰ. K892.22

中国国家版本馆 CIP 数据核字第 2024J0H025 号

| | | |
|---|---|---|
| 出 版 人 | 赵剑英 | |
| 责任编辑 | 宫京蕾 | |
| 责任校对 | 冯英爽 | |
| 责任印制 | 郝美娜 | |

| | | |
|---|---|---|
| 出　　版 | 中国社会科学出版社 |
| 社　　址 | 北京鼓楼西大街甲 158 号 |
| 邮　　编 | 100720 |
| 网　　址 | http://www.csspw.cn |
| 发 行 部 | 010-84083685 |
| 门 市 部 | 010-84029450 |
| 经　　销 | 新华书店及其他书店 |

| | |
|---|---|
| 印刷装订 | 北京君升印刷有限公司 |
| 版　　次 | 2025 年 3 月第 1 版 |
| 印　　次 | 2025 年 3 月第 1 次印刷 |

| | |
|---|---|
| 开　　本 | 710×1000　1/16 |
| 印　　张 | 19.5 |
| 插　　页 | 2 |
| 字　　数 | 322 千字 |
| 定　　价 | 118.00 元 |

凡购买中国社会科学出版社图书，如有质量问题请与本社营销中心联系调换
电话：010-84083683
**版权所有　侵权必究**

# 《内蒙古民族文化通鉴》编委会

主　任　吴团英
副主任　刘少坤　李春林
成　员　(以姓氏笔画为序)
　　　　马永真　王来喜　包银山　包斯钦　冯建忠
　　　　周纯杰　金　海　徐春阳　额尔很巴雅尔
　　　　蔚治国　毅　松

主　编　吴团英
副主编　刘少坤　李春林　金　海　马永真
　　　　毅　松　包斯钦

# 《内蒙古民族文化通鉴》总序

## 乌 兰

"内蒙古民族文化研究建设工程"成果集成——《内蒙古民族文化通鉴》（简称《通鉴》）六大系列数百个子项目的出版物已陆续与学界同人和广大读者见面了。这是内蒙古民族文化传承保护建设中的一大盛事，也是对中华文化勃兴具有重要意义的一大幸事。借此《通鉴》出版之际，谨以此文献给所有热爱民族文化，坚守民族文化的根脉，为民族文化薪火相传而殚智竭力、辛勤耕耘的人们。

## 一

内蒙古自治区位于祖国北部边疆，土地总面积118.3万平方公里，占中国陆地国土总面积的八分之一，现设9市3盟2个计划单列市，全区共有102个旗县（市、区），自治区首府为呼和浩特。2014年，内蒙古总人口2504.81万，其中蒙古族人口458.45万，汉族人口1957.69万，包括达斡尔族、鄂温克族、鄂伦春族"三少"自治民族在内的其他少数民族人口88.67万；少数民族人口约占总人口的21.45%，汉族人口占78.15%，是蒙古族实行区域自治、多民族和睦相处的少数民族自治区。内蒙古由东北向西南斜伸，东西直线距离2400公里，南北跨度1700公里，横跨东北、华北、西北三大区，东含大兴安岭，西包阿拉善高原，南有河套、阴山，东南西与8省区毗邻，北与蒙古国、俄罗斯接壤，国境线长达4200公里。内蒙古地处中温带大陆气候区，气温自大兴安岭向东南、西南递增，降水自东南向西北递减，总体上干旱少雨，四季分明，寒暑温差很大。全区地理上大致属蒙古高原南部，从东到西地貌多样，有茂密的森林，广袤的草原，丰富的矿藏，是中国为数不多的资源富集大区。

内蒙古民族文化的主体是自治区主体民族蒙古族的文化，同时也包括达斡尔族、鄂温克族、鄂伦春族等人口较少世居民族多姿多彩的文化和汉族及其他各民族的文化。

"内蒙古"一词源于清代"内札萨克蒙古"，相对于"外扎萨克蒙古"即"外蒙古"。自远古以来，这里就是人类繁衍生息的一片热土。1973年在呼和浩特东北发现的大窑文化，与周口店第一地点的"北京人"属同一时期，距今50万—70万年。1922年在内蒙古伊克昭盟乌审旗萨拉乌苏河发现的河套人及萨拉乌苏文化、1933年在呼伦贝尔扎赉诺尔发现的扎赉诺尔人，分别距今3.5万—5万年和1万—5万年。到了新石器时代，人类不再完全依赖天然食物，而已经能够通过自己的劳动生产食物。随着最后一次冰河期的迅速消退，气候逐渐转暖，原始农业在中国北方地区发展起来。到了公元前6000年—前5000年，内蒙古东部和西部两个亚文化区先后都有了原始农业。

"红山诸文化"（苏秉琦语）和海生不浪文化的陆续兴起，使原始定居农业逐渐成为主导的经济类型。红山文化庙、坛、冢的建立，把远古时期的祭祀礼仪制度及其规模推进到一个全新的阶段，使其内容空前丰富，形式更加规范。"中华老祖母雕像""中华第一龙""中华第一凤"——这些在中华文明史上具有里程碑意义的象征物就是诞生在内蒙古西辽河流域的红山文化群。红山文化时期的宗教礼仪反映了红山文化时期社会的多层次结构，表明"'产生了植根于公社，又凌驾于公社之上的高一级的社会组织形式'（苏秉琦语——引者注），这已不是一般意义上的新石器时代文化概念所能包容的，文明的曙光已照耀在东亚大地上"[①]。

然而，由于公元前5000年和公元前2500年前后，这里的气候出现过几次大的干旱及降温，原始农业在这里已经不再适宜，从而迫使这一地区的原住居民去调整和改变生存方式。夏家店文化下层到上层、朱开沟文化一至五段的变迁遗迹，充分证明了这一点。气候和自然环境的变化、生产力的进一步发展，必然促使这里的人类去寻找更适合当地生态条件、创造具有更高劳动生产率的生产方式。于是游牧经济、游牧文化诞生了。

---

[①] 田广金、郭素新：《北方文化与匈奴文明》，江苏教育出版社2005年版，第131页。

历史上的游牧文化区，基本处于北纬40度以北，主要地貌单元包括山脉、高原草原、沙漠，其间又有一些大小河流、淡水咸水湖泊等。处于这一文化带上的蒙古高原现今冬季的平均气温在-10℃—20℃之间，年降雨量在400毫米以下，干燥指数在1.5—2之间。主要植被是各类耐寒的草本植物和灌木。自更新世以来，以有蹄类为主的哺乳动物在这一地区广泛分布。这种生态条件，在当时的生产力水平下，对畜牧业以外的经济类型而言，其制约因素无疑大于有利因素，而选择畜牧、游牧业，不仅是这种生态环境条件下的最佳选择，而且应该说是伟大的发明。比起从前在原始混合型经济中饲养少量家畜的阶段，逐水草而居，"依天地自然之利，养天地自然之物"的游牧生产、生活方式有了质的飞跃。按照人类学家L.怀特、M.D.萨林斯关于一定文化级差与一定能量控驭能力相对应的理论，一头大型牲畜的生物能是人体生物能的1—5倍，一人足以驾驭数十头牲畜从事工作，可见真正意义上的畜牧、游牧业的生产能力已经与原始农业经济不可同日而语。它表明草原地带的人类对自身生存和环境之间的关系有了全新的认识，智慧和技术使生产力有了大幅提高。

马的驯化不但使人类远距离迁徙游牧成为可能，而且让游牧民族获得了在航海时代和热兵器时代到来之前绝对所向披靡的军事能力。游牧民族是个天然的生产军事合一的聚合体，具有任何其他民族无法比拟的灵活机动性和长距离迁徙的需求与能力。游牧集团的形成和大规模运动，改变了人类历史。欧亚大陆小城邦、小农业公社之间封闭隔绝的状况就此终结，人类社会各个群体之间的大规模交往由此开始，从氏族部落语言向民族语言过渡乃至大语系的形成，都曾有赖于这种大规模运动；不同部落、不同族群开始通婚杂居，民族融合进程明显加速，氏族部族文化融合发展成为一个个特色鲜明的民族文化，这是人类史上的一次历史性进步，这种进步也大大加快了人类文化的整体发展进程。人类历史上的一次划时代的转折——从母权制向父权制的转折也是由"游牧部落"带到农耕部落中去的。[①]

对现今中国北方地区而言，到了公元前1000年前后，游牧人的时期

---

① [苏] Д.Е.叶列梅耶夫：《游牧民族在民族史上的作用》，《民族译丛》1987年第5、6期。

业已开始,秦汉之际匈奴完成统一草原的大业,此后的游牧民族虽然经历了许多次的起起伏伏,但总体十分强势,一种前所未有的扩张从亚洲北部,由东向西展开来。于是,被称为"世界历史两极"的定居文明与草原畜牧者和游牧人开始在从长城南北到中亚乃至欧洲东部的广阔地域内进行充分的相互交流。到了"蒙古时代",一幅中世纪的"加泰罗尼亚世界地图",如实反映了时代的转换,"世界体系"以"蒙古时代"为开端确立起来,"形成了人类史上版图最大的帝国,亚非欧世界的大部分在海陆两个方向上联系到了一起,出现了可谓'世界的世界化'的非凡景象,从而在政治、经济、文化、商业等各个方面出现了东西交流的空前盛况"。[①] 直到航海时代和热兵器时代到来之后,这种由东向西扩张的总趋势才被西方世界扭转和颠倒。而在长达约两千年的游牧社会历史上,现今的内蒙古地区始终是游牧文化圈的核心区域之一,也是游牧世界与华夏民族、游牧文明与农耕文明碰撞激荡的最前沿地带。

在漫长的历史过程中,广袤的北方大草原曾经是众多民族繁衍生息的家园,他们在与大自然的抗争和自身的生存发展过程中创造了各民族自己的文化,形成了以文化维系起来的人群——民族。草原各民族有些是并存于一个历史时期,毗邻而居或交错居住,有些则分属于不同历史时期,前者被后者更替,后者取代前者,薪尽而火传。但不论属何种情形,各民族文化之间都有一个彼此吸纳、继承、逐渐完成民族文化自身的进化,然后在较长历史时期内稳定发展的过程。比如,秦汉时期的匈奴文化就是当时众多民族部落文化和此前各"戎""狄"文化的集大成。魏晋南北朝时期的鲜卑文化,隋唐时期的突厥文化,宋、辽、金时期的契丹、女真、党项族文化,元代以来的蒙古族文化都是如此。

## 二

蒙古民族是草原文化的集大成者,蒙古文化是草原文化最具代表性的文化形态,蒙古民族的历史集中反映了历史上草原民族发展变迁的基本

---

[①] 《杉山正明谈蒙古帝国:"元并非中国王朝"一说对错各半》,《东方早报·上海书评》2014年7月27日。

规律。

有人曾用"蝴蝶效应"比喻13世纪世界历史上的"蒙古风暴"——斡难河畔那一次蝴蝶翅膀的扇动引起周围空气的扰动,能量在连锁传递中不断增强,最终形成席卷亚欧大陆的铁骑风暴。这场风暴是由一位名叫铁木真的蒙古人掀起,他把蒙古从一个部落变成一个民族,于1206年建立了大蒙古汗国。铁木真统一蒙古各部之后,首先废除了氏族和部落世袭贵族的权力,使所有官职归于国家,为蒙古民族的历史进步扫清了重要障碍,并制定了世界上第一部具有宪法意义、包含宪政内容的成文法典,而这部法典要比英国在世界范围内最早制定的宪法性文件早了九年。成吉思汗确立了统治者与普通牧民负同等法律责任、享有同等宗教信仰自由等法律原则,建立了定期人口普查制度,创建了最早的国际邮政体系。

13、14世纪的世界可被称为蒙古时代,成吉思汗缔造的大蒙古国囊括了多半个亚欧版图,发达的邮驿系统将东方的中国文明与西方的地中海文明相连接,两大历史文化首度全面接触,对世界史的影响不可谓不深远。亚欧大陆后来的政治边界划分分明是蒙古帝国的遗产。成吉思汗的扩张和西征,打破了亚欧地区无数个城邦小国、定居部落之间的壁垒阻隔,把亚欧大陆诸文明整合到一个全新的世界秩序之中,因此他被称为"缔造全球化世界的第一人"[①]。1375年出现在西班牙东北部马略卡岛的一幅世界地图——"卡塔拉地图"(又称"加泰罗尼亚地图",现藏于法国国家图书馆),之所以被称为"划时代的地图",并非因为它是标明马可·波罗行旅路线的最早地图,而是因为它反映了一个时代的转换。从此,东西方之间的联系和交往变得空前便捷、密切和广泛。造纸、火药、印刷术、指南针——古代中国的这些伟大发明通过蒙古人,最终真正得以在欧洲推广开来;意大利作家但丁、薄伽丘和英国作家乔叟所用的"鞑靼绸""鞑靼布""鞑靼缎"等纺织品名称,英格兰国王指明要的"鞑靼蓝",还有西语中的许多词汇,都清楚地表明东方文化以蒙古人为中介传播到西方的那段历史;与此同时,蒙古人从中亚细亚、波斯引进许多数学家、工匠和管理人员,以及诸如高粱、棉花等农作物,并将其传播到中国和其他

---

[①] [美]杰克·威泽弗德:《成吉思汗与今日世界之形成》,温海清、姚建根译,重庆出版社2014年版,第8页封面。

地区，从而培育或杂交出一系列新品种。由此引发的工具、设备、生产工艺的技术革新，其意义当然不可小觑；特别是数学、历法、医学、文学艺术方面的交流与互动，知识和观念的传播、流动，打破了不同文明之间的隔阂，以及对某一文明的偏爱与成见，其结果就是全球文化和世界体系若干核心区的形成。1492年，克里斯托弗·哥伦布说服两位君主，怀揣一部《马可·波罗游记》，信心满满地扬帆远航，为的就是找到元朝的"辽阳省"，重建与蒙古大汗朝廷的海上联系，恢复与之中断的商贸往来。由于蒙古交通体系的瓦解和世界性的瘟疫，他浑然不知此时元朝已经灭亡一百多年，一路漂荡到加勒比海的古巴，无意间发现了"新大陆"。正如美国人类学家、蒙古史学者杰克·威泽弗德所言，在蒙古帝国终结后的很长一段时间内，新的全球文化继续发展，历经几个世纪，变成现代世界体系的基础。这个体系包含早先蒙古人强调的自由商业、开放交通、知识共享、长期政治策略、宗教共存、国际法则和外交豁免。[①]

即使我们以中华文明为本位回望这段历史，同样可以发现蒙古帝国和元朝对我国历史文化久远而深刻的影响。从成吉思汗到忽必烈，历时近百年，元朝缔造了人类历史上版图最大的帝国，结束了唐末以来国家分裂的状况，基本划定了后世中国的疆界；元代实行开放的民族政策，大力促进各民族间的经济文化交流和边疆地区的开发，开创了中华民族多元一体的新格局，确定了中国统一的多民族国家的根本性质；元代推行农商并重政策，"以农桑为急务安业力农"，城市经济贸易繁荣发展，经贸文化与对外交流全面推进，实行多元一体的文化教育政策，科学技术居于世界前列，文学艺术别开生面，开创了一个新纪元；作为发动有史以来最大规模征服战争的军事领袖，成吉思汗和他的继任者把冷兵器时代的战略战术思想、军事艺术推上了当之无愧的巅峰，创造了人类军事史的一系列"第一"、一系列奇迹，为后人留下了极其丰富的精神财富；等等。

统一的蒙古民族的形成是蒙古民族历史上具有划时代意义的时间节点。从此，蒙古民族成为具有世界影响的民族，蒙古文化成为中华文化不可或缺的组成部分。漫长的历史岁月见证了蒙古族人民的智慧，他们在文

---

[①] [美]杰克·威泽弗德：《成吉思汗与今日世界之形成》（修订版），温海清、姚建根译，重庆出版社2014年版，第6、260页。

学、史学、天文、地理、医学等诸多领域成就卓然，为中华文明和人类文明的发展做出了不可否认的伟大贡献。

20世纪30年代被郑振铎先生称为"最可注意的伟大的白话文作品"的《蒙古秘史》，不单是蒙古族最古老的历史、文学巨著，也是被联合国教科文组织列为世界名著目录（1989年）的经典，至今依然吸引着世界各国无数的学者、读者；在中国著名的"三大英雄史诗"中，蒙古族的《江格尔》、《格斯尔》（《格萨尔》）就占了两部，它们也是目前世界上已知史诗当中规模最大、篇幅最长、艺术表现力最强的作品之一；蒙古民族一向被称为能歌善舞的民族，马头琴、长调、呼麦被列入世界非物质文化遗产，蒙古族音乐舞蹈成为内蒙古的亮丽名片，风靡全国，感动世界，诠释了音乐不分民族、艺术无国界的真谛；还有传统悠久、特色独具的蒙古族礼仪习俗、信仰禁忌、衣食住行，那些科学简洁而行之有效的生产生活技能、民间知识，那些让人叹为观止的绝艺绝技以及智慧超然且极其宝贵的非物质文化遗产，都是在数千年的游牧生产生活实践中形成和积累起来的，也是与独特的生存环境高度适应的，因而极富生命力。迄今，内蒙古已拥有列入联合国非物质文化遗产名录的项目2项（另有马头琴由蒙古国申报列入名录）、列入国家级名录的81项、列入自治区及盟市旗县级名录的3844项，各级非遗传承人6442名。其中蒙古族、达斡尔族、鄂温克族、鄂伦春族等内蒙古世居少数民族的非遗项目占了绝大多数。人们或许不熟悉内蒙古三个人口较少民族的文化传统，然而那巧夺天工的达斡尔造型艺术、想象奇特的鄂温克神话传说、栩栩如生的鄂伦春兽皮艺术、闻名遐迩的"三少民族"桦皮文化……这些都是一朝失传则必将遗恨千古的文化瑰宝，我们当倍加珍惜。

内蒙古民族文化当中最具普世意义和现代价值的精神财富，当属其崇尚自然、天人相谐的生态理念、生态文化。游牧，是生态环保型的生产生活方式，是现代以前人类历史上唯一以人与自然和谐共存、友好相处的理念为根本价值取向的生产生活方式。游牧和狩猎，尽管也有与外在自然界相对立的一面，但这是以敬畏、崇尚和尊重大自然为最高原则、以和谐友好为前提的非对抗性对立。因为，牧民、猎人要维持生计，必须有良好的草场、清洁的水源和丰富的猎物，而这一切必须以适度索取、生态环保为条件。因此，有序利用、保护自然，便成为游牧生产方式的最高原则和内在要求。对亚洲北部草原地区而言，人类在无力改造和控制自然环境的条件下，游牧生产方式是维持草畜平衡，使草场及时得到休整、涵养、恢复的自由而能动的最佳选择。我国北方的广大地区尽管数千年来自然生态环境相当脆弱，如今却能够成为我国北部边疆的生态屏障，与草原游牧民族始终如一的精心呵护是分不开的。不独蒙古族，达斡尔族、鄂温克族、鄂伦春族等草原世居少数民族在文化传统上与蒙古族共属一个更大的范畴，不论他们的思维方式、信仰文化、价值取向还是生态伦理，都与蒙古族大同小异，有着多源同流、殊途同归的特点。

随着人类历史进程的加速，近代以来，世界各地区、各民族文化变迁、融合的节奏明显加快，草原地区迎来了本土文化和外来文化空前大激荡、大融合的时代。草原民族与汉民族的关系日趋加深，世界各种文化对草原文化的作用和影响进一步增强，农业文明、工业文明、商业文明、城市文明的因素大量涌现，草原各民族的生产生活方式，乃至思想观念、审美情趣、价值取向都发生了巨大变化。虽然，这是一个凤凰涅槃、浴火重生的过程，但以蒙古族文化为代表的草原各民族文化，在空前的文化大碰撞中激流勇进，积极吸纳异质文化养分，或在借鉴吸纳的基础上进行自主的文化创新，使民族文化昂然无惧地走上转型之路。古老的蒙古族文化，依然保持着它所固有的本质特征和基本要素，而且，由于吸纳了更多的活性元素，文化生命力更加强盛，文化内涵更加丰富，以更加开放包容的姿态迎来了现代文明的曙光。

## 三

古韵新颜相得益彰，历久弥新异彩纷呈。自治区成立以来的近 70 年间，草原民族的文化事业有了突飞猛进的发展。我国社会主义制度和民族区域自治、各民族一律平等的宪法准则，党和国家一贯坚持和实施的尊重、关怀少数民族，大力扶持少数民族经济文化事业的一系列方针政策，从根本上保障了我国各民族人民传承和发展民族文化的权利，也为民族文化的发展提供了广阔空间。一些少数民族，如鄂伦春族仅仅用半个世纪就从原始社会过渡到社会主义社会，走过了过去多少个世纪都不曾走完的历程。

一个民族的文化发展水平必然集中体现在科学、文化、教育事业上。在历史上的任何一个时期，蒙古民族从来不曾拥有像现在这么多的科学家、文学家等各类专家教授，从来没有像现在这样以丰富的文化产品供给普通群众的消费，蒙古族大众的整体文化素质从来没有达到现在这样的高度。哪怕最偏远的牧村，电灯电视不再稀奇，网络、手机、微信微博业已成为生活的必需。自治区现有7家出版社出版蒙古文图书，全区每年都有数百上千种蒙古文新书出版，各地报刊每天都有数以千百计的文学新作发表。近年来，蒙古族牧民作家、诗人的大量涌现，已经成为内蒙古文学的一大景观，其中有不少作者出版有多部中长篇小说或诗歌散文集。我们再以国民受教育程度为例，它向来是一个民族整体文化水准的重要指标之一。中华人民共和国成立前，绝大多数蒙古人根本没有接受正规教育的机会，能够读书看报的文化人寥若晨星。如今，九年义务教育已经普及，即便是上大学、读研考博的高等教育，对普通农牧民子女也不再是奢望。据《内蒙古2014年国民经济和社会发展统计公报》显示，全自治区2013年少数民族在校大学生10.8万人，其中蒙古族学生9.4万人；全区招收研究生5987人，其中，少数民族在校研究生5130人，蒙古族研究生4602人，蒙古族受高等教育程度可见一斑。

每个时代、每个民族都有一些杰出人物曾经对人类的发展进步产生深远影响。正如爱迪生发明的电灯"点亮了世界"一样，当代蒙古族也有为数不少的文化巨人为世界增添了光彩。提出"构造体系"概念、创立地质力学学说和学派、提出"新华夏构造体系三个沉降带"理论、开创油气资源勘探和地震预报新纪元的李四光；认定"世界未来的文化就是中国文化复兴"、素有"中国最后一位大儒家"之称的国学大师梁漱溟；在国际上首次探索出山羊、绵羊和牛精子体外诱导获能途径，成功实现试管内杂交育种技术的"世界试管山羊之父"旭日干；还有著名新闻媒体人、文学家、翻译家萧乾；马克思主义哲学家艾思奇；当代著名作家李准……这些如雷贯耳的大名，可谓家喻户晓、举世闻名，但人们未必都知道他们来自蒙古族。是的，他们来自蒙古族，为中华民族的伟大复兴，为全人类的文明进步做出了应有的贡献。

历史的进步、社会的发展、蒙古族人民群众整体文化素质的大幅提升，使蒙古族文化的内涵得以空前丰富，文化适应能力、创新能力、竞争能力都有了显著提升。从有形的文化特质，如日常衣食住行，到无形的观念形态，如思想情趣、价值取向，我们可以举出无数个鲜活的例子，说明蒙古文化紧随时代的步伐传承、创新、发展的事实。特别是自2003年自治区实施建设民族文化大区、强区战略以来，全区文化建设呈现出突飞猛进的态势，民族文化建设迎来了一个新的高潮。内蒙古文化长廊计划、文化资源普查、重大历史题材美术创作工程、民族民间文化遗产数据库建设工程、蒙古语语料库建设工程、非物质文化遗产保护、一年一届的草原文化节、草原文化研究工程、北部边疆历史与现状研究项目等，都是这方面的有力举措，收到了很好的成效。

但是，我们也必须清醒地看到，与经济社会的跨越式发展相比，文化建设仍然显得相对滞后，特别是优秀传统文化的传承保护依然任重道远。优秀民族文化资源的发掘整理、研究转化、传承保护以及对外传播能力尚不能适应形势发展，某些方面甚至落后于国内其他少数民族省区的现实也尚未改变。全球化、工业化、信息化和城镇化的时代大潮，对少数民族弱势文化的剧烈冲击是显而易见的。全球化浪潮和全方位的对外开放，意味着我们必将面对外来文化，特别是强势文化的冲击。在不同文化之间的交往中，少数民族文化所受到的冲击会更大，所经受的痛苦也会更多。因为，它们对外来文化的输入往往处于被动接受的状态，而对文化传统的保护常常又力不从心，况且这种结果绝非由文化本身的价值所决定。换言之，在此过程中，并非所有得到的都是你所希望得到的，并非所有失去的都是你应该丢掉的，不同文化之间的输入输出也许根本就不可能"对等"。这正是民族文化的传承保护任务显得分外紧迫、分外繁重的原因。

文化是民族的血脉，内蒙古民族文化是中华文化不可或缺的组成部分，中华文化的全面振兴离不开国内各民族文化的繁荣发展。为了更好地贯彻落实党的十八大关于文化建设的方针部署，切实把自治区党委提出的实现民族文化大区向民族文化强区跨越的要求落到实处，自治区政府于2013年实时启动了"内蒙古民族文化建设研究工程"。"工程"包括文献档案整理出版，内蒙古社会历史调查、研究系列，蒙古学文献翻译出版，内蒙古历史文化推广普及和"走出去"，"内蒙古民族文化建设研究数据库"建设等广泛内容，计划六年左右的时间完成。经过两年的紧张努力，从2016年开始，"工程"的相关成果已经陆续与读者见面。

建设民族文化强区是一项十分艰巨复杂的任务，必须加强全区各界研究力量的整合，必须有一整套强有力的措施跟进，必须实施一系列特色文化建设工程来推动。"内蒙古民族文化建设研究工程"就是推动我区民族文化强区建设的一个重要抓手，是推进文化创新、深化人文社会科学可持续发展的一个重要部署。目前，"工程"对全区文化建设的推动效应正在逐步显现。

"内蒙古民族文化建设研究工程"将在近年来蒙古学研究、"草原文化研究工程""北部边疆历史与现状研究"、文化资源普查等科研项目所取得的成就基础上，突出重点，兼顾门类，有计划、有步骤地开展抢救、保护濒临消失的民族文化遗产，搜集记录地方文化和口述历史，使民族文化传承保护工作迈上一个新台阶；将充分利用新理论、新方法、新材料，有力推进学术创新、学科发展和人才造就，使内蒙古自治区传统优势学科进一步焕发生机，使新兴薄弱学科尽快发展壮大；"工程"将会在科研资料建设，学术研究，特色文化品牌打造、出版、传播、转化等方面取得突破性的成就，推出一批具有创新性、系统性、完整性的标志性成果，助推自治区人文社会科学研究和社会主义文化建设事业蓬勃发展。"内蒙古民族文化建设研究工程"的实施，势必大大增强全区各民族人民群众的文化自觉和文化自信，必将成为社会主义文化大发展大繁荣，实现中华民族伟大复兴中国梦的一个切实而有力的举措，其"功在当代、利在千秋"的重要意义必将被历史证明。

（作者为时任内蒙古自治区党委常委、宣传部部长，"内蒙古民族文化建设研究工程"领导小组组长）

# 目　录

**第一章　绪论** ……………………………………………………（1）
　第一节　巴尔虎蒙古族婚俗研究概况 ………………………（1）
　　一　国内巴尔虎蒙古族婚俗研究概况 ………………………（2）
　　二　国外巴尔虎蒙古族婚俗研究概况 ………………………（11）
　第二节　巴尔虎蒙古族婚俗研究的学术价值、理论意义与现实
　　　　　意义 …………………………………………………（12）
　　一　巴尔虎蒙古族婚俗研究的学术价值与理论意义 ………（12）
　　二　巴尔虎蒙古族婚俗研究的现实意义 ……………………（13）
　第三节　巴尔虎蒙古族婚俗研究思路与方法 ………………（15）
　　一　研究思路 …………………………………………………（15）
　　二　研究方法 …………………………………………………（15）
**第二章　巴尔虎蒙古族历史沿革与传统婚姻习俗** …………（27）
　第一节　巴尔虎蒙古族居住的地理位置与自然环境 ………（27）
　　一　陈旗地理位置与自然环境 ………………………………（28）
　　二　新左旗地理位置与自然环境 ……………………………（29）
　　三　新右旗地理位置与自然环境 ……………………………（30）
　第二节　巴尔虎蒙古族历史沿革 ………………………………（32）
　　一　巴尔虎部落的由来及其历史沿革 ………………………（32）
　　二　巴尔虎三个旗基本概况 …………………………………（38）
　　三　巴尔虎蒙古族姓氏 ………………………………………（39）
　第三节　巴尔虎蒙古族传统婚姻习俗 …………………………（44）
　　一　巴尔虎蒙古族传统求亲习俗 ……………………………（44）
　　二　巴尔虎蒙古族传统定亲仪式 ……………………………（53）
　　三　巴尔虎蒙古族传统商谈聘礼与陪送嫁妆习俗 …………（65）
　　四　巴尔虎蒙古族传统送礼物与祭祀习俗 …………………（71）

五　男方祝福新蒙古包仪式与女方收财物习俗…………………（78）
　　六　巴尔虎蒙古族传统"让姑娘知道"与"姑娘走亲戚"习俗……（82）
　　七　女方举办送亲宴会………………………………………………（84）
　　八　巴尔虎蒙古族传统送亲习俗……………………………………（93）
　　九　男方举办迎亲婚礼………………………………………………（97）
　　十　请新郎进新蒙古包仪式和"宝隆乃日"……………………（107）
　　十一　新娘母亲返程与新娘父亲"回看"女儿习俗………………（107）
　　十二　婚后新娘第一次回门习俗……………………………………（110）

第三章　新中国成立初期巴尔虎蒙古族婚俗变迁……………………（113）
　第一节　新中国成立初期巴尔虎蒙古族结婚的实质要件及
　　　　　变迁……………………………………………………………（113）
　　一　新中国成立初期巴尔虎蒙古族结婚的必备要件………………（114）
　　二　新中国成立初期巴尔虎蒙古族结婚必备要件的变迁…………（115）
　　三　新中国成立初期巴尔虎蒙古族结婚禁止要件的变迁…………（131）
　第二节　新中国成立初期巴尔虎蒙古族结婚的形式要件及
　　　　　变迁……………………………………………………………（134）
　　一　结婚登记的意义…………………………………………………（134）
　　二　新中国成立初期巴尔虎蒙古族结婚形式要件的变迁…………（135）

第四章　20世纪六七十年代巴尔虎蒙古族婚俗变迁………………（146）
　第一节　民俗学家视野下的巴尔虎蒙古族婚俗变迁………………（146）
　　一　民俗学家彭苏格旺吉乐及他视野下的巴尔虎蒙古族婚俗
　　　　变迁……………………………………………………………（146）
　　二　民俗学家朝·都古尔扎布及他视野下的巴尔虎蒙古族婚俗
　　　　变迁……………………………………………………………（149）
　　三　民俗学家楚勒特木先生及他视野下的巴尔虎蒙古族婚俗
　　　　变迁……………………………………………………………（158）
　第二节　20世纪六七十年代巴尔虎蒙古族婚俗变迁………………（163）
　　一　择定结婚吉日和邀请婚宴宾客习俗的变迁……………………（163）
　　二　20世纪60年代巴尔虎蒙古族婚姻习俗的变迁………………（171）
　　三　20世纪70年代巴尔虎蒙古族婚姻习俗的变迁………………（177）

第五章　改革开放以来巴尔虎蒙古族婚俗的变迁……………………（184）
　第一节　改革开放以来巴尔虎蒙古族经济文化的发展………………（184）
　　一　改革开放后的巴尔虎三旗畜牧业的发展………………………（184）

二　从牲畜的"作价归户"到"双权一制"改革……………………（186）
　　三　畜牧经济及各项经济取得的新进展…………………………（187）
　　四　文化教育事业的进一步发展…………………………………（188）
　第二节　改革开放以来巴尔虎蒙古族婚俗的变迁………………………（189）
　　一　20世纪80年代巴尔虎蒙古族婚姻习俗的变迁……………（189）
　　二　20世纪90年代巴尔虎蒙古族婚姻习俗的变迁……………（201）
　　三　2000年以来巴尔虎蒙古族婚姻习俗的变迁………………（206）
　　四　20世纪八九十年代及2000年以来巴尔虎婚俗变迁之
　　　　比较……………………………………………………………（213）
　　五　对当今巴尔虎婚礼进行现场观察的记录…………………（218）
第六章　新中国成立以来巴尔虎蒙古族婚俗变迁的原因分析……………（235）
　第一节　政治因素对巴尔虎蒙古族婚俗变迁的影响……………………（235）
　　一　政治动因与婚俗变迁的关系…………………………………（235）
　　二　《婚姻法》颁布实施及其影响………………………………（236）
　　三　政治运动对巴尔虎蒙古族婚俗的影响………………………（239）
　第二节　经济发展与革新对巴尔虎蒙古族婚俗变迁的影响……………（243）
　　一　经济制度与生产方式变迁对巴尔虎蒙古族婚俗的影响……（244）
　　二　市场经济与经济发展对巴尔虎蒙古族婚俗的影响…………（247）
　第三节　社会转型对巴尔虎蒙古族婚俗变迁的影响……………………（249）
　　一　家庭变迁对巴尔虎蒙古族婚俗的影响………………………（249）
　　二　社会阶层变迁对巴尔虎蒙古族婚俗的影响…………………（251）
　第四节　文化教育和价值观念对巴尔虎蒙古族婚俗变迁的
　　　　　影响…………………………………………………………（252）
　　一　文化教育的发展对巴尔虎蒙古族婚俗的影响………………（252）
　　二　思想和价值观念的革新对巴尔虎蒙古族婚俗的影响………（253）
　第五节　民族间交往对巴尔虎蒙古族婚俗变迁的影响…………………（255）
　　一　蒙古民族内部的交往对巴尔虎蒙古族婚俗的影响…………（255）
　　二　汉族等其他民族与巴尔虎人的交往及对婚俗的影响………（257）
第七章　21世纪呼伦贝尔巴尔虎蒙古族婚俗的传承与展望……………（260）
　第一节　呼伦贝尔巴尔虎蒙古族传统婚俗的变迁路径及文化
　　　　　元素…………………………………………………………（260）
　　一　呼伦贝尔巴尔虎蒙古族婚俗变迁的路径……………………（260）
　　二　呼伦贝尔巴尔虎蒙古族婚俗变迁中的文化元素……………（263）

第二节　巴尔虎蒙古族婚俗功能的转变……………………（270）
　　一　维系亲属和姻亲关系网络………………………………（271）
　　二　建构社会网络……………………………………………（272）
　　三　民众的社交和娱乐功能…………………………………（273）
　　四　族群身份认同与增强族群凝聚力………………………（274）
第三节　巴尔虎蒙古族传统婚俗文化的传承与展望…………（276）
　　一　巴尔虎蒙古族婚俗是保护和传承巴尔虎非物质文化遗产的
　　　　重要平台………………………………………………（276）
　　二　要大力弘扬巴尔虎蒙古族婚俗文化中的积极因子………（278）
　　三　积极引导巴尔虎蒙古族传统婚俗的新陈代谢，适应社会
　　　　发展变迁………………………………………………（282）
主要参考文献………………………………………………………（286）
后记…………………………………………………………………（291）

# 第一章 绪论

## 第一节 巴尔虎蒙古族婚俗研究概况

婚俗，是一个民族在长期的历史演变过程中形成的婚姻习俗，它以有规律性的活动约束人们的婚姻行为与婚姻意识，保护婚姻当事人的合法权益，以保障婚姻关系的健康发展。"蒙古族婚俗以礼俗的形式、艺术的手段，再现了民族的历史，浓缩了草原的生活，综合反映了蒙古民族的民俗、礼仪、信仰、文化艺术以及衣、食、住、行等方方面面"，是蒙古族自古以来传承下来的灿烂的文化遗产。保护和传承它，对地方经济、文化及社会事业的发展具有积极的推动作用。

巍巍兴安岭和呼伦贝尔大草原是蒙古民族的发祥地，生活在美丽富饶的呼伦贝尔大草原上的巴尔虎蒙古族作为一支古老的蒙古部落，一直到现在仍完整地保留着蒙古族传统游牧生产方式和生活方式，而且还较完整地保留了具有浓郁的游牧文化特色的婚姻习俗。自从1949年10月新中国成立以来，随着社会经济的发展及巴尔虎人生活方式的变迁，巴尔虎蒙古族婚俗也经历了60多年的演进过程。

新中国成立初期是巴尔虎蒙古族婚俗发生演变的关键时期，通过新中国成立初期的各项民主改革运动，以包办强迫、一夫多妻、门当户对、漠视子女权益为特征的封建主义婚姻制度被彻底废除，实现了由封建包办婚姻到以婚姻自由、一夫一妻、男女权利平等为核心内容的新民主主义婚姻制度的转变。随之，姑娘走亲戚、强迫给出嫁女儿穿朝巴（朝巴为给出嫁女儿穿得像雨衣形状的长袍），商谈聘礼等与封建包办婚姻制度密切相关的传统婚姻习俗将彻底消失，实现了巴尔虎蒙古族婚俗史上的历史性飞跃。

20世纪六七十年代，巴尔虎人仍从事传统游牧生产方式，过着逐水草而迁徙的游牧生活。因此，在婚姻习俗方面，一方面遵循以婚姻自由、一夫一妻、男女权利平等为主要特征的社会主义婚姻制度；另一方面仍按照传统婚俗礼仪举办婚礼。如传统婚俗礼仪包括女方送亲仪式、男方迎亲仪式、父母给出嫁女儿送礼仪式、婚后新娘父亲回看女儿仪式、新娘回门仪式等流程，在婚礼上仍保留着给新娘分头发，新娘拜佛、拜火神、叩拜公婆等传统仪式。蒙古包仍为举办婚礼的重要场所，婚宴上致祝词唱民歌为大家喜爱的娱乐方式，马匹仍为送亲的重要交通工具。

从1978年改革开放以来，随着社会生产力的发展及巴尔虎人生活水平的提高，巴尔虎蒙古族婚俗礼仪在其表现形式上呈现出向多样化、艺术化的演进趋势。一方面，婚礼祝赞词、婚礼歌曲、婚礼服饰、新婚典礼等巴尔虎传统婚俗中的精华部分得到传承和发展。另一方面，新郎新娘互换信物、双方单位领导致贺词、邀请专业歌手进行演唱等现代婚俗中的积极因子得到重视和吸收，使得传统婚俗元素与现代婚俗积极因子有机地融合在一起，向世人呈现出巴尔虎婚俗由传统向现代演进的历史画面。如城市化的巴尔虎人把儿女婚礼的举办场地从草地转移到城镇，聘请婚礼司仪为两位新人主持婚礼，邀请能歌善舞者上台为大家表演节目，以歌舞表演形式活跃婚礼气氛。通过举行民族特色的新婚典礼及新郎新娘身穿民族服饰等形式，较好地保留了巴尔虎婚礼的民族特色和地方特色。

## 一　国内巴尔虎蒙古族婚俗研究概况

### （一）古代巴尔虎蒙古族婚姻习俗的相关记载

蒙古族有悠久的历史和灿烂的文化，在千百年来的历史演变过程中，他们不仅创造了丰富多彩的游牧文化，而且还创造了具有鲜明民族特色的婚俗文化。巴尔虎蒙古族作为一支古老的蒙古部落，在其繁衍发展过程中，较完整地保留蒙古族古老的婚俗礼仪，使之发展成为具有地方特色的婚俗文化。因此，将巴尔虎传统婚俗与蒙古族传统婚俗相比，不仅在本质上一致，而且其表现形式上也大体一致。在《蒙古秘史》《蒙古源流》《黄金史》《史集》《多桑蒙古史》《世界征服者史》《蒙鞑备录》《黑鞑事略》《北虏风俗》和《蒙古社会制度史》等中外历史文献资料中，均有古代蒙古族婚姻习俗方面的相关记载，甚至在《蒙古秘史》《蒙古源流》《黄金史》《史集》等文献资料中记载了巴尔虎人与蒙古乞牙惕部上层之间的联姻关系。在蒙古各部兴起之前，巴尔虎人曾与蒙古乞牙惕部有较为密切的姻亲关系，如成吉思汗的六世祖海都的叔父纳真为巴尔虎人的女婿，成吉思汗的祖父把儿坛把秃儿（"把秃儿"汉语意为"英雄"）的长妻速你古勒为巴尔虎人等，这些史料记载，为巴尔虎蒙古族婚俗研究提供了较珍贵的第一手资料。据明朝肖大亨撰写的《北虏风俗》记载，生活在呼和浩特地区的土默特蒙古族有女方送亲队伍抵达新郎家之后，将举行新娘拜火神及叩拜公婆等婚礼仪式，并且还有女方给出嫁女儿陪送蒙古包、马匹、骆驼、服饰、奴婢等嫁妆习俗。据《内蒙古民俗风情通志》记载，新中国成立前，在土默特蒙古族婚礼上，还有岳父向新郎送箭仪式和新娘迎着朝阳从娘家启程等习俗。土默特蒙古族所传承下来的这些古老的婚俗，对巴尔虎蒙古族婚俗研究具有重要的参考价值。据史料记载，公元13世纪前，巴尔虎部落和土默特部落是在贝加尔湖附近从事半游牧和半狩猎经济的相邻部落，由于相同的自然环境和生产方式，不仅造就相同的生活方式，而且也造就了相似的婚俗礼仪，并且这两个部落将这些古老的婚姻习俗较完整地传承到新中国成立之前。如在巴尔虎蒙古族传统婚礼上，不仅要举行新娘拜火神和叩拜公婆等仪式，而且还有女方给出嫁女儿陪送嫁妆等习俗。迄今为止，巴尔虎人仍保留着新娘迎着朝阳从娘家启程的古老婚姻习俗。据彭大雅撰写的《黑鞑事略》记载，蒙古包内座位次序自古就有长幼有别之说，即蒙古包内靠北哈那（哈那是蒙古包的墙壁）的中间座位是长辈入席的尊位，靠西哈那的右侧座位为男士入席的席位，靠东哈那的左侧座位为女士入席的席位，这些史料记载，为巴尔虎婚礼上有关席位排序习俗的研究具有重要的参考价值。

（二）近代巴尔虎蒙古族婚姻习俗的相关信息

近代蒙古族民俗学家罗卜桑悫丹在其撰写的《蒙古风俗鉴》[①]中，对蒙古族传统求亲、定亲、彩礼、送亲、迎亲、婚礼角色、婚礼仪式以及诺颜（汉语意为官吏）和哈日出（汉语意为庶民）的婚礼区别等婚俗作了较为详细的描述。该书中所描述的蒙古族传统婚俗包括以下几个方面的内

---

① 写于1918年，1981年由内蒙古人民出版社出版，由哈·丹碧扎拉桑校注。

容和程序：

第一，书中描述了蒙古族自古以来所传承下来的同姓不通婚原则。在传统蒙古社会里，无论是诺颜还是哈日出都要遵循同姓不通婚原则。生活在一个盟里或一个诺图克（汉语意为一个地方）里的同姓诺颜家族之间禁止通婚，而生活在不同盟里并过十代以上的同姓诺颜家族之间则允许通婚。即使是哈日出家族，同姓之间也要禁止通婚。

第二，书中描述了蒙古族自古以来所传承下来的门当户对原则。在传统蒙古社会里，台吉（指黄金家族成员）和塔布囊（指与黄金家族有姻亲关系的社会上层阶级）等社会上层之间则允许通婚，而台吉、塔布囊等社会上层与哈日出阶层之间则禁止通婚，诺颜家族虽然特别讲究与其他诺颜家族之间的联姻，但是极力反对诺颜家族与哈日出家族之间通婚。如果台吉、塔布囊等社会上层同哈日出阶层进行通婚，将会受到降级为庶民的惩罚并在户籍上改其出身为哈日出。

第三，书中描述了蒙古族传统求亲与定亲习俗。男方派媒人带着哈达、酒等礼物到女方家求亲并向女方父母献哈达、敬酒。如果女方父母接受媒人所献的哈达并向媒人回敬其他哈达，就象征着女方父母同意这门亲事。然后，男方家长就带着哈达、酒、整羊等礼物到女方家举行定亲仪式。一般情况下，男方向女方赠送的定亲礼物有五条哈达、五十斤酒、两块布匹、四只羊等。

第四，书中描述了女方向男方索要彩礼和女方给出嫁女儿陪送嫁妆等习俗。定亲之后，女方向男方索要一定数量的彩礼，彩礼包括哈达、酒、牛、羊、服饰、首饰、骆驼、蒙古包、各种家用器具等九种礼物。女方给出嫁女儿陪送的嫁妆有各种首饰、四季服饰、牛羊、各种家用器具等，如果诺颜或巴音（指富人）家嫁女儿，他们甚至给出嫁女儿陪送带全套家具的新蒙古包及在日常生活中所使唤的婢女等。

第五，书中介绍了作为媒人所具备的条件及其所遵循的礼仪。按照蒙古族传统婚俗，作为媒人必须要具备夫妻和睦、父母健在、儿女双全等条件，否则没有资格当媒人，寡妇、残疾人、孤儿、喇嘛、尼姑等绝对不能当媒人。作为媒人必须要遵循不能给有婚约的女子介绍对象，不能给有妻子的男子介绍对象，不能把外甥女介绍给舅表兄弟等礼俗。

第六，书中介绍了蒙古族传统适婚年龄。女子最佳结婚年龄为17—

21岁，男子最佳结婚年龄为18—25岁，如果女子21岁以上、男子25岁以上未婚，就被视为大龄青年。蒙古族接受佛教思想之后，以佛经上阐述的结婚年龄为依据，举行婚嫁仪式。据佛教经典记载，女孩子到13岁才备齐气血，所以达到17岁才纳入成年妇女之列，男孩子到15岁才备齐精气，所以达到18岁才纳入成年男子之列。因此，蒙古人认为男子最佳结婚年龄为18岁，女子最佳结婚年龄为17岁，并认为男子年龄比女子稍大为适宜。

第七，书中记载了蒙古族传统婚礼仪式。按照蒙古族传统习俗，新郎亲自去接亲，男方迎亲队伍共由七人组成，除了新郎之外，还由首席胡达（汉语意为亲家）、副胡达、三胡达、印章胡达、祝颂人、押车姑娘等人组成。首席胡达、副胡达坐在婚宴贵宾席上，履行同女方首席胡达交谈以及向女方表示感谢等礼节性义务，并对迎亲婚宴总体负责。三胡达、印章胡达负责摆酒席、准备婚宴礼物及安排客人入席等具体事宜。祝颂人陪着新郎参加各项婚礼仪式。在男方迎亲宴上，通过举行新娘拜火神、叩拜公婆等婚礼仪式，新娘才能成为婆家的一名成员。

第八，书中不仅阐述婚后头三天新娘要起早掏灶灰、熬奶茶并向长辈请安等仪式，还描述了婚后第三天新娘要在新郎陪同下回娘家等习俗。

罗卜桑悫丹在《蒙古风俗鉴》中所阐述的蒙古族传统婚俗具有鲜明的民族特色和地方特色，并为巴尔虎蒙古族传统婚俗研究提供了重要的参考资料。因为巴尔虎蒙古族婚俗作为蒙古族传统婚俗的重要组成部分，其重要礼俗和程序基本上与蒙古族传统婚俗具有相似性，如一直到新中国成立前夕，巴尔虎人仍保留着包办强迫、同姓不婚、门当户对、早婚等婚姻习俗，并有一套完整的婚嫁礼仪和程序。因此，在《蒙古风俗鉴》中所描述的蒙古族传统婚俗，一定程度上反映了巴尔虎蒙古族传统婚俗及其基本程序。

（三）新中国成立以来巴尔虎蒙古族婚姻习俗研究的相关成果

从中华人民共和国成立到改革开放之前，由于受到国内众多因素的影响，如受"四清运动"和"文化大革命"等"左"倾政治运动的影响，国内社会学、民俗学等学科的发展受到冷遇，有时候还受到片面的批判，从而严重阻碍了包括婚俗研究在内的社会学和民俗学的研究与发展。

燕京、清华、北大三校师生共25人于1950年暑期组成内蒙古工作调查团赴呼纳盟（今呼伦贝尔市）进行为期两个月的民族调查工作。在这两个月的调研期间，调研组成员重点深入呼纳盟牧业四旗，调查了解蒙古族、达斡尔族、鄂温克族、鄂伦春族等少数民族的历史、经济、政治、教育和社会风俗等方面的情形，并根据调查所得撰写了《内蒙古呼纳盟民族调查报告》，于1951年3月油印。此份田野调查报告第一次较真实地阐述了新中国成立初呼伦贝尔盟境内少数民族的生产、生活及风俗习惯等概况。该调查报告在第四章第三节内容中分结婚以前、结婚、离婚、再婚、其他等五个问题来详细描述当年生活在呼伦贝尔盟新巴尔虎右旗（简称新右旗）、新巴尔虎左旗（简称新左旗）、陈巴尔虎旗（简称陈旗）境内的巴尔虎蒙古族婚姻习俗，为我们课题组顺利进行巴尔虎蒙古族婚俗变迁调查工作提供了正确的研究思路与工作方法。该调查报告是了解新中国成立初期巴尔虎蒙古族婚俗概况的最珍贵的史料。

改革开放以来，随着社会学、民俗学的恢复和发展，蒙古族婚俗研究工作也得到重视，一部分专家和学者专门研究和整理蒙古族传统婚俗并出版和发表了一些研究成果，其中也包括巴尔虎蒙古族婚俗方面的相关成果。主要成果有以下几种：

1. 关于巴尔虎蒙古族传统婚俗的整理与编著成果

20世纪80年代以来，有关专家和学者对蒙古族各部落的传统婚俗进行整理与研究并出版了一些研究成果。

（1）1987年出版了阿古达木和策·乌日根编辑与整理的《蒙古族婚礼》一书。该书中，较系统地阐述了布里亚特婚礼、巴尔虎婚礼、科尔沁婚礼、察哈尔婚礼、巴林婚礼、乌拉特婚礼、阿拉善婚礼、土尔扈特婚礼等蒙古族八个部族的传统婚俗及婚礼程序。该书第二章中详细描述了巴尔虎婚俗的程序与礼仪，即介绍了求亲、献哈达、商谈银子与牛羊、送礼物与祭祀、男方缝制新蒙古包围毡、女方收财物、给姑娘穿超巴（超巴为像雨衣形状的长袍）与姑娘走亲戚、女方送亲宴会、男方迎亲宴会、把新郎请进新蒙古包与宝隆乃日（宝隆乃日是指婚礼当天晚上由男方举办的小规模答谢宴）、新娘母亲返回与新娘父亲回看女儿、新娘出月份等12种婚俗礼仪。

（2）1995年出版了花赛·都嘎尔扎布撰写的《巴尔虎镶黄旗志》一书。该书第五章中，详细阐述了巴尔虎蒙古族传统婚俗礼仪，即分别介绍了男方娶亲礼仪和女方送亲礼仪。男方娶亲礼仪包括绊马前腿、商谈银子与牛羊、献哈达、送礼物与祭祀、缝制新蒙古包围毡、新郎前往女方家接亲、新娘第一次登婆家之门、新郎送回岳母、新娘出月份等九个程序。女方送亲礼仪包括为出嫁女准备嫁妆、举办祭祀宴会、收财物、给姑娘穿超巴与姑娘走亲戚、送亲等五个程序。

（3）2004年出版了邢野、宿梓枢主编的《内蒙古民俗风情通志》一书。该书卷四第一章中，详细介绍了内蒙古12个盟市蒙古族婚礼习俗概况，其中对巴尔虎婚俗进行简单介绍。

（4）2004年出版了朝·都古尔扎布编著的《巴尔虎风俗》一书。该书第十一章中，较详细描述了巴尔虎传统婚俗礼仪及程序，其中包括求亲与献哈达、商谈银子与牛羊、送礼物与祭祀、男方缝制新蒙古包围毡与女方收财物、给姑娘穿超巴与姑娘走亲戚、女方送亲宴会、男方迎亲宴会、把新郎请进新蒙古包、新娘母亲返回与新娘父亲回看女儿、新娘出月份等十种婚俗礼仪。该书是作者在新左旗范围内对巴尔虎风俗进行多年的田野调查基础上，整理与编著而成的有关巴尔虎部族生产习俗、生活习俗、宗教信仰习俗及那达慕娱乐习俗等方面的代表性著作，该书中有关巴尔虎风俗习惯及婚姻习俗的研究具有重要的史料价值和学术价值。

（5）2009年出版了新右旗文史编委会编写的《新巴尔虎右旗文史资料（一）》一书。该书中，详细介绍求亲、商谈银子与牛羊、送礼物与祭祀、发出婚宴请帖、新蒙古包宴会与女方收财物、让姑娘知道与姑娘走亲戚、女方送亲宴会、送亲、男方迎亲宴会、宝隆乃日、新娘母亲返回与新娘父亲回看女儿、新娘出月份等12种新巴尔虎传统婚俗礼仪，为巴尔虎风俗习惯及婚姻习俗的研究提供了珍贵的第一手资料。

（6）2005年出版了楚勒特木和乌云格日乐撰写的《游牧巴尔虎》一书。该书中，系统介绍巴尔虎传统游牧生产方式和生活方式，为巴尔虎婚姻习俗的研究提供了珍贵的第一手资料。特别是该书对巴尔虎新娘传统头饰和礼服及蒙古包构造和包内所使用的器具等方面进行详细介绍，为巴尔虎蒙古族婚姻习俗的研究提供了重要的参考资料。

（7）2004年出版了满都拉和于海莉主编的《陈巴尔虎习俗与传说》一书。该书中，详细介绍了陈巴尔虎传统婚俗礼仪及程序。陈巴尔虎传统婚俗礼仪包括以下几个方面的内容：第一，男方派媒人到女方家求亲。第二，如果女方愿意与男方结亲，男方就会派媒人第二次到女方家向女方佛像献哈达。第三，男方派媒人第三次到女方家向女方佛像献元宝或向女方送马牛，以示定亲之意。第四，男方派媒人第四次到女方家，与女方家长商定送彩礼的吉日，然后按照选定日期，男方几位长辈领着准新郎到女方家送元宝和牛羊等彩礼。第五，男方主胡达（汉语意为亲家）前往女方家，与女方家长商定结婚吉日。第六，婚礼前一两天，女方要举行给出嫁女穿超巴和出嫁女走亲戚仪式。第七，女方举办送亲宴会。新娘父母还向出嫁女儿陪送首饰、四季服饰、牛羊、车辆、餐具等嫁妆。第八，男方举办迎亲宴会。在迎亲婚宴上，新娘的干娘给新娘分头发并帮助她换上夫人袍之后，将举行新娘拜佛、拜火神、叩拜公婆等一系列仪式。通过这些婚礼仪式，新娘才能成为婆家的一名成员。第九，新娘母亲返回与新娘父亲回看女儿。第十，新娘出月份等，共十个婚礼程序。

（8）2003年出版了薛双喜主编的《莫尔格勒河往事》一书。该书中，将陈巴尔虎婚礼习俗分为求亲、准新郎到女方家拜见岳父岳母、选定结婚吉日、邀请婚宴宾客、婚礼准备工作（包括准备新娘首饰、服饰及婚房、婚床、被褥、锅碗等）、新郎等前往女方家接亲、女方给新郎穿新蒙古袍、送亲宴会、安排婚宴坐席、迎接送亲队伍、送亲队伍返回等11个婚礼程序。从上述婚礼程序来看，新巴尔虎与陈巴尔虎传统婚俗礼仪基本上是一致的。

上述这些著作，特别是在《蒙古族婚礼》《巴尔虎镶黄旗志》《新巴尔虎右旗文史资料（一）》《巴尔虎风俗》《陈巴尔虎习俗与传说》《莫尔格勒河往事》等著作中，用单独篇幅来详细介绍巴尔虎蒙古族传统婚俗礼仪及程序，为今后巴尔虎婚姻习俗的研究提供了丰富的民俗学资料。

2. 关于巴尔虎蒙古族传统婚俗的研究成果

（1）自1982年至1983年呼日勒沙教授在学术期刊《内蒙古社会科学》（1982年第3、4期，1983年第1、2、3期连载）上连续发表了题目为《蒙古族婚俗初探》的长篇论文。作者在论文中以考据溯源的方法分四个部分来系统阐述蒙古族婚姻形态和婚俗礼仪的变迁过程并深刻分析了其发生演变的内在原因。

第一部分论述了古代蒙古族婚姻形态及婚俗礼仪。作者认为蒙古族婚姻形态也和其他民族一样经历了群婚制、对偶婚制和一夫一妻制等三个发展阶段，从对偶婚制过渡到一夫一妻制婚姻形态时，中间还经历了比较漫长的一夫多妻制的婚姻形态。从公元7世纪到13世纪初，古代蒙古族婚姻形态正处于一夫多妻制阶段。同时，还探讨了古代蒙古族氏族外婚制、男方求亲、女方送亲礼仪、抢婚习俗、自由婚习俗的萌芽及早婚习俗等婚俗问题。

第二部分论述了古代蒙古族贵族与哈日出（汉语意为庶民）的婚俗区别及其产生的原因和历史影响。作者对古代蒙古族传统婚俗进行深刻分析之后，提出了蒙古族传统婚俗礼仪是从封建贵族阶级的婚俗礼仪演变而来的学术观点。

第三部分详细介绍了23种蒙古族传统婚俗礼仪。按照蒙古族传统婚俗，由求亲到婚后第三天新娘第一次回门为止，在整个婚礼过程中，具有较完整的婚俗礼仪体系，即有献哈达之礼，送彩礼之礼，看日子之礼，新郎启程之礼，新郎新娘戴礼帽之礼，女方给新郎穿礼服与新娘携带四季服饰之礼，新娘给新郎赠送靴子之礼，新郎背挎弓箭前去迎亲之礼，新郎腰带火镰之礼，男方挡门之礼，男方向女方赠送馇斯［蒙古语称"馇斯"（ᠴᠠᠭᠠᠨ），意思为"整羊宴"或"全羊席"，在民间汉语俗称"羊背子"。］之礼，新郎向长辈敬酒之礼，祈求新娘名字之礼，抢嘎拉哈（汉语为羊踝骨）之礼，迎接女方送亲人员之礼，抢新郎帽子之礼，祝福新娘心爱之物之礼，新娘拜火神之礼，新郎新娘叩拜父母之礼，新娘给婆婆赠送礼物之礼，干妈给新娘梳头之礼、新郎新娘拜天之礼，婆婆给新娘送羊脖子之礼等23种礼俗。这些婚俗礼仪都具有深刻的历史渊源和文化内涵。

第四部分阐述了婚礼祝颂人的起源与婚礼祝颂词的内涵。婚礼祝颂人是一场婚礼能够圆满成功的重要参与角色之一，在蒙古族传统婚礼上，祝颂人主要承担陪伴新郎，主持婚礼仪式，致祝词，祝福新人，活跃婚宴气氛等任务。

由于上述蒙古族传统婚俗礼仪具有普遍性和延续性，巴尔虎蒙古族某些婚姻习俗也被包括在其中。因此，上述研究成果对于巴尔虎蒙古族婚俗变迁研究具有重要的参考价值和史料价值。

（2）1996年留金锁在学术期刊《内蒙古社会科学》第4期上发表了《关于蒙古族婚姻法问题》一文。该文从法理学的角度分析和阐述蒙古族传统婚姻制度与习俗，将蒙古族传统婚姻习俗研究纳入法理学的范畴之中，进一步扩大了蒙古族传统婚俗的研究范围。该文系统地分析和阐述了《成吉思汗大札撒》（13世纪初颁布的法典）、《阿拉坦汗法典》（1578—1582年期间颁布）、《卫拉特法典》（1640年颁布）、《喀尔喀律令》（1709年颁布）中收录的有关蒙古族婚姻习俗方面的法律条款。特别是在1709年颁布和实施的《喀尔喀律令》中详细制定了有关喀尔喀蒙古婚姻礼俗方面的律令，如在《喀尔喀律令》85—89条款中，第一次以法律形式禁止官僚和塔布囊等社会上层的纳妾行为，依法维护了一夫一妻制。在《喀尔喀律令》90—91条款中，明确规定对第三方破坏婚约行为的处罚条款，维护了有婚约关系的双方当事人的合法权益。在《喀尔喀律令》99—100条款中，明确规定了哈日出阶层聘娶官僚和塔布囊等社会上层的姑娘为妻的相关条件，该律令明确规定哈日出阶层向官僚与塔布囊等社会上层赠送丰厚的彩礼之后，才能获得聘娶其姑娘为妻的法定资格。由于官僚与塔布囊等社会上层索要的聘礼特别贵重，哈日出阶层无法支付这份彩礼，因此在官僚与哈日出等社会不同阶层之间几乎没有通婚的可能性。在《喀尔喀律令》103条款中，明确规定对男女双方毁婚约行为的处罚条例。例如订婚一年之内女方毁约，女方将男方送来的彩礼全部退还给男方；订婚两年以上女方毁约，女方将男方送来的彩礼及其半倍利息全部退还给男方；订婚三年以上女方毁约，女方将男方送来的彩礼及其一倍利息全部退还给男方。如果订婚之后男方毁约，女方只要把男方送来的彩礼全部退还给男方就行，不加利息。在《喀尔喀律令》中制定的上述法律条款，对于当时生活在喀尔喀蒙古管辖之内的巴尔虎蒙古族婚姻习俗产生了深远的影响，并且对巴尔虎蒙古族婚俗变迁的研究具有重要的史料价值。

（3）2007年孟兆芬在《内蒙古民族大学学报》第4期上发表了《蒙古族传统婚俗与现代英国婚俗异同徐略》一文，2008年斯仁巴图教授在《呼伦贝尔学院学报》第3期上发表了《关于蒙古族和达斡尔族、鄂温克族传统婚俗中的娱乐性民俗》一文，这两篇论文用横向比较的方法，分析和阐述蒙古族传统婚姻习俗，为巴尔虎蒙古族婚俗研究提供了比较研究方法与思路。

（4）在田野调查基础上创作的有关蒙古族婚俗研究的论文有：苏布德的《新巴尔虎蒙古社区的变迁与发展——对中国内蒙古和蒙古国两个牧业区的比较研究》（中央民族大学，博士学位论文，2011年，未刊），苏伦嘎的《当代城市蒙古族婚嫁礼仪探析——以呼和浩特土默特为例》（内蒙古师范大学，硕士学位论文，2009年，未刊），红歌佐拉的《婚姻礼仪的变迁与民众选择——1947—2007年科尔沁左翼后旗包氏家庭为个案》（中央民族大学，博士学位论文，2008年，未刊）等，这些论文将田野调查的方法运用到蒙古族婚俗研究当中，为巴尔虎蒙古族婚俗变迁研究提供了正确的田野调查方法与思路。

（5）2009年哈斯图娅教授在《呼伦贝尔学院学报》第5期上发表了《陈巴尔虎婚礼》一文，该文着重介绍了新中国成立前的陈巴尔虎婚庆风俗。该文是课题组所搜集到的唯一一篇在学术期刊上公开发表的有关巴尔虎蒙古族婚姻习俗方面的叙述性论文。该文主要从求亲定亲、确定婚期、婚庆准备、送亲仪式、迎亲仪式等五个方面系统阐述陈巴尔虎传统婚俗，为巴尔虎蒙古族传统婚俗研究提供了有价值的资料。

总之，从上述资料介绍来看，有关巴尔虎蒙古族传统婚俗方面的整理与编著成果比较多，如在《巴尔虎镶黄旗志》《游牧巴尔虎》《新巴尔虎右旗文史资料（一）》《巴尔虎风俗》和《陈巴尔虎习俗与传说》等著作中，都用单独篇幅来详细描述巴尔虎蒙古族传统婚俗礼仪与程序，为课题组进行巴尔虎蒙古族婚俗变迁调查研究提供了丰富的第一手资料。但是，新中国成立以来对巴尔虎蒙古族婚俗变迁过程的研究尚浅，从历史发展的角度，全面、系统地论述巴尔虎蒙古族婚俗变迁过程并探寻其演变规律的研究成果也尚属空白。

## 二 国外巴尔虎蒙古族婚俗研究概况

新中国成立之前，日本学者后藤十三雄在对20世纪30年代的内蒙古蒙古族游牧生活方式进行社会调查的基础上，撰写了《蒙古游牧社会》一书，书中简单介绍了蒙古族传统婚姻习俗。如介绍了当时在蒙古社会除少数富人聘娶多妻之外，蒙古族普通百姓基本上遵循着一夫一妻制的婚姻习俗。同时，还介绍了呼伦贝尔锡尼河布里亚特新娘所遵循的礼俗。蒙古国学者扎·乌力吉在其撰写的《巴尔虎蒙古史》一书中，详细介绍了巴尔虎传统婚俗礼仪，其中包括派媒人、献哈达、商谈银子与牛羊、祭祀、男方缝制新蒙古包围毡、女方收财物、给姑娘穿超巴与姑娘走亲戚、女方送亲宴会、男方迎亲宴会、把新郎请进新蒙古包与宝隆乃日、新娘母亲返回与新娘父亲回看女儿、新娘出月份等12种婚姻程序，这些婚姻程序基本上和朝·都古尔扎布编著的《巴尔虎风俗》里所描述的巴尔虎传统婚俗相同。蒙古国学者嘎拉珠德·沙日宝也曾在其专著中介绍过生活在蒙古国东方省呼伦贝尔苏木的巴尔虎部族的传统婚俗。除此之外，国外学者对巴尔虎蒙古族传统婚俗进行深入研究的学术成果则少之又少。

## 第二节　巴尔虎蒙古族婚俗研究的学术价值、理论意义与现实意义

### 一　巴尔虎蒙古族婚俗研究的学术价值与理论意义

巴尔虎蒙古族传统婚俗作为巴尔虎蒙古人重要的文化遗产，承载着蒙古族独特的民族性格、思维方式、审美观念、价值判断等精神内涵，并以其独特的民族特色和浓郁的生活气息展示了古老民族多姿多彩的传统文化。巴尔虎婚俗尤其与蒙古族的饮食、服饰、祭祀、传统礼仪、传统艺术（祝赞词和长调）、马文化等都有十分紧密的联系，研究和挖掘巴尔虎婚俗文化，对发展和创新民族的新文化，推动社会主义社会精神文明建设的发展具有重要的推动作用。

近年来，随着社会经济的快速发展，越来越多的蒙古族传统文化元素消亡于现代化的洪流之中，具体到婚俗文化而言，婚俗中诸多传统因素的消失和变迁也十分剧烈，对于如何传承和发展蒙古族传统婚俗文化提出了严峻的挑战。而生活在呼伦贝尔市的巴尔虎人，特别是生活在牧区的巴尔虎人的传统婚俗文化受外界干扰相对较少，较好地保留着丰富多彩的传统文化元素。因此，加强对巴尔虎婚俗文化的调查和梳理，对它进行深入的挖掘和研究，并系统地论述和揭示巴尔虎蒙古族婚俗的变迁历程及其发展规律，对于保护游牧文化遗产，传承和发展蒙古族优良传统具有重要的理论意义，而且对完善民俗学研究理论，拓宽民俗学研究领域，革新落后的婚俗习惯，构建文明、和谐、平等的新型婚姻家庭关系具有重要的理论意义和借鉴作用。此外对巴尔虎婚俗文化的研究，也更加有利于巴尔虎民俗

文化的发展和创新。

## 二 巴尔虎蒙古族婚俗研究的现实意义

1. 进行巴尔虎蒙古族传统婚俗研究，对于构建文明、和谐、平等的新型婚姻家庭关系，具有重要的促进作用

婚姻是男女两性结合的一种社会关系，由此而产生的家庭，形成一定社会的组织细胞。家庭离不开婚姻，社会离不开家庭，千千万万个婚姻家庭支撑起一个社会，给社会注入了生机和活力，并推动着人类社会的延续和发展。建立幸福美满的婚姻家庭关系，是蒙古族人民长期以来所追求的美好愿望。巴尔虎人自古以来非常重视儿女的婚姻大事，他们认为结婚是人生的重要转折点，是人生中最大的喜事。作为父母为儿女举办隆重的民族婚礼，帮助儿女成家立业是对儿女进行一次婚姻观、家庭责任感和社会责任感教育的重要环节，也是帮助儿女树立正确的人生观和价值观的重要途径。在巴尔虎婚礼上，通过举行各项婚礼仪式或致祝词唱民歌等艺术形式，向新郎新娘传授尊老爱幼、夫妻恩爱、勤俭持家等思想理念，帮助新郎新娘深刻理解和体会成家立业的意义，这是巴尔虎婚俗所固有的文化内涵。这些文化内涵逐渐演变成为推动巴尔虎婚俗向前发展的内在动力。因此，研究和挖掘巴尔虎传统婚俗礼仪，对构建文明、和谐、平等的新型婚姻家庭关系具有重要的促进作用。

2. 进行巴尔虎蒙古族传统婚俗研究，对于构建稳定祥和、互助友爱、邻里和睦、和谐有序的新型社会关系具有积极的推动作用

风俗习惯是人们在长期的生活实践中形成并世代延续的行为模式，具有民族性、地域性、稳定性和相对独立性等特点。由于风俗习惯大多起源于人们的生存需要的活动，所以在婚姻家庭领域存在着不少古老的风俗习惯。有些婚俗习惯本身就是婚姻家庭制度的内容，有些传统习俗对人们的婚姻家庭生活仍起着引导作用。因此，我们对传统婚俗应持取其精华，舍其糟粕的态度，不仅要彻底清除其旧社会所遗留下的陈规陋习，而且还要传承和发展其内在的科学文明、健康有益的文化元素。巴尔虎婚礼从着手准备开始一直到圆满结束，在其整个过程中始终贯穿着一种以礼待人、以情动人、遵守传统、传承文化、尊敬长辈、关爱儿童、热爱生活、热爱草

原等积极向上的价值理念。如自古以来，巴尔虎婚礼上就有尊贵客人和长辈靠蒙古包北哈那入席，北面为贵宾席，男士靠蒙古包右边哈那入席，女士靠蒙古包左边哈那入席等习俗，并且从尊贵的客人或长辈开始献茶、敬酒，以示对长辈的敬重。每一场巴尔虎婚礼都是在亲朋好友的积极支持与帮助下得以顺利进行。传承和保护这些优良婚俗传统，对于构建稳定祥和、互助友爱、和睦相处、和谐有序的新型社会关系具有积极的推动作用。

3. 进行巴尔虎蒙古族传统婚俗研究，对于发展地方经济文化和开发文化旅游资源具有重要的促进作用

整理和研究巴尔虎传统婚俗是一项长期的系统工程。研究和开发以巴尔虎婚礼为主题的文化产品，不仅有利于传承和发展草原游牧文化的优良传统，而且对地方经济文化事业的发展能够起到促进作用。如果把巴尔虎婚礼改编成舞台剧，将它搬上艺术舞台，不仅丰富呼伦贝尔市旅游业的文化内涵，而且帮助旅游观光者亲身体验呼伦贝尔大草原的神奇与多彩，进而让他们目睹独具特色的少数民族民俗文化的精彩画面，使他们对呼伦贝尔的旅游观光活动产生浓厚的兴趣，这样才能促进呼伦贝尔市文化旅游业的快速发展。随着改革开放事业的深入发展，呼伦贝尔市巴尔虎婚俗文化逐渐得到恢复和发展，并在它的影响和带动下，海拉尔区、新左旗、新右旗、陈旗等地区的民族婚礼摄影店、民族服饰加工店、民族婚庆公司、民族服饰面料店（即丝绸店）、民族首饰加工店、民族用品店、民族特色的餐饮业等具有民族特色的文化产业和服务行业像雨后春笋般快速得到恢复和发展，为地方经济的发展注入了新的活力。如餐饮业方面有吃不腻、道不尽的炒米、奶茶、手把肉、烤全羊等早已名扬四方。巴尔虎新娘传统礼服和头饰等逐渐得到恢复，为民族服饰和装饰品行业的发展提供了取之不尽、用之不竭的原生态文化元素。这些民族特色的餐饮业、服务行业和文化产业将带动地方经济的快速发展，将会为呼伦贝尔市特色产业的发展开辟出一条具有发展前景的创新之路。

4. 进行巴尔虎蒙古族婚俗传统研究，对于民族文化艺术事业的发展具有重要的促进作用

通过对巴尔虎蒙古族传统婚礼习俗的恢复与发展，加以整理和创新与巴尔虎婚礼习俗有关的巴尔虎婚礼民歌、巴尔虎婚礼祝赞词、巴尔虎

婚礼礼服与装饰品等文化产品，不仅有利于巴尔虎蒙古族传统文化的复苏，而且为地方文化艺术事业的发展提供了独特的艺术形式和丰富的文化内涵。

5. 进行巴尔虎蒙古族传统婚俗研究，有利于增强民族自信心，有利于加强民族凝聚力。通过对巴尔虎传统婚俗的研究，传承和发展巴尔虎传统婚俗特有的文化形态和文化内涵，不仅能够增强民族自信心，而且对增强民族认同感，加强民族凝聚力，塑造民族品格等方面具有重要的促进作用。

6. 进行巴尔虎蒙古族传统婚俗研究，有利于加强各民族间的团结与合作。通过对巴尔虎传统婚俗的研究和挖掘，将民族文化的精华部分呈现给世人欣赏，不仅能够促进各民族之间的了解与交流，而且有利于发展平等、和谐、互利的社会主义新型民族关系。

## 第三节 巴尔虎蒙古族婚俗研究思路与方法

### 一 研究思路

本课题立足于田野调查活动，运用历史学、社会学、民族学和文化人类学的相关理论和方法，对呼伦贝尔市巴尔虎蒙古族婚俗变迁过程进行调查和研究，全面、系统地阐述新中国成立以来呼伦贝尔市巴尔虎蒙古族婚俗变迁过程，深刻分析巴尔虎蒙古族婚俗发生演变的主客观原因，进而探寻巴尔虎蒙古族婚俗变迁的客观规律。

### 二 研究方法

（一）采用田野调查方法搜集资料

本课题通过采用社会学、民族学、文化人类学的田野调查方法，对生活在呼伦贝尔市海拉尔区、新巴尔虎右旗、新巴尔虎左旗、陈巴尔虎旗等地的巴尔虎蒙古族婚俗文化进行田野调查，较系统地搜集和掌握了新中国成立以来巴尔虎蒙古族婚俗发生演变的第一手资料。课题组在海拉尔区、新巴尔虎右旗、新巴尔虎左旗、陈巴尔虎旗等巴尔虎三个旗境内进行田野调查时，主要采用了以下几种调查方法：

1. 通过采用个体访谈方法，搜集了有关巴尔虎蒙古族婚俗发生演变的典型案例。课题组主要围绕以下四个问题与访谈对象进行深度访谈：第一，请访谈对象介绍一下自己的结婚经历。第二，请访谈对象介绍一下巴尔虎蒙古族传统婚俗。第三，请访谈对象谈一谈新中国成立以来巴尔虎蒙古族婚俗的变迁及其发生演变的原因。第四，请访谈对象谈一谈进入21世纪以来，巴尔虎婚俗的演变趋势。

（1）2014年7月14日，课题组在新巴尔虎右旗阿拉坦额莫勒镇采访扎某之后，详细了解了新中国成立以前在巴尔虎人中保留下来的包办婚姻习俗。扎某的婚姻是典型的传统包办婚姻。

（2）2014年8月5日，课题组在新巴尔虎右旗采访阿某之后，详细了解了新中国成立以前巴尔虎人在嫁女儿时陪送丰厚嫁妆的传统习俗。老人结婚时，父母给她陪送了1头奶牛、4头犍牛、2匹马、一辆毛哈里格（坐人的车）、一辆额日格尼格（装衣服与食品的车）、一辆兴格力格（装牛粪的车）、一辆杭盖（载蒙古包的车）以及碗柜、希日德格（汉语意为小地毯）、床、两个圆形枕头及四季服饰等嫁妆。

（3）2014年8月8日，课题组在海拉尔区采访色某之后，详细了解了1949年新中国成立前后，巴尔虎婚俗发生演变的原因及其形式。由于当年新中国刚刚成立，旧的婚姻制度和习俗并没有彻底消失，新的婚姻制度和习俗也还没有完全确立起来，是新旧婚姻制度和习俗并存并共同发挥作用的社会变革时期。因此，色某的婚姻形式并不是传统意义上的包办婚姻，也不是现代意义上的自主婚姻，而是兼具包办婚姻性质和现代婚姻形式的过渡形态的婚姻形式。

（4）2014年10月11日，课题组在海拉尔区采访门某之后，详细了解了巴尔虎传统婚俗由传统包办婚姻到现代自主婚姻的变迁过程。

（5）2014年11月2日，课题组在新左旗阿木古郎镇采访朝某之后，了解了新中国成立以前巴尔虎人所提倡的早婚习俗。如1944年老人15岁时，嫁给了比她小4岁的丈夫。

（6）2014年11月2日，课题组在新左旗阿木古郎镇采访楚先生之后，了解了"文化大革命"时期巴尔虎婚俗因受"左"倾错误政策的影响而发生演变的婚俗现象。

(7) 课题组成员分别同三位巴尔虎民俗学家进行深度访谈，着重探讨了巴尔虎传统婚俗礼仪所蕴含的文化内涵和象征意义等问题。2014 年 7 月 14 日在新左旗阿木古郎镇同彭苏格先生进行了访谈。2014 年 10 月 12 日在海拉尔区同朝·都格尔扎布先生进行了访谈。2014 年 11 月 2 日在新左旗阿木古郎镇同楚勒特木先生进行了访谈。

2. 通过采用问卷调查的方法，全面搜集了自新中国成立以来巴尔虎蒙古族婚俗发生演变的详细资料。自 2014 年 7 月至 2015 年 6 月期间，课题组成员先后前往新右旗阿拉坦额莫勒镇、阿敦础鲁苏木、克尔伦苏木、杭乌拉苏木、呼伦苏木、达来苏木、宝格达乌拉苏木、宝东苏木和新左旗阿木古郎镇、新宝力格苏木、乌布尔宝力格苏木、塔日根诺尔苏木、嵯岗镇以及陈旗巴音库仁镇、东乌珠尔苏木、西乌珠尔苏木和海拉尔区等巴尔虎蒙古族聚居的地区进行田野调查。通过访谈、走进蒙古包、参加巴尔虎婚礼、参加巴尔虎文化活动等途径，进行问卷调查工作，并全面搜集自新中国成立以来巴尔虎婚俗发生演变的第一手资料，为顺利进行巴尔虎蒙古族婚俗变迁研究工作提供了较珍贵的田野调查资料。课题组所搜集到的很多第一手资料是课题组成员通过亲自进行问卷调查后搜集上来的，所以对所搜集到的第一手资料进行分类，进行综合分析和定性分析时，能够保证所搜集到的田野调查资料的真实性和准确性，而且能够科学、合理地运用和把握所搜集到的第一手资料。进行问卷调查之前，课题组还认真设计了问卷调查表的内容与结构。

表 1-1　　　　　巴尔虎蒙古族婚俗变迁问卷调查汇总

| 序号 | 结婚时间 | 受访者人数 | 巴尔虎婚姻习俗的特点 | 巴尔虎婚姻习俗的变迁 |
| --- | --- | --- | --- | --- |
| 1 | 1949 年以前 | 6 | 提倡包办、早婚、门当户对等婚姻习俗 | 按着古老的习俗举办婚礼 |
| 2 | 1950—1959 | 6 | 反对包办婚姻和早婚，提倡婚姻自由 | 由包办婚姻过渡到自由婚姻阶段，包办婚姻习俗逐渐被废除，新式婚姻习俗正在形成 |
| 3 | 1960—1969 | 12 | 提倡婚姻自由，禁止他人干涉婚姻自由的行为 | "文化大革命"以前，基本上按照巴尔虎传统婚礼习俗举办婚礼，举行新娘拜佛、拜火神等传统仪式 |

续表

| 序号 | 结婚时间 | 受访者人数 | 巴尔虎婚姻习俗的特点 | 巴尔虎婚姻习俗的变迁 |
|---|---|---|---|---|
| 4 | 1970—1979 | 17 | 提倡婚姻自由,禁止他人干涉婚姻自由的行为 | "文化大革命"时期,禁止传统婚礼习俗,提倡具有政治色彩的婚礼仪式,新郎新娘向毛主席像行礼,大家演唱革命歌曲等 |
| 5 | 1980—1989 | 27 | 提倡婚姻自由,禁止他人干涉婚姻自由的行为 | 改革开放以来,巴尔虎传统婚礼习俗逐渐得到恢复,如找喇嘛看卦并择定结婚吉日的习俗得到恢复 |
| 6 | 1990—1999 | 14 | 提倡婚姻自由,禁止他人干涉婚姻自由的行为 | 90年代以来,巴尔虎传统婚礼习俗继续得到恢复,如新娘拜火神、给新娘分头发等传统仪式得到恢复 |
| 7 | 2000—2015 | 11 | 提倡婚姻自由,禁止他人干涉婚姻自由的行为 | 巴尔虎传统婚礼习俗逐步向现代婚礼习俗演进。如送亲工具、婚礼举办场地、居住方式、嫁妆等方面发生了很大变化 |
| 小计 | | 93 | | |

**表 1-2　　课题组成员进行田野调查的时间和地点**

| 序号 | 调研时间 | 调研地点 | 调研人员 | 受访者人数 | 备注 |
|---|---|---|---|---|---|
| 1 | 2014.6.25,共1天 | 陈旗巴音库仁镇 | 香梅、包殿福、乌日图 | | 到陈旗档案局查找资料 |
| 2 | 2014.7.14—7.17,共4天 | 新左旗1镇、1个苏木,新右旗1镇、6个苏木 | 香梅、乌云、包殿福、何洋、 | 28人 | 12位牧民,16位在职及退休人员 |
| 3 | 2014.7.18—7.19,共2天 | 新左旗乌布尔宝力格苏木 | 香梅、乌云、包殿福、琪琪格 | 7人 | 4位牧民,3位在职人员(观察牧区巴尔虎婚礼) |
| 4 | 2014.8.3—8.7,共5天 | 新左旗2镇、2个苏木,新右旗1镇、3个苏木 | 乌云、香梅、包殿福、玛吉格苏荣 | 17人 | 15位牧民,2位在职人员 |
| 5 | 2014.8.8,共1天 | 海拉尔区 | 香梅、乌云 | 2人 | 2位退休人员 |
| 6 | 2014.8.11—8.12,共2天 | 陈旗1镇、2个苏木 | 香梅、乌云、包殿福、银钢 | 11人 | 7位牧民,4位在职人员 |
| 7 | 2014.8.19—8.21,共3天 | 新左旗1镇、新右旗1个苏木 | 乌云、香梅、包殿福、玛吉格苏荣 | 5人 | 5位牧民 |
| 8 | 2014.10.11,共1天 | 海拉尔区 | 香梅、乌云 | 1人 | 1位牧民 |

续表

| 序号 | 调研时间 | 调研地点 | 调研人员 | 受访者人数 | 备注 |
|---|---|---|---|---|---|
| 9 | 2014.10.12，共1天 | 海拉尔区 | 香梅、乌云、包殿福 | 1人 | 与巴尔虎民俗学家进行访谈 |
| 10 | 2014.11.1—11.3，共3天 | 新左旗阿木古郎镇 | 香梅、乌云、包殿福 | 2人 | 与巴尔虎民俗学家进行访谈 |
| 11 | 2014.11.21—11.22，共2天 | 陈旗巴音库仁镇 | 香梅、乌日图、包殿福、白凤、王全 | 2人 | 观察巴尔虎城镇婚礼并采访2位退休人员 |
| 12 | 2014.12.23—12.26，共4天 | 新右旗1镇，2个苏木 | 乌云、香梅、包殿福、玛吉格、苏荣 | 6人 | 4位退休人员，2位牧民 |
| 13 | 2015.1.9—1.11，共3天 | 新右旗阿拉坦额莫勒镇 | 香梅、乌云、包殿福、玛吉格、苏荣 | 2人 | 召开巴尔虎婚俗变迁座谈会（30多人参加） |
| 14 | 2015.2.10，共1天 | 海拉尔区 | 香梅、乌云、包殿福 | 1人 | 1位退休教师 |
| 15 | 2015.6.14，共1天 | 海拉尔区 | 香梅、乌云、包殿福 |  | 现场观察巴尔虎城镇婚礼 |
| 16 | 2016.11.19，共1天 | 新右旗阿拉坦额莫勒镇 | 香梅、乌云、包殿福 |  | 召开了如何传承和发展巴尔虎婚礼仪式的座谈会（20多人参加） |

表1-3　　　　　　　　受访者的基本信息汇总

| 序号 | 姓名 | 性别 | 年龄 | 民族 | 文化程度 | 结婚时间 | 所在地 |
|---|---|---|---|---|---|---|---|
| 1 | 阿某 | 女 | 103 | 巴尔虎蒙古族 | 无 | 1929 | 新右旗呼伦苏木 |
| 2 | 扎某 | 女 | 89 | 巴尔虎蒙古族 | 无 | 1939 | 新右旗阿敦朝鲁苏木 |
| 3 | 朝某 | 女 | 86 | 巴尔虎蒙古族 | 无 | 1943 | 新左旗阿木古郎镇 |
| 4 | 门某 | 女 | 88 | 巴尔虎蒙古族 | 小学 | 1943 | 新左旗阿木古楞宝力高苏木 |
| 5 | 道某 | 男 | 82 | 巴尔虎蒙古族 | 中专 | 1945 | 陈旗巴彦库仁镇 |
| 6 | 玛某 | 女 | 83 | 巴尔虎蒙古族 | 无 | 1946 | 新右旗宝格达乌拉苏木 |
| 7 | 雨某 | 女 | 82 | 巴尔虎蒙古族 | 无 | 1949 | 新右旗杭乌拉苏木 |

续表

| 序号 | 姓名 | 性别 | 年龄 | 民族 | 文化程度 | 结婚时间 | 所在地 |
|---|---|---|---|---|---|---|---|
| 8 | 色某 | 男 | 84 | 巴尔虎蒙古族 | 专科 | 1949 | 新右旗阿拉坦额莫勒镇 |
| 9 | 爬某 | 女 | 82 | 巴尔虎蒙古族 | 小学 | 1950 | 陈旗巴彦库仁镇 |
| 10 | 巴某 | 女 | 82 | 巴尔虎蒙古族 | 小学 | 1950 | 新右旗呼伦苏木 |
| 11 | 杜某 | 男 | 84 | 巴尔虎蒙古族 | 中专 | 1953 | 新右旗阿拉坦额莫勒镇 |
| 12 | 汗某 | 女 | 79 | 巴尔虎蒙古族 | 高中 | 1953 | 新左旗查岗镇 |
| 13 | 色某 | 女 | 81 | 巴尔虎蒙古族 | 小学 | 1953 | 新右旗宝格达乌拉苏木 |
| 14 | 色某 | 女 | 79 | 巴尔虎蒙古族 | 小学 | 1953 | 新右旗杭乌拉苏木 |
| 15 | 占某 | 男 | 87 | 巴尔虎蒙古族 | 高中 | 1954 | 海拉尔区 |
| 16 | 吉某 | 女 | 77 | 巴尔虎蒙古族 | 小学 | 1956 | 新右旗阿敦朝鲁苏木 |
| 17 | 边某 | 男 | 78 | 巴尔虎蒙古族 | 小学 | 1957 | 新右旗呼伦苏木 |
| 18 | 玛某 | 女 | 76 | 巴尔虎蒙古族 | 小学 | 1957 | 新右旗阿拉坦额莫勒镇 |
| 19 | 沙某 | 女 | 82 | 巴尔虎蒙古族 | 小学 | 1957 | 新右旗呼伦苏木 |
| 20 | 乌某 | 女 | 78 | 巴尔虎蒙古族 | 小学 | 1960 | 陈旗西乌珠尔苏木 |
| 21 | 苏某 | 女 | 75 | 巴尔虎蒙古族 | 初中 | 1960 | 新右旗宝格达乌拉苏木 |
| 22 | 边某 | 女 | 73 | 巴尔虎蒙古族 | 初中 | 1960 | 新右旗杭乌拉苏木 |
| 23 | 巴某 | 女 | 72 | 巴尔虎蒙古族 | 初中 | 1961 | 海拉尔区 |
| 24 | 央某 | 女 | 70 | 巴尔虎蒙古族 | 小学 | 1962 | 新右旗赛罕塔拉苏木 |
| 25 | 巴某 | 男 | 76 | 巴尔虎蒙古族 | 中专 | 1962 | 新右旗阿拉坦额莫勒镇 |
| 26 | 沙某 | 女 | 71 | 巴尔虎蒙古族 | 小学 | 1962 | 新左旗塔公社 |
| 27 | 道某 | 女 | 65 | 巴尔虎蒙古族 | 小学 | 1966 | 新右旗宝格达乌拉苏木 |
| 28 | 宝某 | 男 | 70 | 巴尔虎蒙古族 | 小学 | 1966 | 新右旗阿拉坦额莫勒镇 |

续表

| 序号 | 姓名 | 性别 | 年龄 | 民族 | 文化程度 | 结婚时间 | 所在地 |
| --- | --- | --- | --- | --- | --- | --- | --- |
| 29 | 苏某 | 女 | 72 | 巴尔虎蒙古族 | 初中 | 1968 | 陈旗巴彦库仁镇 |
| 30 | 彭某 | 男 | 76 | 巴尔虎蒙古族 | 本科 | 1968 | 新左旗阿木古郎镇 |
| 31 | 阿某 | 女 | 68 | 巴尔虎蒙古族 | 高中 | 1969 | 海拉尔区 |
| 32 | 哈某 | 女 | 67 | 巴尔虎蒙古族 | 初中 | 1970 | 新左旗阿木古郎镇 |
| 33 | 道某 | 女 | 63 | 巴尔虎蒙古族 | 初中 | 1970 | 新左旗新宝力格苏木 |
| 34 | 孟某 | 女 | 69 | 巴尔虎蒙古族 | 中专 | 1971 | 新左旗阿木古郎镇 |
| 35 | 阿某 | 女 | 64 | 巴尔虎蒙古族 | 初中 | 1971 | 新右旗光明队 |
| 36 | 道某 | 男 | 66 | 巴尔虎蒙古族 | 初中 | 1971 | 新右旗宝格达乌拉苏木 |
| 37 | 斯某 | 女 | 61 | 巴尔虎蒙古族 | 初中 | 1974 | 新左旗乌布日宝力格苏木 |
| 38 | 道某 | 男 | 60 | 巴尔虎蒙古族 | 小学 | 1974 | 新右旗杭乌拉苏木 |
| 39 | 朋某 | 男 | 61 | 巴尔虎蒙古族 | 无 | 1974 | 新右旗呼伦苏木 |
| 40 | 布某 | 女 | 61 | 巴尔虎蒙古族 | 小学 | 1975 | 陈旗东乌珠尔苏木 |
| 41 | 苏某 | 女 | 58 | 巴尔虎蒙古族 | 初中 | 1975 | 新右旗呼伦苏木 |
| 42 | 满某 | 女 | 57 | 巴尔虎蒙古族 | 初中 | 1977 | 新左旗乌布日宝力格苏木 |
| 43 | 桑某 | 女 | 57 | 巴尔虎蒙古族 | 小学 | 1977 | 新右旗呼伦苏木 |
| 44 | 娜某 | 女 | 59 | 巴尔虎蒙古族 | 大专 | 1978 | 新右旗阿拉坦额莫勒镇 |
| 45 | 关某 | 男 | 59 | 巴尔虎蒙古族 | 本科 | 1978 | 新右旗阿拉坦额莫勒镇 |
| 46 | 泽某 | 男 | 59 | 巴尔虎蒙古族 | 大专 | 1978 | 新左旗阿木古郎镇 |
| 47 | 赛某 | 男 | 62 | 巴尔虎蒙古族 | 本科 | 1978 | 海拉尔区 |
| 48 | 苏某 | 女 | 55 | 巴尔虎蒙古族 | 初中 | 1979 | 新右旗杭乌拉苏木 |
| 49 | 图某 | 女 | 61 | 巴尔虎蒙古族 | 本科 | 1980 | 新右旗达来苏木 |

续表

| 序号 | 姓名 | 性别 | 年龄 | 民族 | 文化程度 | 结婚时间 | 所在地 |
| --- | --- | --- | --- | --- | --- | --- | --- |
| 50 | 布某 | 女 | 58 | 巴尔虎蒙古族 | 高中 | 1980 | 陈旗东乌珠尔苏木 |
| 51 | 道某 | 女 | 55 | 巴尔虎蒙古族 | 初中 | 1980 | 新左旗乌布日宝力格苏木 |
| 52 | 乌某 | 女 | 58 | 巴尔虎蒙古族 | 初中 | 1981 | 新左旗甘珠尔苏木 |
| 53 | 巴某 | 男 | 57 | 巴尔虎蒙古族 | 大专 | 1981 | 新右旗阿拉坦额莫勒镇 |
| 54 | 乌某 | 女 | 53 | 巴尔虎蒙古族 | 初中 | 1982 | 新左旗新宝力格苏木 |
| 55 | 苏某 | 女 | 57 | 巴尔虎蒙古族 | 初中 | 1983 | 新右旗杭乌拉苏木 |
| 56 | 乌某 | 女 | 57 | 巴尔虎蒙古族 | 本科 | 1984 | 海拉尔区 |
| 57 | 乌某 | 女 | 60 | 巴尔虎蒙古族 | 大专 | 1984 | 陈旗巴彦库仁镇 |
| 58 | 敖某 | 女 | 54 | 巴尔虎蒙古族 | 本科 | 1984 | 新左旗查岗镇 |
| 59 | 赛某 | 女 | 54 | 巴尔虎蒙古族 | 小学 | 1984 | 新右旗呼伦苏木 |
| 60 | 苏某 | 女 | 52 | 巴尔虎蒙古族 | 初中 | 1985 | 新右旗宝格达乌拉苏木 |
| 61 | 陶某 | 男 | 52 | 巴尔虎蒙古族 | 初中 | 1985 | 新右旗呼伦镇 |
| 62 | 赛某 | 男 | 55 | 巴尔虎蒙古族 | 本科 | 1986 | 新左旗乌布日宝力格苏木 |
| 63 | 米某 | 女 | 49 | 巴尔虎蒙古族 | 初中 | 1986 | 新右旗宝格达乌拉苏木 |
| 64 | 乌某 | 女 | 49 | 巴尔虎蒙古族 | 初中 | 1986 | 新右旗达来苏木 |
| 65 | 巴某 | 女 | 51 | 巴尔虎蒙古族 | 初中 | 1987 | 新右旗达来苏木 |
| 66 | 宝某 | 男 | 52 | 巴尔虎蒙古族 | 本科 | 1987 | 新左旗乌布日宝力格苏木 |
| 67 | 赛某 | 男 | 50 | 巴尔虎蒙古族 | 大专 | 1987 | 新左旗阿木古郎镇 |
| 68 | 特某 | 男 | 52 | 巴尔虎蒙古族 | 初中 | 1987 | 陈旗东乌珠尔苏木 |
| 69 | 诺某 | 女 | 52 | 巴尔虎蒙古族 | 高中 | 1988 | 新右旗达来苏木 |
| 70 | 赛某 | 男 | 53 | 巴尔虎蒙古族 | 本科 | 1988 | 陈旗巴彦库仁镇 |

续表

| 序号 | 姓名 | 性别 | 年龄 | 民族 | 文化程度 | 结婚时间 | 所在地 |
|---|---|---|---|---|---|---|---|
| 71 | 米某 | 女 | 53 | 巴尔虎蒙古族 | 小学 | 1989 | 陈旗西乌珠尔苏木 |
| 72 | 阿某 | 女 | 48 | 巴尔虎蒙古族 | 初中 | 1989 | 陈旗西乌珠尔苏木 |
| 73 | 其某 | 女 | 52 | 巴尔虎蒙古族 | 大专 | 1989 | 新右旗阿拉坦额莫勒镇 |
| 74 | 呼某 | 男 | 45 | 巴尔虎蒙古族 | 小学 | 1989 | 新右旗克日伦苏木 |
| 75 | 娜某 | 女 | 48 | 巴尔虎蒙古族 | 小学 | 1989 | 新右旗宝东公社 |
| 76 | 苏某 | 女 | 49 | 巴尔虎蒙古族 | 初中 | 1990 | 陈旗西乌珠尔苏木 |
| 77 | 乌某 | 女 | 50 | 巴尔虎蒙古族 | 大专 | 1990 | 新左旗阿木古郎镇 |
| 78 | 道某 | 女 | 48 | 巴尔虎蒙古族 | 本科 | 1990 | 新右旗阿拉坦额莫勒镇 |
| 79 | 娜某 | 女 | 43 | 巴尔虎蒙古族 | 初中 | 1991 | 新右旗克尔伦苏木 |
| 80 | 宝某 | 男 | 44 | 巴尔虎蒙古族 | 小学 | 1991 | 新右旗克尔伦苏木 |
| 81 | 巴某 | 男 | 54 | 巴尔虎蒙古族 | 小学 | 1991 | 新右旗呼伦镇 |
| 82 | 策某 | 女 | 43 | 巴尔虎蒙古族 | 初中 | 1992 | 新右旗宝格达乌拉苏木 |
| 83 | 图某 | 女 | 48 | 巴尔虎蒙古族 | 初中 | 1992 | 新右旗达来苏木 |
| 84 | 巴某 | 男 | 49 | 巴尔虎蒙古族 | 大专 | 1993 | 陈旗东乌珠尔苏木 |
| 85 | 巴某 | 女 | 44 | 巴尔虎蒙古族 | 高中 | 1994 | 新右旗阿木古郎镇 |
| 86 | 萨某 | 女 | 45 | 巴尔虎蒙古族 | 大专 | 1994 | 新左旗查岗镇 |
| 87 | 萨某 | 女 | 45 | 巴尔虎蒙古族 | 初中 | 1994 | 新左旗嵯岗镇 |
| 88 | 敖某 | 女 | 43 | 巴尔虎蒙古族 | 初中 | 1994 | 新右旗克尔伦苏木 |
| 89 | 德某 | 女 | 44 | 巴尔虎蒙古族 | 专科 | 1995 | 新右旗宝格达苏木 |
| 90 | 赛某 | 女 | 42 | 巴尔虎蒙古族 | 高中 | 1998 | 新右旗杭乌拉苏木 |
| 91 | 娜某 | 女 | 43 | 巴尔虎蒙古族 | 大专 | 2000 | 新右旗阿拉坦额莫勒镇 |

续表

| 序号 | 姓名 | 性别 | 年龄 | 民族 | 文化程度 | 结婚时间 | 所在地 |
|---|---|---|---|---|---|---|---|
| 92 | 斯某 | 女 | 36 | 巴尔虎蒙古族 | 初中 | 2002 | 新左旗嵯岗镇 |
| 93 | 娜某 | 女 | 38 | 巴尔虎蒙古族 | 初中 | 2002 | 新左旗嵯岗镇 |
| 94 | 朝某 | 男 | 31 | 巴尔虎蒙古族 | 大专 | 2004 | 新左旗新宝力格苏木 |
| 95 | 娜某 | 女 | 32 | 巴尔虎蒙古族 | 小学 | 2005 | 新右旗宝东苏木 |
| 96 | 乌某 | 女 | 26 | 巴尔虎蒙古族 | 大专 | 2012 | 陈旗西乌珠尔苏木 |
| 97 | 阿某 | 男 | 26 | 巴尔虎蒙古族 | 本科 | 2012 | 陈旗巴彦库仁镇 |
| 98 | 乌某 | 男 | 31 | 巴尔虎蒙古族 | 研究生 | 2013 | 海拉尔区 |
| 99 | 敖某 | 男 | 25 | 巴尔虎蒙古族 | 高中 | 2014 | 新右旗乌布日宝力高苏木 |
| 100 | 满某 | 男 | 25 | 巴尔虎蒙古族 | 高中 | 2014 | 陈旗巴彦库仁镇 |
| 101 | 娜某 | 女 | 30 | 巴尔虎蒙古族 | 本科 | 2015 | 海拉尔区 |

3. 采用收集文献资料的方法，扩大了巴尔虎婚俗研究工作的资料来源

课题组在进行社会调查过程中，主要收集了巴尔虎三个旗旗志，巴尔虎老人自传、巴尔虎风俗、巴尔虎蒙古史、巴尔虎婚俗研究成果、巴尔虎三个旗文史资料、巴尔虎世谱、调查报告等文献资料。

巴尔虎婚俗变迁调查文献资料汇总参见参考文献。

4. 采用直接观察方法，到现场观察了当今巴尔虎婚礼的整个过程

（1）2014年7月18日至19日，课题组一行五人到新左旗乌布尔宝力格苏木巴音宫嘎查现场观察了青年牧民敖某的新婚典礼。他的婚礼基本上按照巴尔虎传统婚礼程序进行，例如举办婚礼前，男方共搭建了12座蒙古包，其中包括给新郎新娘搭建的新蒙古包，在新婚典礼上新郎新娘身穿崭新的民族服饰，用奶制品、奶茶、手把肉等民族特色的饮食款待宾客，并采用马匹与汽车交替使用的送亲方式等，这些充分体现了巴尔虎婚礼的民族特色和地方特点。

（2）2014年11月21日至22日，课题组一行五人到陈旗巴音库仁镇现场观察了满某和斯某的新婚典礼。他们的婚礼基本上属于具有民族特色

的现代婚礼。两位新人不仅在城镇酒店举办新式民族婚礼，而且在婚礼上更换西装与婚纱等新婚礼服，充分体现了巴尔虎婚礼的现代特色。

（3）2015年6月14日，课题组一行三人到海拉尔区王朝酒店现场观察了巴尔虎送亲仪式。女方首先在家里举行了送亲仪式，即举行给新娘新郎赠送礼物及给新郎扎腰带等传统仪式，突出了巴尔虎婚礼的传统特色。随后，女方在酒店举办隆重的送亲宴会，邀请乐队及歌手等为婚宴助兴，体现了巴尔虎婚礼的现代特色。在送亲宴上，还举行了新郎新娘互换礼物、新郎新娘向来宾敬酒致谢等仪式。

5. 通过召开座谈会的形式，进一步了解和掌握巴尔虎婚礼习俗所包含的深层次的文化内涵

（1）2015年1月10日课题组在新右旗文化研究会的协助下，在新右旗阿拉坦额莫勒镇成功召开了巴尔虎婚俗变迁调查学术研讨会。研讨会地点设在新右旗政协会议室，与会代表有巴尔虎民俗学家、巴尔虎民俗爱好者、巴尔虎婚礼主持人等，共30多人参加了此次研讨会。代表们主要围绕巴尔虎传统婚俗所包含的文化内涵、新中国成立以来巴尔虎传统婚俗的变迁及如何传承和发展巴尔虎传统婚俗等相关问题进行了研讨，搜集到很多有价值的婚俗资料。

（2）2016年11月19日课题组在新右旗文化研究会的协助下，在新右旗阿拉坦额莫勒镇成功召开了关于如何传承和发展巴尔虎婚礼仪式的座谈会。与会代表有来自新左旗和新右旗各苏木和单位的巴尔虎民俗学家、巴尔虎民俗爱好者、巴尔虎婚礼主持人等共20余人。同时，从呼和浩特市专程赶来的内蒙古电视台蒙古语频道早间新闻主持人吉日嘎拉先生也应邀参加了此次座谈会。座谈会第一项内容是模拟主持巴尔虎婚礼仪式。从事巴尔虎婚礼主持工作的希都日古、毕力格巴特尔、宝迪扎布、毛鲁尔、苏米亚、僧格等六名巴尔虎婚礼主持人现场表演，和与会代表分享了在主持巴尔虎婚礼仪式当中所感受到的想法与所见所闻。座谈会第二项内容是探讨如何传承和发展巴尔虎传统婚礼仪式等问题，应邀参加座谈会的色布勒道尔基、巴拉丹、阿迪雅、阿穆尔吉嘎拉、乌云其木格、朝鲁门、斯琴等长辈和学者陆续发言并提出了自己的意见和建议。最后由新右旗文化研究会会长巴泽尔先生作会议总结并提出了重视传统婚俗文化，研究巴尔虎婚俗礼仪及积极吸收外来文化的精髓等几点建议。

6. 利用照相机、录像机和录音笔等仪器设备，形象地记录了有关巴尔虎婚俗的图片、影像及口述资料。

（二）运用辩证唯物主义与历史唯物主义的方法进行研究

本课题通过采用田野调查方法，全面搜集巴尔虎婚俗发生演变的第一手资料，并参考当地的文献资料，运用历史学、社会学、民族学和文化人类学的相关理论和辩证唯物主义与历史唯物主义的方法对呼伦贝尔市巴尔虎蒙古族婚俗变迁过程进行全面分析与阐述，用实例与数据来说明新中国成立以来巴尔虎婚俗变迁的过程，详细描述巴尔虎传统婚俗礼仪及其所包含的文化内涵，进一步分析和揭示了巴尔虎传统婚俗发生演变的原因及其变迁规律。

# 第二章　巴尔虎蒙古族历史沿革与传统婚姻习俗

## 第一节　巴尔虎蒙古族居住的地理位置与自然环境

巴尔虎蒙古族自1732年和1734年分两批迁入呼伦贝尔以来，一直繁衍生息在举世闻名的呼伦贝尔大草原上。水草丰美的呼伦贝尔大草原位于呼伦贝尔市西部，由呼伦湖、贝尔湖而得名。地势东高西低，平均海拔在650—700米，总面积约93000平方千米。年平均温度0摄氏度左右，无霜期85—155天，温带大陆性气候，属于半干旱区，年降水量250—350毫米，年气候总特征为：冬季寒冷干燥，夏季炎热多雨。年温度差、日期温差大。呼伦贝尔草原，草质优良，覆盖率高，草类植物1300余种。草原自东向西跨森林草原、草甸草原和干旱草原三个地带，呼伦贝尔草原的主要组成部分为高平原草甸草场，水源充沛，植物茂盛，以禾草、杂类草占优势，亩产鲜草400公斤左右，载畜量高，是优良的打草场和放牧场；还有盛产禾草、灌木等植物适于四季放牧的高平原干草原草场；以丛生禾草、根茎禾草居多的丘陵干草原草场；杂类草占优势的山地草甸草原；苔草、黄花菜等植物为主的林缘草场；以发展乳肉兼用型大畜为宜的丘陵草甸草原草场；高平原草甸草原草场和沼泽草场。全市草场可利用面积达1.4亿亩。呼伦贝尔草原湖、河密布，水资源丰富。额尔古纳河水系纵横交错于草原北部，其中海拉尔河横贯于中部，流域面积5万余平方千米。以呼伦湖为中心的哈拉哈河、乌尔逊河、克鲁伦河、贝尔湖、乌兰泡等呼伦湖水系广泛分布于草原西部，流域面积近4万平方千米；草原东南分布有辉河、伊敏河。呼伦贝尔草原80余条河流与湖泊形成疏密有致的自然水源网络，再加上丰富的地下水资源，呼伦贝尔草原更具有半湿润草原的显著特征。

新中国成立后，呼伦贝尔市因其自然环境与气候特征的差异而形成了牧区、林区和农区等三大经济区域。其中牧区包括陈旗、新左旗、新右旗、鄂温克族自治旗等四个旗，位于大兴安岭以西，既是呼伦贝尔草原的主体，又是呼伦贝尔市重要的畜产品生产基地。新中国成立以来，巴尔虎蒙古族一直散居在呼伦贝尔市陈旗、新左旗、新右旗等三个牧业旗，从事传统畜牧业经济，延续着古老的游牧生产方式和生活方式。

## 一　陈旗地理位置与自然环境

陈旗位于内蒙古自治区呼伦贝尔市西北部，地理坐标为北纬48°43′—50°10′，东经118°22′—121°10′，地处呼伦贝尔草原东北部，东部和东北部分别与牙克石、额尔古纳市接壤，东南与海拉尔毗邻，南接鄂温克自治区，西邻新左旗，西北与俄罗斯隔额尔古纳河相望。全旗地势由东北向西南逐渐降低，东西宽约122千米，南北长约125千米，东北部以海拔1000米左右的中低山为主，在山阴坡生长着成片或岛状分布的白桦、山杨次生林。林地外围有林缘草甸，中部以低山丘陵为主，山阳坡植被一般为典型草原，而山阴坡及谷地分布着草甸草原，西南部经丘陵漫岗过渡到呼伦贝尔高平原，地势平坦开阔，海拔600—700米，植被以典型草原为主。额尔古纳河及其支流则构成河泛低地及漫滩阶地。在海拉尔河沿岸有一条西北向东南的沙带，多为固定和半固定沙丘。气候为中温带大陆性半干旱季风区，春秋凉爽而多风，夏季炎热而短暂，冬季寒冷而漫长，年平均气温-2.6摄氏度，极端最低气温-49.0摄氏度，极端最高气温38.4摄氏度，年降水量308毫米，无霜期105天。

陈旗有丰富的自然资源，土地总面积为21192平方千米，占呼伦贝尔市总面积的8.02%。全旗天然草原面积17256平方千米，占全旗土地总面积的81.42%。牧场类型有山地草甸、低山丘陵草甸草原、丘陵草甸草原、起伏丘陵干草原、高平原草甸草原、沙地植被草场、河滩低地草甸、沼泽、草甸化沼泽九大类。东北部林缘地带，广泛分布着地榆、裂叶蒿、日阴菅等中生草本植物，并混生灌木。牧草高密，产量高，质量差。中东部莫尔格勒河两岸，水肥草美，是全旗共用的夏营地，暖季载畜量为34.82万只绵羊单位。中西部丘陵高平原地带，生长着羊草、线叶菊、贝加尔针茅、冰草、野豌豆等牧草，草质好、无污染，亩产300公斤左右，是天然的好牧场。

陈旗水资源丰富，有"天下第一曲水"美名的莫日格勒河和海拉尔河、额尔古纳河等5条河流，大小湖泊317个，明珠般地散落在千里草原上。河湖中，栖息着哲罗、鲫鱼、鲤鱼、泥鳅等30余种鱼。地表野生植物553种。矿产资源十分丰富，已探明煤炭地质储量170亿吨，另有金、铜、钼、铅锌、硫铁、萤石、闪长岩、芒硝、硅石、石油、天然气等14种矿藏。

## 二 新左旗地理位置与自然环境

新左旗位于内蒙古自治区呼伦贝尔市西南部，地理坐标为北纬47°10′—49°47′，东经117°33′—120°12′，地处呼伦贝尔草原腹地，东与陈旗、鄂温克族自治旗相连，南接兴安盟阿尔山市，西南与蒙古国接壤，西与新右旗相依，西北连接满洲里市，东北与俄罗斯隔额尔古纳河相望。全旗地貌呈半月形，南北狭长，南北最长为309千米，东西最宽为165千米，除西北、东南有部分山地外，其他地区为宽阔平坦的高平原。高平原地势总走向自南向北，由东向西逐渐降低，海拔高度560—800米。东南部山地为大兴安岭山地西坡边缘，主要由低山丘陵组成，地势东高西低，海拔高度为900—1400米。气候为中温带大陆性半干旱季风区，四季气候变化明显，差异较大。春秋凉爽而多风，夏季炎热而短暂，冬季寒冷而漫长，年平均气温为0.2摄氏度，极端最低气温-40.1摄氏度，极端最高气温39.5摄氏度，年均降水量为287.4毫米，年均无霜期为105—132天。

新左旗是个美丽而富饶的地方，有丰富的自然资源。土地总面积为21634平方千米，占呼伦贝尔市总面积的8.19%。全旗天然草原面积1.64万平方千米，占全旗土地总面积的75.8%。天然草场面积辽阔，地势平坦，牧场类型多样，有山地草甸草场、低山丘陵草甸草场、高平原干草原草场、沙地植被草场、河滩低地草甸草场、河旁沼泽草场等六大类。天然牧草物资含量高、质量好，理论载畜量为170万只绵羊单位，平均15.8亩草场负担一只绵羊单位，年产鲜草50亿公斤，折干草22.5亿公斤。优良牧草有羊草、无芒雀麦、宽穗雀麦、偃麦草、野大麦、星星草、丛狗尾草、草地早熟禾、散穗早熟禾、大针茅、赖草、寸草苔、灰野豌豆、冷蒿、草芸香、扁蓿豆、细茎黄芪、肥披碱草、银穗草等30余种。食用植物有柳蒿、沙木、草原白蘑、金针、木耳、细叶百合、山丹、黄花菜、野韭菜、山葱等，野果类植物有山丁子、绸李子、山杏、悬钩子、山刺梅等，野生药用植物有甘草、黄芪、杏仁、玉竹、芍药、麻黄、地榆、远志、柴胡等，栖居的野生珍贵动物有鹿、黄羊、狍子、黑熊、猞猁、野猪、狼、沙狐狸、狐狸、刺猬、草兔、旱獭、水鼠、松鼠、獾子等46种。珍稀禽类有天鹅、丹顶鹤、飞龙、乌鸡、大雁、鸿雁、野鸡、野鸭、百灵鸟等几十种。

新左旗境内河流湖泊众多，河道纵横交错，共有大小河流16条，主要有额尔古纳河、乌尔逊河、海拉尔河、辉河、哈拉哈河等，13处泉水和180个大小湖泊，全旗水资源总量为8.5亿立方米/年。还有丰富的矿产资源，全旗境内已探明的煤炭储量为720亿吨，石油储量为8亿吨，天然气及二氧化碳资源100亿立方米以上，盐储量为64万吨，芒硝储量为1780万吨，碱储量为217万吨。

## 三　新右旗地理位置与自然环境

新右旗位于内蒙古自治区呼伦贝尔市西部，地理坐标为北纬47°36′—49°50′，东经115°31′—117°43′，地处呼伦贝尔草原南部，东部以乌尔逊河为界，与新左旗隔河相望，东北与口岸城市满洲里市毗邻，北与俄罗斯相连，北、西、南三面同蒙古国接壤。全旗由低山丘陵和高平原组成，南北长约245千米，东西最宽为168.34千米，地势东北高而多丘陵低山，呼伦湖西岸和南岸地势平缓，最低点在南部的古尔本尼阿尔山和查干诺尔一带，海拔501.6米，最高点为西北部的巴彦乌拉山，海拔1011.3米，相对高差为509.7米。西、南、北三面与蒙古高原相连，南部为平原牧场，土壤肥沃，草质优良。新右旗气候属中温带大陆性干旱气候，四季分明，多风少雨。春季干旱风大，夏季短而炎热，秋季早霜，冬季严寒而漫长，气候条件为恶劣。年平均气温1—2摄氏度，1月份平均气温-22.5摄氏度，7月份平均气温21.3摄氏度；极端最高气温40.1摄氏度（1980.6），极端最低气温-43摄氏度（2000.1）。年均无霜期为128天，年均降水量为250毫米。

新右旗有丰富的自然资源。土地总面积为25194平方千米，占呼伦贝尔市总面积的9.54%。全旗天然草原面积22375平方千米，占土地总面积的88.81%。每平方千米产鲜草12900公斤，理论载畜量为138万只绵羊单位。草场分五大类：低山丘陵草甸草原，占全旗草场总面积的2.42%；干草原，占49.52%；高平原干草原，占35.23%；河滩低平地草甸草场，占12.42%；沙地植被草场，占0.4%。野生优良牧草有69种，以禾本科、菊本科为主。野生药用植物有甘草、黄芪、黄芩、防风、益母草、车前子、草乌头、百里香、狼毒、玉竹、龙胆草、柴胡等36种。野生菌类植物有白蘑、草蘑，天山白蘑闻名内蒙古自治区内外。鱼类有红尾鲤鱼、鲫鱼、鲶鱼、狗鱼、白鱼、油鳌等26种。栖居的野生珍贵动物有黄羊、沙狐狸、狐狸、旱獭、麝鼠等5种，有较大的经济价值。珍奇禽类有黑鹤、玉带海雕、丹顶鹤、白鹤、白鸳等一级保护鸟类和大天鹅、小天鹅、苍鹰等二级保护鸟类等12种。

新右旗境内河流湖泊，属黑龙江流域的额尔古纳河水系。主要河流有克鲁伦河、乌尔逊河。克鲁伦河发源于蒙古国肯特山东麓，从旗境西部的乌兰恩格尔入境后，横贯全旗，向东如同一条银带注入呼伦湖，乌尔逊河由贝尔湖起源注入呼伦湖，河流弯弯曲曲，与宝格德乌拉山构成一幅绝妙天成的风景画。湖泊有全国第五大湖——呼伦湖，在旗境内面积2210平方千米；中蒙界湖——贝尔湖，在旗境内面积40平方千米；乌兰诺尔湿地在呼伦、贝尔两湖中间，乌尔逊河将两个湖串联，湿地面积34平方千米。此外，全旗境内小型湖泊、泉水星罗棋布，遍布草原。河流年径流总量8.07亿立方米，河网密度0.02/平方千米。新右旗地域辽阔，水草丰美，资源富足，素有"东银西铁，南油北煤，遍地玛瑙"的美誉。现已探明的矿产资源主要有金、银、铜、钼、铅、锌、锰、铁、钨、锡、铋等十多种金属和煤、芒硝、玛瑙石、硅石、石油、萤石、石膏、石灰石、大理石、膨润土、吐腊石等20余种非金属矿藏。其中储量、品位较高的矿种有巴润乌和日图煤田；乌奴克图铜矿；甲乌拉锰、铅锌、银矿、查干布拉格银铅锌矿、额仁陶勒盖锰银矿、乌奴格图山铜钼矿、西乌日吐山煤矿等。

总之，呼伦贝尔大草原地域辽阔，绿草如茵，蓝天、白云、绿地构成了壮丽的自然景观。千百年来北方少数民族的游牧生活，沉淀了丰厚的草原文化底蕴，更为草原增添了特有的神韵。巴尔虎人在这块神奇的土地上世代繁衍生息，用其聪明智慧和勤奋劳动创造出了具有草原特色和民族特点的风俗文化。

## 第二节 巴尔虎蒙古族历史沿革

### 一 巴尔虎部落的由来及其历史沿革

巴尔虎部落是有悠久历史的蒙古族最古老的部落之一，早在13世纪蒙古各部统一之前，它就已屡见经传了。据史料记载，巴尔虎人最早生活在贝加尔湖以东"巴尔忽津河"一带，过着半狩猎半畜牧的生活，由于巴尔虎人生活在蒙古草原北部的森林中，草原上的牧民称他们为"槐因亦儿坚"，即"林木中百姓"。如果从公元前3世纪古巴尔虎人参加被称为丁零的部落联盟算起，巴尔虎人文字可查的历史大约有2300年了。成吉思汗统一蒙古各部之后，巴尔虎部落成为蒙古民族共同体的重要组成部分。巴尔虎一词最早见于唐太宗贞观十年（公元636年）成书的《隋书》上，《隋书》称之为"拔野固"。于公元732年突厥汗国毗伽可汗为纪念其弟阙特勤的功勋而在鄂尔浑河畔建立阙特勤石碑，在此石碑上，"拔野古"一词曾出现数次，《新唐书》和《旧唐书》称之为"拔野古"和"拔也古"。《元史》称之为"八儿浑"、《蒙古秘史》称之为"八儿忽"、《史集》称之为"巴尔忽惕"。明代的各种史料称之为"把儿护""巴尔古""巴尔勿""巴尔户""巴尔郭""把儿勿"等，清代的各种史料称之为"巴尔虎"，并相沿至今。

巴尔虎一词的含义为"居住在富有的江边平川的人们"。[①] 关于巴尔

---

[①] 宇·蒙赫达赉：《巴尔虎蒙古史》，内蒙古文化出版社2004年版，第10页。

虎名称的由来，主要有以下两种说法。

一是以居地得名说，此说主要来源于《多桑蒙古史》和《史集》，认为"巴尔虎得名于贝加尔湖附近的巴尔忽真脱古木地区"[①]。因巴尔虎的原牧地在贝加尔湖以东巴尔忽津河一带，《多桑蒙古史》称："贝加尔湖以东，因有巴尔忽真水注入此湖，故以名其地。"由此看来，巴尔忽真脱古木地区系因有巴尔忽真水而得地名，而巴尔虎人则因其驻牧于巴尔忽真脱古木地区，所以才被称为巴尔虎。

二是以人名得名说，"'巴尔虎'一词，系得名于巴尔虎的先人巴尔虎代巴特尔"[②]。巴尔虎代为人名，巴特尔是古代蒙古社会的一种尊称，汉语意为英雄，是打仗勇敢、战功显赫、智勇双全并能够带领其部族群众抗击外来侵略，维护本部族利益的战争中做出过巨大贡献的英雄人物才能获得此殊荣。如成吉思汗的父亲也速该巴特尔就是属于此类英雄人物。因此将巴尔虎代巴特尔的名称可以简称为巴尔虎代。所有的巴尔虎人都认为他们源于其共同的祖先——巴尔虎代。巴尔虎代的后人逐渐将人名演变成为全部族的名称。

从公元前3世纪以来，一直到公元10世纪，巴尔虎人一直居住在土拉河以北、贝加尔湖以南地区。这1000多年的历史发展进程中，巴尔虎人曾被匈奴汗国、柔然汗国、突厥汗国、唐朝等国家政权统辖过。例如，公元前2世纪至公元1世纪曾被统辖于匈奴汗国，公元5世纪至6世纪中叶处于柔然汗国统治之下，公元6世纪中叶至7世纪初臣服于突厥汗国。唐朝贞观二年（公元628年）曾归附薛延陀政权。唐朝贞观二十一年（公元647年）巴尔虎酋长屈利失率领共6万帐、1万军队归顺唐朝。当年（公元647年）唐朝在铁勒拔野古部设置幽陵都督府（"故地在今蒙古人民共和国东方省一带"）[③]，对巴尔虎人进行统辖。显庆元年（公元656年）巴尔虎人脱离唐朝返回贝加尔湖以南土拉河以北的故地。开元四年（公元716年），突厥默啜可汗讨九姓巴尔虎，战于土拉河，巴尔虎人大败。天宝元年至十四年间（公元742—755年），巴尔虎人重新归附唐朝。公元8世纪末至9世纪，巴尔虎人迁至贝加尔湖附近，并与其他部落

---

[①] 孛·蒙赫达赉：《巴尔虎蒙古史》，内蒙古文化出版社2004年版，第2页。
[②] 孛·蒙赫达赉：《巴尔虎蒙古史》，内蒙古文化出版社2004年版，第2页。
[③] 辞海编辑委员会编：《辞海》，上海辞书出版社1980年版，第791页。

组成"巴尔虎联盟"。当时巴尔虎联盟中包括：布里牙惕、豁里等林木中百姓，他们沿着贝加尔湖周围过着游猎生活。公元 10 世纪后，在契丹人统治时期，当时巴尔虎人首领叫巴尔虎代巴特尔岱青，其子豁里岱莫尔根生十一个儿子：嘎拉珠德、花赛、呼布图德、高齐德、沙雷德、哈日嘎纳、郝岱、包东古德、哈勒斌、查干、巴图乃等，这十一子之子孙后来发展成为十一个大姓氏。公元 11 世纪初至 12 世纪末，巴尔虎已成为漠北高原的六大蒙古部落之一。这六大部落是蒙古乞牙惕、克烈、乃蛮、蔑儿乞惕、塔塔尔和巴尔虎。当时布里牙惕、豁里、秃麻惕、斡亦刺惕、乞儿吉思、秃巴思、合不合纳思、客日木钦、布拉嘎钦等林木中百姓，均含在巴尔虎部中，他们沿贝加尔湖周围过着游猎生活。

  公元 13 世纪初，成吉思汗统一蒙古各部之后，巴尔虎人臣服于蒙古汗国，仍在贝加尔湖以东的"巴儿忽津河"一带过着半狩猎半畜牧的生活。1207 年，成吉思汗派其长子术赤去征服贝加尔湖周围的"林木中百姓"（包括巴尔虎人），并把他们编入"千户制"社会组织之中，大臣豁儿赤被封为主管"林木中百姓"的万户长。从此，部分巴尔虎人跟随成吉思汗转战南北，为蒙古汗国的巩固和发展做出了重要贡献。例如，巴尔虎人唵木海父子熟练掌握当时最先进的武器大炮发射技术，并能组织 500 人进行操练，指挥 200 余座大炮进行战斗。因此唵木海被任命为成吉思汗的炮兵总管。到元朝时期，大部分巴尔虎人仍居住在贝加尔湖地区，那时贝加尔湖地区归岭北行省管辖。元代将这里称为"八里灰地面"，即马可波罗所记的"巴尔忽之原"。当时这里盛产一种叫"海东青"的猎鹰，回回商人（元朝时期，来自世界各地的穆斯林商人被称为回回商人）常来这里贩鹰获利。在元朝时期，巴尔虎人便被称为"蒙古八喇忽锝"了，这是巴尔虎人正式以蒙古人的身份参与元代社会活动的例证之一。1368 年元朝灭亡，元朝末帝妥欢帖木儿从大都撤离后，退至漠北建立了北元政权，以大漠为界，南北对峙，直到 1634 年林丹汗病死为止，北元政权才从历史上消失。在北元时期，即从 14 世纪中叶至 17 世纪中叶，巴尔虎人分散在东、西蒙古两大集团内，面临着第二次大离散的考验。据史料记载，巴尔虎人当时主要从属于永谢布万户及土默特万户（从属于西蒙古）。北元前期，巴尔虎人的牧地并不稳定，他们除在传统牧地贝加尔湖至呼伦贝尔一带游牧外，有时还随着从属的封建领主参与更远的大游牧。

例如从呼伦贝尔至呼和浩特一带往返游牧，从内蒙古西部至青海一带往返游牧等。这样的大游牧最短的一个周期是一年，最长的一个周期往往是几年，甚至是几十年不等。例如，1577年，一部分巴尔虎人随着阿拉坦汗率领的右翼蒙古迁居青海，在青海草原活跃了几十年，直接参与了当时发生的一些重大事件。即"他们的活动沟通了蒙古与西藏中断二百余年的直接关系，他们目睹了西藏喇嘛教如潮水一般从这里涌入蒙古地区"[①]。最后，在蒙古各部封建割据势力的竞争中，右翼蒙古的势力迅速衰落，随之巴尔虎人在青海的活动也便终止了。"关于他们的流向，除少数一部分融入留在青海的蒙古人中外，大部分成为漠北喀尔喀及漠西卫拉特人的属部。少数返回内蒙古的巴尔虎人也融入到察哈尔蒙古之中。"[②]

1644年满族入关之后，清朝在中原的统治政权得到进一步巩固。满族入关之前，努尔哈赤和皇太极在统一黑龙江流域的过程中，先后降服了驻牧于嫩江流域的科尔沁和驻牧于辽河流域的内喀尔喀五部（即巴林、扎鲁特、巴岳特、乌齐叶特、弘吉剌等五部）以及驻牧于老哈河以东的察哈尔部和驻牧于土默川地区的土默特部等漠南蒙古各部。满族入关之后，逐步征服了漠北喀尔喀蒙古和漠西卫拉特蒙古，于1691年通过多伦诺尔会盟漠北喀尔喀蒙古完全归附清朝，随之生活在贝加尔湖一带的巴尔虎人也归属于清朝。与此同时，17世纪上半叶，沙俄开始入侵巴尔虎人的故地贝加尔湖一带，自1628年至1666年的近40年中，俄国人步步为营，不仅占领巴尔虎地区，而且还侵占了黑龙江沿岸城寨，使巴尔虎人的生命财产安全遭受严重损失，甚至直接威胁清朝的主权和领土完整。沙俄的侵略行为遭到包括巴尔虎人在内的喀尔喀蒙古的强烈抵抗。康熙二十四年（1685年）清朝康熙帝派出由彭春和萨布素率领的水陆两路大军前往黑龙江流域，进行抗击沙俄侵略的雅克萨战役并取得胜利。1686年3月，康熙帝再次下令派军队讨伐沙俄侵略军，并给沙俄侵略军以沉重打击，沙俄被迫接受了清政府的和谈建议。雅克萨战役期间，被俄军俘虏和扣押在雅克萨作为人质的160名巴尔虎人获得解救后，自愿归附了清朝。1688年初，噶尔丹为达到统一漠西与漠北蒙古，以抵抗清朝征服的目的，兴三

---

[①] 孛·蒙赫达赉：《巴尔虎蒙古史》，内蒙古文化出版社2004年版，第83页。
[②] 孛·蒙赫达赉：《巴尔虎蒙古史》，内蒙古文化出版社2004年版，第83页。

万准噶尔兵，征伐喀尔喀土谢图汗和哲布尊丹巴呼图克图，使战火烧到了漠北喀尔喀蒙古境内。因此，包括巴尔虎人在内的喀尔喀蒙古部众为了躲避战乱而纷纷内迁至内蒙古境内，以寻求清朝的保护。康熙二十八年（1689年），中俄两国签订《尼布楚条约》时，住在尼布楚附近的2000多名布里雅特人、巴尔虎人和翁古特人举行反俄起义，投奔清朝。8月26日起义军的一支渡过鄂嫩河下游的支流希勒罕河，进入喀尔喀地区。参加尼布楚条约谈判的俄方首席代表戈洛文，听到这一消息，极为惊恐，立即派军队对起义的巴尔虎人进行镇压。如此内外侵略势力的打击和镇压下，驻牧于贝加尔湖至呼伦贝尔一带的巴尔虎人四处逃散，先后分为三支：一支回到贝加尔湖畔故地，归属沙皇俄国，现居住在俄罗斯布里雅特蒙古自治共和国境内；一支进入喀尔喀蒙古地区，归属土谢图汗管辖；另一支于康熙二十八年（1689年）越过额尔古纳河，进入黑龙江地区，归属清朝。当时由黑龙江将军萨布素将之安置于齐齐哈尔一带。当噶尔丹之乱平息后，除大部分巴尔虎人随喀尔喀封建主重返漠北外，还有一部分志愿入旗的巴尔虎人，被清廷分散编佐驻防各地。康熙三十一年（1692年），从安置于齐齐哈尔的巴尔虎人中抽调5000余人移驻盛京（今沈阳市）编为10佐领，其中，盛京驻防三佐，开原、辽阳、熊岳、复州、金州、岫岩、凤凰城等七城各驻防一佐。雍正十年（1732年），清政府为了加强呼伦贝尔地区的防守，将驻牧于布特哈（今扎兰屯市）地区的索伦（今鄂温克族）、达翰尔、鄂伦春族和巴尔虎蒙古族士兵及家属3796人迁驻呼伦贝尔牧区，以防俄国人侵扰。其中有275名巴尔虎壮丁及其家属被安置于今陈旗境内，被编入"索伦八旗"。索伦八旗系"索伦左右两翼八旗"，亦称"呼伦贝尔八旗"。索伦八旗的驻防地，大约与今呼伦贝尔市鄂温克族自治旗和陈旗现辖区相同。"索伦左右两翼八旗"包括左翼镶黄、正白、镶白、正蓝四旗及右翼正黄、正红、镶红、镶蓝四旗。陈巴尔虎人当时被编入镶白旗两个苏木和正蓝旗三个苏木，到1919年才单独建立陈旗。雍正十二年（1734年），清政府又将归属于喀尔喀蒙古车臣汗部并志愿加入八旗的2984名巴尔虎兵丁及家属迁驻呼伦贝尔境内克鲁伦河下游和呼伦湖周边，即今新巴尔虎左、右两旗境内。按索伦兵制，将其中的2400人编为新巴尔虎两翼八旗。左翼镶黄、正白、镶白、正蓝等四旗驻牧于哈拉哈河、乌尔逊河、呼伦湖东岸及海拉尔河下游两岸；右翼正黄、正红、镶红、镶蓝等四旗驻牧于贝尔湖北岸、乌尔逊河和呼伦湖西岸及克鲁伦河下游两岸。为区别上述分两批迁入呼伦贝尔的两部分巴尔虎蒙古人，称1732年从布特哈地区迁来的巴尔虎为"陈巴尔虎"，即"先来的巴尔虎蒙古人"之意；1734年从喀尔喀蒙古车臣汗部迁来的巴尔虎则被称为"新巴尔虎"，即"新来的巴尔虎蒙古人"之意。

如今巴尔虎蒙古族的主体居住在呼伦贝尔市巴尔虎三个旗境内，即新巴尔虎左旗、新巴尔虎右旗和陈巴尔虎旗境内，另外在辽宁、吉林、黑龙江、新疆、内蒙古锡林郭勒盟及赤峰市等地均有巴尔虎人居住。国外在俄罗斯及蒙古国境内，也有部分巴尔虎人聚居。如果从1732年算起，巴尔虎人定居呼伦贝尔已有280多年了。特别是1734年巴尔虎蒙古人大规模迁入呼伦贝尔之后，巴尔虎人已成为呼伦贝尔的主要居民。自从1732年巴尔虎蒙古人迁来呼伦贝尔大草原的那天起，一直到20世纪90年代初巴尔虎人仍从事着游牧经济，过着逐水草而迁徙的游牧生活。因而在巴尔虎人中较完整地保留着蒙古族古老的游牧文化遗产。课题组在新左旗乌布尔宝力格苏木进行社会调查时，也深刻体会到呼伦贝尔大草原的辽阔与富饶，只在乌布尔宝力格一个苏木，就有十多户拥有5000只（头）以上大小牲畜的富裕牧民，他们的衣食住行基本上保持着传统方式，饲养着成千上万的大小牲畜，仍住着蒙古包、穿着蒙古袍、吃着牛羊肉，仍在歌唱着古老的长调民歌等。巴尔虎蒙古人非常喜爱自己的传统文化，通过举行具有民族特色的婚礼仪式，举办敖包祭祀活动，召开那达慕大会等丰富多彩的文化活动形式，较好地保留了许多游牧文化的特色与精华。新中国成立以来，巴尔虎人一方面积极贯彻和执行国家颁布的各项法律法规，另一方面以辩证唯物主义的方法对待自己的传统文化，对其传统婚俗采取"取其精华，去其糟粕"的科学态度，不仅摈弃其封建性的糟粕，而且尽力传承其文明、进步、和谐的文化内涵，使得巴尔虎婚俗文化在新的历史条件下得到传承和发展。

我们课题组将在呼伦贝尔市（2001年10月10日，国务院、内蒙古自治区人民政府批准撤销呼伦贝尔盟，设立地级呼伦贝尔市）海拉尔区及新左旗、新右旗和陈旗等巴尔虎蒙古族聚居的地区，通过走访、访谈、问卷调查等形式，对新中国成立以来巴尔虎蒙古族婚俗变迁情况进行社会调查，搜集巴尔虎传统婚俗发生演变的典型案例和第一手资料。

## 二　巴尔虎三个旗基本概况

### （一）陈旗基本概况

陈旗位于呼伦贝尔草原腹地，是内蒙古自治区呼伦贝尔市西部的牧业旗。旗党政机关所在地巴彦库仁镇是全旗政治、经济、文化、交通中心；距呼伦贝尔市所在地海拉尔40千米。陈旗是一个以少数民族为主体的多民族聚居的边疆地区，《统计资料手册》（2013年）显示，2013年陈旗户籍人口总计58732人，其中蒙古族人口26657人，占总人口的45.38%，汉族人口26732人，占总人口的45.51%，其他少数民族人口5343人（鄂温克族、达斡尔族、满族、回族等），占总人口的9%。陈旗下辖三镇三苏木：巴彦库仁镇、宝日希勒镇、呼和诺尔镇、东乌珠尔苏木、西乌珠尔苏木、鄂温克苏木。

陈旗草原辽阔，水资源丰富，是三河马、三河牛的故乡和主要培育基地，是呼伦贝尔市重要的畜牧业生产基地之一。"2013年牧业年度牲畜总头数为88.92万头（只）。其中大畜15.54万头，小畜72.88万只，全年肉类总产量18000吨、牛奶产量195610吨。2013年全旗实现工业总产值105.28亿元，主要工业产品有：原煤、发电、乳制品、精甲醛等。"[①]

### （二）新左旗基本概况

新左旗位于呼伦贝尔草原南部，是内蒙古自治区呼伦贝尔市西部的牧业旗。旗党政机关所在地阿木古郎镇是全旗政治、经济、文化、交通中心；距呼伦贝尔市所在地海拉尔168千米。新左旗是一个以蒙古族为主体民族的多民族聚居的边疆地区，"2012年全旗总人口42178人，其中蒙古族人口31635人，占总人口的75%，汉族人口9657人，占总人口的22.89%，其他少数民族人口886人，占总人口的2.1%"。[②] 2011年，新左旗下辖两个镇、四个苏木：阿木古郎镇、嵯岗镇、乌布尔宝力格苏木、吉布胡郎图苏木、甘珠尔苏木、罕达盖苏木。

---

① 《陈巴尔虎旗2013年度国民经济与社会发展统计公报》，陈巴尔虎旗人民政府门户网站。
② 《新巴尔虎左旗2012年度国民经济与社会发展统计公报》，新巴尔虎左旗人民政府门户网站。

新左旗是以畜牧业为主的纯牧区。草原辽阔，草质优良，水草丰美，是理想的畜牧业生产基地。2012年牧业年度牲畜头数145.7万头（只）。其中大畜19.35万头，小畜126.23万只，全年肉类总产量22829吨、牛奶产量87363吨。2012年全旗实现工业总产值70119.1万元，主要工业产品有：天然原油、发电、乳制品。[①]

（三）新右旗基本概况

新右旗位于呼伦贝尔草原南部，是内蒙古自治区呼伦贝尔市西部的牧业旗。旗党政机关所在地阿拉坦额莫勒镇是全旗政治、经济、文化、交通中心；距呼伦贝尔市所在地海拉尔290千米。新右旗是一个以蒙古族为主体民族的多民族聚居的边疆地区，"2013年全旗总人口35201人，其中蒙古族人口28906人，占总人口的82.12%，汉族人口5521人，占总人口的15.68%，其他少数民族人口774人，占总人口的2.19%"。[②]

2005年，新右旗下辖1个镇、9个苏木：阿拉坦额莫勒镇、达来东苏木、达来苏木、阿敦础鲁苏木、克尔伦苏木、赛汉塔拉苏木、杭乌拉苏木、贝尔苏木、宝格德乌拉苏木、呼伦苏木。新右旗是以畜牧业为主的纯牧区。草原辽阔，草质优良，水草丰美，是理想的畜牧业生产基地。"2013年牧业年度牲畜总头数为128万头（只），全年肉类总产量21998吨、牛奶产量6100吨。2013年全旗实现工业总产值57.9亿元，主要工业产品有：原油、锌精矿粉、铅精矿粉、铜精矿粉。"[③]

## 三　巴尔虎蒙古族姓氏

巴尔虎蒙古族自古以来就拥有众多姓氏，仍保留着古老姓氏文化的特点。巴尔虎人称姓氏为哈拉，哈拉一词来源于满语，为姓氏或氏族之意。

---

[①]《新巴尔虎左旗2012年度国民经济与社会发展统计公报》，新巴尔虎左旗人民政府门户网站。

[②]《新巴尔虎右旗2013年度国民经济与社会发展统计公报》，新巴尔虎右旗人民政府门户网站。

[③]《新巴尔虎右旗2013年度国民经济与社会发展统计公报》，新巴尔虎右旗人民政府门户网站。

关于巴尔虎各姓氏的由来，巴尔虎人有一个流传至今的美丽传说即"天鹅始祖母"传说。远古时期，有一个名叫巴尔虎代巴特尔的猎人，经常沿着贝加尔湖岸边进行打猎，有一天他在贝加尔湖岸边进行打猎时，忽然看到七仙女在湖水中戏水，他悄悄地靠近湖边，将其中最小仙女的衣裳藏了起来。戏完水，其他六个仙女穿上衣服就立刻变成白天鹅飞走了，最小仙女因丢了衣裳，变不了白天鹅而哭着留在湖边。于是巴尔虎代巴特尔把仙女带回家和她结为夫妻，过上了幸福美满的生活。仙女嫁给巴尔虎代巴特尔之后，共生养了嘎拉珠德、花赛、呼布图德、高齐德、沙雷德、哈日嘎纳、郝岱、包东古德、哈勒斌、查干、巴图乃等11个儿子。后来，巴尔虎代巴特尔为了满足妻子的愿望，把藏了多年的衣服拿出来交给了妻子，虽然他妻子穿上原来的衣服就立刻变成白天鹅飞走了，但仙女所生的11个儿子的后代，逐渐繁衍成巴尔虎最初的11个姓氏。因此，巴尔虎人认为他们是"天鹅始祖母"的后代。关于巴尔虎姓氏的演变问题，花赛·都嘎尔扎布先生有比较深刻的认识，他认为，"大凡新巴尔虎姓氏，据其根源可分为两类：一类始于公元9世纪，由巴尔虎代巴特尔岱青诺颜幼子豁里岱11个儿子名所命名的'豁里岱11姓氏'以及由豁里岱长子布里雅岱两个儿子名所命名的姓氏。另一类是目前尚未研究出其根源的其他姓氏"。[①] 据统计，"目前新巴尔虎右旗境内有45个巴尔虎姓氏，其中'豁里岱11姓氏'占居少数"。[②] 从上述记载来看，巴尔虎人的姓氏也随着历史的演变而发生了变迁，其中主要是由人口的增长或减少、民族的融合或分化、朝代的兴起或衰败等原因造成的。

　　巴尔虎人自古以来所传承下来的众多姓氏是蒙古族传统姓氏文化的重要组成部分。蒙古族自古以来就有保留和传承自己姓氏文化的优良传统。据《史集》记载："蒙古人有保存祖先的系谱、教导出生的每一个孩子知道系谱的习惯。这样他们将有关系谱的话语做成氏族的财产，因此他们中间没有人不知道自己的部落和起源。"[③] 可见，古代蒙古人有用祖先的系

---

　　① 新巴尔虎右旗政协文史委员会编：《新巴尔虎右旗巴尔虎世谱》（蒙文），内蒙古文化出版社1990年版。第3页。

　　② 新巴尔虎右旗政协文史委员会编：《新巴尔虎右旗巴尔虎世谱》（蒙文），内蒙古文化出版社1990年版，第3页。

　　③ [波斯] 拉施特：《史集》第一卷第二分册，商务印书馆1983年版，第11页。

谱和部落起源的历史来教导出生的每一个孩子,要让每一个孩子从小就牢记祖先系谱的习俗,该习俗对古代蒙古社会的发展具有重要的现实意义。一方面加强同一氏族成员之间的团结与合作,有利于他们赖以生存的氏族组织的巩固与发展,另一方面传承族外婚习俗,有利于氏族人口的繁衍及氏族人口素质的提高。古代蒙古人在漫长的历史岁月中,逐渐领悟到"男女同姓,其生不蕃"的规律后,就制定了"同姓不婚"原则。巴尔虎人一直到现在,在婚俗方面仍遵循着"同姓不婚"原则,其目的就在于为了保证巴尔虎人口数量的增长和人口素质的提高。要遵循"同姓不婚"原则,首先必须了解和掌握姓氏文化的发展演变过程,要牢记自己祖先的系谱和生活经历。有学者通过多年的潜心研究,把巴尔虎姓氏的演变过程大体上分为三个阶段。

一是"在成吉思汗统一蒙古各部之后,巴尔虎等'林木中百姓'被分散编入各千户,这是第一次打破巴尔虎人的姓氏结构。在此之前,巴尔虎人都是以氏族为中心,同一姓氏的人生活在一起"。[①]

二是"在元朝灭亡之后,巴尔虎人曾分别从属于东、西蒙古,有很多人融合到其他部落中去。在这段时期内,巴尔虎人口失散较多。这是第二次打破巴尔虎人的姓氏结构"。[②]

三是"在清代巴尔虎人被编旗入佐之后,这是第三次打破巴尔虎人的姓氏结构"。[③] 如1734年新巴尔虎就是以各姓氏的名义,志愿申请入旗的。在编旗建佐的过程中,原有的氏族结构和功能被旗佐这一军政合一的新体制所彻底取代。"巴尔虎人被编旗入佐之后,有一些氏族首领成为世袭佐领。世袭佐领的后代袭受官职时,需将本家族男性成员的名字逐一排列成'家谱'",[④] 并将其中具有袭受官职资格者的名字用朱笔书写。因此才有了"朱笔"一说。此外,充丁殉职人员的子弟在袭其父兄的传统官职时,也要册报"家谱",然后才有理藩院授予何人袭何职的"封书"。同时,普通壮丁也要3年一次编审造册,形成各自的"家谱"。由此可见,"巴尔虎人从过去口耳相传关于自己家族的历史,演变到按官方要求

---

① 字·蒙赫达赉:《巴尔虎蒙古史》,内蒙古文化出版社2004年版,第213页。
② 字·蒙赫达赉:《巴尔虎蒙古史》,内蒙古文化出版社2004年版,第213页。
③ 字·蒙赫达赉:《巴尔虎蒙古史》,内蒙古文化出版社2004年版,第213页。
④ 字·蒙赫达赉:《巴尔虎蒙古史》,内蒙古文化出版社2004年版,第213页。

撰写各自的'家谱'，应是巴尔虎人定居呼伦贝尔以后的事情"。① 巴尔虎人定居呼伦贝尔之后，巴尔虎姓氏变化不大，将这段时间可以看作巴尔虎姓氏的一个相对稳定期。

据统计，分布在呼伦贝尔市新左、右两个旗和陈旗的巴尔虎姓氏共有80多个。1990年出版的《新巴尔虎右旗巴尔虎世谱》中，收录新右旗境内的巴尔虎姓氏有45个。收录的姓氏如下："嘎拉珠德、奎车里克、哈日嘎纳、呼和海塔勒、奇布钦、呼尔拉德、奥里木苏、永谢布、阿巴嘎楚勒、叶克忠、卓尔贡、乌里雅德、乌准、铁木尔钦、达里敦、塔布囊、豪恩登、沙雷德、撒日塔库勒、察哈尔、兀良罕、达楞古德、朝楚力克、鄂车德、郝岱、奥都古敦、宝日格勒、朝毫尔、巴金德尔、哈嘎舒特、察哈台、豪吉尔察哈台、哈曩兀德、呼和努德、哈希努德、高齐德、查干奥如克、查干兀热、包东古德、腾贵德、诺木钦、杭锦、哈勒根、哈达克台、阿拉贵等共有45个姓氏。"②

毕·达木丁苏荣在其编著的《巴尔虎姓氏集》中，收录新左旗境内的巴尔虎姓氏有41个。收录的姓氏如下："奎车里克、阿拉坦钦、哈日嘎纳、郝岱、奇布钦、扎剌亦尔、呼尔拉德、兀良罕、沙雷德、永谢布、阿巴嘎楚勒、叶克忠、卓尔贡、乌里雅德、乌准、铁木尔钦、塔布囊、嘎拉珠德、豪恩登、撒日塔库勒、花赛、扎亦拉罕、哈格楚勒、阿巴罕、斯格日钦、呼布图勒、查干奥如勒、哈勒斌、好日其德、哈达嘎舒、呼特黑德、哈日扎勒、巴嘎图德、撒黑日德、鄂模格努德、希日努德、芒黑拉格、斯格尔、乌哲恩、哈西嘎纳尔、占珠罕等共有41个姓氏。"③

王召国主编的《陈巴尔虎旗志》中，收录陈旗境内的陈巴尔虎姓氏有18个。收录的姓氏如下："呼尔拉德、奇布钦、呼布图勒、希日努德、兀良罕、额热根、哈希努德、乌里雅德、哈日努德、巴金达日、都古拉嘎钦、吉勒贺莫格、西莫西德、哈日图乐、嘎巴西古德、包令古德、陶布求

---

① 孛·蒙赫达赉：《巴尔虎蒙古史》，内蒙古文化出版社2004年版，第213页。
② 新巴尔虎右旗政协文史委员会编：《新巴尔虎右旗巴尔虎世谱》（蒙文），内蒙古文化出版社1990年版，第3页。
③ 毕·达木丁苏荣：《巴尔虎姓氏集》（蒙文），载《新巴尔虎左旗文史资料》（二），内蒙古文化出版社1997年版。

德、贵乐格钦等共有 18 个姓氏。"①

根据上述统计数字，我们可以得出如下结论：新左、右两旗共拥有的新巴尔虎姓氏有 18 个：即奎车里克、哈日嘎纳、郝岱、奇布钦、呼尔拉德、兀良罕、沙雷德、永谢布、阿巴嘎楚勒、叶克忠、卓尔贡、乌里雅德、乌准、铁木尔钦、塔布囊、嘎拉珠德、豪恩登、撒日塔库勒等。从新左旗境内的 41 个巴尔虎姓氏中减去与新右旗共拥有的 18 个姓氏，新左旗独有的姓氏应为 23 个；从新右旗境内的 45 个巴尔虎姓氏中减去与新左旗共拥有的 18 个姓氏，新右旗独有的姓氏应为 27 个。将上述两项统计数据相加，新左、右两旗独有的新巴尔虎姓氏应为 50 个，其上再加上新左、右两旗共拥有的 18 个新巴尔虎姓氏，新左、右两旗境内的新巴尔虎姓氏共有 68 个。

从上述统计数据来看，新巴尔虎和陈巴尔虎共拥有的巴尔虎姓氏有 8 个：即奇布钦、呼尔拉德、兀良罕、呼布图勒、希日努德、包令占德、乌力雅德、巴金达日等。从陈巴尔虎 18 个姓氏中减去与新巴尔虎相同的 8 个姓氏，陈巴尔虎独有的姓氏为 10 个；新巴尔虎 68 个姓氏中减去与陈巴尔虎相同的 8 个姓氏，新巴尔虎独有的姓氏应为 60 个。将陈巴尔虎独有的 10 个姓氏与新巴尔虎独有的 60 个姓氏以及陈巴尔虎和新巴尔虎共有的 8 个姓氏相加，我们可以得出到目前为止巴尔虎姓氏应共有 78 个的结论。

在朝·都古尔扎布撰写的《呼伦贝尔新巴尔虎》一书中，共收录呼伦贝尔市境内的 77 个巴尔虎姓氏。② 该书收录的 77 个姓氏中只有巴图乃、好硕德、呼布图德、查干、车金等 5 个姓氏不包括在上述统计的 78 个巴尔虎姓氏中，其余 72 个巴尔虎姓氏完全与《呼伦贝尔新巴尔虎》一书中所述的 72 个巴尔虎姓氏相同。上述统计的 78 个巴尔虎姓氏中只有哈嘎舒特、察哈尔、扎亦拉罕、查干奥如克、乌哲恩、哈日图乐等 6 个姓氏不包括在《呼伦贝尔新巴尔虎》一书所收录的 77 个巴尔虎姓氏中。将上述四本书所统计的 72 个相同的巴尔虎姓氏与不同的 11 个巴尔虎姓氏相

---

① 王召国主编：《陈巴尔虎旗志》（1949—1990 年），内蒙古文化出版社 1998 年版，第 124 页。

② 朝·都古尔扎布撰写：《呼伦贝尔新巴尔虎》（蒙文）内蒙古文化出版社 2009 年版，第 141—148 页。

加，就会得出呼伦贝尔境内共有83个巴尔虎姓氏的结论。这个统计数字与蒙古国学者扎·乌力吉在其撰写的《巴尔虎蒙古史》一书中所统计的呼伦贝尔境内共有87个巴尔虎姓氏的结论相吻合。

总之，巴尔虎人自古以来所传承的众多姓氏，是蒙古族最宝贵的文化遗产，它不仅是巴尔虎婚俗世代相传的重要条件之一，而且也是巴尔虎婚俗研究中重要的课题之一。

## 第三节 巴尔虎蒙古族传统婚姻习俗

自18世纪30年代巴尔虎蒙古族迁入呼伦贝尔以来，一直到20世纪40年代末新中国成立，巴尔虎人不仅较完整地保留其传统婚俗文化，而且其婚俗文化显露出从远古时期遗留下来的痕迹。新中国成立前，巴尔虎蒙古族在婚俗方面主要遵从一夫一妻、同姓不婚、门当户对和父母包办等四大原则。父母替儿女选择配偶时，主要考虑对方家庭的家风及经济条件。因此，门当户对是过去结亲时普遍遵循的一个重要原则。青年男女的婚姻大事都由双方父母做主，青年男女没有自主选择配偶的权利，而且在举行结婚仪式之前，青年男女还不能相互见面。请喇嘛看卦是巴尔虎蒙古族婚姻关系成立的重要条件，青年男女要成亲，不仅要得到父母的同意，而且还要得到高僧喇嘛的认可。男方父母要为儿子寻找配偶时，如果看中某家姑娘，便请媒人拿着男子的生辰八字去女方家求婚，如果女方愿意与男方结亲就拿出女子的生辰八字交给男方，男方会请一位高僧喇嘛或算卦之人看其儿子和那家姑娘的生辰八字是否吻合，如果双方生辰八字不合，青年男女就不能结婚。

新中国成立前，巴尔虎蒙古族有一套完整的婚姻程序和烦琐的结婚礼仪。巴尔虎人认为结婚是人生中重大的喜事，是一个人成熟的标志，因此，巴尔虎人非常重视自己儿女的婚姻大事，迫切希望儿女早点成家立业并成为家里的顶梁柱。假如一位巴尔虎男子想要娶亲，按照巴尔虎蒙古族传统习俗，必须要经历一系列的婚姻程序和步骤，从而形成了具有游牧文化特色的巴尔虎传统婚姻习俗。

### 一 巴尔虎蒙古族传统求亲习俗

在巴尔虎蒙古族传统家庭中，当儿子长到15岁左右即被认为手可够及马鞍时，父母便会寻找有姑娘的人家表达想要和他们家结亲的意愿，称之为物色亲家。新中国成立前巴尔虎人选择亲家时，一定要遵循以下几个方面的传统习俗。

(一) 遵循族外婚习俗，禁止同姓之间通婚

新中国成立前，巴尔虎蒙古族在婚姻习俗方面，首先要遵循"同姓不婚"原则，它是从远古时期蒙古各部落普遍遵循的族外婚习俗演变过来的。所谓族外婚是指由同一男性祖先繁衍发展，并具有一定血缘关系的同一氏族成员之间禁止通婚，提倡与无血缘关系的其他氏族成员之间建立婚姻关系的习俗。巴尔虎蒙古族自古就遵循族外婚习俗，据《史集》记载："巴儿忽惕部（即巴尔虎部落）过去和现在都与额勒只斤部有友谊；他们自命为与他们有亲戚关系并为一体，尽管他们并非出自他们的支系。由此之故，他们互相嫁娶姑娘。"[①] 此外，巴尔虎部落与蒙古乞牙惕部落也有姻亲关系。成吉思汗的六世祖海都的叔父纳真为巴尔虎部落的女婿，海都汗在巴儿忽惕部人的帮助下征服札剌亦人，将其当作成吉思汗黄金家族的斡脱古-孛斡勒（汉语意为奴隶）。"成吉思汗的祖父把儿坛把阿秃儿的长妻速你古勒也是巴儿忽惕部人。"[②]

古代巴尔虎人严格遵循族外婚习俗，将它作为规范人们婚姻关系的重要原则，具有深刻的现实意义。第一，遵循族外婚习俗，对巴尔虎部族自身的繁衍与发展能够起到促进作用。据遗传学原理，近亲结婚容易将生理上和精神上的某些缺陷或遗传性疾病传给下一代，影响下一代的身心健康。巴尔虎人虽然在漫长的历史岁月中无法用科学方法来论证近亲结婚的危害，但是他们在千百年来的自身演化过程中却深刻认识到"男女同姓，其生不蕃"的事实，并制定了"同姓不婚"的原则，该原则逐渐演化成为规范巴尔虎人婚姻关系的重要准则。第二，在古代蒙古社会，各部落之间进行联姻是维护其部落利益的最有效的手段之一。巴尔虎部落通过联姻手段，要与其他蒙古部落建立有互助义务的政治联盟，将更加有利于巴尔虎部落的生存和发展。因此，严格遵循族外婚习俗，对巴尔虎人来说，具有深刻的政治意义和长远的发展意义。巴尔虎蒙古人将蒙古族古老的族外

---

① ［波斯］拉施特：《史集》第一卷第一分册，商务印书馆1983年版，第199页。
② ［波斯］拉施特：《史集》第一卷第一分册，商务印书馆1983年版，第200页。

婚习俗传承至今，不仅给巴尔虎历史文化的研究乃至蒙古族传统婚姻习俗的研究提供鲜活的第一手资料，而且也用事实证明了蒙古族古老婚姻习俗的演变过程及其合理性。

巴尔虎人认为同姓为同骨，同骨不能通婚。但是，随着社会历史的发展，巴尔虎人所遵循的同姓不婚原则也逐渐发生了演变。我们课题组在调研过程中收集到一些同姓不婚原则在具备一定条件时将发生改变的口述资料。

具备条件一：同姓之间过五代后方可通婚。按照巴尔虎人的传统，同姓之间过九代后才能通婚。巴尔虎人认为："同一姓氏的人过九代后，才能脱离出血缘亲属范围而成为氏族成员。由于过九代后的同姓之间已具备无血缘关系的条件，所以才准许同姓之间通婚。"近代以来，巴尔虎蒙古族所遵循的九代以内同姓之间禁止通婚的禁忌有所松弛，逐渐演变成为同姓之间过五代后方可通婚习俗。2015年1月，课题组在新右旗采访了巴泽尔嘎日迪先生，他生于1943年，时年72岁，职业公务员，新右旗赛罕塔拉苏木人。他给我们讲述了同姓不能通婚的民间案例，20世纪50年代，他们家乡有一对青年男女结婚后不久就提出离婚，离婚的原因是夫妻两人都属于没过五代的同姓之人，因为不能违背传统习俗而最终办理了离婚手续。

具备条件二：生活在不同旗里并且无血缘关系的同姓之间方可通婚。2014年10月，课题组采访了门德陶格陶老人，她生于1927年，时年88岁，职业牧民，新左旗阿木古郎宝力格苏木人。因为老人熟知巴尔虎蒙古族传统婚俗，所以给我们详细介绍了巴尔虎蒙古族传统婚俗及其所体现的文化内涵等。据门德陶格陶老人介绍，20世纪40年代，巴尔虎男女青年结婚时，仍遵循着同姓不婚原则。但是，随着社会的发展，巴尔虎人所遵循的同姓不婚原则在其适用范围上发生了一些变化，生活在一个旗里的同姓之间禁止通婚，而生活在不同旗里且无血缘关系的同姓之间则允许通婚。如新中国成立前生活在正白旗的奎车里克姓氏男子与生活在镶白旗的奎车里克姓氏女子之间或生活在镶白旗的呼布图勒姓氏男子与生活在正蓝旗的呼布图勒姓氏女子之间，由于具备了无血缘关系的条件而允许通婚。迄今为止，巴尔虎人在婚姻习俗方面仍遵循着同姓不婚原则。但是，随着时代的变迁，扎根于巴尔虎人思想深处的同姓不婚观念逐渐被淡化，不再是从前那样一定要遵循的重要原则了。如今巴尔虎人在婚姻习俗方面，主要遵循着《中华人民共和国婚姻法》中明确规定的"直系血亲和三代以内的旁系血亲禁止结婚"的法律条款。

从前巴尔虎人所遵循的同姓不婚原则，虽然根除了叔伯兄弟姊妹之间的婚姻关系，但是并没有完全排除掉姨表兄弟姊妹和舅表兄弟姊妹之间的婚姻关系。从遗传学的角度来讲，巴尔虎人所遵循的同姓不婚原则，也有其局限性，由于没有彻底排除掉三代以内旁系血亲之间的婚姻关系，从而在一定程度上阻碍了巴尔虎部族人口的繁衍与发展。巴尔虎人有一句古老的谚语"娶舅家的姑娘，像太阳升起般兴旺；娶外甥女，像收起拴马的绳子般衰落"，这句谚语形象地反映了以往在巴尔虎人中广为盛行的舅表兄弟姊妹之间的通婚习俗。该习俗基本上同蒙古族自古以来所传承下来的喜欢娶舅家的姑娘，而不喜欢娶姑家姑娘为妻的传统习俗相吻合，蒙古人经常用"娶舅家的姑娘富，娶姑家的姑娘穷"这句谚语来描述舅表兄弟姊妹之间的通婚习俗。

（二）遵循"门当户对"原则，看重对方家族门风和经济条件

"门当户对"原则是巴尔虎人所传承下来的较古老的婚姻习俗。"门当户对"是指用特定标准来选择配偶，它具有传递家庭文化，延续传统价值观的功能。它有利于婚姻的稳定，同时也可能导致社会阶层的分化。新中国成立前，巴尔虎人替儿女找配偶时，把对方社会地位与经济条件作为一项重要的择偶标准来考虑，寻找一户社会地位和经济条件与自己家庭相当的人家作为建立姻亲关系的对象。"门当户对"是巴尔虎人较古老的婚姻习俗。据《蒙古秘史》记载："阔勒巴儿忽真地面的主人，名叫巴尔忽台蔑儿干（即古代巴尔虎部落的首领），有一个女儿，名叫巴儿忽真豁阿，嫁与豁里秃马敦部落的官人，名叫豁里剌儿台蔑儿干为妻，在阿里黑兀孙地面，生了一位名叫阿阑豁阿的女儿""豁里剌儿台蔑儿干把女儿阿阑豁阿嫁与脱罗豁勒真伯颜（伯颜汉语意为富人）的儿子朵奔蔑儿干为妻"。[①] 该史料中详细记载了巴尔虎部落的首领巴尔忽台蔑儿干和豁里秃马敦部落的官人豁里剌儿台蔑儿干，把女儿嫁给其他部落的官人和富人为妻的历史，从这份史料来看，古代巴尔虎人在婚俗方面显然遵循着"门

---

① 巴雅尔标音：《蒙古秘史》第一册，内蒙古人民出版社1998年版，第10页。

当户对"原则。

  一直到新中国成立前夕，巴尔虎人依然遵循着"门当户对"原则。当儿子长到15岁左右，就会选择社会地位和家产等方面与自己家庭相当的其他姓氏的几个姑娘作为求亲的预选对象。首先，这几位被选中的姑娘需具备男方求亲的主观条件，即家务娴熟、针线活儿好、聪明能干、五官端正、长相洁白的16—17岁的姑娘；其次男方要找一位德高望重者或高僧喇嘛看卦，然后选定适合当儿媳的1—2个姑娘作为正式求亲对象。高僧喇嘛主要根据男女青年的属相和生辰八字来确定两位年轻人是否有缘分。如关于青年男女属相是否相合，巴尔虎民间有属蛇的人与属猪的人相克，属马的人与属鼠的人相克等说法。最后男方从其家族（即男方舅舅或叔叔）或邻里中选择一名生活富裕、明事理、能说会道、儿女双全的人作为媒人派到女方家提亲，如果第一个女孩子家不同意这门亲事，就派媒人到第二个女孩子家提亲。骑马前往女方家提亲的媒人抵达女方家后，不能在拴马桩上拴马，而用缰绳绊马前腿，以示前来提亲。据阿古达木和策·乌日根编辑整理的《蒙古族婚礼》记载，除巴尔虎和布日雅特蒙古族有绊马前腿的婚俗外，蒙古族其他部落并没有绊马前腿的婚俗。绊马前腿是巴尔虎蒙古族特有的求亲习俗，蒙古语称为"莫日托西乎"（ ），象征着前来女方家提亲。当男方派来的媒人抵达女方家后，女方家人也出来迎接媒人并非常有礼貌地将媒人请进蒙古包。媒人进蒙古包后，首先向女方父母请安并说几句："安好吧？牛羊肥壮吧？秋天过得顺心吧！"等问候语；其次双方相互请安互敬鼻烟壶之后，媒人便在炉灶西侧坐下来与女方父母聊天，女方将端上奶茶和奶制品等饮食招待媒人，媒人接受女方家人的款待之后，趁他家女儿出去干活的机会向女方父母说明此次来访的目的："某某人家派我来向你们请安，并让我转达想要和你们家结为亲家的愿望。听说你们家姑娘孝敬父母、聪明能干、心灵手巧，与他们家忠厚老实、勤劳勇敢的儿子特般配。为了给亲爱的儿子找伴侣、为了给新搭建的蒙古包里找一位主人，特意派我来向你们转达想聘娶你家姑娘为儿媳的意愿。"女方父母了解了媒人来访的目的后，不会马上作出决定，而对媒人说几句"与家人商量之后再说吧"或者"请喇嘛看卦之后再说吧"等客套话之后就打发媒人回去。

按照蒙古族传统婚姻习俗，男方须多次向女方家求亲，才能得到女方家的同意。据《蒙古秘史》记载：也速该把阿秃儿领着儿子铁木真到德薛禅家求亲时，德薛禅就对他说了一句"多求几遍，才许给啊，会被人尊敬；少求几遍，就许给啊，要被人轻看"①的话，这句话逐渐演变成为"多求则贵，少求则贱"的古老谚语。但是，巴尔虎民间曾经有"多次绊马前腿，对姑娘不吉利"或"多跑几趟，会被马蹄子骂"等说法。因此，女方父母如果不同意这门亲事，不会让媒人多次来回跑。过一段时间，女方父母通过亲戚和朋友了解男方家族门风和家庭经济条件以及男子人品、劳动能力及长相体格等情况后，很快就作出是否接受这门亲事的决定。如果女方接受这门亲事，前来求亲的媒人就立即向新亲家表示感谢并向他们表达："感恩您的恩德，选择吉日派人来献哈达并定亲"等意图。一般情况下，富人家的儿子不会聘娶穷人家的姑娘，更不会把女儿嫁给穷人家的儿子作为妻子。除非穷人家的姑娘长相出众，聪明能干，家务能力和缝纫手艺超群，富人家才有可能花钱收买穷人家的姑娘作为妾或儿媳。新中国成立前，曾在巴尔虎人中保留下来的童养媳习俗就有买卖婚姻的性质。"过去童养媳的存在有两个原因：一是家庭贫穷的，养不起女儿，便把她送到富裕的家里去做童养媳。二是富裕的家庭里，发生大妻不生育或大妻不能担任家务时，或是大妻发生品行不轨的情形时便可收买童养媳。童养媳通常是作弥补劳动力之用。因此，童养媳往往比她的丈夫要大好几岁，她的工作比其他的姑娘都重。童养媳来家的第一天，须向佛爷叩头，拜见父母，以后多不再举行婚礼。"②这种买卖婚姻是产生于生产资料私有制基础上的变相的包办婚姻，是富人强加给穷人头上的不平等的婚姻关系，其本质是富人花钱购买既能干又漂亮的女劳动力。

曾经接受课题组采访的扎某、朝某、门某、道某、色某都是贫苦牧民家的孩子，新中国成立前他（她）们在父母包办下找了一位社会地位和经济条件都与自己家境相当人家的孩子成亲。接受采访的老人当中，只有103岁的阿某是牧主的女儿，她在16岁时与牧主的儿子阿某成了亲。阿

---

① 巴雅尔标音：《蒙古秘史》第一册，内蒙古人民出版社1998年版，第111页。
② 燕京、清华、北大一九五〇年暑期内蒙古工作调查团编：《内蒙古呼纳盟民族调查报告》，内蒙古人民出版社1997年版，第169页。

某结婚时,其父母给她陪送了带犊的奶牛1头、4头犍牛、2匹马、一辆毛哈里格(篷车)、一辆额日格尼格(装衣服与食品的车)、一辆兴格力格(装牛粪的车)、一辆杭盖(载蒙古包的车)、碗柜、希日德格(小地毯)、床、两个圆形枕头及四季服饰等比较丰厚的嫁妆。遗憾的是老人25岁那年,其丈夫因病去世,她成了一名年轻的寡妇。丈夫去世后,娘家父亲前来接她回去,但是阿某害怕以后再经历一次失去丈夫的不幸遭遇而拒绝回娘家,一直在婆家与公婆生活在一起,并且她勇敢地挑起生活的重担,将亲生的女儿和领养的儿子养大成人,过上了幸福的晚年生活。从上述几位老人的成亲经历来看,巴尔虎人在新中国成立前普遍遵循着父母包办、门当户对等封建婚姻习俗。

(三)遵循包办婚姻习俗,由父母包办儿女的婚姻大事

在巴尔虎蒙古族传统家庭中,父母的权力很大,子女要绝对服从家长的意志。"父母之命"和"媒妁之言"是封建婚姻的主要形式,婚姻的缔结并非出于当事人的自愿,而是由家长强迫包办。从巴尔虎蒙古族传统婚俗中,能够清楚地看到其强迫包办婚姻的特征,如有媒人到女方家提亲或准婆家人到女方家商量婚事时,女方父母便找个理由派姑娘到别人家或指派其到野外去放羊,总是想方设法不让姑娘知道和参与其婚事。父母已做主为女儿商定婚事,要为她举办婚礼时(一般在婚前1—2天),通过强迫方式让女儿接受将要嫁人的事实,蒙古语称此礼俗为"胡很莫德古乐乎"(ᠬᠦᠴᠦᠨ ᠮᠡᠳᠡᠭᠦᠯᠬᠦ)。

2014年7月,我们课题组到新右旗走访了89岁的扎某和84岁的色某,8月在新右旗走访了103岁的阿某,10月在海拉尔区走访了88岁的门某和82岁的道某,11月到新左旗走访了86岁的朝某,这六位老人都是在解放前成亲的,他们的婚姻都是典型的封建包办婚姻。

案例2.1:扎某,性别女,1924年生人,时年89岁,职业牧民,新右旗阿敦础鲁苏木人。虽然老人没有上过学,但是老人的性格开朗,思维敏捷,身体硬朗,看上去比实际年龄年轻。我们就向老人询问了一些长寿的秘诀,老人的回答特别干脆利落,长寿的秘诀总结起来就是"喜欢劳动,不愿意闲待着"。老人在1950年到1960年期间曾担任嘎查党委书记一职。老人是1939年结婚的,当年她只有16岁,什么都不懂,父母替她找了一位门当户对的穷苦人家的儿子,把她嫁了过去。结婚之前,新娘没

见过新郎,更有意思的是扎某结婚时,由于新郎正在参加诺门罕战争,无法赶回来参加自己的新婚典礼,因此新郎父母只好找一位小伙子代替新郎,举办了一场没有新郎的婚礼。虽然新郎因战事没能参加自己的新婚典礼,但是扎某的父母仍为她举办了一场完整意义上的巴尔虎传统婚礼,如婚礼前给扎某穿上超巴并举行了走亲戚仪式,经过女方送亲宴、男方迎亲婚礼、新娘母亲陪着女儿在新郎家住三天、新娘父亲回看女儿、新娘第一次回门等传统仪式,老人才成为新郎家的一名成员。婚后扎某一直和公婆生活在一起,结婚一年后扎某才第一次见到从诺门罕战场上回来的新婚丈夫。扎某和丈夫噶某一起生活了半个多世纪,共同抚养了10个儿女,老人现在在儿子家安享晚年。

案例 2.2:色某,性别男,1931年生人,时年84岁,职业国家公务员,专科学历,曾担任过新右旗人大主任一职,现已退休,在家安享晚年。色某是在1949年秋天结婚的,听老先生介绍,当年他只有19岁,正在海拉尔第一中学师资培训班学习,还是一个中学生,父母就做主给他迎娶了新娘。1949年夏天放暑假后,他回家度假时,父母就给他说了为其娶亲的事,巴嘎领导(相当于今天的村长)让他在红格纸上摁了手印,父母还让他与要和他成亲的姑娘见了一次面。暑假一结束他就回学校上课去了,1949年冬天因为学习忙,学校没有放寒假。1950年春天,趁学校放劳动假的机会回家探亲时才知道父母早就给他娶亲的事儿。老先生的婚姻是典型的包办婚姻,甚至他在外地上学时,父母就做主给他娶了新娘,他根本就没有参与娶亲仪式。老人虽然娶了亲成为有家室的人,但是仍以学业为重,在家待了几天就回学校上课去了。老人结婚的时候,巴尔虎婚俗正处于新旧婚俗的交替时期,是处于新式自主婚姻制度逐步取代旧式包办婚姻习俗的社会变革时期。那时新中国即将成立,虽然在社会上开始宣传废除封建包办婚姻制度,提倡婚姻自由、一夫一妻、男女平等新思想,但是推翻封建制度的社会革命还没有彻底成功。因而老人的结婚经历和结婚仪式既有封建包办婚姻的特点,又有新式自由婚姻的形式。一方面按着旧习俗父母做主给他娶进新娘,另一方面反对旧式包办婚姻,为体现男女平等、婚姻自由等原则,父母让他与未婚妻见了一次面,巴嘎领导还让他和未婚妻在红格纸上摁了手印,摁手印相当于两人自愿结婚的凭证。虽说他已经娶亲了,但是他们没有举行婚礼、没有准备婚房,没有准备结婚礼服，没有准备新被褥等生活必需品，他们家只添了一个长方形双人枕头。虽然老人的婚姻是旧式包办婚姻，但是难能可贵的是老人对自己的婚姻特别忠诚，婚后一直在外面学习和工作，甚至到呼和浩特市求学和工作四年后，为了自己的爱人，老先生最终还是选择了回家乡工作。老先生回家乡后，一直耕耘在文化教育战线上，为呼伦贝尔市民族文化教育事业的发展做出了应有的贡献。同时和他爱人一起共同养育了四个儿女。上述这个案例是新中国成立前夕一位巴尔虎青年知识分子新婚生活的真实写照。

据色某回忆，他的好朋友尼某也是在1949年结婚的，尼某的娶亲经历和色某一样，尼某在外地求学时，其父母做主给他娶进了新娘。还有色某的一位学长占某，在1946年到牙克石服兵役期间，父母也做主给他娶进了新娘。从上述三位老先生的结婚案例来看，在巴尔虎婚俗史上曾出现新郎因特殊原因而可以不参加结婚仪式的奇特婚俗。

案例2.3：朝某，性别女，1929年生人，时年86岁，职业牧民，新左旗嘎拉布尔苏木人。老人身体硬朗、头脑聪明、勤劳能干，我们去采访时，老人正在给她孙子缝制羊羔袍。听老人介绍，她是1944年15岁时，在父母包办下与比她小四岁的丈夫成了亲，老人的婆家是中等生活水平的牧民，有几百只羊、几头牛。根据朝某介绍，1944年老人结婚时还佩戴了哈布其格（一种银冠形状为扇形，共有两扇戴在头上）、额箍、孛勒（辫梢装饰品）等新娘头饰和装饰品。结婚前当女方准备用男方送来的银子制作新娘装饰品时，因找不到银匠而没能按时把新娘所佩戴的装饰品制作出来。因而老人的父母只好借用儿媳结婚时所佩戴的装饰品来装扮即将出嫁的女儿，顺利地举行了送亲宴会。事后老人的父母将男方送来的银子交给其儿媳当作补偿。婚后过了几年，老人还不到二十岁时，其公婆因有病先后离世，留下了他们这对小两口。老人领着小丈夫独立门户，通过自己的勤奋劳动和艰苦努力终于把日子过起来了。婚后老人生了一个姑娘，后又领养了一个儿子。老人的儿子去世后，其日常起居现由儿媳妇和姑娘照顾。

案例2.4：道某，性别男，1934年生人，时年80岁，老先生是1946年13岁时，与比他大5岁的妻子成了亲，属于包办婚姻。老先生是家里独生子，其父亲去世得比较早，因家里缺乏劳动力，为了解决家里劳动力的短缺问题，老先生的母亲为其聘娶了比他年长5岁的新娘。新中国成立以前，在巴尔虎地区 12—13 岁的男子迎娶 17—18 岁的大姑娘是比较普遍存在的婚俗现象。婚后，老先生去海拉尔第一中学上学，后去扎兰屯农牧学校上中专并以优异成绩毕业。老先生在外地求学期间，其妻子在家与婆婆一起从事畜牧业生产，供老先生上学。婚后老人的婚姻生活特别温馨，老伴在家里从事畜牧业生产，老先生在外地上班，与老伴携手度过了半个多世纪的美满婚姻生活。

总之，从上述几位老人的结婚经历来看，20 世纪三四十年代，生活在呼伦贝尔草原上的巴尔虎蒙古族仍遵循着旧式包办婚姻习俗。因此，包办婚姻是新中国成立以前巴尔虎蒙古族最典型的婚姻形式。新中国成立后，1950 年正式颁布和实施《中华人民共和国婚姻法》，新婚姻法中明确规定了"废除包办婚姻和买卖婚姻，并提倡婚姻自由、一夫一妻和男女平等"相关条例。从此在牧区广泛学习和宣传新婚姻法精神，进而彻底废除封建包办婚姻和买卖婚姻等陋习，使婚姻自由、一夫一妻和男女平等思想理念逐渐深入人心，以法律形式保障男女青年的婚姻自主权利。从此婚姻自由之花在巴尔虎草原上广泛盛开，开启了巴尔虎婚俗变迁史上的一个崭新的时代。

## 二 巴尔虎蒙古族传统定亲仪式

女方接受男方求亲请求后，按照巴尔虎传统婚俗，双方将举行定亲仪式。巴尔虎蒙古族传统定亲仪式被称为献哈达仪式，蒙古语称为"哈达噶塔力必乎"（ ᠬᠠᠳᠠᠭ ᠲᠠᠯᠪᠢᠬᠤ ）。献哈达是蒙古族迎送、馈赠、交际、奖赏、定亲时的重要礼节之一，表示敬意和祝贺。男女青年在成亲前首先要举行献哈达仪式，它是男女青年定亲的标志。巴尔虎人认为："献哈达就像板上钉钉子"，意味着定亲双方不能轻易毁约。

按照巴尔虎蒙古族传统婚俗举行定亲仪式，男方首先要找一位高僧喇嘛看卦并选定吉日，然后派人到女方家告知定亲吉日。其次男方父亲要携带定亲礼物到女方家，举行定亲仪式，如果男方父亲早已离世，由新郎叔叔或兄长等能够代表父亲的长辈去女方家举行定亲仪式。举行定亲仪式之前，女方家长要让女儿躲到亲友家，不让女儿参与定亲仪式。定亲那天，男方父亲骑马并带着哈达、酒和绸缎等礼物来到女方家，在女方蒙古包西南侧下马，并用缰绳绊住马前腿，且不能在拴马桩上拴马。此时，女方家人要出来给他看狗并把他请进蒙古包。男方父亲被请进蒙古包后，先从挂在腰带上的褡裢①里拿出鼻烟壶②，一边屈膝向女方家长递鼻烟壶，一边向他请安，问候一下："畜群安好？年头安好？春天（或夏天、或秋天、或冬天）安好？"等生产生活情况。接着男方父亲从炉灶右侧走到佛像前，从怀里拿出两条哈达，一条献给佛像，另一条夹在佛像右上方的乌尼（长约3.2米的柳条棍）里，夹在乌尼里的哈达叫"苏力德哈达"③（ᠰᠦᠯᠳᠡ ᠶᠢᠨ ᠬᠠᠳᠠᠭ ）。

男方父亲向佛像和苏力德献完哈达就坐在炉灶右侧。女方家人开始摆酒席端茶倒酒，上奶制品和手把肉等饮食热情地款待男方家长，这就是现代意义上的"订婚"仪式。在订婚宴席上，女方家长向男方家长敬酒并致敬酒词："日行千里的骏马是草原上的至宝，使我们结成亲家的女儿是我们的至宝，感谢上天和祖先的恩德使这对年轻人相识，即将结成良缘，在此祝他们幸福如意……"等等，男方父亲先把敬上来的酒献给天地诸神，然后自己先干为敬。

过去巴尔虎男女青年结婚都比较早，十五六岁结婚是普遍现象。在缔结婚姻关系上，多在亲戚朋友的范围之内，最明显的是表亲婚姻，也就是说舅表兄弟姊妹与姨表兄弟姊妹是理想的配偶。曾接受采访的门某，17岁那年（1943年）与其姨表哥额某成亲。历经百年沧桑岁月的已故巴尔虎老人花某，15岁那年（1926年）与其舅舅交由他人抱养的女儿即其舅

---

① 褡裢是装鼻烟壶的袋子。褡裢，有礼仪型和普通型两种。老年人用暗色褡裢，中、青年人用色彩亮丽的各种褡裢。褡裢的镶边艺术和刺绣装饰也是丰富多彩，精美绝伦的。蒙古人戴褡裢有严格的规矩。把褡裢插挂在腰带上，其位置在身面左侧。早先只有吸食鼻烟的人才戴褡裢，伴随着历史的进程，褡裢成为所有蒙古族男士必备的装饰物，并具有了礼仪内涵。

② 鼻烟壶是蒙古人特别讲究的男子佩饰之一。一般用玉石、玛瑙、水晶、翡翠、陶瓷、牛角、红木等材料制作。里面放好掺有香料的烟面。男人相逢时必须互换鼻烟壶致以问候。在这个过程中，年少者先向年长者递送鼻烟壶，年长者接过鼻烟壶之后，做出用鼻子吸食的动作，再把自己的鼻烟壶递给年少者。同龄人可以同时交换鼻烟壶。交换鼻烟壶时必须把衣帽收拾整齐，以示正规和严肃。如果两个人产生纠纷之后，有错误的一方或年少者向另一方奉送鼻烟壶，另一方接受了鼻烟壶就意味着两个人和解了。

③ 苏力德，蒙古语意思是"矛"，是战神的标志。一般是黑白两色，分别叫作"哈喇苏力德"和"查干苏力德"，就是"黑"和"白"的意思，黑色象征着战争与力量，白色象征着和平和权威。后来，草原部落的人民把苏力德当作民族精神供奉在自己家门口。

表妹达某成亲。在巴尔虎人中曾广为流传的"娶舅家的姑娘,像太阳升起般兴旺;娶外甥女,像收起拴马的绳子般衰败"这句民间谚语,较客观地反映了表亲婚俗在巴尔虎蒙古族中广为盛行的历史。

**图 2-1　蒙古族男人的装饰品——鼻烟壶**
图片来源:360 图片网站(2014 年)

2014 年 7 月,课题组到新右旗走访了道某等几位当地较有名望的巴尔虎老人,听他们介绍,新中国成立前巴尔虎蒙古人有让儿子十五六岁就成亲的习俗,"十五六岁结婚是最普遍的,尤其是在较富裕的家庭,一个十二三岁的男子可以娶上一个十七八岁的大姑娘。因此,早婚现象是非常普遍的"。[①] 蒙古国学者扎·乌力吉先生在其撰写的《巴尔虎蒙古史》一书中记载了 1945 年 1 月在呼伦贝尔草原生活了 200 多年的一部分巴尔虎人共 234 户 1122 人,志愿从呼伦贝尔盟新左旗迁徙到蒙古国东方省呼伦苏木定居的历史。该书中详细记载了在此次迁徙中提出申请并志愿加入蒙古国国籍的 101 户 282 人的姓名、性别、年龄以及家庭关系等信息。下面用图表形式表示其中一部分巴尔虎人的家庭关系。

---

[①] 燕京、清华、北大一九五〇年暑期内蒙古工作调查团编:《内蒙古呼纳盟民族调查报告》,内蒙古人民出版社 1997 年版,第 164 页。

表 2-1　　　　　　　　　　妻子年龄大于丈夫年龄家庭①

| 序号 | 户主 | 年龄 | 妻子 | 年龄 | 儿子 | 女儿 | 说明 |
|---|---|---|---|---|---|---|---|
| 1 | 苏格尔 | 43 | 玛格苏尔 | 46 | 米吉格，13岁 | | 妻子比丈夫大3岁，二房妻子乌德巴拉35岁，有母亲、弟弟和妹妹，共有7口人 |
| 2 | 策伯格扎布 | 36 | 道力玛 | 38 | 阿迪亚，7岁 | 伊玛嘎，9岁 | 妻子比丈夫大2岁，有母亲、弟弟和妹妹，共有7口人 |
| 3 | 陶格陶 | 44 | 玉德欣 | 45 | 扎格达 | 宝迪，14岁 | 妻子比丈夫大1岁，共有4口人 |
| 4 | 阿迪亚 | 45 | 贺喜格图 | 48 | 扎木苏荣，21岁。儿媳达日，21岁 | 其米德，14岁，策伯格米德，12岁 | 妻子比丈夫大3岁。共有6口人 |
| 5 | 那旺出谷尔 | 41 | 边巴 | 44 | 都格尔扎布，15岁，西尼如布，14岁，伊德木苏荣，5岁 | 尼玛苏荣，7岁 | 妻子比丈夫大3岁，有母亲和两个哥哥，共有9口人 |
| 6 | 达西边巴 | 44 | 浩日劳 | 45 | 毛浩日，6岁 | 宝木达日，14岁，达日玛10岁 | 妻子比丈夫大1岁，二房妻子道力玛34岁，有母亲和弟弟，共有8口人 |
| 7 | 阿尤日扎那 | 38 | 巴德玛嘎日布 | 44 | | | 妻子比丈夫大6岁。共有2口人 |
| 8 | 道尔基舍旺 | 35 | 玛吉格 | 39 | | | 妻子比丈夫大4岁，二房妻子莲花29岁。共有3口人 |
| 9 | 朝伊都格 | 35 | 巴德玛 | 36 | | 达日贺 | 妻子比丈夫大1岁，共有3口人 |

① 扎·乌力吉：《巴尔虎蒙古史》，内蒙古文化出版社2013年版，第103—108页。

第二章　巴尔虎蒙古族历史沿革与传统婚姻习俗　　57

续表

| 序号 | 户主 | 年龄 | 妻子 | 年龄 | 儿子 | 女儿 | 说明 |
|---|---|---|---|---|---|---|---|
| 10 | 关布 | 39 | 查恩达 | 42 | 毕力棍,14岁,米格莫日,11岁,巴泽尔钦,2岁 | 汗达,8岁,尼玛,2岁 | 妻子比丈夫大3岁,共有7口人 |
| 11 | 扎恩扎 | 65 | 巴勒桑 | 67 | | | 妻子比丈夫大2岁,共有2口人 |
| 12 | 巴雅尔 | 25 | 巴乐玛 | 26 | 云顿,3岁 | 南吉德,5岁,大姑娘,7岁 | 妻子比丈夫大1岁,共有5口人 |
| 13 | 边巴 | 62 | 米德格玛 | 64 | | 佛力吉德玛,26岁 | 妻子比丈夫大2岁,共有3口人 |
| 14 | 伊德玛 | 28 | 道力格尔 | 33 | | | 妻子比丈夫大5岁,共有2口人 |
| 15 | 都力其尔 | 43 | 达日玛 | 44 | | | 妻子比丈夫大1岁,儿媳帖木儿16岁,共有3口人 |
| 16 | 宝音苏荣 | 49 | 嘎力桑 | 56 | | | 妻子比丈夫大7岁,有母亲和两个侄女,共有5口人 |
| 17 | 查丹巴力珠儿 | 32 | 吉日嘎拉 | 33 | | 道尔基7岁,讷黑图3岁 | 妻子比丈夫大1岁,二房妻子乌云27岁,共有5口人 |
| 18 | 古鲁格 | 15 | 浩日劳 | 18 | | | 妻子比丈夫大3岁,有母亲和妹妹,共有4口人 |

表 2-2　　　　丈夫年龄大于妻子年龄或夫妻同龄家庭①

| 序号 | 户主 | 年龄 | 妻子 | 年龄 | 儿子 | 女儿 | 说明 |
|---|---|---|---|---|---|---|---|
| 1 | 沙莱宝 | 37 | 玉德欣 | 31 | 道力玛扎布,11岁 | 南吉德,13岁 | 丈夫比妻子大6岁,共有4口人 |

---

①　扎·乌力吉:《巴尔虎蒙古史》,内蒙古文化出版社2013年版,第103—108页。

续表

| 序号 | 户主 | 年龄 | 妻子 | 年龄 | 儿子 | 女儿 | 说明 |
|---|---|---|---|---|---|---|---|
| 2 | 吉格米德 | 37 | 齐米德 | 33 | | | 丈夫比妻子大4岁，共有2口人 |
| 3 | 僧格 | 65 | 普日布 | 50 | 达西，41岁，宝音图，17岁 | | 丈夫比妻子大15岁，有喇嘛弟弟，共有5口人 |
| 4 | 苏格尔扎布 | 56 | 没写名字 | 55 | 达格巴，22岁（喇嘛） | 道力玛，33岁 | 丈夫比妻子大1岁，有喇嘛弟弟，5口人 |
| 5 | 巴雅尔赛罕 | 22 | 宝木达日 | 21 | 楚勒特木，4岁 | | 丈夫比妻子大1岁，有母亲、奶奶、叔叔、哥哥，7口人 |
| 6 | 巴特尔 | 54 | 达日贺 | 47 | 丹德尔，19岁（喇嘛），齐米德，16岁，其妻子莲花，17岁，胡日查，9岁 | 玛格苏尔，12岁，南斯拉玛，12岁 | 丈夫比妻子大7岁，二房妻子浩日劳43岁，共有9口人 |
| 7 | 巴雅尔图 | 50 | 汗达玛 | 46 | | | 丈夫比妻子大4岁，二房妻子宝尼亚32岁，有母亲和妹妹，共有5口人 |
| 8 | 普日布 | 63 | 扎旺 | 58 | | | 丈夫比妻子大5岁，共有2口人 |
| 9 | 博格杂 | 40 | 玛吉格 | 40 | | | 夫妻同岁，共有2口人 |
| 10 | 图都布 | 40 | 道力玛 | 33 | | | 丈夫比妻子大7岁，有父亲，共有3口人 |
| 11 | 舍旺曹德那木 | 26 | 朝鲁 | 19 | 章其布，8岁 | 嘎毕乐玛，5岁 | 丈夫比妻子大7岁，有母亲和妹妹，共有6口人 |
| 12 | 阿尔斯楞 | 30 | 嘎吉德玛 | 26 | | | 丈夫比妻子大4岁，有母亲，共有3口人 |

续表

| 序号 | 户主 | 年龄 | 妻子 | 年龄 | 儿子 | 女儿 | 说明 |
|---|---|---|---|---|---|---|---|
| 13 | 曹德那木 | 58 | 阿尤喜 | 43 | 扎木巴，19岁（喇嘛） | 珲淑，9岁 | 丈夫比妻子大15岁，共有4口人 |
| 14 | 吉格吉德 | 43 | 达日贺扎布 | 21 | | | 丈夫比妻子大22岁，共有2口人 |
| 15 | 甘珠尔 | 42 | 浩毕图 | 40 | 查仁道尔基，25岁，儿媳达格太，25岁 | | 丈夫比妻子大2岁，共有4口人 |
| 16 | 达西 | 40 | 宝迪亚 | 31 | | 希日，4岁，苏日玛扎布，2岁 | 丈夫比妻子大9岁，有母亲，共有5口人 |
| 17 | 僧格巴泽尔 | 27 | 苏米亚扎布 | 20 | | | 丈夫比妻子大7岁，有姐姐，共有3口人 |
| 18 | 边巴 | 42 | 莲花 | 35 | | | 丈夫比妻子大7岁，共有2口人 |
| 19 | 苏和巴特尔 | 63 | 查灵 | 63 | 侄子扎木齐43，儿媳僧斯玛37岁 | | 丈夫与妻子同岁，共有4口人 |
| 20 | 玛吉格苏荣 | 38 | 沙格斯勒 | 34 | 桑布28岁 | | 丈夫比妻子大4岁，有妹妹，共有4口人 |
| 21 | 亚玛然扎 | 55 | 班泽让查 | 50 | | | 丈夫比妻子大5岁，共有2口人 |
| 22 | 忽兰 | 51 | 西吉宝 | 51 | | 道力玛17岁 | 丈夫与妻子同岁，共有3口人 |
| 23 | 额尔德尼 | 51 | 萨木吉 | 49 | | 米图格12岁 | 丈夫比妻子大2岁，共有3口人 |
| 24 | 齐米德 | 41 | 达日贺 | 37 | 米格米尔20岁 | 苏格尔3岁 | 丈夫比妻子大4岁，共有4口人 |
| 25 | 毕力格 | 52 | 珠拉 | 45 | | | 丈夫比妻子大7岁，共有2口人 |

续表

| 序号 | 户主 | 年龄 | 妻子 | 年龄 | 儿子 | 女儿 | 说明 |
|---|---|---|---|---|---|---|---|
| 26 | 照德巴 | 50 | 阿木尔赛罕 | 32 |  | 拉姆扎布2岁 | 丈夫比妻子大18岁，共有3口人 |
| 27 | 策伯格米德 | 67 | 汗达 | 52 |  |  | 丈夫比妻子大15岁，共有2口人 |

从上文两个表所显示的45户巴尔虎蒙古族家庭关系来看，20世纪40年代巴尔虎蒙古族仍保留着以下几个方面的古老婚姻习俗。

（一）20世纪40年代巴尔虎蒙古族仍保留着较古老的老妻少夫习俗

从上面两个表所显示的45户巴尔虎蒙古族家庭关系来看，其中有18户家庭的妻子年龄比丈夫年龄大1—7岁，占总户数的40%。据罗卜桑悫丹撰写的《蒙古风俗鉴》一书记载，蒙古族男子传统适婚年龄为18岁、女子为17岁，并且视男女同岁或男子年龄比女子大几岁为最佳结婚年龄。但是，据我们课题组调查显示，20世纪40年代在巴尔虎婚俗方面，男女青年的适婚年龄不仅保持在十五六岁左右，而且妻子年龄比丈夫大3—5岁的现象仍较为普遍。据普·浩日劳编著的《蒙古婚俗》记载，从前喀尔喀蒙古族也有"妻子年龄比丈夫大4—5岁为适宜，但是不能大一旬"[①]等婚俗习惯。由此可见，从前巴尔虎蒙古族和喀尔喀蒙古族对这种老妻少夫习俗都持有肯定态度。

2014年7月课题组到新右旗走访时，当地巴尔虎老人们不仅向我们详细介绍从前在巴尔虎人中曾经广为盛行的老妻少夫习俗，而且还给我们分析了该习俗被保留下来的深层次原因。他们认为老妻少夫习俗长期被保留下来的最根本原因是为了解决游牧生产中的劳动力短缺问题。他们从游牧生产方式的发展角度去分析和说明老妻少夫习俗得以被遗留下来的社会根源，客观上揭示了游牧生产方式与巴尔虎传统婚俗之间的内在联系。

一方面，巴尔虎蒙古族是把蒙古族传统游牧生产方式较完整地传承下来的古老的游牧部落。以个体家庭为经营单位的传统游牧生产中，家务劳

---

① 普·浩日劳编著：《蒙古婚俗》，民族出版社2003年版，第43页。

动与生产劳动往往是很难区分的，因为牲畜既是生活资料，又是生产资料，饲养牲畜、饮牲畜、圈牲畜、接羔保育、剪羊毛、挤牛奶、加工奶制品、熟羊皮和擀毡子等实践活动，既是家务劳动，又是生产劳动。特别是放羊、接羔保育、剪羊毛、挤牛奶、加工奶制品、熟羊皮、擀毡子等生产劳动和缝衣做饭等家务劳动主要由妇女来完成。在游牧生产中，蒙古族妇女不仅是家务劳动的主力，而且也是不可或缺的生产劳动力，她们总是有干不完的活儿，干完家里的活儿就忙外面的工作，始终在家里扮演着顶梁柱的角色。

另一方面，在蒙古族传统游牧生产内部具有明显的劳动分工，基本上形成了男主外女主内的社会分工。男人经常外出从事打猎、出征等冒险性的工作，妇女则留在家里，负责照看孩子、照顾老人、看管畜群、做饭缝衣等日常工作，全家人的衣食住行等基本上都经过妇女之手。因而蒙古族妇女在家庭生活中处于举足轻重的地位，享有处理家庭内部大小事情的权力。因此，迎娶一位善于经营家庭生活并能够托起整个家庭的勤劳能干、聪明贤惠、非常有智慧的家庭主妇是蒙古族家庭兴旺发达的象征。成吉思汗的长妻孛儿帖比他年长一岁，从小与成吉思汗结为夫妻，为他的统一大业进言献策，成为他坚强的后盾，为蒙古民族的发展和强盛做出了不可磨灭的贡献，所以成吉思汗敬称孛儿帖为"像母亲般的妻子"①。在蒙古族民间曾经广为流传的"医生的拙劣医术造成患者的死亡，妻子的不善经营导致家庭的贫困"这句谚语，也较形象地说明了蒙古族妇女在家庭生活中的重要地位和作用。在蒙古族历史上曾经出现许多孤儿寡母撑起一片天的具体案例，如远古时期在蒙古部落中出现了一位留名青史的阿阑豁阿母亲，在其丈夫去世后，靠自己的努力不仅把五个儿子抚养成人，而且在其正确指引下五个儿子团结奋进，依靠集体力量征服了迁徙到统格黎河边且发展水平处于原始社会末期的一小撮百姓，初步建立了最早的父权制奴隶社会。成吉思汗的父亲也速该巴特尔被塔塔儿人谋害之后，其母亲诃额仑哈顿也靠自己的坚强意志和吃苦耐劳的精神不仅把年幼的六个孩子抚养成人，而且也支持和帮助成吉思汗建立了横跨欧亚大陆的强大蒙古帝国。生活在北元时期的满都海彻辰哈顿在33岁时，嫁给7岁的巴图孟克达延

---

① 萨冈彻辰：《蒙古源流》，民族出版社1987年版，第87页。

汗，在她的帮助和支持下，巴图孟克达延汗重新统一蒙古各部落，实现了蒙古族历史上的第二次统一大业。这些实例足以说明蒙古族妇女在历史上的重要地位与作用。

从上述这些分析资料来看，婚姻习俗是取决于社会经济基础并反作用于经济基础的上层建筑。巴尔虎人所传承下来的老妻少夫习俗是产生于游牧经济基础上的较古老的婚姻习俗，并且对巴尔虎游牧社会的发展起到了促进作用。第一，对老妻少夫习俗的传承，有利于解决游牧生产中的劳动力短缺问题。第二，对老妻少夫习俗的传承，不仅有利于满足全家人的衣食住行等需求，而且能够保障家庭生活的正常运转。第三，对老妻少夫习俗的传承，不仅不会影响繁衍后代，而且更加有利于后代的教育与培养。综上所述，自古以来巴尔虎人所传承下来的游牧生产方式和与之相适应的游牧生活方式是老妻少夫习俗长期被保留下来的重要社会根源。

（二）20世纪40年代巴尔虎蒙古族仍保留着较古老的老夫少妻习俗

从上面两个表所显示的45户巴尔虎蒙古族家庭关系来看，其中就有23户家庭的丈夫年龄比妻子大1—22岁，特别是有5个家庭的丈夫年龄比妻子大15—22岁，占总户数的11.11%。这个数字足以说明当时在巴尔虎蒙古族中仍保留着古老的老夫少妻习俗。课题组在巴尔虎三旗进行社会调查时，当地巴尔虎老人们也不理解从前巴尔虎人为什么把小姑娘嫁给老头当妻子的真正原因。该习俗也是蒙古族较古老的婚姻习俗。据史料记载，成吉思汗为了巩固与汪古惕部落之间的政治联盟，允诺把自己的三女儿阿剌海别吉许配给汪古惕部落首领阿剌忽石·吉惕·忽里，但是阿剌忽石以年老为由拒绝这门亲事，后来成吉思汗把三女儿阿剌海别吉嫁给了阿剌忽石·吉惕·忽里的长子宝音希巴勒。1211年，在汪古惕部落内部发生的暴乱中阿剌忽石·吉惕·忽里和宝音希巴勒父子俩被遇害之后，阿剌海别吉带着阿剌忽石·吉惕·忽里的小儿子宝要哈和其侄子镇国从内乱中出逃，在云内地区逃亡时，遇到了成吉思汗的部队。成吉思汗赐给镇国以北平王称号，使其管理汪古惕部落内部事务。按照蒙古族传统婚俗，失去丈夫的阿剌海别吉嫁给汪古惕部落新首领镇国，继续承担了维护蒙古部落与汪古惕部落之间政治联盟的重任。成吉思汗一心想把年轻美貌的姑娘主动嫁给年老的汪古惕部落首领阿剌忽石·吉惕·忽里及其子孙，有其重要的政治目的，一方面要通过联姻的手段来巩固蒙古帝国在漠南地区的统治，另一方面要利用汪古惕部落的军事力量来扩大蒙古帝国的军事势力。如1219年成吉思汗西征时，其女儿阿剌海别吉奉命接受管理漠南地区内部事务的重任，阿剌海别吉的丈夫镇国奉命率领一万名骑兵，从属木华黎国王的管辖之下，征战于中原战场，为蒙古统一大业献出了自己的宝贵生命。

从上述具体案例来看，首先，老夫少妻习俗的形成与巩固草原贵族阶级的政治统治及加强其军事实力的政治策略有关。其次，在古代蒙古社会实行一夫多妻制，封建贵族阶级以资产的多少来娶妻纳妾，过着妻妾成群的家庭生活。据史料记载，有的贵族娶十多个妻子，有的贵族甚至娶上百个妻子，他们的妻子和孩子多得连自己也叫不上名字。虽然一夫娶多妻是封建贵族阶级享有的特权，但是一夫多妻制在婚姻习俗上必然会造成老夫少妻现象。特别是年轻美貌的少妻过着衣食无忧的生活，享尽荣华富贵的社会风气，也直接影响着蒙古族婚姻习俗的变迁。因此古代蒙古人在嫁女儿时，主要考虑男方的社会地位与经济条件等因素，而不会过多地去考虑双方年龄差距问题，只要男方社会地位和经济条件与女方相当就答应男方的求亲请求。最后，随着蒙古社会的发展和进步，在婚姻习俗方面，虽然逐渐废除一夫多妻制并积极提倡一夫一妻制，但是古老的老夫少妻习俗依然被保留下来并吸收了"嫁老丈夫吃馒头，嫁小丈夫吃拳头"等时代性元素，使其更具时代性和现实性，这是蒙古族古老的老夫少妻习俗被世代相传的文化根源。据课题组调查显示，新中国成立后，在巴尔虎蒙古族聚居地区积极贯彻和落实《中华人民共和国婚姻法》精神，并彻底废除了封建包办婚姻制度。从此旧式老夫少妻习俗也随之消失，男女双方适婚年龄差距趋于合理，形成了男女双方适婚年龄相仿或男比女稍大为宜的婚姻习俗。

（三）20世纪40年代巴尔虎蒙古族依然保留着古老的纳妾习俗

蒙古国学者扎·乌力吉先生在其撰写的《巴尔虎蒙古史》一书中详细记载了1945年提出申请并志愿加入蒙古国国籍的101户共282名新巴尔虎牧民的姓名、性别、年龄以及家庭关系等。据该书记载，在101户巴尔虎牧民家庭中，单身喇嘛家庭有6户，丈夫或妻子一方去世的单亲家庭有 21 户，光棍家庭有 28 户，剩下的 46 户家庭中，就有 6 位男主人除了正妻以外，还聘娶了二房妻子。从这个数据来看，新中国成立前在巴尔虎蒙古族中仍保留着蒙古族古老的一夫多妻制习俗。据后藤十三雄撰写的《蒙古游牧社会》记载，"新中国成立前蒙古族普通牧民群众在婚姻生活方面，基本上遵循着一夫一妻制原则，而极少数富人仍在娶妻纳妾"。[①]

随着蒙古社会的发展与进步，一夫一妻制原则逐渐被各阶层人民所接受，并且演变成为规范社会各阶层婚姻关系的重要准则。但是，由于蒙古族传统一夫多妻制赖以存在的生产资料私有制仍有生命力，使得一夫多妻制习俗在巴尔虎蒙古族中得以长期保留。根据《内蒙古呼纳盟民族调查报告》记载，新中国成立前在巴尔虎蒙古族中"娶妾的风气很盛，以富裕之家最显著，纳妾的原因大约为：无子嗣、缺乏劳动力和社区中女多于男"[②]。其中无子嗣问题是巴尔虎男子纳妾风气盛行的根本原因。

2014 年 7 月课题组到新右旗进行社会调查后，对从前巴尔虎男子聘娶二房妻子习俗有了更深的认识。课题组进行走访时，当地巴尔虎老人们向我们讲述了某某老头的两位妻子在日常生活当中和睦相处的典型案例并分析了从前巴尔虎男子聘娶二房妻子的真正原因。他们认为从前巴尔虎男子聘娶二房妻子的主要原因就是传宗接代，实现其老有所养的美好愿望。巴尔虎人有一句名言"没有儿子的人离世时难，没有犍牛的牧户迁徙时难"，这句名言生动地描述了无子嗣家庭的痛苦生活。从前由于疾病、饥饿、宗教信仰等因素的影响，造成了不少巴尔虎家庭在无子嗣的痛苦中煎熬的惨境。为了摆脱无子嗣的痛苦生活，不少巴尔虎人不辞辛苦，经过长途跋涉去拜佛或邀请高僧喇嘛念经，以祈求上天赐予他们子嗣。由此之故，巴尔虎人在人口增长速度缓慢，无子嗣家庭较多等严峻形势下，通过聘娶二房妻子的方式以解决无子嗣家庭的传宗接代问题。据课题组调查显示，唯有正妻不生育，男子才能获得聘娶二房妻子的资格。上述 101 户新巴尔虎牧民家庭中，无子女家庭就有 16 户，占正常家庭总户数的 23.8%。无子女家庭比例达到正常家庭总户数的 1/4 以上。新中国成立前在巴尔虎

---

① ［日］后藤十三雄：《蒙古游牧社会》，玛·巴特尔、王银莲、图布吉日嘎拉译，内蒙古人民出版社 2011 年版，第 174 页。

② 燕京、清华、北大一九五〇年暑期内蒙古工作调查团编：《内蒙古呼纳盟民族调查报告》，内蒙古人民出版社 1997 年版，第 170 页。

蒙古族聚居地区，婴幼儿死亡率高、无子嗣家庭居多等社会问题较严重，其根源是当地医疗卫生条件极其落后造成的。

新中国成立以前，呼伦贝尔盟医疗卫生事业由于发展水平低，母子保健工作滞后等原因，导致妇科病治愈率低，新生婴儿死亡率高等现象，从而严重影响了巴尔虎蒙古族人口数量的增长。"从昭和十五年（1940年）对陈巴尔虎旗进行的社会调查结果来看，婴幼儿死亡率达到36%。"① 据《新巴尔虎右旗志》记载："新中国成立前，由于本地区地处偏僻，交通极为不便，加之缺医少药，疾病肆虐，人口发展速度十分缓慢，很多年份人口发展呈负增长，1949年，全旗有1533户，总计6203人。""新中国成立后至50年代末，全旗人口呈上升趋势，但增长幅度较小，没有明显的变化。"② 花赛·都嘎尔扎布先生在其自传《沧桑岁月》里记载了一段经历："在我15岁时（1926年），父母给我娶了舅舅交由他人抱养的女儿达干策仁为妻。但是因为她没有生育，便依当时的惯例娶镶黄旗第三佐乌准·伊达玛扎布的养女敖斯尔吉玛为第二房妻子。她生有玛格斯尔扎布、占其布道尔吉两个儿子和一个女儿米格木尔"，③ 老人的长子玛格斯尔扎布生于1938年，所以他的第二次婚姻缔结时间应该是1936年左右。花赛·都嘎尔扎布先生的第二次婚姻经历，一方面说明了新中国成立前夕巴尔虎男子聘娶二房妻子的真正原因，另一方面证明了蒙古族古老的纳妾习俗在巴尔虎蒙古族中被保留下来的历史真相。由此可见，新中国成立以前巴尔虎蒙古族人口增长速度非常缓慢，无子女家庭居多等社会问题是纳妾习俗在巴尔虎人当中被保留下来的重要社会根源。

## 三 巴尔虎蒙古族传统商谈聘礼与陪送嫁妆习俗

### （一）巴尔虎蒙古族传统商谈聘礼习俗

新中国成立前，按照巴尔虎蒙古族传统婚俗，父母做主为儿女举行定

---

① ［日］后藤十三雄：《蒙古游牧社会》，玛·巴特尔、王银莲、图布吉日嘎拉译，内蒙古人民出版社2011年版，第174页。

② 巴·哈斯、额尔德尼朝古拉主编：《新巴尔虎右旗志》（1949—1990年），内蒙古文化出版社2004年版，第73页。

③ 花赛·都嘎尔扎布：《沧桑岁月》，内蒙古文化出版社2008年版，第7页。

亲仪式之后，下一步要举行商谈聘礼仪式，即商谈银子和牛羊数量，蒙古语称为"马勒蒙格合勒乐扯乎"（ᠮᠠᠯ ᠮᠥᠩᠭᠥ ᠵᠥᠪᠯᠡᠬᠦ）。聘礼是男女青年定亲之后，由男方送给女方的聘礼，又叫彩礼。定亲之后，男方向女方送聘礼是蒙古族古老的婚姻习俗，牧区常以马、牛、羊等牲畜作为聘礼。据《蒙古秘史》记载，铁木真九岁时，父亲也速该带他前往母舅亲斡勒忽讷惕人住地说亲的途中，父子俩走到扯克彻儿山、赤忽儿古山间时遇见了翁吉剌歹氏人德薛禅。当德薛禅打听到也速该带儿子去斡勒忽讷惕人住地说亲的事情后，马上就邀请也速该父子俩到他家看其女儿孛儿帖，并表达了愿意和也速该结亲的想法。也速该父子俩到德薛禅家看其女儿孛儿帖较为满意，也速该便于第二天向德薛禅提起了亲事，德薛禅也立即答应了这门亲事。于是也速该把牵来之马当作聘礼送给德薛禅，定下了铁木真与孛儿帖的婚约。

按照巴尔虎蒙古族传统婚俗，男女青年定亲后，男方要向女方赠送一定数量的银子和牛羊等作为聘礼，专门用于为新娘置办首饰、新婚礼服、四季服饰和家具等物品的开销上。商谈聘礼仪式按以下步骤进行：首先，男方父亲或其他长辈要利用牧业空闲时间前往女方家，与女方父母商谈聘礼的数量。双方商谈聘礼时，不用看卦择定吉日。女方要设宴款待前来商谈聘礼的男方家长，双方在饮酒娱乐的和谐气氛中将商定聘礼数量。女方向男方索要多少聘礼为适宜，历来并没有固定标准，双方根据男方的经济条件来商定聘礼的数量。男方给女方赠送的聘礼以银子和马牛羊等公畜为主，以免影响畜牧业生产的发展。女方向男方索要聘礼之后，会请银匠到家里来，用男方送来的银子为女儿制作新娘首饰和装饰品等。请一位银匠为巴尔虎新娘制作一套首饰大概需要三个月时间，请两位银匠最少也需要40天时间。同时，还用男方送来的银子或牛羊等支付银匠的劳动报酬，20世纪三四十年代给银匠支付的劳动报酬大概为两头牛。按照巴尔虎蒙古族传统婚俗，聘礼只能用于为新娘置办或定做装饰品和结婚礼服等花销上，而不能用于其他方面。一般情况下，聘礼最少也有40—60两银子、3—4头牛、15—20只羊。如果双方家庭生活较为富裕，男方向女方赠送的聘礼就更多一些。相反，如果双方经济条件较差，女方向男方索要的聘礼就会少一些。聘礼的多少，最终还是取决于男方的经济实力。如果女方索要的聘礼过多，就会遭到社会舆论的谴责。其次，双方家长商定聘礼之后，男方将选择吉日把聘礼如数送到女方家。送聘礼之前，男方提前向女方家告知送聘礼的日子。送聘礼那天，女方家人也找一个理由让女儿躲到亲戚朋友家，不让女儿参与收聘礼仪式。男方送聘礼者抵达女方家，并被请进蒙古包和女方家长互相请安之后，男方父亲便拿出一块元宝，用双手将元宝递给女方父亲，女方父亲同样也用双手将元宝接过来，往元宝上滴一滴鲜奶，再把它放在佛像前面作为见证。然后双方家长到蒙古包外面进行聘礼交接仪式。女方接收男方聘礼之后，给男方送来的马匹更换马嚼子，给牛角套上绳子，把羊驱赶到自家的羊群里。聘礼交接仪式结束后，由女方设酒席款待男方客人，庆祝双方赠送与接收聘礼仪式圆满结束。

男方送聘礼仪式结束后，女方父母将用半年到一年的时间，用男方送来的银子为女儿制作"哈布其格"、额箍、后背和胸部银质垂饰、宰勒、图海（辫梢装饰品）、吉祥结、手镯、戒指等新娘的首饰与装饰品。女方变卖男方送来的牛羊之后，不仅为女儿购买布帛锦缎、珊瑚、玉石等装饰品，而且还为女儿缝制结婚礼服和四季服饰等。另外，女方还需要备齐给女儿陪嫁的牲畜和勒勒车（即篷车及铁箱车）等，这些装饰品和服饰等均为新娘婚前必备的物品。实际上，男方给女方送来的聘礼，最终还是以新娘嫁妆形式回归到男方家。由此之故，巴尔虎姑娘定亲之后向男方索要的聘礼，在某种程度上与以索要财物为根本特征的买卖婚姻有本质的区别。课题组在巴尔虎三旗进行社会调查时，个别巴尔虎老人也针对聘礼问题提出了自己的看法，他们认为"从前巴尔虎姑娘定亲之后向男方索要的聘礼，并不属于买卖婚姻的范畴"。

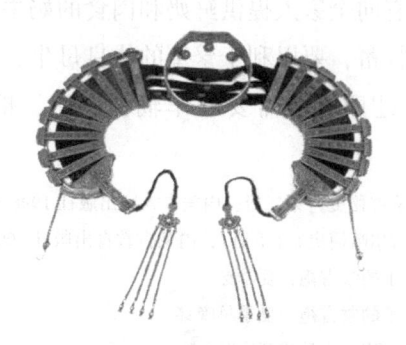

**图 2-2 清代巴尔虎部蒙古族妇女头饰**
图片来源：内蒙古博物馆网站（2015 年 1 月）

## （二）巴尔虎蒙古族传统陪送嫁妆习俗

在巴尔虎蒙古族传统婚俗中，与男方送聘礼习俗相对应的，还有女方陪送嫁妆习俗。嫁妆是女方给女儿陪送的出嫁礼物。蒙古语称为"印吉马勒乌格乎"（ᠢᠨᠵᠢ ᠮᠠᠯ ᠤᠭᠤᠬᠤ）。自古以来，巴尔虎人就有给出嫁女儿陪送嫁妆的习俗，这也是蒙古族古老的婚姻习俗，据《蒙古秘史》记载："成吉思汗爱妾亦巴哈别乞嫁给成吉思汗时，其父亲札哈敢不将二百个印吉（即佣人）和两名厨师送给女儿作了陪嫁。"① 这是关于印吉的最早文字记载。"印吉一词最早的含义为贵族家庭给女儿陪嫁的佣人，后来随着社会历史的发展，印吉一词的含义逐渐发生演变，印吉不仅包括佣人，而且还包括陪嫁给女儿的马牛羊等牲畜。"②

据课题组调查显示，巴尔虎姑娘出嫁时，父母给女儿陪嫁的印吉专指马牛羊等牲畜。课题组在巴尔虎三旗进行社会调查时，曾采访过几位没带印吉便出嫁的妇女，当课题组人员向她们询问结婚时携带多少嫁妆时，她们的回答几乎一致："因娘家生活困难，所以我结婚时没有带印吉。"在此答复中印吉专指马牛羊等牲畜，而并不包括父母给出嫁女儿陪送的四季服饰等嫁妆。巴尔虎蒙古族非常讲究给出嫁女儿陪送嫁妆，男方向女方送多少聘礼，女方也要给出嫁女儿陪送相应数量嫁妆。女方给出嫁女儿陪送嫁妆时，主要考虑嫁妆的实用性和美观性。如新娘的嫁妆当中，要有檫木檫③、特日力格④、呼布图⑤、胡日根德勒⑥、乌珠仁德勒⑦、讷黑德勒⑧等四季服饰和金银首饰；要有出门或放羊时所乘骑的马匹；要有迁徙时套车的犍牛；要有向全家人提供鲜奶和肉食的奶牛和母羊等牲畜，并且女方给女儿陪送的牲畜，要以利于繁殖的优良母牛、母羊为主；新娘嫁妆当中，还要有居家过日子所需要的车辆、木床、柜子、碗桌等生活必

---

① 巴雅尔标音：《蒙古秘史》第二册，内蒙古人民出版社 1998 年版，第 989 页。
② 达·官格尔：《喀尔喀简史》（下册），内蒙古教育出版社 1990 年版，第 396—400 页。
③ 檫木檫是没有里子的蒙古袍，夏季穿。
④ 特日力格是带里子的蒙古袍，夏季早晚穿。
⑤ 呼布图是夹棉蒙古袍，入秋或开春时要穿。
⑥ 胡日根德勒是羊羔皮蒙古袍，冬天的节日盛装。
⑦ 乌珠仁德勒是带面的短羊毛皮蒙古袍，深秋时穿。
⑧ 讷黑德勒是长毛羊皮蒙古袍，冬季最冷时穿。

需品。

　　女方给出嫁女儿陪送的嫁妆，其深刻意义就在于帮助女儿成家立业，使其拥有独立门户的能力。通常女方给女儿陪送的嫁妆要比男方向女方赠送的聘礼还要多，富裕家庭甚至给女儿陪送带全套家具的崭新蒙古包、四季服饰、首饰、马牛羊等，而且还给女婿赠送配银鞍马匹和新蒙古袍等。因此，巴尔虎蒙古族有一句"娶得起媳妇，陪送不起姑娘"的俗语。女方给女儿陪送嫁妆也有禁忌，巴尔虎人非常忌讳把骆驼和山羊等冷嘴动物作为嫁妆送给出嫁女儿，以免出嫁的女儿与娘家之间的情分中断。2014年7月至2015年8月，从课题组对新右旗、新左旗、陈旗等地进行的社会调查内容来看，新中国成立初期，巴尔虎蒙古族已彻底摒弃女方向男方索要聘礼的旧习俗，接受了由男女双方共同承担结婚费用的新式婚姻习俗。课题组在调查过程中，当课题组人员询问到结婚时（这里专指新中国成立初期结婚者）女方是否向男方索要过彩礼时，所有被采访者都未经思考，坚决果断地回答了这个问题，他们的答案只有一个："女方没有要过彩礼。"只有新中国成立前结婚的几位老人回答说："结婚前女方向男方索要过彩礼。"但是老人们由于在父母的包办下成家立业，而且年纪又小，所以他们不知道女方向男方索要过多少彩礼。而新中国成立后，巴尔虎蒙古族却完整地保留了女方向出嫁女儿陪送嫁妆的传统习俗。迄今为止，巴尔虎人仍遵循着不仅不向男方索要彩礼，而且还给出嫁女儿陪送嫁妆的传统习俗，这是新中国成立以来在巴尔虎婚俗变迁史上出现的最鲜明的特色之一，也是区别于其他地区婚俗的重要标志。

　　课题组在开展社会调查过程中，当询问到结婚时带了多少嫁妆时，所有接受采访的已婚女性都准确地说出了"娘家所陪送的嫁妆种类和数目"。据课题组调查显示，由于男女双方家庭经济条件的差异，双方家庭在承担结婚费用的比例上仍存在一定差距。如新中国成立以来在巴尔虎婚俗中，由男方承担60%—70%的结婚费用，而女方承担30%—40%的结婚费用的案例较多。但是，双方各自承担50%的结婚费用的案例也占四成以上，随着社会物质生产的发展和人民生活水平的提高，女方给出嫁女儿陪送的嫁妆种类呈现出逐年上升的趋势。如牧民家庭给女儿陪送的嫁妆仍以马牛羊为主，附带四季服饰、被褥、箱子、车辆等，嫁妆数量也呈现出逐年上升的趋势。特别是改革开放以来，巴尔虎人给出嫁女儿陪送的嫁妆数量逐年增加，而且其种类也发生了很大变化，开始将家用电器、金银首饰、汽车等贵重物品当作嫁妆送给出嫁女儿。

表 2-3　　　　　男女双方所承担的结婚费用比例示意图

| 结婚时间（年） | 案例（个） | 男方承担 60%—70%<br>费用（个案） | 女方承担 60%—70%<br>费用（个案） | 男女各自承担 50%<br>费用（个案） |
| --- | --- | --- | --- | --- |
| 1950—1959 | 3 | 3 | | |
| 1960—1969 | 11 | 6 | | 5 |
| 1970—1979 | 17 | 8 | | 9 |
| 1980—1989 | 27 | 16 | | 11 |
| 1990—1999 | 12 | 6 | 2 | 4 |
| 2000—2014 | 8 | 4 | | 4 |
| 总计 | 78 | 43 | 2 | 33 |
| 百分比（%） | 100 | 55.1 | 2.5 | 42.3 |

与此同时，新中国成立以来在反对买卖婚姻，提倡婚姻自由、男女权利平等新思想的影响下，社会上开始出现了富裕家庭的姑娘多带一些嫁妆，嫁到生活困难家庭当儿媳的新风尚。随之，巴尔虎人以往在选择配偶时，只看重对方家族门风和经济条件等旧习俗逐渐被摒弃，开始接受了将对方人品、性格和才华等内在因素作为考量的新择偶标准。按照新择偶标准组建的家庭，通过夫妻两人的共同努力，改善家庭物质条件的同时，也使全家人的精神面貌得到提升，从而促进了新型婚姻家庭关系的形成和发展。如看重男子人品、性格和才华等内在素质的女子嫁到婆家后，不仅通过其敬老爱幼、勤俭持家等实际行动谱写着精彩的人生，而且在社会上赢得了"好母亲""好儿媳"等美誉，甚至有的妇女在敬老爱幼方面的突出表现而荣获地方政府授予她的"孝爱心道德模范"等荣誉称号。

总之，新中国成立以来，随着婚姻自由，男女平等、一夫一妻制等新婚姻政策的贯彻和执行，巴尔虎蒙古族传统婚俗也发生了根本性的变化。如在巴尔虎婚俗方面，不仅彻底废除强迫包办、娶妻纳妾、门当户对、早婚等封建性的旧婚姻习俗，而且积极吸收自由、平等、尊重妇女、重视个人权利等有利于构建社会主义新型婚姻家庭关系的新思想、新理念，逐步实现由传统婚俗到现代婚俗的历史性转变，加快了巴尔虎传统婚俗的新陈代谢。

## 四 巴尔虎蒙古族传统送礼物与祭祀习俗

按照巴尔虎蒙古族传统婚俗，男女青年定亲之后，女婿须在父母与首席胡达（汉语意为亲家）及亲戚朋友的陪同下，带着见面礼物与祭祀品第一次前往女方家拜见岳父岳母并祭拜岳父家的佛像，称为送礼物与祭祀习俗。蒙古语称为"帖合里孛勒格胡日格乎"（ ）。男方要前往女方家送礼那天，女方将姑娘派到亲戚朋友家，不让女儿与男方客人见面，称之为"让姑娘回避"。巴尔虎蒙古族传统送礼物与祭祀习俗要按照如下步骤进行。

第一，男方父母要找一位喇嘛或看卦之人择定吉日。然后派人到女方家告知择定的送礼物与祭祀吉日。

第二，由男方择定送礼物与祭祀吉日之后，男女双方分别派人到亲戚朋友家，邀请各自的亲戚朋友前来参加男方送礼物和女方祭祀仪式。邀请亲朋好友时，男方要明确说明哪天送礼、哪天举办新家宴、哪天迎亲等具体事宜，女方也要说明哪天祭祀、哪天收财物、哪天送亲等具体事宜。

第三，男方前往女方家送礼之前的头一天晚上，男方要安排前往女方家的首席胡达和陪同人员的座席次序。排席位是巴尔虎婚礼中非常重要的礼节，必须要按照长幼有别、尊重长辈的原则去安排婚礼席位。按照巴尔虎传统，在蒙古包内的婚礼席位以北面为贵宾席，男女双方贵宾和长辈靠北哈那入席，其他男宾按辈分高低、岁数大小，靠右边哈那由上而下入席，女宾也按辈分高低、岁数大小，靠左边哈那由上而下入席，年轻媳妇和年轻小伙子则负责招待，所以不给他们安排席位。巴尔虎婚礼中排席位习俗是从蒙古族古老的座位习俗演变过来的。自古以来，蒙古人对蒙古包内的座位就有清楚的划分。"远古时期，男人坐西边，女人坐东边，当时东边是尊位。那时蒙古社会的发展水平还处于母系氏族社会时期，把太阳升起的方向看得很神圣，便把东方让给了占统治地位的女性。当社会发展到父权时代，又把西方当作尊位。这样虽然男女的座位没变，尊卑关系实际上却已经倒过来了。家中男子按辈分高低、岁数大小，靠右边哈那由上而下入座。家中女子也按辈分高低、岁数大小，靠左边哈那由上而下入座。北面为一家之主的座位。南面，即门口一般不坐人，只是人多时让孩子暂时坐在那里。"① 在《威廉·鲁布鲁克蒙古游记》一书中，详细记载了蒙古人在蒙古包内的座位习俗。该书中写到"他们搭建毡房时，把房门按在朝南方向，北面为一家之主的座位，女子座位始终安排在左边或从一家之主的座位上看上去，安排在左手边，男子座位安排在右边或从一家之主的座位上看上去，安排在右手边"②。在"蒙古秘史"上还记载了一段反映蒙古包内座位习俗的故事：成吉思汗为了巩固与克烈部首领王罕之间的联盟关系，派人到王罕处向他转达了"想将桑昆之妹察兀儿别乞聘与自己的长子拙赤，将自己的女儿豁真别乞嫁与桑昆之子秃撒合，相换做亲"的意愿。当听到成吉思汗欲与王罕家族联姻的请求之后，王罕之子桑昆说了一句很有讽刺寓意的话："俺的女儿嫁到他家呵，始终坐在门口向北看啊；他的女儿嫁到俺家呵，坐在北面向门口看啊。"③这句话的含义为："我方女儿要嫁到他家，只能站在门旁服侍他们，而他方女儿嫁到我家，则可坐于上方接受服侍。"桑昆以该婚事门不当户不对为由，拒绝了这门亲事。桑昆所说的这句话较形象地描述了蒙古包内座位排序的古老习俗。迄今为止，巴尔虎人在婚礼习俗方面，仍遵循着蒙古族古老的长幼有别、尊敬长辈的座次习俗，并向世人展示了蒙古族传统婚俗文化的魅力与崇高的价值理念。目前巴尔虎人在牧区举办婚礼时，仍按照蒙古包内古老的座位习俗来安排婚礼席位，双方长辈和老人靠北哈那入席，男宾客按辈分高低、岁数大小，靠右边哈那由上而下入席，女宾客也以此类推，靠左边哈那入席，而且不能互相串座。巴尔虎人经常使用"既有北面入座的老人，又有向老人磕头的孩子"这句谚语来形容自己幸福美满的生活。这句谚语也较形象地描述了蒙古包内以北面为尊位的蒙古族传统座位习俗。

2014 年 7 月，我们课题组到新左旗乌布日宝力格苏木现场观察牧区巴尔虎婚礼时，发现巴尔虎婚礼传统座席习俗也发生了一些变化。如男方迎亲人员走进女方蒙古包之后，不分男女按辈分高低全部靠右边哈那入

---

① 孛·蒙赫达赉：《巴尔虎蒙古史》，内蒙古文化出版社 2004 年版，第 287 页。
② 威廉·鲁布鲁克：《威廉·鲁布鲁克蒙古游记》，葛尔乐朝克图译，内蒙古教育出版社 2001 年版，第 17 页。
③ 巴雅尔标音：《蒙古秘史》第一册，内蒙古人民出版社 1998 年版，第 599 页。

席，而女方父母和长辈，也不分男女都按辈分高低全部靠左边哈那入席，而且男士们坐在前排，女士们坐在后排，体现了巴尔虎婚礼的庄重性和礼仪性。据课题组调查显示，巴尔虎人一直到现在，仍保留着在蒙古包内长辈靠北哈那入席，男士靠右边哈那入席，女士靠左边哈那入席等古老的坐席习俗，在祭祀宴会、送亲宴会、迎亲宴会以及其他各种仪式上，都按照上述坐席习俗入席。

一般情况下，女婿的舅舅作为首席胡达，对送礼物与祭祀仪式负总责，如果女婿舅舅与女方家是同属一个姓氏就不能当男方首席胡达，而另外安排第三个姓氏的德高望重者为男方首席胡达。安排完前往女方家送礼人员的坐席次序后，男方要设宴献茶敬酒，端上手把肉等饮食款待前来道喜的亲朋好友，即举行"胡胡日哈布其乎"（ᠬᠤᠬᠣᠳᠠᠢ ᠬᠠᠪᠴᠢᠬᠤ ）宴会（汉语意为夹酒坛宴）。在晚宴上，男方亲朋好友将带来煮熟的整羊、一瓶酒、一条哈达、一块绸缎等礼物当作"宴席份子"送给男方。在宴会期间，女婿将第二天准备送往女方家的一坛酒和一条哈达放在佛像前面。

第四，女婿身穿白色棉袍，腰扎蓝色腰带，头戴插貂尾并绣花的毡帽，腰带上佩戴火镰袋、褡裢、蒙古刀，背挎弓箭，乘骑配银鞍的骏马，在其父母与亲朋好友的陪同下，带着整羊、白酒、点心、哈达、羊皮以及香料等礼物，前往女方家。男方把送往女方家的各种礼物装在马车上，让年龄最小的男子牵着马行走。按照巴尔虎传统婚俗，男方送礼人员必须在中午之前抵达女方家，而且女婿第一次去女方家拜见岳父岳母时，将带去"哈达、白酒、三张羊皮、火镰、火石和火绒"等六种礼物作为见面礼。送礼那天，男方送礼人员临近女方家时，女方将派来两名骑手向男方送礼人员请安并向他们传达女方长辈们的问候。女方两名骑手来到男方送礼人员跟前下马后，屈膝向男方送礼人员请安并说一些："大家一路平安吧？畜群平安吧？长辈们派我们来向远道而来的亲家们请安"等问候语，话音刚落，男方首席胡达就接着说："一路平安顺利！亲家们安好吧？"等礼节性的问候语，双方互相请安之后，女方两名骑手就返回去。以此类推，男方也派去两名骑手到女方家请安。上述迎接仪式之后，男方送礼人员顺利地抵达女方家外面，按顺时针绕女方蒙古包转三圈后，在女方蒙古包西南侧下马并用缰绳绊马前腿。此时，女方家人也出来迎接男方送礼人员并把他们的马匹牵过来拴在拴马桩上。男方送礼人员在女方蒙古包外边卸完车，将带来的整羊、点心等礼物摆放在盘子里并等候女方家的邀请。

接着男方首席胡达与女婿父母等长辈被请进蒙古包向女方父母请安，并互换鼻烟壶之后，按座席次序靠炉灶右侧入席，女婿也手里捧着蒙上哈达的一坛酒走进蒙古包，在男方送礼者下方的靠里座位上入席。其他送礼者则留在车旁并在女方给铺好的垫子上休息。同时，女方首席胡达等人也被请进蒙古包并按坐席次序入席。双方长辈和亲戚入席后，女方将献茶、敬酒，摆上奶制品和手把肉等饮食款待男方送礼者，留在外面的男方送礼者也接受同样的款待。酒过三巡之后，在双方首席胡达的主持下，举行送礼与祭祀仪式。

首先男方首席胡达从怀里拿出一条蓝色哈达并在哈达上放置带银把手的火镰与火石，一边右手拿着火镰往左手里的火石上打出火苗，一边高声致祝赞词：

    祈祷吉祥升平
    祝愿安乐幸福
    从成吉思汗时期传下来
    当今我们北蒙古的习俗
    河水对岸有草原
    高山那边有亲家
    前世有缘的亲家那里
    派去了名门之后
    尊贵的你们
    赐于我们恩泽
    听到你们同意我方求亲的喜讯
    欢喜的就像品尝了永恒的圣水
    就像将珍宝放在手心里
    虽然会使用宝石弓箭的
    神射击手在我们家里
    但是会裁剪并刺绣绸缎的
    美丽聪慧的姑娘在你们家里
    带领兄弟们

跨进你们宝石门槛

在你们尊贵的祖先牌位前

敬献洁白的哈达

点燃古铜色的香料

点亮金黄色的佛灯

摆上色香俱全的馐斯

敬献奶酒的精华

并把配有火石、火绒的钢铁火镰作为见面礼献给女方父亲。男方首席胡达一边致祝赞词,一边屈膝将放在哈达上的火镰用双手献给女方父亲时,女方父亲也一边致祝词:"祝福两个孩子幸福安康,祝福大家平安幸福",一边接受哈达与火镰等礼物。火镰和火石是自古以来在蒙古族游牧生活中不可缺少的取火工具,拥有火镰和火石生活才有希望。在女方祭祀仪式上,男方向女方父亲赠送火镰和火石当作见面礼,象征着将要组建的新家庭像火一样兴旺发达,将要成亲的两个孩子永不分离、长命百岁。

接着,男方首席胡达给女方佛像点香,点佛灯,敬献哈达、白酒和馐斯之后,让女婿向佛像磕三个头,礼毕后男方首席胡达往佛像右上方的乌尼里夹上一条苏立德哈达,再让女婿向苏立德哈达磕三头。然后男方摆上馐斯等食品,让女婿逐一向女方父母及长辈一边献哈达敬酒,一边磕头并聆听女方长辈们的祝福词。接受女婿磕头之礼的女方长辈们也向女婿致祝词:"在高处搭建蒙古包,在广阔的草原上放牧,享尽荣华富贵,永远幸福安康。"当女方举行的祭祀仪式进入高潮时,女婿的母亲和几位妇女将抬着三张熟羊皮走进蒙古包并在羊皮上放用驼毛线串成的九块奶酪,她们绕过炉灶右侧走到坐在炉灶左边的女方母亲面前并把三张熟羊皮送给她。此时男方首席胡达将高声致祝词:"祝福亲爱的两个孩子幸福安康,长命百岁,养育满床儿女,拥有满山遍野的牲畜。"在女方祭祀仪式上,男方向女方母亲赠送三张熟羊皮仪式,由于巴尔虎人居住地的不同而有所区别,如在新左旗,男方首席胡达一边向女方首席胡达赠送三张熟羊皮,一边致祝词:"祝福两个孩子长命百岁,幸福安康"等。此时,女方首席胡达一边说一句:"愿您的祝福能够成真",一边将熟羊皮接过来,再经过在座的女方亲友们的手,把三张熟羊皮送到新娘母亲手里。在新右旗,新郎母亲亲手把三张熟羊皮送给新娘母亲。该习俗是男女双方各出三张熟羊皮并合伙给两位新人缝制一床皮被的古老习俗。

祭祀仪式结束后，女方在蒙古包外面西南侧，围着半圆形重新摆上酒席，邀请以首席胡达为首的双方宾客入席，将举行祭祀宴会。半圆形口朝南，尊贵的长辈们沿着半圆形圈北面的酒席入席，男士们按照辈分高低、岁数大小，沿着半圆形圈右侧的酒席入席，女士们则由左侧入席。在半圆形圈的正中央搭建炉灶，炉灶上放置酒锅，男方敬酒者坐在旁边。祭祀宴会开始后，男方敬酒者在银杯里斟满酒，从女方首席胡达开始向参加宴会的宾客逐一敬酒。酒过三巡之后，端上馐斯，以羊头为主的肉食招待男宾客，以乌查（即羊背子）为主的肉食招待女宾客，客人们品尝完羊头和乌查之后，把肉食分给参加宴会的孩子们吃。接着在女方祭祀宴会上，举行女方给女婿赠送一身新蒙古袍仪式和女方首席胡达向女婿献一碗鲜奶仪式，即女方嫂子们帮助女婿换上新袍，首席胡达向女婿敬献鲜奶之后，女婿把银碗揣在怀里并向他磕头以示感谢。然后换上新蒙古袍的女婿在他人的带领下，向女方父母、叔伯、哥嫂等长辈一一磕头并聆听长辈们的祝福词。接受磕头之礼的长辈们向女婿致如下祝词："前襟要被马驹踩，后襟要被羊羔踩，不要以灰尘弄脏衣襟，要以油脂沾满衣襟，长命百岁，永远幸福"等，女方长辈们致完祝词后，还向女婿赠送小礼物当作见面礼。

接着在女方祭祀宴会上还举行"撒嘎力塔塔乎"仪式（ᠰᠠᠴᠤᠯᠢ ᠲᠠᠲᠠᠬᠤ）。所谓"撒嘎力塔塔乎"就是在祭祀宴会上，女方敬酒者从男方带来的酒坛里拿出三份酒，分三次添到放在女方蒙古包里的酒锅中，再由女方敬酒者用银杯斟满酒，一边从双方尊贵的长辈开始逐一屈膝敬酒，一边向长辈们磕头并聆听他们祝福词的习俗。接受女方敬酒礼仪的长辈们对敬酒者致如下祝词："像檀香树般拥有繁茂的枝叶，像恒河水般从底冒出，长命百岁并无灾难痛苦，享尽丰衣足食的幸福生活"等。听取老人们祝福词的年轻人由衷地说一声："愿您吉祥的祝福将成为我幸福生活的源泉"，并向长辈们磕头以示感谢。与此同时，在长辈们的要求下，年轻媳妇和小伙子们开始演唱巴尔虎蒙古族长调歌曲，使祭祀宴会推向共欢乐的歌曲大联唱阶段。祭祀宴会上主要演唱《额尔敦乌拉的远影》《辽阔的草原》《阿尔泰杭盖的山坡》《秀丽的海骝马》《肥壮的白马》《明亮的阳光》《布林哈达的柳条》《褐色的麻雀》《褐色的三岁马》等以赞美家乡、思念父母、歌唱草原为主题的巴尔虎民歌。在祭祀宴会上很多孩子们聚集在一起，一边分吃肉、点心等食物，一边高兴地玩耍当熊瞎子、丢手绢、当巫婆等巴尔虎传统游戏。

在女方祭祀宴会上，还举行一项"好你达日哈拉乎"（ᠬᠣᠨᠢ ᠲᠠᠬᠢᠯᠠᠬᠤ）（汉语意为把羊放归自然）仪式。女方将事先准备好的一只羊牵到宴会现场并交给男方首席胡达，男方首席胡达一边将一小勺鲜奶往羊嘴里和羊额头上滴一滴，一边祝福这只羊要成为"千只羊之首和万只羊之头"。致完祝福词，把哈达和五彩绸条系在羊脖子上，将其放回羊群，使其成为"神羊"，不准任何人宰杀，让其自然老去，寿尽而终。"好你达日哈拉乎"是蒙古族古老的祭祀习俗，"即祭敖包时将一些牛羊等牲畜献给山神，使其成为'神牛'或'神羊'，不准宰杀这些牲畜，任其寿尽而死。此举纯粹是为取悦神灵而进行的一种献祭活动"[①]。后来在婚庆上举行此仪式，其含义逐渐演化为祝福平安、长寿等之意。

男方送礼人员返程时，还有一段捉弄女婿的插曲，早有准备的女方调皮孩子们拿湿牛粪或马粪追打女婿，女婿为了躲闪追打的孩子们，必须迅速骑上骏马并赶快往家飞奔。拿湿牛粪追打女婿的孩子们，想方设法要击中女婿，女婿则尽全力拼命往家飞奔。这一场嬉耍女婿的小游戏，既检验了女婿的骑术，又活跃了女方祭祀宴会的气氛。

女方祭祀宴会持续半天，在大家的祝福声中祭祀宴会进入尾声，送走男方送礼人员后，女方祭祀宴会才算圆满结束。男方客人返程时，女方以锅底儿名义给男方送礼人员赠送一块砖茶、一瓶酒和一只羊（称为晒干鞍鞴羊）等作为回礼，象征着他们之间的友谊能够天长地久。男方送礼人员在返程途中，还要顺路到女方亲属或和女方同姓之家做客并晾干鞍鞴。女方亲属或和女方同姓之家要摆酒席款待男方送礼人员。接受款待之后，男方送礼人员将宰杀女方赠送的那只羊，把羊肉煮熟之后，摆上馇斯和酒等饮食，和那家人共同欢乐。在酒席上，把羊头献给男方首席胡达，把乌查献给那家女主人，其他肉分给大家吃。男方首席胡达先用刀割一小块羊头肉敬火神，然后自己品尝羊头肉之后把羊头献给那家男主人，以示

---

[①] 李·蒙赫达赉、阿敏：《呼伦贝尔萨满教与喇嘛教史略》，民族出版社2013年版，第468页。

尊敬。那家给女婿赠送小礼物，以示祝贺。男方送礼人员在女方亲属家欢乐一到两个小时之后才离开他们家，踏上回家之路。男方送礼人员回到男方家后，接受男方家的款待。然后，给予热心帮忙的男方亲属返程时，男方还给他们带上哈达和酒等礼物并让他们带话向家里老人转告"孩子的喜事圆满成功"的喜讯。至此，巴尔虎传统送礼物与祭祀仪式才算圆满结束。

## 五 男方祝福新蒙古包仪式与女方收财物习俗

### （一）男方祝福新蒙古包仪式

祭祀宴会结束后，女方就抓紧时间为女儿准备新婚嫁妆。此时，男方也要着手准备迎亲工作。

首先，男方要搭建新蒙古包。蒙古包是游牧民族的主要居所，蒙古包具有结构简单，便于拆迁组装，就地取材，自产自用等特点，充分反映了游牧民族的聪明才智。蒙古包其形呈天幕式，圆形尖顶，外用一层或二层羊毛毡围裹，里面用"哈那"和"乌尼杆"支撑。"哈那"是蒙古包的墙壁，用牛皮绳把数十根同样粗细的，抛光好的柳木条缝合成交叉式围墙，是可以伸缩的网状支架。"乌尼杆"是用木棍支撑的伞状包顶支架，起着连接檩木、椽和房笆的作用。蒙古包顶端还有"套瑙"即天窗，既可通风换气又可采光。整个蒙古包用数根毛绳加固，以防大风侵袭。

蒙古包的大小由"哈那"的个数决定，一般由6—8个哈那组成。包门朝南，包内坐北朝南的正中间是长者或贵宾的座位，西北角是供奉佛像的地方。正中偏南置放炉灶。包内摆有小巧玲珑的家具，包壁有精美的挂毯，环境十分舒适。

按照巴尔虎蒙古族传统婚俗，由男方准备婚房，即搭建新蒙古包作为婚房，而且要备齐新包里所使用的炉灶、床、被褥、柜子、碗桌、碗柜、厨具等日常生活用品。由于受经济条件的限制，不能搭建新蒙古包者，只能把旧蒙古包重新修缮之后充当婚房。男方搭建新蒙古包时，首先要制造搭建新蒙古包所需要的哈那、乌尼杆、套瑙、门框、门扇等部件，然后才开始搭建蒙古包的木框架。

其次，搭建完蒙古包木框架之后，男方要对木框架包进行围裹并举行祝福新蒙古包仪式。男方选择吉日对木框架包进行围裹时，提前要发出请帖，邀请亲朋好友前来帮忙。接受邀请的亲朋好友要派一名缝纫技术与裁剪技能娴熟者前来男方家帮忙，派来的能工巧匠一般都是年长的老头或妇女。应邀赶来的亲朋好友还送来一些连接哈那与乌尼杆所使用的系绳和驼毛线等用品为围裹新蒙古包添砖加瓦。围毡分为围毡、顶毡和天窗盖毡三种，围毡一般用羊毛制作。五个哈那的蒙古包围毡一般用三整块毡子，宽度约四尺五寸，顶毡按包架形状裁剪，天窗盖毡呈正方形，白天半开，以套瑙横木为限，晚间盖住。

对木框架包进行围裹的那天，亲朋好友起早骑马赶到男方家，一边聊天一边干活，并且分工很明确，有的人根据哈那、乌尼杆、天窗形状进行裁剪工作，有的人进行缝制围毡工作，有的人进行搓毛绳工作，在大家的齐心协力下，有条不紊地进行各项工作，仅用半天的工夫就能够把新蒙古包围裹完毕。然后男方父母将帮忙者请进新蒙古包，设宴款待前来帮忙的亲朋好友。酒过三巡之后，举行祝福新蒙古包仪式。首先有一个人手里拿着一根羊肉串，一边往新蒙古包的哈那、乌尼杆、套瑙、门等部位上慢慢移动，一边祝福新蒙古包。此时，祝颂人举杯高声致祝赞词：

祝吉祥康乐
愿平安幸福
祝愿新搭建的蒙古包
像天堂般美丽
祝福新蒙古包的主人
幸福安康，吉祥如意
新搭建的蒙古包较为坚固
祭洒马奶酒来祝福它
敬献食物精华来祝福它
涂抹奶油来祝福它
用柳木条编制的哈那
用牛皮绳打结的哈那
祝福它——哈那
用南山上生长的木头制造的乌尼

用马鬃绳和套瑙绑在一起的乌尼
祝福它——乌尼
用北山上生长的木头制造的门
用以抵挡猛禽野兽的门
祝福它——门
用桦树制造的套瑙
用以通风采光的套瑙
祝福它——套瑙
用马鬃搓成的绳子
用驼毛编制的绳子
和大自然的风雨进行搏斗的绳子
祝福它——绳子
在这吉祥如意的新蒙古包里，祝福大家幸福安康！

  在祝颂人举杯高声祝福新蒙古包时，参加祝福仪式的亲朋好友也跟着祝颂人一边高声呼喊"祝福"，一边从木盘里拿一点奶制品，献给火神，以示对新蒙古包的祝福。参加仪式的亲朋好友，一边祝福新蒙古包的主人吉祥如意、幸福安康，一边演唱婚宴歌曲，将祝福新蒙古包仪式推向高潮。

  在新搭建的蒙古包里，不挂风马图，不请佛像。新蒙古包右半部分有哈雅嘎布其（即哈雅嘎布其为一尺宽的长条毡子，对新蒙古包进行保暖时所使用的墙根围毡）和希日德格（像地毯一样的垫子）等物品，左半部分则没有哈雅嘎布其和希日德格等物品，而且新包下半部分没有系绳。新蒙古包左半部分的哈雅嘎布其、希日德格和下半部分的系绳以及床、柜子等物品都由女方准备，并且在送新娘时一同带来。

### （二）女方收财物习俗

  收财物是指女方在举办送亲宴之前，在亲戚朋友的帮助下，缝制和整理出嫁女被褥和四季服饰等嫁妆并举行仪式对嫁妆进行祝福。举行收财物仪式之前，女方先发出请帖，邀请亲朋好友前来参加收财物（即清点嫁妆）仪式。女方按照如下步骤举行收财物仪式。

  第一，女方找个理由派女儿到其他亲友家躲避，不让女儿参加收财物仪式。

第二，新娘母亲用为出嫁女儿准备的结婚礼服和首饰等将自己精心打扮，到位于西北方向且离家较远的山脚下，向山神献哈达并磕头，以祈祷出嫁女儿的运气与福禄。然后女方向佛像点灯并敬献馓斯，把摆在盘子里的羊排、羊尾等放在佛像面前，把它当作出嫁女儿的福祉而保留下来。

第三，接受邀请的亲戚及左邻右舍妇女们将带着各种颜色的棉线、丝线和驼毛线等前来女方家，帮助女方缝制未缝制完的被褥和四季服饰等新娘嫁妆，并让儿女双全的妇女把长方形双人枕头的口袋与堵头进行缝合。大家齐心协力把被褥和四季服饰等嫁妆缝制完之后，在蒙古包外面拉上一根绳子，把缝制完的新娘四季服饰挂在绳子上吹风。

第四，女方将给女婿家准备的系绳拿出来，用系绳在外面制作像蒙古包形状的圆圈，圆圈的门要朝南，制作好的圆圈象征着新搭建的蒙古包。然后由前来帮忙的妇女们把为出嫁女准备的嫁妆一件一件地整理和摆放在新蒙古包内。在炉灶左侧放置婚床，床上铺上希日德格（像地毯一样的垫子），在希日德格上摆放出嫁女的服饰、靴子和各种物品，有些嫁妆要用包裹皮包上并整齐地摆放在床上。在炉灶东南侧放置碗柜，西南侧放置像碗柜大小的柜子，其上面要放置锅和挤奶桶等家用器具。炉灶北面靠哈那处放置装衣服的柜子，其前面放置长方形碗桌。在女方陪嫁礼物中有一样不能缺少的东西，即粉碎砖茶所需要的乌古日（即茶叶桶）和斧头，女方将乌古日和斧头当作嫁妆送给出嫁女儿，象征着"乌古日和斧头在一起，姻亲关系天长地久"。

第五，女方将设宴献茶敬酒、摆上奶制品和馓斯等食品招待前来帮忙的亲朋好友。在宴席上，把羊头献给男性长辈，把乌查献给缝合双人枕头口袋与堵头的妇女，妇女用刀把乌查中心部位的肉切下来之后，敬献给出嫁女的母亲，将乌查其他部位的肉分给孩子们吃。在女方收财物仪式上，还要组织跟着母亲前来参加收财物仪式的小朋友们进行一场抢奶酪游戏。抢奶酪游戏按照如下步骤进行：一是组织者把给新郎新娘缝制的羊皮被面朝上铺在床前的希日德格上，其上面撒上奶酪。二是组织小朋友们到离新蒙古包不远处进行赛跑，小朋友们以赛跑的速度来参与抢奶酪游戏，谁先到达新蒙古包谁抢到的奶酪就比别人多。该游戏具有祝福两位新人"养育满床的孩子，拥有满山谷牲畜"等象征意义。游戏一结束，由一位妇女用一根柳条串上羊腰子、羊心、羊尾等并拿着肉串一边在摆好的嫁妆上慢慢移动,一边祝福嫁妆,然后把肉串分给孩子们吃。宴会结束后,大家再把摆在外面的新娘嫁妆重新收回到蒙古包中,这样女方收财物仪式才算圆满结束。

## 六 巴尔虎蒙古族传统"让姑娘知道"与"姑娘走亲戚"习俗

按照巴尔虎蒙古族传统婚俗,婚礼前1—2天,女方强行给出嫁女穿上"超巴",让她接受将要嫁人的事实。"超巴"是给出嫁女穿的肥大的长袍,形状像雨衣,颜色通常为蓝色或黑色,"超巴"领子上有三到四指宽红色沿边儿,"超巴"前襟上也有一指宽红色沿边儿。新中国成立前,巴尔虎人一直遵循着包办婚姻习俗,男方派人到女方家求亲、定亲以及商定彩礼等事宜都由女方父母替女儿操办,不让女儿参与求亲、定亲等仪式,甚至不让女儿知道她将要出嫁的事情。但是婚期已临近,女方父母无法对姑娘继续隐瞒,于是女方父母采用强迫的方式让女儿接受将要嫁人的事实,称此礼俗为"让姑娘知道",蒙古语称为"胡很莫德古乐乎( )"。

按照巴尔虎蒙古族传统婚俗,男女双方家长通过商量或找喇嘛看卦并择定结婚吉日之后,分别发出婚礼请帖并邀请各自的亲朋好友前来参加儿女的婚礼。同时,双方都着手进行婚宴准备工作。婚礼前1—2天,女方要举行"让姑娘知道"仪式。一般情况下,选定在出嫁女的舅舅家举行该仪式,如果舅舅家离女方家较远,不便于举行"让姑娘知道"仪式,那就可以选择其他邻近的亲戚家举行该仪式。但是,不能在亲生父母家举行"让姑娘知道"仪式。"让姑娘知道"仪式要按照以下步骤进行:姑娘出嫁前两天,已出嫁的姐姐(或姑姑)牵着马前来娘家,以做针线活为由邀请将要出嫁的妹妹到她家里帮忙。虽然出嫁女的父母互相使眼神,摆出不愿意让女儿前去帮忙的样子,但是最终还是准许姑娘到其姐姐家帮忙做针线活。于是就选择在出嫁女的姐姐家举行"让姑娘知道"仪式。

举行仪式之前,女方首先要准备一件蓝色或黑色的"超巴"和一顶黑羊羔皮帽以及一匹马,约好一位与出嫁女属相相合的中年或青年男子,还邀请几位小姑娘参加"让姑娘知道"仪式。举行"让姑娘知道"仪式的那天早晨,被邀请的几位小姑娘起早就来到出嫁女的姐姐家,给出嫁女作伴。当择定的吉时一到，提前约好的男子便领着几个人，手里拿着"超巴"和帽子来到出嫁女的姐姐家，强行给出嫁女穿上"超巴"并戴上帽子，迫使她接受将要出嫁的事实。于是出嫁女不愿意嫁人而放声大哭时，陪伴在她身边的小姑娘们也会跟她一起哭泣。出嫁女的姐姐和家中的老人也会劝说出嫁女："别哭孩子，姑娘出嫁是国家之礼、百姓之俗。""姑娘不可能在出生的家里生活一辈子，早晚都会嫁人，这是谁都不能违背的礼俗。"她们一边好言相劝出嫁女，一边准备酒席，热情招待出嫁女和其他到场的亲戚朋友。

酒席开始后，首先给出嫁女献哈达和鲜奶，给其他客人献哈达敬酒。然后摆上馐斯，将羊头献给领着出嫁女走亲戚的男子，乌查献给出嫁女，用羊排肉招待其他客人。领着出嫁女走亲戚的男子接受羊头之后，先用刀割一小块羊头肉敬献给火神，然后自己品尝，接着把羊头回敬给这家男主人，以示对一家之主的尊重。其他人替出嫁女给乌查动刀之后，出嫁女起身用双手将乌查回敬给这家女主人，接着大家尽情饮酒欢歌。如果举行仪式的当天晚上，出嫁女在其姐姐家留宿，大家就能玩到深夜。如果不留宿，宴席一结束，出嫁女就从其姐姐家出发，到其他亲戚朋友家去串门。出嫁女要离开姐姐家时，姐姐家人还向她赠送绸缎、点心等礼物并祝福她新婚吉祥幸福。据传，巴尔虎人给新娘穿"超巴"是为了防止别人认出新娘，而用红布遮盖新娘的脸部则是为了不让她记住回家的路。从强行给出嫁女穿"超巴"的婚俗中可以看出远古时期在蒙古社会曾经广为盛行的抢婚习俗的痕迹。出嫁女不仅穿着"超巴"走亲戚，而且还穿着"超巴"参加父母为其举办的送亲宴会和送亲仪式，最后被送到婆家之后，才为其换上端庄而华丽的新娘礼服。一直到1949年新中国成立为止，巴尔虎蒙古族仍保留着给出嫁女穿"超巴"的古老婚姻习俗。

穿上"超巴"的出嫁女从姐姐家出发后直到回家之前，要前往其他亲戚朋友家串门并和他们一一告别，这是出嫁女在结婚之前必须履行的一项告别仪式，称之为"姑娘走亲戚"，蒙古语称为"胡很合苏古乐乎"（ᠬᠦᠬᠡᠨ ᠬᠤᠰᠤᠬᠤ ）。出嫁女走亲戚时，必须有"让姑娘知道"的男子和出嫁女的哥哥或弟弟等两到三个男子为其带路，并且安排她走亲戚的具体线路。同时，还有几位或十几位小姑娘陪伴在出嫁女身边一起前行，其中由岁数大的两位姑娘在旁边照顾和服侍出嫁女。出嫁女每到一个亲戚家或离开亲戚家时都要哭一次，以表示对亲戚的留恋。亲戚家也为她宰羊摆酒席，以表示挽留，甚至还请出嫁女留宿一夜。出嫁女离开亲戚家时，亲戚还向她赠送整羊、绸缎、点心等礼物并祝福她新婚幸福。如果是有一般关系的左邻右舍家，出嫁女就进去表示一下告别的心情，接受简单的款待之后就马上会出来。出嫁女要用一天或两天的时间，在十几位小姑娘的陪伴下对理应要告别的亲戚朋友挨家挨户串门并和他们一一告别。陪着出嫁女走亲戚的男士们，帮她拿着所收到的新婚礼物。

出嫁女走亲戚时，必须要遵循如下禁忌：第一，未收到婚礼请帖的人家不能进；第二，新郎的亲戚或与新郎同姓之家不能进；第三，作陪姑娘的未来婆家不能进；第四，让两位姑娘同时走亲戚时，不能让她们两个碰面。走亲戚仪式结束后，出嫁女必须在太阳落山之前回到家里。出嫁女在返程途中，越临近家门口就哭得越伤心，而且陪伴在她身边的小姑娘们也情不自禁地跟着她一起抹眼泪。为了防止意外事故的发生，必须有人和出嫁女同骑一匹马以防她从马背上摔下来受伤。当出嫁女走到家门口时，其嫂子和姐姐等出来迎接她。嫂子和姐姐也一边陪着她抹眼泪，一边安慰她，并和她一起走进蒙古包。出嫁女走进蒙古包之后，见到父母就哭泣得更伤心了。于是父母一边亲吻姑娘，一边用祖先的家训来开导女儿并帮助她慢慢走出悲伤的心情。至此，姑娘走亲戚仪式圆满结束，男女青年的婚事将进入下一步送亲宴阶段。

据课题组调查显示，新中国成立以前成亲的阿某、扎某、门某、朝某，结婚时都被迫穿上"超巴"并举行了走亲戚仪式。据考察，给出嫁女穿"超巴"和出嫁女穿着"超巴"走亲戚是巴尔虎蒙古族所独有的传统婚姻习俗。新中国成立后，随着包办婚姻习俗被废除，"让姑娘知道"与"姑娘走亲戚"习俗也随之消失了。

## 七 女方举办送亲宴会

婚礼前一天晚上，女方要举办隆重的送亲宴会，巴尔虎人称之为"让姑娘玩乐"。按照巴尔虎传统婚俗，女方将在夜幕降临之后为女儿举办隆重的送亲宴会，送亲宴通常持续通宵。所以，走亲戚的出嫁女必须在太阳落山之前回到家里。当出嫁女走到家门口时，其嫂子和姐姐等出来迎接她并把她从马背上扶下来同她一起走进蒙古包,让她面朝哈那坐在炉灶东侧。此时,陪着出嫁女走亲戚的姑娘们也走进蒙古包围着她入座。出嫁女不停哭泣时,其父母就用"姑娘出嫁是国家之礼,百姓之俗,女儿家不可能一辈子待在父母身边,早晚都要嫁人并使婆家的灶火得以传承"等祖先的家训来开导和教育姑娘,并劝说姑娘擦干眼泪,高高兴兴地玩个通宵。等姑娘哭够了并心情好转之后,父母就开始设酒席,端茶倒酒,摆整羊宴来款待前来参加送亲宴的亲朋好友。迄今为止,巴尔虎蒙古族一直保留着由女方举办送亲宴会的传统习俗,蒙古语称为"胡很那嘎都古乐乎"(ᠬᠦᠩᠡᠨ ᠨᠠᠭᠠᠳᠤᠮ)。据课题组调查显示,一直到现在,牧区巴尔虎人嫁女儿时,都要举办隆重的送亲宴会。巴尔虎人举办送亲宴会具有如下三个方面的意义。

一是要帮助出嫁女解开不愿意离开父母、不愿意嫁人的心结。从前,巴尔虎姑娘一般都在 15—16 岁就结婚,新娘岁数小,而且还没有长大成熟就离开父母,并嫁到婆家与未曾谋面的男子结为夫妻,开始为人妻、为人母的新生活,这是作为女人必须要经历的重要人生阶段。但是,将要出嫁的姑娘因为岁数太小,并不太懂得很深的人生道理,她只能用哭声来表达其内心的痛苦与恐惧心理。因此新娘父母及亲戚朋友就采用让她走亲戚、设宴让她娱乐等方式来安慰她,并帮助她解开不愿意离开父母、不愿意嫁人的心结,使其理解和体会成家立业的意义。如新娘父母和长辈们经常用"姑娘出嫁是国家之礼、百姓之俗"这句古老的谚语来劝说正在哭泣的女儿,其目的就在于帮助女儿解开心结。

二是要对出嫁女进行伦理道德教育并帮助她树立正确的人生观和价值观。结婚是人生中重大的喜事,因此女方父母非常重视女儿的婚姻大事,帮她精心准备结婚礼物,为她举办别具特色的民族婚礼,通过致祝词和唱民歌等艺术形式对出嫁女进行类似夫妻恩爱、孝敬公婆、勤俭持家等人生观教育,尽力激发她对美好生活的向往之情。如在送亲宴上女方长辈们经常用"孝敬公婆、尊重长辈""长命百岁、福禄无边"等吉祥词语来祝福即将出嫁的女儿,鼓励她勇敢地去创建新生活。同时,出嫁女也将在父母与亲戚朋友的祝福声中步入婚姻殿堂,开始为人妻、为人母的崭新生活。巴尔虎婚礼从开始着手准备到圆满结束,在整个过程中始终贯穿着一种以礼待人、以情动人、遵守传统、传承文化、尊敬长辈、关爱儿童和热爱生活等积极向上的价值理念，这些深层次的文化理念不仅推动着巴尔虎婚俗文化的发展，而且也传递着草原文化的核心价值理念。

三是要丰富草原人民的文化生活，为草原文化的传承和发展提供重要的平台。巴尔虎婚礼是男女老少皆可参与的草原上的文化盛会，凭借女方举办送亲宴会的机会，亲朋好友欢聚在一起，开展致祝词、唱民歌、赛马、玩游戏等各种文化娱乐活动，使得巴尔虎牧民的文化生活变得更加丰富多彩。巴尔虎长调歌曲在巴尔虎婚礼等群众性的文化娱乐活动中得到传承和发展，为巴尔虎民歌走向国际舞台奠定了扎实的基础。如1955年巴尔虎青年歌手宝音德力格尔参加第五届世界青年联欢节，她在国际舞台上首次演唱《秀丽的海骝马》《辽阔的草原》等巴尔虎长调民歌并一曲成名，荣获金奖，而且被誉为"罕见的民间女高音"。据考察在巴尔虎婚礼上得到传唱的婚礼歌曲就有《辽阔的草原》《额尔敦乌拉的远影》《肥壮的白马》《陪嫁的栗色马》《褐色的麻雀》《褐色的三岁马》《褐色的雄鹰》《布林哈达的柳条》《秀丽的海骝马》《阿尔泰杭盖》《明亮的太阳》等很多首，其中1912年创作的巴尔虎长调民歌《额尔敦乌拉的远影》就有一百多年的历史，该歌曲一方面表达了出嫁女对父母的思念之情，另一方面揭露了封建包办婚姻制度的落后性和黑暗面。可见，巴尔虎婚礼不仅是草原上的一次文化盛会，而且也是承载着巴尔虎传统文化的重要平台。

按照巴尔虎传统习俗，送亲宴会开始后，女方用奶茶、奶酒、奶制品、手把肉等饮食款待前来参加送亲宴的亲朋好友。酒过三巡之后，将举行新娘父母及长辈等向新娘送礼仪式，而弟弟妹妹等晚辈不能向新娘送礼。女方向新娘送礼仪式按照以下步骤进行：首先新娘起立，"用双手接受父亲献给她的哈达并把它搭在左手胳膊上，然后用双手捧着母亲献给她的银碗酒并聆听父母的教诲"。① 新娘父亲对女儿教导说："从前啊！小凤凰破壳而出后，待羽翼丰满之时飞向远山。虽然父母把你当作掌上明珠来抚养，等你长大成熟时，把你嫁到婆家之礼俗。给你戴上黑羊羔皮帽，让闺蜜们围着你就坐，是汗国之礼俗。父母向你赠送的礼物是北蒙古洁白的哈达与名酒，姐姐和嫂子向你赠送的礼物是一束线、一块绸缎、一对耳环、一只戒指、一副手镯等。"当父亲致完祝词，新娘立即向父母磕头以

---

① 米西格道尔基主编：《新巴尔虎右旗文史资料》（一），第128页。

示感谢，同时将父亲献给她的哈达揣在怀里，将母亲献给她的酒用右手无名指沾一滴并把它往额头上涂抹之后，把银碗酒还给母亲。接着新娘用双手接收姐姐和嫂子等长辈送给她的礼物。送礼仪式结束后，新娘就坐回原来的座位上。女方送亲宴要持续到深夜，参加宴会的亲朋好友一边品尝醇香的美酒，一边致祝词唱民歌，在充满喜庆的氛围中尽情地享受草原特色婚礼带给他们的那份幸福与喜悦。

  女方送亲宴开始之后，男方也着手进行迎亲准备。首先，傍晚时分，男方派首席胡达等几人到女方家，与女方父母商定男方迎亲队伍抵达女方家的时间和新娘从娘家启程的吉时。双方商定之后，男方派去的人员就立即返回。第二，当天晚上男方也举办晚宴，用奶茶、奶酒、奶制品、手把肉等饮食款待前来道喜的亲朋好友。亲朋好友还带来哈达、酒、点心、绸缎、整羊等物品当作贺礼送给新郎家。第三，当天晚上按照双方约定的时间，新郎在几位骑手的陪伴下前往女方家迎亲。前去迎亲时，新郎要身穿新蒙古袍并在缎面儿长袍之外套上黑色锦褂，头戴插貂尾的圆顶帽，脚穿蒙古靴，腰带上挂火镰袋、褡裢、蒙古刀，背挎弓箭，乘骑骏马，在男方首席胡达的带领下带着整羊、白酒、奶制品、点心、哈达等礼物，前往女方家迎亲。男方迎亲队伍由三到五人组成，包括新郎在内的迎亲队伍人数要以单数构成。而迎亲回来时，男方迎亲队伍人数要变成双数回来，其中包括新娘。

  男方迎亲队伍必须在双方约定的吉时之内赶到女方家，在女方蒙古包西南侧下马，并用缰绳绊马前腿。此时，女方家人出来迎接男方客人并把他们的马匹牵过来拴在拴马桩上，把新郎挎在肩上的弓箭接过来夹在蒙古包顶端西南角系绳里。双方亲家们相互请安之后，男方客人被请进另一座蒙古包，让他们稍候片刻。此刻，新郎的随行人员，将带来的整羊、奶制品、点心等食品摆在盘子里，等候女方家的邀请。准备就绪后，当听到从女方主蒙古包里传出来的"新郎进屋时间到了"的呼声时，男方迎亲人员立即在首席胡达的带领下走进女方主蒙古包并向女方亲友边请安边说一些"大家好？畜群平安？秋天过得安详？"等问候语，双方互换鼻烟壶之后，男方迎亲人员按辈分高低、岁数大小，靠右边哈那由上而下入席。新郎双手捧着酒坛走进蒙古包后，将酒坛放在前面坐在炉灶右侧最下方的靠哈那的席位上。女方将按照巴尔虎传统婚俗礼节，热情地招待男方迎亲人员，先由年轻媳妇给男方迎亲人员与女方长辈献茶、端奶制品等，后由年轻小伙子给男方迎亲人员与女方长辈屈膝献哈达敬酒，并且从尊贵的客人或长辈开始献茶、敬酒，以示对客人和长辈的尊敬。

男方迎亲队伍何时抵达女方家为好，历来没有固定的时间段。双方主要根据两家之间距离和女方送亲宴的规模来商定迎亲队伍抵达女方家的时辰。据课题组调查显示，有的迎亲队伍在女方举办送亲宴的当天晚上十点钟抵达女方家，有的迎亲队伍在婚礼当天早晨五点钟抵达女方家，随着城镇化的发展，还出现了男方迎亲队伍在婚礼当天早晨九点钟抵达女方家接亲等现象。但是，一直到现在，巴尔虎人仍遵循着新娘要迎着朝阳从娘家启程的古老婚姻习俗，特别是牧区巴尔虎人仍普遍遵循着这种古老而富有生命力的婚姻习俗。

在巴尔虎传统婚礼上，对于招待婚宴宾客具有严格的规矩和礼俗，由身穿节日服饰的年轻媳妇负责向婚宴宾客献茶、端奶制品、盛饺子汤等工作，由身穿节日服饰的年轻小伙负责向婚宴宾客敬酒等工作，并且敬酒时，必须向宾客磕头，以示敬重。在婚宴上，女方按照献茶、端奶制品、敬酒、上整羊、盛肉面汤等次序进行款待。酒过三巡之后，经过双方首席胡达的商量，男方要举行各项迎亲仪式：第一，男方迎亲人员向女方供奉的佛像献哈达、燃香并给苏力德献哈达，然后让新郎给女方供奉的佛像及苏力德行磕头之礼。第二，男方迎亲人员从女方首席胡达开始向女方父母与长辈等献茶。第三，男方把摆在盘子里的馓斯供奉给女方佛像之后，让新郎给女方父母与长辈献哈达敬酒并聆听他们的祝福词。第四，男方迎亲人员从女方首席胡达开始向女方父母与长辈等屈膝敬酒并行磕头之礼。男方给女方父母及长辈敬三杯酒之后，经女方首席胡达的同意，男方将随身带来的整羊、奶制品、点心等美食放进女方宴席桌上的盘子里，这不仅意味着双方将婚宴融合在一起，而且还象征着自此双方将成为有互助义务的亲家。该习俗是巴尔虎、布里亚特蒙古人特有且较古老的婚姻习俗。

女方送亲宴上，在双方亲家互相敬酒并履行迎亲仪式之后，新娘父母向将要出嫁的女儿敬献鲜奶并致祝词：

  父母虽然把你养大
  按照阴阳之礼

把你嫁到婆家之俗。
不管什么样的父母
如何把你养大
都会用各种首饰将你打扮
把你嫁到他乡之礼。
给你戴上黑羊羔皮帽
让你背对着炉灶坐下
大家围着你坐下来尽情欢乐
是汗国之礼俗。
将洁白的哈达与甘甜的鲜奶
献给你亲爱的女儿
这是父母给你赠送的珍贵礼物。
每天要早起
在高山脚下搭建蒙古包
在宽阔的草原上放牧
拥有满山谷牲畜
祝福你永远幸福安康!

父亲致完祝词,新娘用双手把父母献给她的一银碗鲜奶接过来一饮而尽并向父母磕头以示感谢,然后坐回原来的座位上。从前在巴尔虎草原上有许多著名祝颂人和歌手,举办婚宴的男方或女方为了活跃婚宴气氛,都想方设法邀请著名祝颂人和歌手前来参加婚礼,让他们为婚宴致祝词、献歌曲。祝颂人在婚宴上致祝词时,虽然有严格的步骤和综合礼俗,但是,祝颂人凭借自己丰富的语言天赋即兴为婚宴致祝词,以富有感染力的祝赞词来活跃婚宴气氛,而且其卓越的祝颂才华也会赢得大家的阵阵掌声。

新娘父母向女儿献鲜奶仪式结束后,女方端上馐斯,用隆重的整羊宴来款待宾客。用整羊宴来款待宾客时,将羊头献给当晚最尊贵的男子——男方首席胡达,将乌查献给当晚最尊贵的女子——新娘。男方首席胡达接受羊头并割下一小块肉献给火神,然后自己品尝羊头肉之后,把羊头献给新娘父亲,以示尊敬亲家。其他人替新娘给乌查动刀,并把乌查献给新娘母亲。接着双方亲友一边"杯不落桌、刀不离手"地喝酒、吃肉,一边致祝词唱民歌，通过共同联欢的形式，将女方送亲宴会推向民歌大联唱阶段。大家在送亲宴上主要演唱《额尔敦乌拉的远影》等送亲歌曲，该歌曲中唱道：

> 额尔敦乌拉的远影
> 出现在眼前，
> 近在咫尺的圣山
> 为什么不能过来作客啊！
> 带杈的树木上哟
> 落着叫声美妙的雉鸡
> 离别后就回首探望哟
> 可怜啊我的额吉！
> 繁杂的树木中哟
> 最显耀的是稠李树
> 刚出发就频频回头哟
> 母亲的面容多么清晰。
> 北山冈上的雪哟
> 有融化的消息多好
> 我的阿爸和额吉哟
> 有安康的音信多好！

大家用动情的歌曲唱出新娘舍不得离开父母的心情时，不仅新娘会伤心落泪，而且年长的妇女们也随着歌声情不自禁地流下眼泪，她们以歌声来表达"思念家乡，怀念亲人"的情感。接着大家会齐唱《秀丽的海骝马》，歌曲中将唱道：

> 可爱的海骝马易惊呀
> 要蹲着靠近它
> 人家的儿子傲气十足哟
> 耐着性子习惯吧。
> 海青海骝马暴性子哟

勒紧缰绳再骑它

人家的儿子高傲哟

一起过日子就习惯啦！

《秀丽的海骝马》是父母和长辈们教导将要出嫁的女儿时所唱的歌曲，他们以唱歌的形式对新娘进行孝敬公婆，勤俭持家，与婆家人和睦相处等思想教育，用歌声来感化新娘，从情感方面去引导新娘做好成家立业的准备。

在这样柔情似水的歌声中，送亲宴持续到深夜，男方迎亲人员要离开宴会现场来到提前安排好的蒙古包内休息。前来参加送亲宴的小姑娘和小伙们在外面高兴地玩着撒杵（杵是长方形小木头）、当熊瞎子、老鹰抓小鸡等巴尔虎传统游戏，还跳哲仁嘿①等集体舞蹈，这些小姑娘和小伙们借送亲宴会的喜庆气氛可以玩到通宵。那时候的小伙们参加婚宴有不喝酒的习惯，在宴会上负责招待的小伙向他们敬酒时，只能用右手无名指沾一滴喜酒并把它往额头上涂抹之后，把酒杯还给敬酒者而不会去品尝它。

第二天早晨天刚蒙蒙亮时，男方迎亲人员再次被邀请到女方主蒙古包内并继续参加女方送亲宴会。酒过三巡之后，将举行岳父向新郎赠送神箭仪式。首先新郎向岳父行磕头之礼，其次将一支箭插在新郎前襟上，接着岳父向新郎高声致祝赞词：

祝愿吉祥升平

祝愿安乐幸福

圣主成吉思汗制定的礼仪

按照当今我们蒙古族的习俗

给亲爱的女婿

赠送一支神箭的缘由是

砍伐阿尔泰山上生长的檀香木树杈

修剪削制而成的白色神箭

---

① "哲仁嘿"是带有游戏性质的巴尔虎蒙古族民间集体舞蹈，巴尔虎蒙古族在盛大的集会上都会跳起"哲仁嘿"，该舞蹈与游戏紧密结合，具有娱乐性和载歌载舞的特点。舞蹈内容主要反映了人与人之间的团结友爱和巴尔虎人民世世代代对美好生活的向往。

要说此箭的威力
用于战场上即可压制敌人
用于祈福即可积德
打猎时的弓箭
打仗时的杀敌利器
用以翱翔在蓝天上的凤羽
制作而成的箭羽
用以深海中打捞的鲸鱼油
粘贴而成的箭羽
熟练工匠加工而成的白色神箭
不可轻视这支神箭
能护卫肥壮的畜群
能维护草原的安宁
请把这支祖传的神箭
佩戴在你的身上
当做护身的保护神吧。

  岳父致完祝赞词之后，将神箭赐给女婿，女婿接受神箭并向岳父磕头以示感谢。有的地方岳父向新郎赠送神箭时，由祝颂人致祝赞词。接着岳母向女婿敬献一银碗鲜奶，女婿先向岳母磕头以示感谢，然后接受岳母给献上来的一碗鲜奶并把它一饮而尽。新郎将岳母献上的一碗鲜奶饮尽之际，女方调皮的小伙为了捉弄新郎，趁机敲打新郎捧在手里的银碗底，想方设法使碗里的鲜奶溅洒在新郎的脸庞或礼服上，甚至使银碗掉落在地上。早有防备意识的新郎也端好银碗，争取不让银碗里的鲜奶溅洒在自己身上。新郎喝完鲜奶，把银碗揣在怀里。给新郎送箭和献鲜奶仪式结束后，新郎迅速从宴席上的盘子里拿一块肥肉往新娘身上撇过去之后就飞快地跑出蒙古包并拿起夹在蒙古包顶部系绳里的弓箭，跨上骏马就往家飞奔。接着男方迎亲人员就跟着新郎从女方家启程并开始护送新娘的征程。男方迎亲队伍启程之后，女方送亲小伙们也飞速骑上快马去追赶新郎并与其进行"夺太阳"（或抢日头）比赛。如果女方小伙们追上新郎并从左侧绕过其前头，大家非常开心地称之为"夺取了新郎的太阳。"如果新郎拼命飞奔，没有被追上并顺利到家的话，该新郎则被称为运气好的小伙子。被称为夺新郎太阳的游戏，实际上是一种变相的赛马比赛，旨在检验双方马匹的速度与耐力，同时也能够营造出一种喜庆的送亲氛围。

新娘被新郎撒过来的肉块打中后放声大哭时，男方几位小伙就迅速走进蒙古包并要抢走新娘。此时，围坐在新娘旁边的伴娘们也手拉手、相互连接腰带，形成层层的包围圈，以防止新娘被抢走。由于双方实力的悬殊，伴娘们在抢夺新娘的战争中最终败下阵来了。当新娘被抢走之后，伴娘们也骑上马返回各自的家。而男方小伙们抢走新娘之后，迫使她骑上提前备好的马匹，护送新娘向新郎家行进。至此，女方送亲宴会将圆满结束。按照巴尔虎蒙古族传统习俗，未婚小姑娘不能前去送亲，新娘将在太阳刚升起的吉祥时刻从娘家启程。该习俗象征着新娘婚后的生活像初升的太阳般红红火火，而且充满幸福与快乐。

2014年7月至2015年8月，从课题组对新右旗、新左旗及陈旗等地进行社会调查的结果来看，一直到现在巴尔虎人仍保留着婚礼前一天晚上女方要举办"送亲宴会"的传统习俗，并且在宴会上女方亲朋好友欢聚在一起，一边品尝醇香的美酒，一边致祝词唱民歌，用美妙的歌声和富有哲理性的祝词来感化和教育将要出嫁的姑娘，使其在大家的祝福声中理解和感悟人生的真谛。随着时代的发展，女方在送亲宴会上所举行的各项仪式，有的已经消失、有的已经发生了变化。据课题组调查显示，由于社会经济的发展和人们物质生活水平的提高，以往在送亲宴会上由女方父母与长辈等向出嫁女赠送新婚礼物的习俗如今已发生了演变，即演化为女方父母与长辈等向新娘和新郎同时赠送新婚礼物，以示祝贺。随着巴尔虎人传统狩猎生产方式的消失，岳父在送亲宴上向新郎赐箭仪式也随之消失了。改革开放以来，由于现代交通运输业和汽车工业的快速发展，摩托车、汽车等现代交通工具开始走进巴尔虎牧民家庭，改变了以往巴尔虎牧民骑马出行的传统生活方式。故此，巴尔虎人开始利用汽车、火车甚至飞机等新型交通工具来送亲，从而彻底改变了以往巴尔虎人只能骑马送亲的传统方式。于是，在送亲途中女方小伙们与新郎之间进行的夺太阳比赛也随之消失。

## 八　巴尔虎蒙古族传统送亲习俗

在女方送亲宴上举行的各项送亲仪式结束后，以首席胡达为首的男方迎亲队伍就跟着新郎提前启程，随之女方送亲队伍也按照既定的程序开始启程，首先由女方首席胡达手捧佛像走在送亲队伍前面为送亲队伍开路。新娘舅舅、叔叔以及哥哥等男性长辈跟随在其后，骑马的新娘和坐牛车的新娘母亲跟随在男性长辈后面。新娘母亲乘坐的牛车后面还拉着装满新娘嫁妆的额日格尼格车（即陪嫁的箱车），并且派专人赶着陪嫁给新娘的牲畜在送亲队伍后面随行。按照巴尔虎传统婚俗，送亲时女方要遵循如下传统习俗：第一，新娘要骑着娘家陪送的马匹前往婆家。如果女方没有向新娘陪送马匹，则需要经过双方协商，让男方迎亲队伍牵来一匹马作为新娘出嫁时的坐骑。第二，未婚小姑娘不能前去送亲。第三，女方给新娘陪送的嫁妆中，不能有骆驼、山羊等冷嘴动物。第四，送亲时不能领狗。狗是蒙古民族最忠诚的帮手，因此前去送亲时需要让狗留在家里护院。第五，喇嘛不能前去送亲。第六，新娘父亲不能亲自去送女儿出嫁，而留在家里照料家庭生活。第七，新娘母亲要亲自送女儿出嫁。新娘母亲不仅亲自送女儿出嫁，而且亲自把女儿交给亲家母并陪着女儿在新郎家住三天。这三天之内，新娘母亲不仅要向女儿传授孝敬公婆、与婆家人和睦相处之道，而且还指导女儿了解和掌握做儿媳的责任和义务。

关于新娘父亲不能前去送女儿出嫁的禁忌，有个古老的传说，据"蒙古秘史"记载，从前，蒙古部落的俺巴孩汗把女儿嫁与塔塔儿人，并亲自送去。塔塔儿人趁机捉住俺巴孩汗并交给了与蒙古部落敌对的金国，金国皇帝将俺巴孩汗活活地钉死在木驴上。俺巴孩汗被捉住后，派一名叫巴剌哈赤的下人回去禀告其儿子哈答安太子和哈不勒汗的儿子忽图剌他被塔塔儿人加害的遭遇，并留下了如下遗嘱："身为国君人主，不应亲送女儿出嫁，要以我为戒。我已被塔塔儿人擒获，你们一定要报这个仇，直到磨尽指甲，十指流血。"① 从此，在古代蒙古社会就逐渐形成了新娘父亲不能亲自去送女儿出嫁的习俗。据《蒙古秘史》记载，成吉思汗17岁时到翁吉剌罗部娶亲，并带着新婚妻子孛儿帖返程时，其岳父"德薛禅把他们送到克鲁涟河岸一个叫兀剌黑啜勒的地方后返回了家。孛儿帖的母亲

---

① 阿斯钢：《蒙古秘史》，特·官布扎布译，新华出版社2014年版，第16页。

搦坛却一直把女儿送到了铁木真家的驻地——桑沽儿溪边"。① 从这份史料来看，圣主成吉思汗娶亲时也遵循了新娘父亲不能亲自去送女儿出嫁的古老习俗。

据课题组调查显示，一直到20世纪末，巴尔虎蒙古族仍遵循着新娘父亲不能亲自去送女儿出嫁的古老习俗。以首席胡达为首的女方送亲队伍行进到离新郎家5千米处时，由男方派来两名骑手从半道上迎接女方送亲队伍，前来请安的男方两名骑手给女方亲家敬烟敬酒，热闹一番后先行返程，随之女方送亲队伍也按时抵达男方家并按顺时针绕男方蒙古包转三圈，男士们在蒙古包西南侧，女士们在蒙古包东北侧分别下马。送亲队伍按顺时针绕男方蒙古包转三圈习俗，象征着结婚仪式将圆满成功。当女方送亲队伍绕男方蒙古包行走时，男方派两名男士来到男送亲者跟前，把装在木盘里的羊头和肉块献给他们。此时，女方一名男送亲者一边用手从马背上取一块肉献给天地诸神，一边用脚猛踢木盘底部，以让木盘中的羊头和肉块洒在空中，端盘人需要紧握木盘防止木盘脱手。与此同时，男方派几名妇女来到女送亲者跟前，向走在新娘旁边的妇女献一碗奶茶，该妇女把奶茶接过来洒在新娘乘骑的马匹臀部上。女方把献茶的碗拿回来当作给新娘洗漱时所使用的水碗。男方向女方送亲者献茶献肉等习俗，具有驱赶跟随女方送亲队伍而来的鬼怪之含义。女方送亲队伍抵达男方家后，男方亲朋好友前去迎接女方送亲人员并相互请安，把老人和孩子从篷车上扶下来，把女方的马匹牵过来拴在拴马桩上。女方首席胡达，新娘舅舅、叔叔、哥哥等男性长辈和新娘母亲等被请进主蒙古包并按传统席位顺序入座，其余送亲者陪着新娘先走进位于男方主蒙古包东北侧专为新娘搭盖的梳妆打扮室，也叫分发室。此时，男方派来一名和新娘属相相合之人把新娘领进分发室并为她进行分发。在分发室，新郎新娘先用阿尔山（汉语意为圣水）净面漱口、饮用，以示去秽降福。然后由与新娘属相相合之人（一般是已婚妇女）给新娘分发，将少女时梳的单辫解开，从中间分开后梳成双辫子，而且陪伴在新娘身边的女方妇女们帮助新娘佩戴头饰并换上新婚礼服。在帮助新娘进行梳妆打扮这一环节上，有新巴尔虎蒙古族和陈巴尔虎蒙古族的区别，新巴尔虎人是挑选一位与新娘属相相合之人给

---

① 阿斯钢：《蒙古秘史》，特·官布扎布译，新华出版社2014年版，第37页。

新娘进行梳头分发，而陈巴尔虎人则邀请新娘干妈给新娘进行梳头分发。经过精心打扮之后，巴尔虎少女则变成美丽典雅的巴尔虎新娘并展示出巴尔虎已婚妇女的高贵气质与优雅姿态。

巴尔虎新娘头上要佩戴镶有珊瑚、玛瑙、绿松石的银质哈布其格、额箍和貂皮红缨帽，身上要穿着无腰带缎面长袍并在其外面套上对襟长坎肩，还要佩戴后背和胸部银质垂饰、孛勒、图海和银质手镯、戒指等装饰品。过去，巴尔虎少女在结婚时，都要佩戴哈布其格等首饰。"哈夫给克（即哈布其格）甚重，约有三四斤，而本部族人引以为美。此冠戴在头顶中部，故有一部分头发露在冠前，因此一定要把这部分头发剃去才称隆重。因此婚后之妇女一直把这部分头发剃去了，此为已婚妇女最明显之特征。"①

巴尔虎新娘长袍最明显的特点是有美丽袖箍的灯笼式接袖，腰节有横向分割的装饰结构。这种长袍的下摆前面有褶，后面无褶。在新娘长袍外面套穿一件有四个开衩，钉有五道银质扣袢儿的对襟长坎肩。这种长坎肩同长袍一样在腰节有分割结构，无领，上身紧，腰节打褶，在对襟之缘和袖窿镶有二指宽库锦沿边儿。穿这种坎肩在腰侧纽袢戴孛勒，它是已婚妇女华贵的腰侧装饰，其上要悬挂八宝垂饰和彩巾。关于巴尔虎新娘的装饰品，新巴尔虎的祝词中有如下真实的赞述："头上戴的是青鼬貂皮冠，后垂一双美丽的红飘带。还有刻有凸花的银额箍，其上镶嵌着大小红珊瑚。面颊两边带的是银发夹，还有雕刻玉花的双发套。手上戴的是银手镯和戒指，身上戴的是银图海和垂饰。"②

按照巴尔虎人的传统，巴尔虎少女梳后垂式独辫封发，腰系紧身腰带。但是，婚后将少女时期的独辫要梳成两条辫子，而且穿坎肩、不扎腰带，以示已婚。给新娘分头发并给她穿上"夫人袍子"后，新娘才能实现由小姑娘到小媳妇的身份转变。巴尔虎人为新娘举行分发仪式，具有深刻的文化含义，一方面它是由单身姑娘变成有夫之妇或一个人变成两个人的标志，另一方面它象征着新娘要拥有一颗正直善良的心。过去在巴尔虎社会，根据巴尔虎妇女的梳妆打扮，一眼就能够分辨出未婚姑娘与已婚妇

---

① 燕京、清华、北大一九五〇年暑期内蒙古工作调查团编：《内蒙古呼纳盟民族调查报告》，内蒙古人民出版社1997年版，第143页。

② 李·蒙赫达赉：《巴尔虎蒙古史》，内蒙古文化出版社2004年版，第274页。

女的区别。给新娘分头发、换装后,新娘才能参加新郎家举办的结婚仪式。婚后,每逢节日、婚礼、庙会、拜佛、回娘家、出门以及拜见长辈等活动时,新娘都要穿上结婚礼服,以已婚妇女的身份参加各种社会活动,彰显其高贵的气质与优雅姿态。

## 九 男方举办迎亲婚礼

男方把女方送亲人员请进主蒙古包(即新郎父母居住的蒙古包)后,双方首席胡达在炉灶北面并排落座于贵宾席上,炉灶东侧双方首席胡达贵(女亲家)并排入席,炉灶西侧双方娘舅亲并排入席,其他男宾按辈分高低、年龄大小靠西侧哈那入席,女宾也按辈分高低、年龄大小靠东侧哈那入席。双方亲人按座位排序入席后接受男方款待。先由男方年轻媳妇给双方亲人献茶端奶制品,后由男方小伙给双方亲人敬酒并行叩拜之礼,与此同时,还端上手把肉和饺子汤等食品热情地款待婚宴宾客。酒过三巡之后,由男方首席胡达宣布新婚典礼开始并致祝赞词:"今天是某年某月某日,在这吉祥的日子里某某哈拉的某某新郎与某某哈拉的某某新娘结为百年之好,请远道而来的送亲者、尊敬的长辈和贵宾们为这对新人的幸福共同举杯祝福吧!"伴着男方首席胡达的祝福声,双方亲人举杯畅饮,共同祝福两位新人永远幸福安康。

当新娘洗漱打扮仪式结束后,男方首席胡达从主蒙古包里连喊三声"新娘磕头的时间到了",此时,与新娘属相相合之人(有的地方是新郎牵着新娘的手)牵着蒙盖头的新娘之手从分发室走出来,将走进男方主蒙古包,举行成婚典礼。新娘要走进婆家主蒙古包并不是一件容易的事情,在女方送亲人员的陪伴下,不仅要绕男方主蒙古包走一周,而且还要接受男方设置的种种考验。新娘从分发室出来之前,男方派来一位与新娘属相相合之人,不仅给新娘梳头分发,而且还给新娘的两个大拇指套上油脂,再用一条哈达把新娘的两个大拇指连在一起,并牵着新娘的右手走出分发室,向男方主蒙古包走去。女方送亲者除首席胡达和男女长辈外,其他人员都跟随在新娘背后,女方祝颂人手里捧着"柱子"哈达、"撞乳杵"哈达和"护院狗"哈达等三条哈达行走在新娘前面。当新娘走到男方主蒙古包东南侧时,女方祝颂人第一次高声喊道:"新娘要磕头了。"

坐在男方主蒙古包西南侧且手里拿着柱子的男方祝颂人向新娘高声致祝词：

  不要踩在大畜上
  要踩在水貂上
  请你走向年迈父母的
  门槛与哈那磕头吧！

  此时，走在新娘身边的妇女用手轻轻按一下新娘的头，新娘便停下脚步，双手合十第一次向婆家的门槛行叩拜之礼。行完叩拜之礼，新娘继续往前走。当新娘走到男方主蒙古包西北侧时，女方祝颂人第二次高声喊道："新娘要磕头了。"此时，坐在男方主蒙古包西南侧且手里拿着柱子的男方祝颂人向新娘高声致祝词：

  不要踩在岩石上
  要踩在水獭上
  请你走向尊贵公婆的
  门槛与哈那磕头吧！

  此时，新娘便停下脚步，双手合十第二次向婆家的门槛行叩拜之礼。行完叩拜之礼，新娘继续往前走。当新娘走到男方主蒙古包东北侧时，女方祝颂人第三次高声喊道："新娘要磕头了。"此时，坐在男方主蒙古包西南侧且手里拿着柱子的男方祝颂人向新娘高声致祝词：

  不要踩在乌里上
  要踩在貉上
  请你走向白发公婆的
  门槛与哈那磕头吧！

  此时，新娘像前两次一样第三次向婆家门槛行叩拜之礼。行完叩拜之礼，新娘继续往前走。当新娘和女方送亲人员来到男方主蒙古包门口时，男方祝颂人便站起来用柱子挡住男方主蒙古包之门，不让新娘走进主蒙古包。女方祝颂人面对男方祝颂人反问道：

> 把幼小的女儿半夜叫起来
> 让她痛哭的泪水像泛滥的洪水
> 让她骑上骏马走过宽阔的草原
> 来到高贵的亲家门口
> 让她向年迈的公婆行叩拜之礼时
> 拿着柱子挡住大门是
> 哪一个朝代的礼俗啊？

女方祝颂人话音刚落，男方祝颂人接着回答道：

> 生长在南山上的檀香木枝杈
> 把它加工成为蒙古包天窗的柱子啊！
> 将亲自光临的亲家们挡在门外
> 只是想听一听亲家们几句祝福词罢了。

接着女方祝颂人反问道：

> 让活泼可爱的孩子泪流满面
> 从遥远的地方赶到亲家门口
> 让她向尊贵的公婆行叩拜之礼时
> 拿着柱子挡住大门是
> 哪一个皇帝的礼俗啊？

接着男方祝颂人回答道：

> 在你我两人出生之前的远古时期
> 圣主成吉思汗 18 岁时
> 迎娶聪颖的长妻孛儿帖时

曾用珊瑚柱子

挡住水晶般宫殿大门的习俗

我们现在遵循此礼

用柱子挡住大门的理由是

只是想听一听尊贵的亲家们几句祝福词罢了。

当男女双方祝颂人各显辩论才能，为各自队伍的立场而进行激烈争辩时，坐在主蒙古包里的长辈们赶紧劝说男方祝颂人道："时间到了，新娘叩拜的时间到了，让新娘进来吧。"在长辈们的劝说下，双方祝颂人才停止争辩，缓和现场气氛之后，女方祝颂人把手里的三条哈达献给男方祝颂人。男方祝颂人把接受的三条哈达分别系在柱子、撞乳杵和护院狗脖子上，然后走进主蒙古包并站在蒙古包门口东侧。随后新娘和女方送亲人员跟随女方祝颂人走进男方主蒙古包并排站在炉灶前面，旁边的人还帮助新娘掀开盖头。在女方送亲者的指点下，新娘将向佛像、火神和公婆等行叩拜之礼：

第一，举行新娘拜佛仪式。在女方送亲者的指点下，新娘向婆家佛像和苏力德哈达行叩拜之礼，以祈求佛祖保佑其健康长寿，福禄无边。新娘拜佛仪式，象征着自今日起新娘将成为婆家的一名成员，而且要遵循婆家的规矩与礼俗之义。

第二，举行新娘拜火神仪式。拜佛仪式结束后，新娘在女方送亲者的指点下，给炉火献油脂并行叩拜火神之礼，以祈求火神保佑其平安健康。新娘行叩拜火神之礼时，坐在炉灶旁边的一位男性长辈前面需放置蒙古语版的"祭火经"，右手执转经轮，左手执铃鼓并诵读祭火词：

祈祷吉祥升平

高山像丘陵那么大的时候

大海像湖泊那么大的时候

应运而生的火神母亲

祭献肥美的油脂！

圣主可汗打火

圣母哈屯吹旺

砾石为母

铁石为父

火神母亲

祭献肥美的油脂

敬献醇香的美酒

献上美味的祭祀品

祈求幸福安康！

  上述祭火词较生动地描述了开天辟地之初，人类社会还处于母系氏族社会时就开始学会击石取火的历史。蒙古人，把火神看成是女神或母亲神。火种是人类生存之母，是圣洁的女神，是光明、幸福、昌盛的象征，也是给人类消灾免难、净化万物的赐予者。蒙古人对火神母的崇拜属自然崇拜，与天、地、山、水崇拜同样古老。按照蒙古人的习俗，继承财产权的幼子，在名字之后通常要加上"斡惕赤斤"（汉语意为"守灶人"）的字样。"守灶人"将继承父亲最珍贵的遗产——火（包括火盆、炉灶等），由此火就与蒙古族的天地、祖先崇拜紧密联系在一起，成为主要的祭祀活动之一。

  在巴尔虎婚礼上，举行新娘拜火神仪式具有深刻的文化内涵，一方面欢迎家庭新主妇并赋予她经营家庭的责任与义务，另一方面祝愿新郎新娘携手共进，要把祖先传下来的灶火继续传承下去。男方按照平常祭火礼节往炉灶里加满木头，备好祭火所需的供品，等炉火燃起来之后，围坐在炉灶旁边的长辈们向火神祭献五彩布条、羊胸脯和油脂等。同时，根据祭火词的内容，新娘在女方送亲者的指点下一边向火神献油脂，一边叩拜火神三次。如果在"祭火词"中出现"保乐图盖"（汉语意为成为）、"忽日图盖"（汉语意为累积）等象征性词语时，参加婚礼的宾客们也跟着诵读者大声朗读"保乐图盖""忽日图盖"等象征性词语，营造出一种壮观的祭火氛围，以体现祭火仪式的严肃性和庄重性。

  第三，举行新娘叩拜公婆等婆家长辈仪式。拜火仪式结束后，新娘接着向公婆和婆家伯父伯母、叔叔婶婶、舅舅舅妈以及同一姓氏的长辈磕头，并给他们献哈达或礼物，以行尊敬婆家长辈之礼。婆家男性长辈，将解开蒙古袍扣子并以敞怀形式接受新娘叩拜之礼，新娘一边往婆家男性长辈的怀里扔油脂,一边向他们磕头并聆听他们的祝福词。于是接受新娘叩拜之礼的男性长辈将成为"字日诺颜"（ᠪᠡᠷᠢ ᠶᠢᠨ）。新娘向婆家长辈行叩拜之礼时,祝颂人向新娘介绍婆家长辈的辈分和称呼并教导新娘要尊敬长辈,遵守婆家礼俗等。

第四,举行解除"字日诺颜"仪式。接受新娘叩拜之礼的公公、叔公以及舅公等男性长辈作为媳妇官,新娘也作为接受其叩拜之礼的男性长辈的媳妇官,这是新娘和接受其叩拜之礼的男性长辈之间互为媳妇官之礼仪,是巴尔虎人独有的婚姻习俗,蒙古语称之为"字日诺颜"。新娘和婆家男性长辈之间互为媳妇官之后,要严格遵循如下传统习俗：一是新娘不管在什么地方和什么时候拜见媳妇官时,首先要穿戴好结婚礼服与头饰；二是新娘不能亲自给媳妇官端茶递食物；三是新娘不能和媳妇官说话,不能在媳妇官旁边吃饭；四是新娘不能直接称呼媳妇官之名；五是居住在其他蒙古包里的新郎爷爷、父亲、叔叔等在不同时期作为"媳妇官",必须要遵循不与新娘见面、不与新娘说话、不让新娘看见其大小便等独特习俗。如果和新娘生活在同一个屋檐下的公公等长辈,由于不便于长期维持媳妇官之礼,因而接受新娘叩拜之礼之后,立即举行简单的仪式就可以解除媳妇官之礼。具体仪式如下：接受新娘叩拜之礼的婆家男性长辈,一边说着"让新娘拴马、看狗、掀门帘,让她做儿媳吧!"一边将鼻烟壶递给新娘,新娘一边向他磕头,一边用双手接过鼻烟壶并做嗅状,立即把鼻烟壶还给对方。当敬鼻烟壶仪式结束后,新娘和接受其叩拜之礼的男性长辈之互为媳妇官之礼就被解除了。如果生活在其他蒙古包里,而且没有解除媳妇官之礼的婆家男性长辈,就要短期（几个月）或长期（一年到十年不等）维持媳妇官之礼仪,并且要遵循不与新娘见面、不与新娘说话、不让新娘看见其大小便等独特习俗。如果婆家男性长辈想要解除媳妇官之礼,也要进行简单的仪式,即身穿结婚礼服的新娘,从媳妇官之手接受鼻烟壶,将其嗅一下之后立即还给对方,并向对方行叩拜之礼就等同于解除了媳妇官之礼。该习俗一直延续到20世纪40年代,是巴尔虎人曾经普遍遵循的最古老的婚姻习俗。

第五,新娘给公婆和长辈们敬茶,以行孝敬公婆及尊敬长辈之礼。上述各项婚礼仪式结束之后,新娘将离开婆家主蒙古包,回到新房或分发室。跟随在新娘身旁的女方送亲者被安排在其他蒙古包内接受款待。与此同时，在男方主蒙古包内，男方首席胡达手捧着哈达与美酒向婚宴宾客敬酒并致祝酒词：

洁白哈达，衬托着美酒。
喜庆婚宴，让我来祝福！
纯净奶酒，甘如清泉。
品尝一口，滋润心田。
祝愿长辈，健康长寿。
祝福草原，五畜兴旺。
祝愿山河，永葆长青。
祝福两位新人，白头偕老，
祝愿大家，幸福快乐！

接着在男方家人的热情款待下，参加婚礼的双方亲朋好友"刀不离手，杯不落桌"地喝酒吃肉，尽情地歌唱巴尔虎民歌，将男方迎亲婚礼带向饮酒唱歌、共同娱乐的阶段。按照巴尔虎传统，在男方迎亲婚宴上主要演唱《额尔敦乌拉的远影》《辽阔的草原》《秀丽的海骝马》《肥壮的白马》《布林哈达的柳条》《褐色的麻雀》等巴尔虎民歌。在蒙古包内的婚宴持续几个小时后，男方将在蒙古包外面西南侧围半圆形重新摆上酒席，敬请双方客人到外面入席并用整羊宴招待婚宴宾客。在婚宴上用整羊待客是蒙古族历史悠久而且十分隆重的礼遇之一。据史料记载，成吉思汗定天下，大飨功臣时，就摆了整羊酒席款待功臣。用整羊待客之所以高贵，是因为它不仅是祭祀的主要供物，也是民间红白喜事、礼尚往来、佳节良辰、款待宾客必不可少的首要食品。在婚宴上上整羊时，特别讲究整羊的摆放顺序，先将双肩胛骨、棒骨、脊椎、肋条儿正面朝上摆在盘子里，其上面要摆上羊头和后腰（即带椎荐骨部），整羊各部位的摆放方向和排列与活羊一致，同时把羊头正对着最尊贵的男客人摆放在桌上，以表敬意。按照巴尔虎人的习俗，不能用前腿小骨、胸骨柄、下巴、脖子和羊蹄等部位招待客人。在婚宴上先把羊头敬献给最尊贵的男性客人，把后腰敬献给最尊贵的女性客人，再由客人回敬给户主与主妇。回敬前男性客人须用银柄刀从羊头额部入刀，后腰从左右两侧入刀，从后腰的右侧割下一块摆放在左侧,吃羊胸脯要从中间部位横切食用。饮酒的间歇不能让杯子空着,不能换座位和调换杯子,斟酒者要把宾客酒杯接过来后才能斟满酒,斟酒时张开双臂屈膝接酒盅。在男方祝颂人的主持下,巴尔虎婚礼始终在祝福声和歌声中举行各项仪式,双方亲朋好友用诗歌形式表达对两位新人的祝福与期盼之情,使婚礼场面充满诗情画意。由此可见,巴尔虎婚礼不愧为诗的盛会,歌的海洋。

图 2-3　巴尔虎婚礼上端上来的乌查
图片来源:课题组拍摄(2015 年 7 月)

男方婚宴在欢歌笑语中有条不紊地进行时,女方首席胡达将为新娘陪送的马匹牵至包外宴席场地中央,并在现场当众宣读女方给新娘陪送的嫁妆清单:

走亲戚时乘骑的骏马
配备了全套的银鞍器具
转场时套车的犍牛
装食品的库力车
装物品的箱车等齐全
母亲给缝制的
夏季穿的"檫木檫"和"特日力格"
春秋时节穿的"呼布图"
冬季穿的"胡日根德勒"、"乌珠仁德勒"、"讷黑德勒"等××件
牛群的领头

繁殖优良的红色奶牛××头

羊群之首

洁白的绵羊××只等等

女方首席胡达在婚宴上对新娘的嫁妆逐一祝颂的同时，也让男方家人了解新娘所带来的嫁妆数量与种类。随着时代的变迁，该习俗逐渐演变成为"收财物"（ᠣᠮᠠᠷᠢᠭ ᠬᠣᠷᠢᠶᠠᠬᠤ）习俗。如在新婚典礼上，女方把新娘带来的四季服饰等嫁妆经过参加婚礼的男方长辈们之手摆放在婚床上，男方长辈们不仅要对新娘所带来的嫁妆进行祝福，而且还目睹新娘所带来的嫁妆，称该习俗为"收财物"。

在蒙古包外面举办的婚宴结束后，客人们重新回到蒙古包并继续饮酒娱乐，在婆家与娘家亲人之间互相交换礼物期间，将举行公公向儿媳献鲜奶仪式。公公将一银碗鲜奶献给新娘并致祝词：

天国君主的泉水

自己饲养的母牛所产的鲜奶

是天下流行的饮食精华

年迈的父母将在檀香木碗里

倒满的甘甜鲜奶

递到你手里

祝福你像初升的太阳般清澈

像巴德玛莲花般聪明

借盛世的恩惠

每年都要过上富贵的生活

祝福你永远幸福安康！

新娘一边向公公磕头以示感谢，一边将鲜奶接过来一饮而尽。公公向新娘献一银碗鲜奶，如同对待亲生孩儿一样。与此同时，婆婆将放在木盘里煮熟的羊脖子献给新娘时，坐在其旁边的新娘母亲教导女儿说：

羊脖子肉煮不烂

婆家的礼节很严格
　　心爱的女儿要勤奋
　　勤俭持家要尽孝。

　　新娘一边给两位母亲磕头，一边将羊脖子接过来夹在蒙古包东侧哈那中，从而形成了新娘在婚后头三天不用刀，用嘴啃食羊脖子肉的习俗。
　　按照上述程序与礼仪，男方迎亲婚礼将持续一整天。到傍晚时，男方首席胡达举杯向参加婚礼的各位亲朋好友敬酒并致祝词：

　　举办的婚宴很顺利
　　太阳快要落西山
　　各位亲朋好友
　　饮酒欢歌特开心
　　美满的婚宴
　　幸福的生活
　　敬一杯使婚宴推向高潮的酒
　　祝大家吉祥如意！

　　男方首席胡达致完祝词后，举杯将酒先干为敬，随之参加婚礼的亲朋好友们共同饮最后一杯酒，这标志着男方迎亲婚宴在大家的祝福声中圆满结束。参加婚礼的宾客们陆续返程时，新郎及其父母和亲属都出来送客人，并且帮助客人备马紧肚带送他们上路，新郎还亲自骑马把客人送出好几里远并祝他们一路顺风。新娘则待在蒙古包里，不参加送客仪式。
　　过去，在巴尔虎婚宴上很少发生酩酊大醉后大喊大叫或走路不稳等不雅现象，每一场巴尔虎婚礼都以展示巴尔虎婚俗礼仪，演唱巴尔虎民歌和诵读婚礼祝赞词为重要内容，以提升巴尔虎人的文化素养和道德品质为宗旨，以建设和谐家庭为重要职责。双方亲朋好友在轻松、和谐的气氛中共同高歌，齐唱思念家乡、怀念亲人、赞美草原、赞美骏马等巴尔虎长调歌曲，尽情地抒发情感，以潜移默化的形式传承着巴尔虎传统文化。巴尔虎人穿着节日的盛装，用最美味的饮食招待客人，在尊敬长辈、敬重客人、共同欢乐的和谐气氛中举行各项婚礼仪式，在歌的海洋、诗的盛会中，亲身体验草原文化的精彩瞬间，从内心深处获得一次心灵的洗礼、思想的净化，从而促使他们更加热爱本民族的传统文化。因此在历史长河中，巴尔虎人始终坚守着自己的文化传统，对外文化交流中始终保持着自己的文化特色。从某种意义上来说，巴尔虎婚礼实际上是牧民群众共同参与的一场隆重的文化盛宴。

## 十　请新郎进新蒙古包仪式和"宝隆乃日"

夕阳西下临近黄昏，在婚宴上聚集的宾客们陆续踏上了回家之路，至此，男方迎亲婚礼就画上了圆满的句号。此时，留下来陪伴在新娘身边的女方亲人把新郎请进新蒙古包，让他坐在炉灶东北侧婚床前的垫子上，新娘将亲手熬制的奶茶和煮熟的手把肉端上来招待新郎。新郎首先将头一块肉敬献火神，然后一边品尝浓香的奶茶和美味的肉食，一边享受作为一家之主的幸福与喜悦。与此同时，岳母坐在女婿旁边和他聊家常。邀请新郎进新蒙古包仪式，标志着又一个新家庭在草原上诞生。

"宝隆乃日"是男方婚礼结束的当天晚上，男方在家里举办的小规模答谢宴，蒙古语称为"宝隆乃日"（ᠪᠥᠯᠥᠨ ᠨᠠᠶᠢᠷ）。由男方举办小规模答谢宴有两层含义：一是向婚宴期间给予支持和帮助的亲朋好友表示感谢，二是要招待因路途遥远而不能在婚礼当天返程的亲戚朋友。"宝隆乃日"比起正常的婚宴规模要小，但是时间上比较充足，以庆祝两位新人的婚礼仪式圆满成功为主题，让亲朋好友放松和解乏为目的。参加"宝隆乃日"的亲朋好友，边聊家常边饮酒唱歌，在轻松、愉快的气氛中，分享两位新人的新婚喜悦。

## 十一　新娘母亲返程与新娘父亲"回看"女儿习俗

按照巴尔虎蒙古族传统婚俗，新娘母亲不仅要亲自送女儿出嫁，而且还陪着新婚女儿在新郎家住三天。同时，去送亲的新娘姐姐或嫂子等几位妇女也可以留下来，给新娘做伴。称此礼节为"母亲陪女儿留宿"，蒙古语称为"额克都撒古呼"（ᠡᠬᠡ ᠶᠢᠨ ᠰᠠᠭᠤᠬᠤ）。这也是蒙古族较古老的婚姻习俗,据《蒙古秘史》记载,"圣主成吉思汗娶亲时,还遵循了这个古老的婚姻习俗,即新娘母亲搠坛亲自将新婚女儿孛儿帖送到新郎铁木真家并在新郎家住了几天。"新娘母亲在新郎家住三天期间,其主要任务是向女儿传授孝敬公婆、同婆家人和睦相处等相关礼仪,并且指导女儿练习熬奶茶、煮手把肉、做肉面汤等家务劳动,使其在实践当中得到锻炼和提升。如婚后前三天,新娘每天要起早并给居住在同一个院子里的公婆或叔伯等长辈家掀开天窗盖毡,以尽做儿媳的职责。此时,留下来陪伴在新娘身边的姐姐或嫂子一起去帮助她掀开婆家长辈家的天窗盖毡,蒙古语称之为"乌如和塔塔呼"(ᠤᠷᠤᠬ ᠲᠠᠲᠠᠬᠤ)。该习俗同呼和浩特市土默特蒙古族的传统习俗相似,土默特蒙古族也有类似的婚后礼俗。如"结婚次日黎明时分,新媳妇起床梳洗打扮后,先到厨房生火,然后到公婆房中掏灰,表示尽媳妇本分"[①]。从巴尔虎蒙古族和土默特蒙古族的婚后礼俗来看,其内涵都是尽儿媳的职责,只不过表现形式有所不同,一直从事游牧生产的巴尔虎人仍保留着新娘起早给公婆家掀开天窗盖毡的古老习俗,而已定居并从事农耕生产的土默特人将该习俗演化成为新娘起早到公婆房中掏灰的习俗。

在新郎家陪住期间,新娘母亲把女儿的性格秉性、家务能力等情况详细介绍给亲家母并拜托亲家母往后在日常生活中多指点和照顾其女儿。新娘母亲还有一项更艰巨的任务就是从夫妻生活方面对新婚女儿进行指点。婚后头三天之内,新娘在母亲的指点下,在新蒙古包里设宴款待公婆等婆家长辈。在家宴上,新娘不仅亲自熬奶茶、煮手把肉、做肉面汤等饮食,而且还要亲自端茶、敬酒,并热情地招待前来参加家宴的婆家长辈,这是让新娘尽快适应婆家生活环境的一次重要的实践环节。通过举办家宴活动,一方面让新郎家人进一步了解和认识新娘,另一方面给新娘提供近距离接触婆家长辈们的机会,尽力帮助新娘树立在婆家人心目中的良好形象。可见,新娘母亲对女儿婚后生活的关怀之情。上述这些婚姻习俗,客观上体现了巴尔虎蒙古族自古以来重视女儿,将女儿视为掌上明珠的优良传统。

新娘母亲在新郎家住满三天后,必须要启程回家。新娘母亲启程前,

---

① 夏连仲、姜宝泰、宿梓枢、邢野主编:《内蒙古民俗风情通志》,内蒙古人民出版社2004年版,第344页。

新郎父母要摆酒席招待亲家母，并派新郎携带祭祀所需要的酒、奶制品以及手把肉等礼品，送其丈母娘回家。新娘母亲怀着对新婚女儿的眷恋之情从新郎家启程时，还要举行一项向女儿告别仪式，即母亲让女儿面朝北单膝下跪在炉灶东南侧，在其内襟上压上一把斧头并吻别女儿。从课题组调查显示，关于新娘母亲从新郎家启程之前举行的告别仪式，还有另外三种说法：第一种说法是母亲让女儿单膝下跪在佛像前并把斧头压在其内襟上，上面再撒一把小米。压一把斧头象征着女儿将在婆家承受生活的重担、勤俭持家并过上幸福美满的生活，撒一把小米则象征着女儿将来要成为拥有满堂儿女、满院牲畜的富裕牧民。第二种说法是母亲让女儿坐在床前，在其内襟上放上茶叶桶和斧头，祝福女儿在婆家长命百岁，永远幸福。第三种说法是新娘母亲返程时，把新婚女儿一人留在包内，在其内襟上放上一块石头，祝福女儿像磐石一样纹丝不动，永远成为婆家的成员。上述四种说法虽然在形式上有所区别，但是它所包含的文化内涵和象征意义基本上是一致的。该习俗是巴尔虎蒙古族所独有的传统婚姻习俗。举行完告别仪式后，女儿便流着眼泪留在蒙古包里，母亲则含着眼泪走出蒙古包，坐上提前备好的篷车，在新郎陪同下依依不舍地踏上返程之路。新娘母亲回家后，将新郎家赠送的祭祀品分给邻居家或用来招待前来串门的客人。如果新娘母亲已去世，则由新娘的婶婶或嫂子等长辈代其履行上述各项职责。

新娘母亲陪着新婚女儿在其婆家住满三天后，必须启程回家。此时，留在家里的新娘父亲也带着1—2个小姑娘从家里启程到新郎家"回看"女儿。称该习俗为"父亲回看新婚女儿"。新娘父亲要带着整羊、点心、绸缎等礼物到新郎家看望新婚女儿，以此来弥补没能亲自去送女儿出嫁的遗憾。新娘父亲在前往新郎家途中，必须要遵守在半路上不能与其返程的妻子相见的传统习俗。据课题组调查显示，坚守该习俗是为防止夫妻二人在半路上相见后，因妻子的一面之词而使丈夫对女儿的婆家产生不必要的误解。新娘父亲抵达新郎家后接受男方盛情款待，并在新郎家住一宿就回去。

婚后第三天新娘父亲前往新郎家看望新婚女儿的习俗，虽然在不同地区有相同的内容和仪式，但是在间隔的时间上有陈巴尔虎和新巴尔虎的地域区别，如在新巴尔虎地区，婚后第三天新娘父亲才前往新郎家看望女儿，而在陈巴尔虎地区，婚后第二天新娘父亲就前往新郎家看望女儿。新娘父亲"回看"女儿仪式之结束，标志着持续三至五天的巴尔虎婚礼仪式将进入尾声，从此新娘娘家和婆家的家庭生活开始进入正常的轨道。据阿古达木和策·乌日根编辑整理的《蒙古族婚礼》一书记载，在科尔沁婚礼、察哈尔婚礼、乌拉特婚礼、阿拉善婚礼中都有新娘母亲陪着新婚女儿在新郎家住三天的习俗，并且在科尔沁婚礼和察哈尔婚礼中，还有婚后第三天新娘父亲前往新郎家"回看"女儿的习俗。但是，新娘父亲在前去看望新婚女儿的途中不能与其返程的妻子相见是巴尔虎蒙古族独有的婚俗。

据课题组调查显示，一直到现在呼伦贝尔市牧区仍保留着"新娘母亲陪着新婚女儿在新郎家住三天"的传统习俗，但是随着时代的发展，该习俗已发生了演变，而且具有明显的地域差异。如直到20世纪80年代，新左旗和新右旗的牧民群众还完整地保留着新娘母亲陪着新婚女儿在新郎家住满三天的习俗，如今已演变成为新娘母亲在新郎家只住一宿就返回。但是，自20世纪40年代以来，该习俗在陈巴尔虎旗牧民中已演变成为只有一位小姑娘陪着新娘在新郎家住一宿，并且第二天小姑娘就跟着前去看望女儿的新娘父亲一起返回。随着社会的发展与进步，城镇化的巴尔虎人已摒弃新娘母亲陪着女儿在新郎家住宿的传统习俗，并且大部分受采访者都认为该习俗已经不符合时代发展的要求，已演变成为无实际意义的习俗。从巴尔虎传统婚俗的演变趋势来讲，该习俗已经失去其存在的意义，逐渐朝着"新娘母亲不用陪着新婚女儿在新郎家住宿"方向演进，不久的将来它一定会消失在历史的长河中。

## 十二 婚后新娘第一次回门习俗

依据巴尔虎蒙古族传统婚俗，婚后新娘有第一次回娘家的习俗，被称为新娘出月份。按照传统，新娘不能在结婚当月就回娘家，而是到下个月月初才能第一次回门，蒙古语称为"新孛日萨日嘎日嘎呼"（ᠱᠢᠨ᠎ᠡ ᠰᠠᠷ᠎ᠠ ᠭᠠᠷᠭᠠᠬᠤ）。婚后新娘第一次回娘家时，要给娘家人带哈达、酒、整羊、点心等礼物，新郎还陪着她一起回去并在丈母娘家只住一宿就返回。当回娘家的新娘走到离娘家不远处时就要下马并牵着马向前走。此时，娘家母亲和嫂子看到回门的女儿就赶紧出来迎接她。新娘走进蒙古包之后，先向佛像献哈达并祭拜，然后向父母献哈达并叩拜。娘家父母邀请亲戚朋友到家里来为出嫁的女儿举办小规模的回门宴会。新娘从第一次回门开始，需向公婆恳求回娘家留宿的天数，但公婆不会限定其第一次回门后在娘家留宿的天数，而只说一些："让亲家看着办吧"等客套话。但是，按照传统婚俗，新娘第一次回门之后在娘家留宿的天数不能超过婚后在婆家住宿的天数，回门后在娘家只住上20多天，父母就劝女儿回婆家。新娘从第二次回娘家开始，公婆就给她限定在娘家留宿的天数，而且新娘必须在公婆给限定的期限之内返回。第一次回门的新娘要返回时，娘家父母会让姑娘携带整羊、点心等礼物并派新娘的哥哥或弟弟送其回婆家。婚后新娘第一次回门仪式的完结，标志着巴尔虎传统婚礼仪式全部结束。据阿古达木和策·乌日根编辑整理的《蒙古族婚礼》一书中记载，科尔沁蒙古族有婚后第七天新娘在新郎的陪伴下第一次回娘家的习俗；察哈尔蒙古族有婚后第五天或第七天新娘在婆家人的陪同下第一次回娘家的习俗；乌拉特蒙古族有婚后几天内新娘在丈夫和婆婆的陪同下第一次回娘家的习俗；巴尔虎新娘婚后第一次回门的习俗与上述三个部落的回门习俗相比既有相似性又有明显的差异性，其差异性主要体现在以下几个方面：第一，巴尔虎新娘婚后第二个月月初才能在新郎陪伴下第一次回娘家。第二，第一次回门后，巴尔虎新娘在娘家留宿的天数不能超过婚后在婆家住宿的天数。第三，巴尔虎新娘从第一次回娘家开始需向公婆恳求在娘家留宿的天数，并在公婆限定的期限之内返回。这些差异性一方面反映了巴尔虎婚俗所固有的规范性和严肃性，另一方面也体现了公婆在巴尔虎家庭中的地位和权威。

　　按照巴尔虎人的传统习俗，婚后新娘每逢过节，都要回娘家拜见父母并在娘家住上十到十五天，一年当中新娘可以回娘家两次到三次。过去，由于婆家劳动力短缺或婆家对新娘管教严厉等因素，限制了新娘回娘家的次数和在娘家住宿的天数。于是经过几年的岁月，新媳妇就变成老媳妇，生儿育女之后回娘家的次数就越来越少。2014年7月课题组到新右旗进行社会调查时，着重对新娘婚后第一次回门礼节进行调研。通过调查发现巴尔虎牧民一直到现在，仍遵循着婚后新娘第一次回门的习俗。在采访过程中，一位20世纪80年代初结婚的被采访者向我们讲述了向婆婆恳求第一次回门后在娘家留宿天数的经历，当时婆婆只准许她在娘家留宿10天。

在苏木和城镇上班的巴尔虎女性婚后由于婚假的限制，一般都在婚假期间就举行第一次回门仪式，新娘在娘家只住上几天就回去上班，所以在国家机关和企事业单位上班的巴尔虎女性的婚后第一次回门仪式就不能按照传统习俗进行了。

# 第三章　新中国成立初期巴尔虎蒙古族婚俗变迁

## 第一节　新中国成立初期巴尔虎蒙古族结婚的实质要件及变迁

结婚是男女双方依照法律规定的条件和程序，确立夫妻关系的一种法律行为。结婚的概念在理论上有狭义说与广义说之分，狭义说仅指结婚而言，广义说则包括订婚和结婚两个方面。各国古代法大多采用广义说，将订婚作为结婚的必经程序，对婚约的效力予以保护。近代法与现代法则多采用狭义说，不再认为订婚是结婚的必经程序。我国现行婚姻法亦采用狭义说，不承认婚约的效力，对婚约不予保护。从巴尔虎蒙古族传统婚俗来看，它将订婚作为结婚的必备程序。

结婚要件，是指国家从当事人和子女后代及社会利益和需要出发，对公民结婚所做的必要的限制。在任何社会都有与其生产方式相适应的结婚要件，它是国家对婚姻行为进行干预、审查和监督的手段。根据结婚要件的意义可分为：实质要件与形式要件；必备要件与禁止要件；公益要件与私益要件。结婚的实质要件是指法律所规定的涉及结婚当事人本身及双方关系本质的条件。如双方是否自愿结婚、是否符合一夫一妻制、是否达到法定婚龄等。结婚的形式要件是指法律所规定的结婚程序及方式。如结婚形式采取登记制或仪式制等。必备要件与禁止要件均为结婚的实质要件。必备要件又称为积极要件，是有关结婚的肯定性规范，指结婚当事人双方必须具备的不可或缺的条件。如男女双方具备完全自愿、无配偶、均达到法定婚龄等条件方可结婚。禁止要件又称为消极要件，是有关结婚的禁止性规范，指当事人结婚时不得具备的条件。如结婚双方是一定范围内的血亲或一方及双方患有某些种类的疾病不得结婚。

依照我国现行婚姻法的规定，我国将结婚的实质要件称为结婚条件，包括必备条件和禁止条件。形式要件称为结婚的程序，采用登记制。

## 一　新中国成立初期巴尔虎蒙古族结婚的必备要件

新中国成立之后，由于各项民主改革运动的深入和《中华人民共和国婚姻法》的颁布和实施，巴尔虎蒙古族在革新传统婚姻家庭制度方面取得显著成果，并彻底废除以包办强迫、一夫多妻、门当户对、漠视子女权益为特征的封建主义婚姻制度，逐步实现了由封建包办婚姻制度到以婚姻自由、一夫一妻、男女权利平等为核心内容的新民主主义婚姻制度的转变。随之巴尔虎蒙古族结婚的实质要件和形式要件也均发生演变。

新中国成立初期，巴尔虎蒙古族结婚的必备要件有以下三个方面的内容。

第一，男女双方完全自愿。1950年5月1日颁布的《中华人民共和国婚姻法》第三条规定："结婚必须男女双方本人完全自愿，不许任何一方对他方加以强迫或任何第三者加以干涉。"这是婚姻自由原则在婚姻制度中的体现，是结婚的首要条件。婚姻自由包括结婚自由和离婚自由两个方面。结婚自由，是指婚姻当事人有依法缔结婚姻关系的自由。当事人是否打算结婚，和谁结婚的决定权，完全属于当事人本人。上述这一法规是反对封建包办婚姻和其他干涉婚姻自由行为的法律依据，凡违背当事人意愿的婚姻均不符合结婚的必要条件，是违法婚姻。离婚自由，是指夫妻有依法解除婚姻关系的自由。结婚自由是婚姻自由的主要方面，离婚自由则是婚姻自由的重要补充，既然婚姻的成立和维系都应以爱情为基础，那么当双方感情确已破裂，夫妻关系无法继续时，解除这种痛苦的婚姻关系，无论对双方或对社会都是幸事。所以没有离婚自由就没有真正的婚姻自由。

第二，男女双方均达到法定婚龄。1950年颁布的《中华人民共和国婚姻法》第四条规定："男二十岁，女十八岁始得结婚。"法定婚龄是法律规定的最低结婚年龄，在此年龄以上始许结婚，在此年龄以下不许结婚。法定婚龄不是最佳结婚年龄，也不是必需结婚年龄。法定婚龄具有强制性，当事人必须遵守。违背法定婚龄的规定，不到法定婚龄的结婚行为是违法行为，视其婚姻为违法婚姻。

第三，符合一夫一妻制原则。一夫一妻制是我国婚姻法的基本原则。1950年颁布的《中华人民共和国婚姻法》第一条明确规定："废除包办强迫、男尊女卑、漠视子女权益的封建主义婚姻制度。实行男女婚姻自由、一夫一妻、男女权利平等、保护妇女和子女合法利益的新民主主义婚姻制度。"所谓一夫一妻制，是指无配偶者才具有结婚的资格，无配偶有三种情况：一是未婚，二是丧偶，三是离婚。为了彻底贯彻和执行婚姻自由、一夫一妻、男女权利平等原则，1950年颁布的《中华人民共和国婚姻法》第二条进一步明确规定："禁止重婚、纳妾。禁止童养媳。禁止干涉寡妇婚姻自由。禁止任何人借婚姻关系问题索取财物。"《中华人民共和国婚姻法》第一次以禁止性规定的形式彻底废除包办强迫、一夫多妻、男尊女卑、漠视子女权益的封建主义婚姻制度，为建立男女婚姻自由、一夫一妻、男女权利平等、保护妇女和子女合法权益的新民主主义婚姻制度提供了法律依据，并且为巴尔虎蒙古族婚姻习俗的发展和变迁指明了方向。新中国成立初期，巴尔虎蒙古族按照上述法律规定对巴尔虎传统婚俗进行改造，促进了巴尔虎传统婚俗向现代婚俗的演进。

## 二 新中国成立初期巴尔虎蒙古族结婚必备要件的变迁

我们课题组通过走访50年代结婚的巴尔虎老人，听取他们的结婚经历，阅读巴尔虎老人撰写的个人传记并查找巴尔虎三旗文献资料等多种途径，以搜集新中国成立初期巴尔虎蒙古族传统婚俗发生演变的相关信息，并对所搜集到的第一手资料进行分析和总结，用实例和统计数据来论证了新中国成立初期巴尔虎传统婚俗发生演变的过程。通过上述多种调研途径，较详细地掌握了20世纪50年代巴尔虎传统婚俗发生演变的基本概况。据1950年3月被任命为新右旗党支部书记的阿木古郎同志回忆："牧区在婚姻问题上，旧社会遗留下来不少弊病，一个是早婚，十几岁就结婚，影响后代身体素质，一个是男尊女卑，虐待妇女，打骂妻子的事较为常见，妇女合法权益得不到保障。针对这些情况，我们把宣传贯彻'婚姻法'逐渐变成群众运动，形成高潮，使牧区的每一个人都明白，经过大规模的宣传工作，'婚姻法'得到切实的贯彻，家庭和睦稳定，社会风气得到改善，同时也巩固了'驱梅'的效果。"[①] 上述资料真实地反映了20世纪50年代初在巴尔虎蒙古族婚姻习俗方面存在的问题及其发生演变的具体情况。

据课题组调查显示，50年代是巴尔虎传统婚俗发生巨大变迁的转折期，通过新中国成立初期一系列的民主改革运动和各项法律法规的贯彻与实施，巴尔虎婚俗基本上实现了由封建传统婚俗到新民主主义婚姻习俗的历史性转变。新中国成立初期，巴尔虎传统婚俗的变迁主要体现在以下几个方面。

1. 男女双方自愿缔结婚姻关系，彻底废除封建包办婚姻习俗

新中国成立初期由于在巴尔虎地区积极贯彻和执行《中华人民共和国婚姻法》精神，巴尔虎人很快就接受婚姻自由、一夫一妻、男女权利平等现代婚姻观念，自愿缔结新式婚姻关系，在废除封建包办婚姻习俗方面走在了时代前列。据课题组调查显示，新中国成立初期无论巴尔虎知识分子还是巴尔虎牧民都自愿接受现代婚姻观念并依法缔结婚姻关系，以实际行动推动了巴尔虎蒙古族传统婚姻习俗的变迁。

案例3.1：2014年10月11日，课题组在海拉尔区采访了门某。老人生于1927年，时年88岁，性别女，职业牧民，新左旗阿木古郎宝力格苏木人。老人身体硬朗，头脑清醒、思路敏捷，说话幽默，特别是老人乐观的心态、风趣幽默的个性和积极向上的人生态度深深地感染了我们。老人虽然没有上过学，但是通过20世纪50年代在牧区开展的扫盲运动，学习和掌握了蒙古语文。老人平时喜欢看书并对巴尔虎传统婚姻习俗的礼节、程序和文化内涵等非常了解，老人所讲述的巴尔虎传统婚俗既有条理性，又有具体细节和深刻的文化内涵。据老人介绍，她是1943年17岁时与其第一任丈夫成亲，她的第一次婚

---

① 程道宏、代钦主编：《呼伦贝尔盟农牧业合作化》，内蒙古文化出版社2000年版，第173页。

姻是传统意义上的包办婚姻,由父母做主把她嫁给了姨表哥,并为其举办了较隆重的巴尔虎传统婚礼。当年老人通过求亲、献哈达、商谈彩礼、送礼物与祭祀、让姑娘知道与姑娘走亲戚、女方送亲宴会、男方迎亲宴会以及新娘母亲陪女儿留宿和婚后第三天新娘父亲回看女儿等烦琐的婚俗礼节,与当时所有的巴尔虎小姑娘一样成为一名幸福的新娘。婚后老人的公婆也特别疼爱她,但是好景不长,婚后不久丈夫因病去世,老人成为一名年轻的寡妇,继续与公婆生活在一起。新中国成立后,随着各项民主改革运动的深入开展,巴尔虎传统婚俗也发生根本性改变,为老人缔结第二次婚姻关系创造了比较宽松的社会环境。一方面巴尔虎蒙古族历来不反对寡妇再婚,另一方面随着新中国成立及新婚姻法精神的宣传和贯彻,婚姻自由观念深入人心,从此单身男女有权做主自己的婚姻大事,开始享有自愿选择配偶的权利。在这样的社会环境下,1951年老人自愿与第二任丈夫喜结良缘,组成了新的家庭。虽然老人的第二任丈夫比她大九岁,但是夫妻两人特别恩爱,共同抚养了六个孩子,老人以坚强的意志、向上的精神和乐观的心态面对生活,并用勤劳的双手创建美满的生活,为子女们营造出宽松的成长环境。虽然老人是一位一辈子从事牧业生产的普通牧民,但是靠自己的聪明智慧和勤奋劳动,不仅把六个儿女养大成人,而且为国家和民族培养了两位优秀的人才,如老人的大儿子是非常著名的蒙古族作曲家和音乐教育工作者,二儿子是国家一级演员和表演艺术家。老人目前在大儿子家安享晚年。总之,门某的第二次婚姻是按照婚姻自由,男女权利平等原则缔结的新式自主婚姻。

案例3.2:扎某,性别女,1926年生人,时年89岁,职业护士,原籍内蒙古乌兰察布人,四岁时随父母来到呼伦贝尔鄂温克旗南屯定居。当时因家境贫寒,她五岁时被送到别人家当了童养媳。1942年,老人16岁时由父母做主把她嫁给巴尔虎蒙古人达某为妻。婚后几年丈夫因病去世,老人成为一名年轻的寡妇。后来老人参加革命工作后,经别人介绍认识了巴尔虎蒙古人花赛·都嘎尔扎布先生,于1951年自愿与其举行新式婚礼,组成幸福的家庭,从此改变了老人的坎坷命运。按老人的话来讲:"他比我大十六岁,老就老吧,只要对我好,不打不骂就行了，这样我就下定决心和他结婚了。"① 扎某的第二次婚姻是在婚姻自由、男女权利平等基础上建立的新式婚姻关系，也是获得解放的蒙古族妇女自主决定婚姻大事的典型案例之一。扎某的爱人是备受呼伦贝尔人民爱戴的花赛·都嘎尔扎布先生，1911年（辛亥年）出生在呼伦贝尔盟巴尔虎蒙古族贫苦牧民花赛·达西家中，童年时期在家看管羊羔和牛犊等，尽力帮助父母从事力所能及的家务劳动和生产劳动。自七岁起在父亲的教导下开始学习满文字母和蒙古文，并经过几年的艰苦努力不仅熟练掌握了满文和蒙古文，而且练就了将满文译成蒙古文的特殊本领。20世纪20年代，在呼伦贝尔盟巴尔虎草原上尚无公立学校，巴尔虎牧民的孩子只能在家学习《四十要义》《老臣家训》《圣教广释》等满文书籍，能够把这些书译成蒙古文的人就会被誉为"有学问的人"，可以在任何一级衙门充当文职小吏。由于老先生从小就熟练掌握了满文与蒙古文两种语言文字并练就了用两种语言书写与交流的本领，从而拥有了比别人更多的深造机会。后来老先生通过在日本早稻田大学公费留学（1936年5月至1941年4月期间老先生在日本留学）和蒙古人民共和国党的新生力量学院求学（1945年10月至1947年7月期间老先生在蒙古人民共和国学习）的经历，不仅学到了发达国家的先进文化，而且接触新思想并接受了马克思主义。老先生的海外求学经历，一方面开阔其视野，另一方面坚定了其走上革命道路的决心。1947年老先生从蒙古国回国之后光荣地加入中国共产党，并开始走上救国救民的革命道路，将毕生的精力献给了党的革命事业，为呼伦贝尔盟的解放和建设事业做出了卓越贡献。2013年2月15日，原呼伦贝尔盟副盟长、政协副主席，《蒙古秘史》研究专家花赛·都嘎尔扎布老人因病在呼伦贝尔市海拉尔区安详辞世，享年103岁。

这位老人的人生经历与婚姻生活也从另一个侧面见证了巴尔虎蒙古族婚姻习俗的变迁过程。"老先生15岁时（1926年），父母做主给他娶了第一房妻子，老人的第一次婚姻是传统舅表亲联姻，在父母的包办下娶舅舅的女儿达干策仁为妻。由于老人的第一房妻子没有生育，便按照当时的巴尔虎传统婚俗娶了敖斯尔吉玛为第二房妻子。第二房妻子给他生了两个儿子和一个女儿。遗憾的是两房妻子因病先后离世，1946年上半年老先生

---

① 宝贵敏：《额吉河：17位蒙古族妇女的口述史》，北京民族出版社2011年版，第99页。

在蒙古国留学期间第一房妻子因病去世，1950年8月第二房妻子也因病去世，老人还不到40岁已成为一名有三个孩子的单亲父亲。"① 从上述资料来看，老先生的前两次婚姻都是按照巴尔虎传统婚俗缔结的旧式包办婚姻，并且具有一夫多妻制婚姻特点。后来，老先生走向革命道路之后，在革命思想的影响下，彻底摒弃封建包办婚姻观念，重新树立了婚姻自由、男女权利平等、一夫一妻制等新婚姻观。特别是在新中国成立初期婚姻自由观念深入人心的社会大环境下，老先生在40岁时才拥有自己做主选择终身伴侣的权利，自愿与扎女士举行新式婚礼，喜结良缘并和她携手度过了半个多世纪的幸福婚姻生活。这位革命老人的人生经历与婚姻生活，在一定程度上反映了新中国成立初期巴尔虎蒙古族婚姻习俗由包办婚姻到自由婚姻的历史性转变。

案例3.3：占某，性别男，1927年生人，时年88岁，职业教师，新右旗赛罕塔拉苏木人。自七岁起在父亲的教导下开始学习满文字母，九岁开始拜师学习满文书，1937年4月进苏木小学上学，1938年6月至1943年在旗初等小学学习。1944年辍学回家并到富牧家当牧工从事照看羊群等工作，一年能够挣到一匹马、十多只羊的劳动报酬。1946年9月以呼伦贝尔自卫兵身份到牙克石服兵役，1947年4月转业回来后，在宝格达乌拉苏木小学任教。从1947年开始任教到1983年退休为止，老人一直在苏木小学及新右旗小学任教，将毕生的精力献给了党的民族教育事业。1946年老人19岁时，去牙克石服兵役期间，父母做主给他娶进了新娘，所以老人的婚姻是完全由父母一手操办的包办婚姻。婚后老人一直过着两地分居的生活，他在外地从事教学工作，妻子苏某在家与公婆和小叔子一起从事畜牧业生产，到1958年老人才结束了夫妻两地分居的生活。虽然两口子是通过包办婚姻形式成亲，但是夫妻双方都尽力去维护这份感情，通过实际行动互相感化，携手创造了幸福美满的婚姻生活。如妻子苏某因有病不能生育，所以两口子先后从亲戚朋友那里抱养了四个孩子，其中除了一个儿子出意外死亡之外，夫妻两个尽全力将其他一儿两女养大成人，使他们过上了幸福美满的生活。1962年占某为了治好妻子和儿子的肺结核病，带着妻子和儿子去北京看病，并经过三个月的住院治疗，终于治愈

---

① 花赛·都嘎尔扎布：《沧桑岁月》，内蒙古文化出版社2008年版，第7页。

了妻子和儿子的疾病。在日常生活当中，妻子苏某一直在家操持家务，除抚养儿女之外还照顾双方的老人，先后为双方三位老人养老送终。这些点点滴滴的生活细节不仅体现了两位老人乐观向上的生活态度，而且也反映了两位老人向往和追求美满生活的愿望。两位老人即使以包办婚姻形式结合在一起，但是他们的婚姻生活依然特别和谐美满。①

占某的哥哥和弟弟都是在新中国成立初期成亲的，由于当时正处于新中国成立初期的新形势下，所以兄弟二人在婚姻问题上都充分享有自主权利，并分别选择自己心仪的女人建立了新式婚姻家庭关系。占某的哥哥名叫希某，1915 年生人，1984 年过完七十大寿，1985 年因病去世，享年 71 岁。希某八岁时在家受戒当喇嘛并开始学习藏文。后来离开家成为一名常年居住在甘珠尔庙、阿萨尔庙等地的职业喇嘛。新中国成立初期，由于国家出台允许喇嘛娶妻政策后，1954 年希某自愿与扎某成亲并居住在新右旗巴音德日孙庙里。1958 年希某自愿与扎某办理了离婚手续。1960 年希某还俗后回家当一名普通牧民并从事畜牧业生产。1965 年希某自愿与苏某成亲，重新组成了家庭。1968 年希某夫妇俩从亲戚家领养了一个七岁大的男孩并将他抚养长大。当年希某夫妇成亲时，虽然已经是年过半百的老人了，但是夫妇俩通过领养孩子的方式，和其他老年人一样过上了老有所依、老有所养的晚年幸福生活，现在苏某在儿子家安享晚年。

占某的弟弟名叫巴某，1932 年生人，1997 年因病去世，享年 66 岁。巴某九岁时在家受戒当喇嘛并开始学习藏文。1948 年巴某还俗后回家当一名普通牧民并从事畜牧业生产。巴某当喇嘛后，虽然学习了几年藏文，但是学得并不好，后来通过参加由苏木和巴嘎主办的青壮年识字活动，熟练掌握蒙古文，并达到了用蒙古语书写信件和会议记录的水平。由于巴某年轻时既有文化，又积极向上，而且在牧区基层巴嘎组织负责各种管理与服务工作，所以他在年轻时曾得到年轻姑娘们的爱慕之情。1950 年秋天，巴某自愿与都某结婚，婚后生了两个女儿。1955 年夏天，巴某自愿与都某办理离婚手续，大姑娘随父亲，母亲则领着小姑娘回了娘家。1957 年巴某自愿与策某成亲，重新组成了家庭，婚后夫妻二人通过勤奋劳动和艰苦努力在建设好自己小家庭的同时，认真履行自己的职责，尽心尽力地去

---

① 《阿·扎米彦的家史》，手抄本，1999 年定稿。

完成自己所承担的集体工作任务，对地方经济的恢复发展做出了应有的贡献。1994年策某曾荣获苏木"劳动模范"和旗"优秀牧民"等荣誉称号。① 总之，成长在同一个屋檐下的占某、希某等兄弟三个人的结婚经历和婚后生活，由于成亲于新中国成立前后的不同时代而从不同层面重现了新中国成立初期巴尔虎蒙古族婚姻习俗由包办婚姻到自由婚姻的演变过程，并用事实说明了婚姻自由、男女权利平等、一夫一妻制等新民主主义婚姻制度在巴尔虎传统婚俗变迁中的影响和作用。

从上述几个具体案例来看，以1950年颁布的《中华人民共和国婚姻法》为分水岭，将巴尔虎蒙古族婚姻习俗的变迁划分为两个阶段。1950年以前，巴尔虎蒙古族婚姻习俗处于以包办婚姻为主要特征的传统婚俗阶段，自1950年以后巴尔虎蒙古族婚姻习俗逐渐过渡到以自主婚姻为主要特征的新民主主义婚俗阶段。如20世纪40年代初成亲的门某和扎某的第一次婚姻都是属于旧式包办婚姻，但是两位老人在1951年再婚时，由自己做主决定了个人的婚姻大事，所以两位老人的第二次婚姻则属于新式自由婚姻。1950年以前成亲的占某的婚姻是属于旧式包办婚姻，但是1950年后成亲的希某和巴某兄弟俩的婚姻则属于新式自由婚姻。因此，以1950年5月1日颁布并实施的《中华人民共和国婚姻法》为标志，巴尔虎蒙古族婚姻习俗发生根本性改变，由包办婚姻阶段过渡到了自主婚姻阶段。

2. 男女双方结婚年龄均得到提高，消除了早婚现象

新中国成立前巴尔虎蒙古族提倡早婚，课题组通过社会调查活动进一步搜集了巴尔虎蒙古族提倡早婚的相关资料。下面根据课题组曾采访的巴尔虎老人们的初婚年龄来制作图表，并根据图表内容加以分析和说明新中国成立前巴尔虎蒙古族提倡早婚的传统婚俗习惯。

从表3-1内容来看，新中国成立前巴尔虎蒙古族提倡早婚，早婚为巴尔虎蒙古族婚姻习俗的一个重要特征，女子平均初婚年龄为16.5岁，男子平均初婚年龄也为16.5岁。巴尔虎男女青年的结婚年龄比较小，十五六岁结婚是普遍现象，其中女孩子在十六七岁时结婚的较多，甚至，也有十二三岁的男孩子迎娶十七八岁的大姑娘为妻的特殊现象。新中国成立前巴尔虎蒙古族提倡早婚，有其深刻的社会历史根源：

---

① 《阿·扎米彦的家史》，手抄本，1999年定稿。

表 3-1　1950 年以前结婚的巴尔虎蒙古族男女青年初婚年龄

| 序号 | 姓名 | 性别 | 年龄 | 职业 | 初婚年龄 | 结婚时间 | 配偶姓名 | 性别 | 年龄 | 初婚年龄 |
|---|---|---|---|---|---|---|---|---|---|---|
| 1 | 阿某 | 女 | 103 | 牧民 | 17 | 1912年 | 阿某（已去世） | 男 | 104 | 18 |
| 2 | 扎某 | 女 | 89 | 牧民 | 16 | 1940年 | 嘎某（已去世） | 男 | 93 | 20 |
| 3 | 门某 | 女 | 88 | 牧民 | 17 | 1943年 | 毕某（已去世） | 男 | 89 | 18 |
| 4 | 朝某 | 女 | 86 | 牧民 | 15 | 1943年 | 色某（已去世） | 女 | 82 | 11 |
| 5 | 道某 | 男 | 82 | 公务员 | 13 | 1945年 | 巴某（已去世） | 女 | 87 | 18 |
| 6 | 玛某 | 女 | 83 | 牧民 | 15 | 1946年 | 不清楚 | | | |
| 7 | 于某 | 女 | 82 | 牧民 | 17 | 1949年 | 不清楚 | | | |
| 8 | 色某 | 男 | 84 | 公务员 | 19 | 1949年 | 苏某（已去世） | 女 | 82 | 17 |
| 说明 | 女性平均初婚年龄 | | 16.5 | 婚姻形式 | | | 包办婚姻 | | | |
| | 男性平均初婚年龄 | | 16.5 | 婚姻形式 | | | 包办婚姻 | | | |

首先，早婚是蒙古族较古老的婚姻习俗之一。由于战乱、自然灾害以及疾病等原因，古代蒙古族人口在繁衍与发展过程中，呈现出了以"低增长率和高死亡率"①为特征的增长趋势。"人口是国家的三大要素之一，人口越多，随之纳税和服兵役的人越多。随着纳税和服兵役的人数激增，国家富强的可能性就越大。"②所以古代蒙古人为了在严峻的自然环境和激烈的社会竞争中立于不败之地，必然要采取有效措施，以应对人口增长速度缓慢等社会问题，加以推进人口数量的快速增长。在社会生产力发展水平较低的远古时期，早婚是加快蒙古族人口增长速度的最有效方法之一。据《蒙古秘史》记载，成吉思汗九岁时与十岁的孛儿帖定亲，17岁时与18岁的孛儿帖成亲。因此，在漫长的历史岁月中，早婚习俗逐渐演变成为有利于人口发展与社会进步的一项古老的婚姻习俗，而且一直延续到新中国成立前夕。新中国成立前在巴尔虎蒙古族聚居地区，由于医疗卫生事业的发展水平低、交通不便等原因，造成了巴尔虎蒙古族人口疾病死亡率高和婴幼儿存活率低等严重社会问题。根据《阿·扎米彦的家史》记载，占某十岁时（1937年冬天），他和年幼的三个弟弟（八岁、六岁、四岁）同时得重病，因缺医少药未能及时进行治疗，一周之内活蹦乱跳的两个弟弟因疾病先后离开人世，造成了家庭悲剧。后来占某的父母，虽然带着重病的两个儿子经过千辛万苦从哈拉哈草原迁徙到古日班阿尔山找喇嘛大夫治愈了两个儿子的疾病，但是不幸的遭遇接二连三地降临到他们的头上，使他们的生活苦不堪言。1940年夏天，占某年仅44岁的母亲，因病离开了人世，1942年占某仅3岁的妹妹也离世，1948年冬天占某年仅40岁的继母也因急性痢疾而离开了人世，仅仅11年间无法战胜的疾病灾难，先后夺去了占某五位亲人的性命。用占某的话来说："过去落后时代的牧民们都像我父亲那样遭遇很多疾病和灾难，我的两位母亲和几个弟弟，不是得了那么严重的疾病，如果是现在的医疗条件，他们肯定不会失去性命。"③

特别是新中国成立前，巴尔虎蒙古族有每家每户都把年幼的儿子送到庙里当喇嘛的习俗，有的家庭把两个儿子送到庙里当喇嘛，有的家庭

---

① 赛音：《〈蒙古秘史〉的多层次文化》，内蒙古文化出版社1990年版，第289页。
② 赛音：《〈蒙古秘史〉的多层次文化》，内蒙古文化出版社1990年版，第289页。
③ 《阿·扎米彦的家史》，手抄本，1999年定稿，第11—17页。

甚至把独子送到庙里当喇嘛,如上述占某兄弟三人当中,其哥哥和弟弟都出家当了喇嘛;色某兄弟五人当中,也有两个兄弟出家当了喇嘛;色某的叔叔将独子送到寺庙当喇嘛。例如1734年创建新巴尔虎左翼四旗时,只有几十个喇嘛,但是经过200年的发展,新巴尔虎左翼四旗喇嘛人数快速增长,到1933年喇嘛人数达到1803个,占当年新巴尔虎左翼四旗男性总人数(男性总人数为5560人)的32.42%。[1] 据统计,"1934年新右旗共有庙宇18座,喇嘛1535名。新中国成立初期实行鼓励喇嘛走出庙宇,参加生产劳动,自食其力,允许喇嘛特别是青年喇嘛还俗结婚等政策后,到1952年,新右旗庙宇下降到5座,喇嘛人数下降到662名"。[2] 由此可见,新中国成立前由于许多巴尔虎男子出家当喇嘛,不能娶妻生子,从而一定程度上影响了巴尔虎蒙古族人口数量的快速增长。因此让儿女早点成家立业、延续香火是所有巴尔虎蒙古族父母的迫切希望。

　　据曾接受课题组采访的朝某介绍,其早婚的原因是双方父母都希望儿女早点成家立业。朝某15岁时,嫁给了11岁的丈夫色某,婚后五年之内其公公和婆婆因病先后离世,家里只剩下了还不到20岁的小夫妻俩。面对困难与挫折,朝某勇敢地承担起家庭的重任,带着十几岁的小丈夫独立门户,从事畜牧业生产,通过自己的勤奋劳动和艰苦努力,使婆家的灶火重新兴旺起来了。

　　其次,提倡早婚是在游牧生产中解决劳动力短缺问题的最有效方法之一。自古以来,蒙古族游牧经济主要以家庭为经营单位,并在游牧经济内部具有明确的劳动分工,其中妇女主要从事放羊、接羔保育和剪羊毛、挤羊奶、挤牛奶、加工奶制品、熟皮、制作毡子、缝制蒙古袍等生产劳动。巴尔虎小姑娘从小就跟着母亲参加户内外的生产劳动,当她长到十六七岁时,已经熟练掌握家务劳动和生产劳动的各项技能,并成为畜牧业生产中不可或缺的劳动力。由于巴尔虎牧民遭遇天灾人祸或富裕牧民因畜牧业生产的快速发展而缺乏劳动力时,就会采取为年幼儿子娶亲的方式来解决因疾病或自然灾害而导致的人口减少或劳动力短缺等问题。课题组曾采访过

---

[1] 朝·都古尔扎布编著:《巴尔虎风俗》,内蒙古文化出版社2004年版,第402页。
[2] 程道宏、代钦主编:《呼伦贝尔盟农牧业合作化》,内蒙古文化出版社2000年版,第171页。

的色某和道某婚后到外地求学或上班期间，他们的妻子都留在家里与公婆一起从事畜牧业生产，并作为家庭的主要劳动力，为在外学习或工作的丈夫给予物质上的帮助和精神上的鼓励。所以新中国成立前在巴尔虎蒙古族中普遍存在的"老妻少夫"现象是适应巴尔虎蒙古族个体游牧经济的发展需求而形成的具有地方特色和民族特色的婚姻习俗。

最后，历代封建统治阶级为了巩固其政治统治而极力实行早婚政策。古代蒙古社会由于战乱、自然灾害和疾病等原因，造成了蒙古族人口高死亡率和低增长率等社会问题。因此封建统治阶级为了满足其征丁和征收赋税等需求，历代均实行早婚政策，法定婚龄普遍较小。如唐开元年间的婚龄为男15岁，女13岁，宋、明、清时均为男16岁，女14岁，对到法定婚龄不结婚的，法律还予以制裁。一是在经济上给予制裁，如对不早婚者实行五算，即收五倍税；二是在人身上给予强制，如不早婚就由长吏配之；三是治父母罪。如在1640年颁布的《卫拉特法典》中，明确规定"女子法定婚龄为14岁""有婚约的女子，如果到20岁其未婚夫仍没来娶亲，其父母就有权将女儿嫁给其他人"。上述这些法律规定，充分证明了历代统治阶级极力实行早婚政策的事实。新中国成立之后，通过开展各项民主改革运动，彻底消除了早婚习俗赖以生存的经济根源。1950年颁布和实施的《中华人民共和国婚姻法》，以法律形式明确规定男女青年最低结婚年龄，并且规定男女双方必须按照法定程序到婚姻登记机关进行登记结婚，从而为巴尔虎蒙古族婚俗变迁提供了制度保障。1950年5月1日《中华人民共和国第一部婚姻法》颁布之后，在巴尔虎蒙古族聚居的新左旗、新右旗、陈旗等地，通过开展宣传和贯彻新婚姻法运动，将婚姻自由、男女权利平等、一夫一妻制等法律原则逐渐内化为巴尔虎民众自觉的婚姻行为，为初步建立新民主主义新型婚姻家庭关系奠定了扎实的基础，并且使新婚姻法得到切实的贯彻和实行，从而基本上消除了巴尔虎蒙古族传统早婚习俗。

从表3-2内容来看，新中国成立初期巴尔虎蒙古族男女青年初婚年龄得到明显提高，其中男子平均初婚年龄达到22.3岁，比以往平均初婚年龄提高5.8岁，女子平均初婚年龄达到19.6岁，比以往平均初婚年龄提高3.1岁，均达到法定婚龄，基本上消除了巴尔虎蒙古族传统早婚现象。

表3-2 1950年以后结婚的巴尔虎蒙古族男女青年初婚年龄

| 序号 | 姓名 | 性别 | 年龄 | 职业 | 初婚年龄 | 结婚年份 | 配偶姓名 | 性别 | 年龄 | 初婚年龄 |
|---|---|---|---|---|---|---|---|---|---|---|
| 1 | 爬某 | 女 | 82 | 医生 | 18 | 1950 | 都某 | 男 | 90 | 26 |
| 2 | 巴某 | 女 | 82 | 护士 | 18 | 1950 | 好某 | 男 | 84 | 20 |
| 3 | 杜某 | 男 | 84 | 公务员 | 23 | 1953 | 扎某 | 女 | 84 | 21 |
| 4 | 汗某 | 女 | 79 | 牧民 | 18 | 1953 | 根某 | 男 | 78 | 17 |
| 5 | 色某 | 女 | 81 | 售货员 | 20 | 1953 | 米某 | 男 | 82 | 21 |
| 6 | 色某 | 女 | 79 | 售货员 | 18 | 1953 | 铁某 | 男 | 81 | 20 |
| 7 | 占某 | 男 | 87 | 公务员 | 27 | 1954 | 图某 | 女 | 81 | 21 |
| 8 | 吉某 | 女 | 77 | 公务员 | 18 | 1956 | 拉某 | 男 | 83 | 24 |
| 9 | 边某 | 男 | 78 | 牧民 | 22 | 1957 | 沙某 | 女 | 75 | 19 |
| 10 | 玛某 | 女 | 76 | 护士 | 20 | 1957 | 毕某 | 男 | 77 | 21 |
| 11 | 沙某 | 女 | 82 | 干部 | 25 | 1958 | 特某 | 男 | 82 | 25 |
| 说明 | 女性平均初婚年龄 | | 19.6 | 婚姻形式 | | | 自愿结婚 | | | |
| | 男性平均初婚年龄 | | 22.3 | 婚姻形式 | | | 自愿结婚 | | | |

3. 贯彻和实行一夫一妻制，根除封建纳妾习俗

新中国成立以前，巴尔虎蒙古族还保留着较古老的纳妾习俗。其表现形式为一夫可以聘娶两房妻子，但是男子要聘娶两房妻子必须具备一定条件，即正妻无子女的前提下，才允许男子聘娶二房妻子，以繁衍后代，延续香火。新中国成立以前，巴尔虎地区由于医疗卫生事业的发展水平相对落后、交通不便等客观原因，造成了巴尔虎蒙古族人口增长速度缓慢及无子女家庭较多等社会问题。根据扎·乌力吉先生撰写的《巴尔虎蒙古史》记载，1945年提出申请志愿加入蒙古国国籍的101户共282名新巴尔虎牧民的婚姻状况来看，在101户牧民家庭中，单身喇嘛家庭有6户，丈夫或妻子一方去世的家庭有21户，光棍家庭有28户，剩下的46户家庭中，就有6位男主人除了正妻以外还娶了二房妻子，占夫妻健在的总户数的13%。上述101户新巴尔虎牧民家庭中，无子女家庭就有16户，占正常家庭总户数的23.88%，从这个数据来看，新中国成立以前在巴尔虎地区无子女家庭较多。

从课题组所搜集到的文献资料和口述资料来看，新中国成立以前，巴尔虎人为解决人口增长速度缓慢、个人家庭面临绝后的困境时所采取的应对措施主要有两种：一是通过向他人抱养或领养儿子的方式，保留其登记在案的户籍。二是在婚姻习俗方面，允许已婚男子通过聘娶二房妻子的方式，以实现其繁衍后代、延续香火的愿望。由此可见，新中国成立以前在巴尔虎蒙古族中长期被遗留下来的封建纳妾习俗是在社会生产力发展水平较低、医疗卫生事业极其落后的情况下，巴尔虎人为化解人口危机而所作出的最佳选择。

新中国成立以后，一方面各级人民政府广泛宣传婚姻自由、男女权利平等和一夫一妻制等新婚姻政策，另一方面由内蒙古自治区人民政府采取有效措施帮助巴尔虎人民预防和治疗肆虐其身心健康的肺结核和梅毒等疾病，为彻底消除包办婚姻、一夫多妻制等封建婚姻习俗创造了有利的社会环境和制度保障。从此封建纳妾习俗在巴尔虎人当中被彻底消除，将巴尔虎蒙古族传统婚俗推进到完整意义上的一夫一妻制阶段。

据课题组调查显示，新中国成立初期在巴尔虎蒙古族中并没有出现已婚男子聘娶二房妻子的具体案例，但是由于呼伦贝尔盟医疗卫生事业的发展水平较低、交通不便等原因所导致的无子女家庭较多等社会问题并没有

得到根本的解决。面对这种严峻的现实问题，巴尔虎人在不违背现行法律法规的前提下，通过向亲戚朋友抱养或领养孩子的方式，实现其繁衍后代、延续香火的愿望，而且也维护了一夫一妻制的合法性和严肃性。巴尔虎人崇尚儿女双全的生活，把儿女皆视为掌上明珠，如果有儿子的家庭生一个女儿或有女儿的家庭生一个儿子，将是一件莫大的喜事，甚至无子女的家庭也通过向他人抱养孩子的方式延续香火，尽量使自己过上儿女双全的美满生活。因此，新中国成立初期向他人抱养子女的习俗，不仅演变成为巴尔虎人解决无子嗣问题的重要途径，而且也发展成为深受巴尔虎人喜欢的一种风俗习惯。

据调查，20世纪五六十年代在巴尔虎草原上向他人抱养子女的具体案例有很多，有儿子没有姑娘的家庭，向他人抱养姑娘；有姑娘没有儿子的家庭，向他人抱养儿子；没有子女的家庭，如果有条件可以向他人抱养两到三个孩子。如占某夫妇先后从亲戚朋友那里抱养了四个孩子；103岁的阿某，25岁守寡时有一个亲生女儿，后来向他人抱养了一个儿子；朝某婚后生了一个姑娘，后来向他人抱养了一个儿子；在50岁时结婚的希某向他人领养了一个儿子并把他培养成人，最后老人也过上了老有所依、老有所养的晚年幸福生活。这种向他人抱养或领养子女的社会现象，一方面反映了巴尔虎人想要拥有儿女双全生活的美好愿望，另一方面也揭露了巴尔虎人所面临的人口增长速度缓慢、无子女家庭居多等严峻社会问题。

4. 树立新的择偶观，废除了封建落后的门第观念

一直到新中国成立前夕，巴尔虎蒙古族在婚姻习俗方面仍遵循着"门当户对"原则。巴尔虎父母替儿女找配偶时，首先要选择社会地位和家产等方面与自己家庭相当的人家作为求亲的预选对象。以往受巴尔虎蒙古族所从事的游牧经济的单一性和脆弱性或天灾人祸等不确定因素的影响，在巴尔虎蒙古族内部产生明显的贫富差距，富者拥有大量的牲畜，压迫和剥削贫苦牧民。如："20世纪50年代全呼伦贝尔盟有常年雇佣2名以上牧工的牧主共66户，牲畜占当时牧区牲畜的半数。"[①] "1956年牧主安布拉有大小牲畜8704头（只），其中大牲畜652头，小畜8052只，雇长工6人，短工4人。牧主毕力格有大小牲畜4052头（只），其中大畜

---

① 朱延生主编：《呼伦贝尔盟畜牧业志》，内蒙古文化出版社1992年版，第277页。

1111头，小畜2941只，雇长工8人，短工4人。"① 贫苦牧民到牧主家当牧工，通过出卖劳动力的方式，解决其最基本的生存问题。

从课题组搜集到的具体案例来看，新中国成立前贫苦牧民一到春季就承包牧主200—300只羊，帮助牧主接羊羔并看管羊群，到夏天将所承包的50%的母羊与羊羔退给牧主，继续看管剩下的一半羊群，这样才能获得羊奶和剪羊毛制作毡子等权利。拥有几头牛、2—3匹马、40—50只羊的牧民属于贫苦牧民，必须到牧主家打零工才能维持全家人的日常生活。据1950年3月被任命为新右旗党支部书记的阿木古郎同志回忆："当时牧区的阶级状况是：牧主、富牧少，贫困牧民也少，中牧多。对牧主、富牧的名单在党内严格掌握，不能公开。其大致的标准是：有畜2000头以上者为牧主，1000头以上者为富牧，当时新右旗全旗有50多户牧主和富牧。"② 牧主与贫苦牧民之间在物质生活上的贫富差距被反映到婚姻习俗上，必然以家产的多少来衡量对方家庭的社会地位，并选择经济条件与自己家庭相当的人家作为联姻的对象，从而形成了重点考虑对方经济条件与社会地位为择偶标准的传统习俗。

据新中国成立前结婚的扎某、门某、朝某的介绍，她们都是贫苦牧民家的孩子，和她们成亲的配偶也是贫苦牧民家的孩子，她们成亲时，虽然举行过巴尔虎传统婚礼仪式，但是女方向男方索要的彩礼与女方父母陪嫁给女儿的嫁妆都很少，结婚仪式比较简单、婚礼规模也不大。以扎某的话来说："穷人有穷人的过法。"老人的婆家生活非常困难，仅有几头牛，老人的公公经常到牧主家打零工的方式来贴补家庭生活。1947年内蒙古自治区成立之后，一方面自治区政府对牧区积极贯彻和执行"不分、不斗、不划分阶级"和"牧工与牧主两利"等具有地方特色的民族政策，以尽力维护牧区的稳定团结局面，极大地激发了巴尔虎牧民的生产积极性。另一方面新中国成立初期党在牧区政策的照耀下，通过牧区人民的艰苦努力，呼伦贝尔盟畜牧业生产得到快速恢复和发展，涌现出一大批中等牧民，大幅度提高了巴尔虎牧民的物质生活水平。特别是通过新中国成立初期的互助合作运动，巴尔虎各阶层人民的生产生活条件有了显著变化。

---

① 朱延生主编：《呼伦贝尔盟畜牧业志》，内蒙古文化出版社1992年版，第278页。
② 程道宏、代钦主编：《呼伦贝尔盟农牧业合作化》，内蒙古文化出版社2000年版，第170页。

"在 1949 年到 1952 年的 4 年间，新右旗没有牲畜的赤贫户由原占人口的 0.21% 减少到 0.07%；占有 210 头牲畜以下的牧户由原占人口的 42.91% 减少到 23.88%，占有 2100 头牲畜以下的中等牧户由原占人口 54% 上升到 67.08%；占有 2100 头以上牲畜的富裕牧户和牧主，由原占人口的 2.87% 上升到 8.97%。"[①] 由此可见，新中国成立初期，呼伦贝尔盟巴尔虎牧民的经济生活呈现出贫苦牧户的牲畜头数得到增长，中等牧民迅速增加，富裕牧民和牧主的经济得到发展的趋势，为彻底消除巴尔虎蒙古族内部存在的贫富差距现象提供了物质基础。

案例 3.4：新中国成立初期，占老人的家庭在党对牧区政策的鼓舞下，积极发展畜牧业生产，通过全家人的艰苦努力和精心经营，使大小牲畜头数达到千只以上，一跃跨进了富裕牧民的行列。据占老人自传《回首人生》里记载："到 1956 年我们家已经拥有大小牲畜 1600 只，其中羊 1500 只，牛 150 头、马 10 匹、骆驼 2 峰，但是只雇用了一名羊倌。1964 年在新巴尔虎右旗开展的'四清运动'中，将我们家的阶级成份划分为富裕牧民。"[②]

案例 3.5：到 1958 年人民公社化运动开始时，新巴尔虎右旗占某家已经拥有 "20 匹马、40 头牛、700 多只羊，由新中国成立初期的贫苦牧民逐渐发展成为丰衣足食的中等牧民"。[③]

从 1958 年开始，在呼伦贝尔盟牧业四旗开展公社化运动之后，巴尔虎牧民把 90% 以上的牲畜有偿地交给公社，在牧区建立起生产资料集体所有制，基本上实现了牲畜、大型生产工具等生产资料由个体所有制到集体所有制的转变。随之，在生产资料私有制基础上形成的巴尔虎蒙古族传统择偶标准便失去了其存在的意义。与此同时，新中国成立初期在牧区广泛宣传《中华人民共和国婚姻法》精神，彻底消除包办婚姻、买卖婚姻、门当户对、一夫多妻制等封建婚姻习俗，使婚姻自由、男女权利平等、一夫一妻制等思想深入人心，为巴尔虎婚姻习俗的变迁指明了方向。由此之

---

① 程道宏、代钦主编：《呼伦贝尔盟农牧业合作化》，内蒙古文化出版社 2000 年版，第 175 页。

② 占布拉扎布口述，乌妮乌兰编写：《回首人生》，内蒙古自治区新闻出版局 2006 年版，第 2 页。

③ 《阿·扎米彦的家史》，手抄本，1999 年定稿，第 18 页。

故，巴尔虎男女青年的传统择偶观也发生了变化，他们主动放弃以往只看重对方家族门风与家庭经济条件的传统择偶观，重新树立了看重对方性格品行与工作能力，并以相互喜爱为基础的新择偶观。

案例3.6：杜某，性别男，1931年生人，时年84岁，职业公务员，新右旗达赉苏木人，1953年4月13日在新右旗阿敦朝鲁苏木任教的杜某和在该苏木医院工作的护士扎某举行新式婚礼并喜结良缘。据杜某介绍，以前他们俩并不认识，1952年扎某调到阿敦朝鲁苏木医院工作之后才相互认识的。扎某为人忠厚老实，态度和蔼，工作勤奋，一心一意为牧民群众服务，能够出色地完成所承担的工作任务。扎某忠厚老实的性格品行和认真务实的工作态度，深深地吸引着杜某并得到了他的爱慕之心。按照当时的组织制度和原则，杜某首先向苏木团组织提出申请，向团组织表明了想要和扎某共同组建家庭的愿望，并希望苏木团组织能够批准他的成亲请求。获得苏木团组织的批准后，杜某才开始给扎某写信并向她表达爱慕之心。最后扎某很快就接受了杜某的求婚。于是两位在自愿、平等、相互喜欢的基础上建立美满的婚姻家庭，并携手走过了六十多年的幸福岁月，为呼伦贝尔盟地方文化卫生事业的发展做出了应有的贡献。两位老人抚养的九个儿女都已经成家立业，现在两位老人退休后，在老家新右旗安享晚年。

## 三 新中国成立初期巴尔虎蒙古族结婚禁止要件的变迁

根据1950年颁布的《中华人民共和国婚姻法》第五条规定，男女有下列情形之一者，禁止结婚：第一，为直系血亲，或为同胞的兄弟姊妹和同父异母或同母异父的兄弟姊妹者。其他五代内的旁系血亲间禁止结婚的问题，从习惯。第二，有生理缺陷不能发生性行为者。第三，患花柳病或精神失常未经治愈，患麻风病或其他在医学上认为不应结婚之疾病者。

新中国成立初期巴尔虎蒙古族在婚姻习俗方面，积极贯彻和执行新婚姻法所规定的禁止结婚的条款，力求建立文明、和谐、健康的婚姻关系。根据燕京、清华、北大一九五〇年暑期内蒙古工作调查团编写的《内蒙古呼纳盟民族调查报告》记载，新中国成立初期巴尔虎蒙古族结婚禁止要件有三个：一是直系亲属；二是有不治之病；三是同姓。① 据课题组调查结果显示，巴尔虎蒙古族自古以来，实行族外婚制，禁止直系血亲及同姓之间通婚。巴尔虎人为了避免同姓内部的混血现象，严格执行同姓不婚原则，经常对儿女讲述其祖先的故事和有血缘关系的直系血亲和旁系血亲的姓名及他们之间的相互关系，并让他们牢记家族的系谱。课题组进行采访时，也深刻体会到巴尔虎蒙古族自古以来传承下来的姓氏文化的魅力。巴尔虎人当被问到姓名时，首先告知其父亲的姓名，然后才介绍自己的姓名，岁数大的老人介绍自己的姓名时，甚至先介绍祖父的姓名，然后介绍父亲的姓名，最后才介绍自己的姓名。我们课题组曾采访的门德陶格陶老人，向我们介绍自己时，从其曾祖父开始介绍的，介绍自己是图门的（其曾祖父）、哈英格日娃的（其祖父）、巴勒萨扎布（其父亲）的女儿叫门德陶格陶。从前巴尔虎蒙古族人口增长速度缓慢，人口数量少，而且他们所从事的游牧经济的流动性为他们创造了相互认识且密切交往的有利条件。在这样的社会环境下，当一位巴尔虎老人遇见一位素不相识的年轻人时，除了询问该年轻人的姓名之外，还打听其父亲或祖父的姓名，一旦了解其父亲或祖父的姓名就清楚地知道他是哪一个姓氏的人了。一方面自古以来巴尔虎蒙古族姓氏文化比较发达，巴尔虎人只要相互打听对方姓氏就很容易了解各自分别属于哪一个姓氏。另一方面为了能够使子孙后代茁壮成长，确保其家族繁衍生息，巴尔虎人在婚姻习俗方面严格遵循同姓不婚原则，实行与其他部落缔结婚姻关系的族外婚制。据《蒙古秘史》记载，公元 8 世纪前后巴尔虎部族就广泛实行族外婚制，并彻底消除了直系血亲之间，或为同胞的兄弟姊妹和同父异母或同母异父的兄弟姊妹之间的血缘婚姻关系。因此新中国成立前夕，在巴尔虎蒙古族内部并不存在直系血亲之间的血缘婚姻关系，并且遵循着在五代以内同姓之间不得通婚的传统习俗。但是，巴尔虎蒙古族内部仍保留着三代以内旁系血亲之间允许通婚的古老婚姻习俗，即舅表兄弟姊妹与姨表兄弟姊妹之间结亲是比较普遍的社会现象。如花赛·都嘎尔扎布先生和门德陶格陶老人在新中国成立前缔结的第一次婚姻都是属于三代以内旁系血亲之间的通婚行为。新中国成

---

① 燕京、清华、北大一九五〇年暑期内蒙古工作调查团编：《内蒙古呼纳盟民族调查报告》，内蒙古人民出版社 1997 年版，第 165 页。

立之后，由于积极贯彻和执行新婚姻法精神，在巴尔虎地区基本上消除了三代以内旁系血亲之间通婚的古老婚姻习俗。

在1950年颁布的《中华人民共和国婚姻法》第五条第二项明确规定有生理缺陷不能发生性行为者禁止结婚，该条款在巴尔虎部族内部是否执行过，现在无法考证，在调研过程中也没有搜集到相关资料和具体案例。

在1950年颁布的《中华人民共和国婚姻法》第五条第三项规定有关患花柳病或精神失常未经治愈，患麻风病或其他在医学上认为不应结婚之疾病者禁止结婚的条款，该条款在巴尔虎蒙古族内部得到广泛的宣传和执行，如果在婚前一方患有不能结婚的疾病时，经过双方协商，另一方等待对方病情的好转，并在对方疾病治愈后方可举办婚礼。新中国成立前后，在巴尔虎地区流行的地方性疾病有肺结核、眼病、腰腿疼病、梅毒病等，针对地方性疾病蔓延并严重损害巴尔虎牧民群众身心健康的现状，内蒙古自治区政府提出"人畜两旺"政策，采取有效措施预防和医治各种疾病的发生与蔓延。特别是从1950年开始，在内蒙古自治区卫生部统一领导下，呼伦贝尔盟政府组织与培训医护人员，派往其所属牧业四旗广泛开展驱梅工作，免费为牧民群众治疗梅毒与其他疾病，帮助牧民群众摆脱病痛的折磨。由上级政府派去的医疗队经过四年的驱梅工作，彻底消灭了梅毒病之害，并向广大牧民群众宣传生理卫生与母婴保健方面的健康知识，为建立文明、和谐、健康的新式婚姻关系创造了良好的卫生条件。如"1950年陈巴尔虎旗完工苏木驱梅工作站，先后共治愈了570名梅毒病患者"。[①]

总之，新中国成立初期，在党和人民政府的正确领导下，呼伦贝尔盟所属牧业四旗各方面工作出现欣欣向荣的景象。在政治上提倡人人自由平等原则，并成立由共产党领导下的各级人民政府，实现了广大牧民群众当家做主的权利。在经济上实行"不分、不斗、不划分阶级""牧工与牧主两利"政策，极大地激发起广大牧民群众的生产积极性，促进了畜牧业生产的恢复和发展。在文化教育上一方面积极开办师资培训班，为基层中小学输送师资力量；另一方面开始创办由盟旗到苏木的各

---

[①] 燕京、清华、北大一九五〇年暑期内蒙古工作调查团编：《内蒙古呼纳盟民族调查报告》，内蒙古人民出版社1997年版，第229页。

级小学，努力普及基础教育，使适龄儿童入学率得到明显提高。在医疗卫生方面，一方面广泛宣传卫生知识，使广大牧民群众的个人卫生知识与卫生意识得到提高，形成了人人讲究卫生的新风尚；另一方面建立和健全由盟旗到苏木的各级医疗卫生机构，完善医疗卫生服务体系，为牧民群众提供良好的医疗卫生服务，使他们摆脱因缺医少药、小病小灾而失去性命的危险境地，有力地推动了巴尔虎地区医疗卫生事业的全面恢复与发展。新中国成立初期，在牧区各方面工作得到快速恢复和发展的社会环境中，巴尔虎蒙古族传统婚姻习俗也得到改造和革新，那些落后于时代发展要求的包办、纳妾、门当户对、早婚等封建婚姻习俗被彻底废除，以婚姻自由、男女权利平等、一夫一妻制为核心内容的新婚姻制度得到确立，依法保护男女青年的婚姻自主权利，真正实现了由包办婚姻到自主婚姻的历史性转变。

## 第二节　新中国成立初期巴尔虎蒙古族结婚的形式要件及变迁

随着新中国的成立与巩固，巴尔虎蒙古族结婚的实质要件不仅发生演变，而且其形式要件也发生了变迁。形式要件是法律所规定的结婚程序及方式。结婚程序是指婚姻成立的法定手续，又称婚姻的形式要件，是婚姻取得社会承认的方式，具有非常重要的公示性、公信性。现代各国所确认的形式要件主要包括登记制、仪式制、登记与仪式结合制。根据1950年颁布的《中华人民共和国婚姻法》第六条规定，我国所采取的结婚形式要件为登记制。新婚姻法明确规定："结婚应男女双方亲自到所在地（区、乡）人民政府登记。凡符合于本法规定的结婚，所在地人民政府应发结婚证，凡不符合于本规定的结婚，不予登记。"

### 一　结婚登记的意义

结婚登记，是指要求结婚的男女双方，必须按照我国法律规定进行结婚登记。结婚登记制度是我国婚姻制度的重要组成部分。它具有十分重要的意义。

第一，实行结婚登记制度，体现了国家对公民婚姻行为的指导和监督。进行登记是结婚必经的唯一合法程序。只有履行了这一程序，婚姻关系才产生法律效力，受到国家承认和法律保护。

第二，实行结婚登记制度，是严格实行婚姻法，保护婚姻关系的需要。它有利于维护法律的严肃性，保障婚姻自由，防止包办买卖婚姻和其他干涉婚姻自由的行为；保障一夫一妻制，防止重婚；保障男女双方和下一代的健康，防止近亲结婚和患有不应结婚疾病的人结婚；防止早婚和其他违反婚姻法的行为，以保证婚姻关系的健康发展。

第三，实行结婚登记制度，有利于提高当事人的法制观念，进行法制宣传和社会主义道德教育，以减少婚姻纠纷，维护安定团结，保护当事人的合法权益。

总之，实行结婚登记制度符合国家利益、社会利益和当事人的利益。自1950年5月1日开始颁布和实施新婚姻法之后，巴尔虎蒙古族积极贯彻和执行结婚登记制度，立即对传统结婚程序进行全面改造，使其更加符合时代发展的要求。

## 二 新中国成立初期巴尔虎蒙古族结婚形式要件的变迁

新中国成立前，巴尔虎蒙古族在结婚程序上采取仪式制。青年男女要结为夫妻，必须要经历求亲、定亲、商谈银子与牛羊、送礼物与祭祀、男方祝福新蒙古包与女方收财物、让姑娘知道与姑娘走亲戚、女方送亲宴会、男方迎亲婚宴、将新郎请进新蒙古包与举办小型答谢宴、新娘母亲返回与新娘父亲回看女儿、新娘出月份等一系列的结婚程序。经过上述一系列的程序和仪式，两位新人才能成为正式夫妻，他们的婚姻关系才能得到社会各方面的承认。新中国成立初期，随着各项民主改革运动的深入发展，巴尔虎蒙古族传统结婚程序也发生了根本性的变化。

（一）到婚姻登记机关进行登记并领取结婚证

新中国成立初期，在婚姻自由政策的影响下，巴尔虎蒙古族传统结婚程序及仪式也发生了演变。巴尔虎青年男女结婚时，首先要到所在地（区、乡）人民政府登记并领取结婚证，使其婚姻关系得到国家承认和法律保护。特别是在新中国成立前后参加革命的巴尔虎年轻人，在婚姻问题上，以身作则，自主决定个人的婚姻大事并带头执行婚姻登记制度，以实际行动推动了巴尔虎传统婚俗的变迁。在各级行政机关及企事业单位工作的巴尔虎青年人的引领下，巴尔虎牧民也逐渐接受了到所在地婚姻登记机关进行登记结婚的法定形式。

2014年11月1日，我们课题组到新左旗阿木古郎镇进行社会调查时，接受采访的朝某给我们讲述了巴尔虎牧民在新中国成立初期逐渐接受登记结婚程序的具体案例：新中国成立初期，朝某的一位亲戚替女儿做主决定了其婚事，当这位老人干涉女儿婚姻自主权的行为与当时所提倡的婚姻自由政策发生冲突时，该老人再三嘱咐其女儿和女婿到所在地婚姻登记机关进行登记结婚时，一定要向工作人员说"自愿结婚"这句话。上述婚姻当事人，到婚姻登记机关向工作人员表达"自愿结婚"的意思后，顺利地领到了结婚证。

1950年3月被任命为新右旗党支部书记兼代理旗长的阿木古郎同志回忆说："宝格德乌拉东苏木有一个名叫仓布的老牧民，领着儿子来见我，说：阿旗长，我失礼了，你别生气，我恳求你一个事，我已经76岁了，身体不好，老伴77岁，多病，卧床不起。我们只养了这么一个独子，可是只有17岁，不到结婚年龄，请你同情我，允许娶儿媳，有了调理家务的人就好办了。我们希望在去世前，能见到孙子。"① 新右旗政府民政局根据仓布老人的特殊情况，特批他娶儿媳。上述两个案例真实地反映了新中国成立初期巴尔虎牧民逐渐接受到婚姻登记机关进行登记结婚的过程。据《陈巴尔虎旗志》记载："新中国建立前，本旗男女缔结婚姻由双方父母包办，未开展结婚登记工作。1950年颁布《中华人民共和国婚姻法》后，本旗才开始进行婚姻登记工作。到1954年，全旗登记结婚共31对，离婚4对，复婚2对。1950年至1990年期间，全旗累计登记结婚11237对，离婚271对，复婚74对。"②

---

① 程道宏、代钦主编：《呼伦贝尔盟农牧业合作化》，内蒙古文化出版社2000年版，第174页。

② 王召国主编：《陈巴尔虎旗志》（1949—1990年），内蒙古文化出版社1998年版，第572页。

表 3-3　　　　　　　1977—1990 年新右旗婚姻登记情况　　　　（单位：对）

| 年份 | 结婚 | 离婚 | 复婚 | 调解数 | 其中成功数 | 年份 | 结婚 | 离婚 | 复婚 | 调解数 | 其中成功数 |
|---|---|---|---|---|---|---|---|---|---|---|---|
| 1977 | 98 | 14 | 1 | 16 | 10 | 1984 | 194 | 41 | 10 | 101 | 25 |
| 1978 | 111 | 21 | 4 | 30 | 14 | 1985 | 201 | 31 | 4 | 74 | 31 |
| 1979 | 129 | 19 | 6 | 17 | 5 | 1986 | 179 | 24 | 5 | 71 | 68 |
| 1980 | 171 | 30 | 2 | 20 | 11 | 1987 | 298 | 65 | 4 | 91 | 81 |
| 1981 | 189 | 27 | 7 | 128 | 34 | 1988 | 306 | 21 | 8 | 100 | 89 |
| 1982 | 192 | 18 | 2 | 115 | 92 | 1989 | 279 | 19 | 7 | 91 | 62 |
| 1983 | 174 | 28 |  | 91 | 18 | 1990 | 209 | 24 | 12 | 89 | 59 |
| 合计 | 1064 | 157 | 22 | 417 | 184 | 合计 | 1666 | 225 | 50 | 617 | 415 |

资料来源：巴·哈斯、额尔德尼朝古拉主编：《新巴尔虎右旗志》（1949—1990 年），内蒙古文化出版社 2004 年版，第 214 页。

表 3-4　　　　　　　1991—2005 年新右旗婚姻登记情况　　　　（单位：对）

| 年份 | 结婚登记（对） | 离婚登记（对） | 年份 | 结婚登记（对） | 离婚登记（对） |
|---|---|---|---|---|---|
| 1991 | 286 | 14 | 1999 | 221 | 19 |
| 1992 | 195 | 150 | 2000 | 286 | 12 |
| 1993 | 276 | 96 | 2001 | 227 | 22 |
| 1994 | 350 | 81 | 2002 | 287 | 14 |
| 1995 | 452 | 103 | 2003 | 183 | 17 |
| 1996 | 285 | 118 | 2004 | 247 | 12 |
| 1997 | 301 | 27 | 2005 | 237 | 14 |
| 1998 | 227 | 21 |  |  |  |
| 合计 | 2372 | 610 | 合计 | 1688 | 110 |

资料来源：巴·哈斯、额尔德尼朝古拉主编：《新巴尔虎右旗志》（1991—2005 年），内蒙古文化出版社 2011 年版，第 246 页。

表 3-5　　　　　　　1992—1996 年新左旗婚姻登记情况　　　　（单位：对）

| 年份 | 结婚 | 离婚 | 复婚 | 调节 | 移转人民法院 |
|---|---|---|---|---|---|
| 1992 | 402 | 14 | 10 | 27 | 22 |
| 1993 | 332 | 23 |  | 48 | 15 |
| 1994 | 407 | 12 | 4 | 53 | 17 |
| 1995 | 336 | 16 | 3 | 55 | 12 |

续表

| 年份 | 结婚 | 离婚 | 复婚 | 调节 | 移转人民法院 |
|---|---|---|---|---|---|
| 1996 | 407 | 12 | 4 | 53 | 17 |
| 合计 | 1884 | 77 | 21 | 236 | 83 |

资料来源：吴玉霞、彭全军主编：《新巴尔虎左旗志》(1949—1996年)，内蒙古文化出版社2002年版，第204页。

表 3-6　　　　　　1997—2005新左旗婚姻登记情况　　　　　（单位：对）

| 年份 | 结婚 | 离婚 | 复婚 | 调节 | 移转人民法院 |
|---|---|---|---|---|---|
| 1997 | 388 | 21 | 37 | 65 | 18 |
| 1998 | 368 | 26 | 23 | 56 | 12 |
| 1999 | 381 | 27 | 61 | 61 | 16 |
| 2000 | 381 | 37 | 20 | 56 | 18 |
| 2001 | 259 | 28 | 17 | 60 | 13 |
| 2002 | 287 | 30 | 18 | 54 | 14 |
| 2003 | 387 | 31 | 16 | 67 | 17 |
| 2004 | 345 | 26 | 15 | 59 | 20 |
| 2005 | 336 | 34 | 11 | 50 | 26 |
| 合计 | 3132 | 260 | 218 | 528 | 154 |

资料来源：斯琴主编：《新巴尔虎左旗志》(1997—2005年)，内蒙古文化出版社2009年版，第318页。

从上述统计数据来看，婚姻当事人到当地婚姻登记机关进行登记并领取结婚证不仅是新中国成立初期巴尔虎蒙古族结婚形式要件发生演变的重要标志，而且也显示了新中国成立以来巴尔虎蒙古族婚姻习俗发生演变的客观过程。

(二) 提倡新式结婚仪式，崇尚简朴婚礼

新中国成立后，整个20世纪50年代是巴尔虎蒙古族传统婚俗发生根本性变化的关键时期，其中早婚、包办、纳妾、门当户对等原则性、落后性、封建性的传统婚俗遭到抛弃，产生了以婚姻自由、男女权利平等、一夫一妻制为核心内容的社会主义新式婚姻制度。随之在社会上逐渐形成了反对铺张浪费、追求奢华的结婚仪式；提倡新式、简朴结婚仪式的新风尚，使讲究婚礼程序，有烦琐礼仪步骤的巴尔虎传统婚礼仪式陷入了被抛弃的危险境地。据课题组调查显示，50年代的巴尔虎蒙古族结婚仪式，可以分为领导干部的结婚仪式和巴尔虎牧民的结婚仪式两大类。

第一类为在各级行政机关与事业单位工作的领导干部和工作人员的结婚仪式，用巴尔虎人的话来说，就是各级领导干部的结婚仪式，属于新式、简朴的结婚仪式。20世纪40—50年代，由党和国家培养出来的先进知识分子和深受革命思想影响的巴尔虎进步青年走上工作岗位之后，积极参加对封建婚姻习俗的改造运动，宣传和贯彻新婚姻法精神并在实践当中以身作则，按照新式结婚仪式举行婚礼，尽力提倡新式、简朴婚礼，在重建新式婚姻家庭制度方面走在了时代前列。如巴尔虎进步青年在自主选择配偶时，把对方性格品行和工作能力及相互喜欢等作为最主要的择偶标准，将携手共建美好家园作为婚姻生活的最高境界。他们经过自由恋爱确定关系之后，就要到婚姻登记机关进行登记结婚并选择适当的时间举行简朴的婚礼仪式。一般在工作单位找个场地举行简单的结婚仪式，不摆酒席，不收礼金，邀请亲朋好友参加结婚仪式并请单位领导做证婚人。

50年代所提倡的新式、简朴的结婚仪式，按照如下程序进行：第一，新郎或新娘单位的领导作为证婚人上台宣布新郎某某和新娘某某的结婚典礼现在开始，并向两位新人致祝词，希望两位新人在今后的人生道路上互敬互爱，携手共进并为建设美好家园而努力奋斗。第二，新郎新娘向证婚人、家长鞠躬。第三，新郎新娘向前来参加婚礼的宾客鞠躬。第四，两位新人互相鞠躬。第五，新郎新娘向客人发喜糖。第六，请两位新人向来宾讲述恋爱经历，并表态对婚后生活的设想与愿望。第七，前来参加婚礼的客人们踊跃上台表演歌舞类节目，尽量营造出喜庆的婚礼氛围。表演歌舞类节目之后，结婚仪式将圆满结束。从上述结婚程序来看，新中国成立初期，巴尔虎青年干部的结婚仪式，基本上属于新中国成立初期所提倡的新式、简朴的婚礼仪式。课题组在调研过程中搜集到了巴尔虎进步青年在50年代初所举办的新式婚礼仪式的相关资料。

案例3.7：占某，性别男，1928年生人，时年87岁，职业公务员，新右旗达赉苏木人。1954年占某自愿与其爱人图某举行新式婚礼，喜结良缘。据占某介绍，他们在新右旗政府食堂举行了新式婚礼，他们结婚时什么也没有准备，就穿着旧衣服举行了婚礼。其结婚仪式特别简单，买来糖果和花生等食品招待前来参加婚礼的宾客。婚礼当天晚上在旗政府食堂举办舞会,大家以跳交际舞的形式活跃新婚气氛,分享了两位年轻人的新婚喜悦。两位结婚时,没有通知双方家长,也没有准备婚房,婚后住在占某的办公室,在政府食堂吃饭。当时占某是新右旗副旗长,图某是新右旗小学教员。婚后过了一年多,占某才分到一间旧平房安了家。婚后第三年冬天(1956年12月),新右旗遭遇重大的雪灾,为了让新右旗多数牲畜安全过冬,经呼伦贝尔盟委批准,在新右旗政府的统一部署下,由占某(他是当年新右旗政府副旗长)亲自带领新右旗200多户共1000多名牧民并赶着20多万头(只)牛羊(约为当年新右旗一半的牲畜),迁徙到蒙古国东方省冬营地过冬。占某在蒙古国的三个月期间,始终与牧民群众同吃同住,每天骑马到各牧业点了解牧民群众的生产生活情况,并帮助牧民群众解决生产和生活上的困难。经过领导干部和牧民群众的共同努力,新右旗20多万头牲畜在蒙古国安全度过了冬天,于第二年3月份在占某的带领下这些牧民和牲畜顺利地回到国内,并顺利完成了组织交给他的艰巨任务。占某堪称其在蒙古国的三个月为马背上的三个月。特别值得一提的事情是占某在蒙古国和广大牧民群众同自然灾害进行斗争的时候,他妻子图某却因病在扎兰屯结核病院接受治疗。占某前往蒙古国之前,先把得肺结核病的妻子送到扎兰屯结核病院进行住院治疗,然后带领新右旗牧民群众迁徙到蒙古国进行游牧,第二年从蒙古国回来之后才到扎兰屯结核病院把妻子接了回来。占某这种忘我的敬业精神和一心为民的崇高思想,不仅体现了时代精神,而且也树立了共产党人要全心全意为人民服务的光辉形象。

案例3.8:杜某,性别男,1931年生人,时年84岁,职业公务员,新右旗达赉苏木人。1953年4月13日杜某自愿与其爱人扎某举行新式婚礼,喜结良缘。当年杜某在新右旗阿敦朝鲁苏木小学任教,扎某是在该苏木医院当护士,他们在新右旗阿敦朝鲁苏木小学举行了新式婚礼。据杜某介绍,他们结婚时,正赶上新中国成立初期重建家园的过渡时期,是提倡勤俭节约,集中力量恢复国民经济的非常时期。举办婚礼时,没有通知双方家长,没有向亲朋好友发结婚请柬,由于双方都靠工资生活,生活比较艰苦,没有条件准备新衣服、新床、新被褥等新婚必需品。从学校借了一间不到十平方米的旧平房即该校教师办公室当作婚房,借了一张旧木头床当作婚床,穿着旧衣服举行了婚礼。他们的结婚仪式特别简单,将学生教室布置成婚庆场地，摆上花生、糖果、奶酪、奶茶等饮食，以茶话会形式举行了婚礼。苏木领导及其所在学校的教职工参加了结婚仪式。婚礼开始后，首先由苏木领导讲话并致祝词。接着两位新人讲话，不仅表达对大家的感激之情，而且还向大家保证今后他们俩一定会相亲相爱，携手共进，努力把日子过好的决心和想法。接着参加婚礼的同事们纷纷献歌曲为婚礼助兴，杜某的学生也在婚礼上表演歌舞类节目，活跃婚礼气氛，使婚礼仪式达到了高潮。婚后没过几天，杜某把婚房退给学校，夫妇俩各自回到原来的单身宿舍，过上了分居生活。拿杜某的话来说，现在的人也许不相信他们所经历的艰苦生活，但是两位老人的结婚经历真实地反映了新中国成立初期巴尔虎蒙古族进步青年的婚姻生活及巴尔虎传统婚俗发生演变的过程。

第二类为巴尔虎牧民的结婚仪式。新中国成立初期，巴尔虎牧民仍按照传统游牧生产方式进行生产和生活。所以巴尔虎青年牧民的结婚仪式在遵循婚姻自由、男女权利平等、一夫一妻等原则的前提下，基本上保留了许多具有民族特色的巴尔虎传统婚礼仪式。巴尔虎青年男女在自愿相识相爱之后，在其父母的帮助下，在家里举办具有民族特色的巴尔虎婚礼。20世纪50年代在牧区巴尔虎婚礼仪式方面，一方面传承了有利于社会发展要求的传统习俗，另一方面对落后于时代发展要求的传统婚俗进行革新，出现了保留与革新并重的新局面，而且呈现出如下几个方面的显著特点。

第一，20世纪50年代在牧区生活的巴尔虎男女青年，经过自由恋爱确定恋人关系后，将喜事告诉双方父母并得到他们的同意。随后男方父亲或长辈带着哈达、酒、点心等礼物，到女方家拜见女方父母，以双方家长见面的形式确认男女青年的恋人关系，这就是传统意义上的献哈达仪式。该仪式将婚姻自由原则与维护家长权威的传统习俗巧妙地结合在一起，进一步巩固了婚姻当事人的自主权利。据课题组调查显示，50年代生活在牧区的巴尔虎蒙古族父母，一般都不会干涉儿女的婚姻自主权利，婚姻自由原则得到广大牧民群众的拥护。

第二，在婚礼前一天晚上，女方父母为出嫁女儿举办"让姑娘娱乐"宴会，这是巴尔虎蒙古族最古老的婚姻习俗，又是现代意义上的送亲宴会。在女方父母的热情款待下，应邀前来参加送亲宴会的亲朋好友在蒙古包内围着新娘坐下来，通宵饮酒欢歌，为即将出嫁的姑娘致祝词，献歌曲，赠送礼物，并衷心地祝福姑娘嫁到婆家之后，将要过上儿女双全、畜群遍野、健康快乐的幸福生活。20世纪50年代在巴尔虎婚宴上主要演唱《辽阔的草原》《肥壮的白马》《长颈枣红马》《陪嫁的栗色马》《四岁的海骝马》《额尔敦乌拉的远影》《秀丽的海骝马》等巴尔虎传统民歌。50年代的巴尔虎送亲宴会费用全部由女方来承担，这是区别于传统婚俗的重要标志，新郎前来迎亲时，只带来一些酒、奶制品、手把肉、点心、糖果等食品，将它添加到女方宴席上的盘中即可，这意味着双方把婚宴融合在一起，象征着从此双方将成为有互助义务的姻亲。

20世纪50年代的巴尔虎送亲宴会上，还主动摒弃了给出嫁女穿超巴和姑娘走亲戚等具有封建包办婚姻色彩的传统习俗。这些传统婚俗的消失，标志着巴尔虎婚俗适应时代发展的要求发生的演变。

第三，20世纪50年代初，随着女方向男方索要彩礼的旧习俗被彻底废除之后，在新婚典礼上新娘要佩戴"哈布其格、额箍、孛勒、图海"等银质首饰的传统习俗也随之消失了。相反，女方父母向出嫁女儿陪送嫁妆习俗却被保留了下来。女方父母根据家里的经济条件一定会向出嫁女儿陪送一些嫁妆，如果父母生活条件好就给女儿多陪送一些嫁妆，生活条件一般就给女儿少陪送一些嫁妆，而且在游牧经济条件下，父母向女儿陪送的嫁妆主要以满足出嫁女基本生活需要为原则，新娘嫁妆不仅包括马牛羊等牲畜，而且还包括服饰、箱子、床、柜子、篷车、额日格尼格车等生活必需品。父母给出嫁女儿陪送嫁妆，其最终目的就是帮助女儿成家立业。新中国成立以来一直到现在，巴尔虎人仍遵循着新娘不但不向男方索要彩礼，而且还带着丰厚的嫁妆嫁进婆家的婚姻习俗，它是巴尔虎婚俗区别于其他地区婚俗的重要标志，也是巴尔虎新娘拥有较高的经济地位和家庭地位的重要保障，也是新中国成立以来，巴尔虎妇女的社会地位得到提高的重要象征。据课题组调查显示，牧区巴尔虎妇女享有较高的政治权利，很多妇女都曾经参与过基层嘎查组织的管理工作。如课题组采访过的扎某在1950—1960年期间，曾担任嘎查党委书记一职十年，新右旗宝格达乌拉苏木色某正在担任她们嘎查的嘎查达一职，类似的案例在巴尔虎地区有很多。

第四，20世纪50年代的巴尔虎婚礼，较完整地保留了男方举办迎亲婚礼的传统习俗。男方首先按照传统准备婚房、婚床、被褥、碗柜、箱子、厨具等结婚用品。其次通过双方家长商量或找喇嘛看卦等方式，择定结婚吉日。然后男方父母在其亲朋好友的帮助下，进行搭建蒙古包，购买烟酒、糖果以及宰羊等前期准备工作，开始为儿子筹备婚礼。男方父母主要通过迎亲仪式、迎亲婚宴等婚礼仪式，以实现"把乌日叶（用蒙古语称四岁马为乌日叶）调教成骏马，把孩子培养成人"的人生理想。在男方迎亲婚宴上，还举行新娘拜佛、拜火神、叩拜公婆等结婚仪式。20世纪50年代在巴尔虎婚俗方面，虽然保留了男方准备婚房及新娘拜佛、拜火神、叩拜公婆等传统礼仪，但是女方向男方索要彩礼、男方送礼物与祭祀及当媳妇官等传统礼俗由于不符合时代发展潮流而被彻底废除了。

第五，20世纪50年代在巴尔虎婚俗方面，仍保留着新娘母亲陪着新婚女儿在新郎家住三天和婚后第三天新娘父亲回看女儿及婚后新娘第一次回门等传统习俗，同时也一直坚守着新娘父亲不能亲自送女儿出嫁等古老习俗。坚守这些传统习俗，不仅有利于增进双方家长之间的友谊，而且有利于新娘能够尽快适应婆家的生活环境。

第六，20世纪50年代在巴尔虎婚礼上，较完整地保留了巴尔虎传统服饰文化和饮食文化。新郎新娘要穿着崭新的巴尔虎民族服饰参加新婚典礼，并用奶茶、奶制品、手把肉、饺子汤等具有民族特色的饮食来招待前来参加婚宴的宾客，有的家庭还摆上乌查，以高贵的礼节款待八方来宾。20世纪50年代还保留着骑马送亲的传统方式，在送亲途中女方小伙子们还和新郎进行"夺太阳"比赛，使送亲仪式充满了趣味性和娱乐性。

第七，20世纪50年代在巴尔虎婚俗方面，出现了一部分人主动向民政部门提出离婚诉求并结束其包办婚姻关系的离婚现象。新中国成立后，在婚姻自由、男女权利平等、个体婚姻必须以爱情为基础等新思想的熏陶下，出现了一部分人对自己的包办婚姻生活表示不满，纷纷提出离婚诉求并与其配偶办理离婚手续，主动去寻找美好爱情的婚俗现象。新中国成立以前巴尔虎人离婚的原因，多为公婆虐待儿媳，或夫妇感情不好，丈夫殴打妻子等原因导致。新中国成立以后，一部分人勇敢地去解除无感情的包办婚姻关系，重新建立以爱情为基础的自由、平等的婚姻关系，以实际行动推动了巴尔虎婚姻习俗的变迁。

案例3.9：边某，性别男，1936年生人，时年78岁，职业牧民，新右旗呼伦苏木人。1957年边某自愿与其爱人沙某在牧区举行传统婚礼，喜结良缘。他们的结婚程序和仪式基本上遵循了巴尔虎传统婚姻习俗：第一，男女双方确定恋爱关系之后，各自找适当的机会告诉其父母已经有结婚对象的喜事。第二，男方父母或长辈选择吉日带着哈达到女方家，给女方父母献哈达并表达愿意和他家结为亲家的心愿，女方父母若接受男方献上的哈达就等于同意了这门亲事。第三，女方举办送亲宴会。第四，男方举办迎亲宴会。第五，遵循了新娘母亲陪着女儿在新郎家住三天和婚后第三天新娘父亲回看女儿及婚后新娘第一次回门等传统习俗。第六，女方父母还给女儿陪送了 1 头犍牛、1 头带犊的奶牛、2 匹乘马和 1 匹母马以及 1 辆篷车和 1 辆额日格尼格车等嫁妆。

总之，新中国成立初期，在呼伦贝尔盟各级行政机关与事业单位工作的巴尔虎蒙古族青年，基本上都响应国家号召，按照简单、简朴原则，以茶话会与联欢会形式举行新式婚礼，主动放弃了巴尔虎传统婚礼习俗程序与礼节。如他们不仅主动放弃以往与包办婚姻习俗紧密相连的求亲、定亲、商谈彩礼等习俗，而且还放弃了新娘出嫁时要穿戴结婚礼服与装饰品等传统礼俗。巴尔虎进步青年主动向自己所喜爱的人表达爱慕之情，从确立恋爱关系到结婚的所有具体环节上都由自己做主，根据自己的物质条件，举办简朴的新式婚礼，使自己真正成为婚姻自主权利的主体。同时，生活在牧区的巴尔虎人也适应时代发展的要求，主动放弃商谈彩礼、送礼物与祭祀、让姑娘知道和姑娘走亲戚等包办婚姻性质的传统习俗，传承了较为合乎情理的巴尔虎婚礼仪式。

20 世纪 50 年代在巴尔虎婚俗领域发生变迁的原因，主要有以下几个方面：第一，自 1950 年 5 月 1 日始颁布和实施《中华人民共和国婚姻法》以来，积极宣传和贯彻婚姻自由、男女权利平等、一夫一妻制等新婚姻政策，不仅为彻底废除封建包办婚姻习俗提供法律依据，而且为巴尔虎传统婚俗的变迁创造了有利的社会环境。第二，新中国成立初期，由于受社会生产力发展水平的限制，封建包办婚姻习俗虽然被废除，但是广大牧民群众不能以取其精华、去其糟粕的科学态度来对待巴尔虎传统婚俗。如按照巴尔虎传统婚俗，姑娘出嫁时，必须要佩戴镶嵌珊瑚等宝石的银质首饰，必须要穿着缝制银质装饰品的新婚礼服，以彰显巴尔虎新娘的美丽形象与高雅气质。俗话说得好"爱美之心人皆有之"，这种追求美的服饰文化被人们误解为资产阶级的生活作风而受到摈弃。第三，新中国成立初期，国民经济的发展水平仍处于恢复阶段，刚刚获得解放的巴尔虎人民的物质生活水平仍很低，没有足够的物质条件来体现巴尔虎传统婚俗所蕴含的思想内涵和文化价值。第四，新中国成立前后，走上革命道路的巴尔虎进步青年，把全部的精力投入到为人民服务的伟大事业当中，将为祖国的美好明天而奉献自己的全部力量作为他们所追求的最高人生理想。他们在工作中以"吃苦在先、享受在后"为座右铭，在日常生活中以"艰苦朴素、勤俭节约"为美德，在婚姻问题上积极响应婚事从简的国家号召，以茶话会与联欢会的形式举办新式婚礼，以实际行动推动了巴尔虎婚姻习俗的变迁。

# 第四章　20世纪六七十年代巴尔虎蒙古族婚俗变迁

## 第一节　民俗学家视野下的巴尔虎蒙古族婚俗变迁

我们课题组通过走访当地著名的巴尔虎民俗学家和六七十年代结婚的巴尔虎老人以及对巴尔虎家庭进行问卷调查等形式，搜集了20世纪六七十年代巴尔虎婚俗发生演变的具体案例。首先走访巴尔虎民俗学家并向他们请教巴尔虎传统婚俗发生演变的相关问题。课题组所走访的彭苏格旺吉乐、朝·都古尔扎布、楚勒特木等三位专家是多年来从事巴尔虎蒙古族历史文化研究工作，并出版和发表许多成果的巴尔虎民俗学家或文学家。他们的平均年龄为74.3岁，都是在60年代末70年代初成家立业的老人，他们目睹了20世纪六七十年代在巴尔虎传统婚俗方面发生的演变，并以自己的亲身经历为个案向我们讲述了巴尔虎传统婚俗发生演变的过程及其得到传承和发展的实例。

### 一　民俗学家彭苏格旺吉乐及他视野下的巴尔虎蒙古族婚俗变迁

2014年7月14日，课题组香梅、乌云、包殿福、何洋等一行四人到新左旗阿木古郎镇采访了巴尔虎民俗学家彭苏格旺吉乐先生和诗人玛·乌云高娃女士。一行四人早晨七点半从海拉尔出发，途经新左旗新宝力格苏木牧民朝鲁门家，于中午十一点半抵达阿木古郎镇，正好利用午餐时间在阿木古郎镇青山饭店与彭苏格旺吉乐先生和玛·乌云高娃女士进行了访谈。还邀请彭苏格旺吉乐先生的老伴玛吉格苏荣女士参加此次访谈活动。本次访谈活动在拉家常的轻松气氛中开始，约持续了两个半小时。

首先，由课题组乌云教授向彭苏格旺吉乐先生和玛·乌云高娃女士说明我们此次来访的目的，并希望能够得到他们的支持与帮助。经乌云教授介绍，课题组其他成员也认识并了解了受访人员及他们的成就。彭苏格旺吉乐先生，时年76岁，新左旗乌布尔宝力格苏木人，退休之前曾担任呼伦贝尔日报社总编室主任、新左旗常务副旗长、新左旗政协副主席等领导职务，是"文化大革命"以前毕业于内蒙古大学的老知识分子，也是非常热爱本民族历史文化的民俗学家和文学家。退休之后，一直致力于民族历史文化的研究与编撰工作，先后撰写并公开出版了巴尔虎蒙古族历史文化方面的七本编著和专著。如2002年，出版了由他主编的作品《新巴尔虎左旗文史资料》（二、三集），2009年，出版了他编著的作品《巴尔虎布里亚特英雄史诗》等。他还担任中国蒙古语研究协会呼伦贝尔市分会理事、呼伦贝尔市新闻协会理事、内蒙古民俗协会会员、呼伦贝尔市巴尔虎研究协会常务理事等社会职务。玛·乌云高娃女士是由新左旗文联主办的报纸《巴音巴尔虎》的主编，著名巴尔虎女诗人，2007年她出版了诗集《巴尔虎金》，2009年她的诗集《巴尔虎金》荣获内蒙古自治区文学作品最高奖项"五个一工程奖"。他们两位是新左旗富有名望的民俗学家和诗人，他们二位在与我们交谈中，为我们提供了许多有关巴尔虎传统婚俗方面的相关信息。

第二，彭苏格旺吉乐先生向我们介绍了其结婚经历。彭苏格旺吉乐先生于1968年与其爱人玛吉格苏荣女士在牧区举办了具有时代特色的巴尔虎婚礼。按照巴尔虎传统婚礼程序，男方在家里举办小规模的迎亲婚宴，邀请20多个亲朋好友参加婚宴，新郎带着几名骑手前往女方家，将新娘接了回来。婚礼上用烟酒、奶茶、奶制品、手把肉、肉面汤等传统饮食款待了宾客。"文化大革命"时期，由于反对铺张浪费，提倡简朴婚礼，因而新郎新娘在结婚时除了准备一套新被褥和每人做一件新蒙古袍之外，其他什么东西也没有准备，婚后与父母生活在一起。结婚时只花了200—300元钱，这些钱主要花在购买烟酒和点心上。用彭苏格旺吉乐先生的话来说，他的婚礼办得非常简单，规模也很小，亲戚朋友向新郎新娘赠送衣料等小礼物作为新婚贺礼。甚至有朋友将《毛泽东选集》送给新郎新娘作为新婚贺礼，从而体现了以政治理论学习为中心任务的时代特色。

第三，彭苏格旺吉乐先生和玛·乌云高娃女士向我们介绍了巴尔虎传统婚礼仪式及目前在巴尔虎婚俗方面存在的问题。他们认为一直到现在，巴尔虎婚礼仍保留着鲜明的民族特色，在新婚典礼上，一方面巴尔虎传统服饰文化得到了传承，除了两位新人身穿崭新的巴尔虎民族服饰外，双方亲朋好友都穿着民族服饰参加婚礼，并将亲手缝制的蒙古袍作为最珍贵的礼物送给新郎新娘，女方父母还为出嫁女儿赠送特日力格、羊羔袍等民族服饰作为嫁妆。另一方面巴尔虎饮食文化也得到了传承。迄今为止，牧区巴尔虎人举办婚礼时，一直用奶茶、奶制品、炸果子、手把肉、饺子汤等具有民族特色的饮食招待宾客，这些制作方法简单且富有营养的传统饮食，作为草原饮食文化的载体而世代相传。在婚礼习俗方面，巴尔虎人基本上较完整地保留了献哈达、女方送亲宴会、男方迎亲婚宴、新娘母亲陪着新婚女儿在新郎家住三天、婚后新娘第一次回门等传统婚礼仪式，并形成了具有地方特色的巴尔虎婚礼模式。特别是在巴尔虎婚礼上，老人和长辈致祝词、年轻人献歌曲等文化传统得到传承和发展，进一步增强了巴尔虎婚礼的文化内涵及娱乐色彩。这些颇具特色的文化元素是巴尔虎婚礼深受大家喜爱的魅力所在。

巴尔虎婚俗在其演变过程中，必然会受到外来文化的冲击，进而促使巴尔虎婚俗的变迁。彭苏格旺吉乐先生和玛·乌云高娃女士认为，目前在巴尔虎婚礼习俗方面，巴尔虎婚礼特色受外来文化的影响而被弱化的现象较明显，如从前在巴尔虎传统婚俗中并没有燃放鞭炮，让新郎新娘互换信物、互相拥抱、互相亲吻和喝交杯酒等仪式。但是，如今在其他婚礼形式的影响下，开始将新郎新娘互换信物、喝交杯酒等西式婚礼仪式，镶嵌到巴尔虎婚礼仪式中，进而淡化了巴尔虎婚礼的民族特色，甚至在有的巴尔虎婚礼上，婚礼主持人直接向新郎新娘提问"你喜欢他（她）什么？你爱他（她）吗？"等问题，或者跟伴郎伴娘开玩笑说"你有对象吗？""你们两个可以互相认识！"等，这些开玩笑的小插曲并不符合巴尔虎传统婚礼习俗的严谨风格。自古以来，巴尔虎蒙古族就有一整套仪式化、礼俗化的婚礼程序，并按照既定的程序举行严肃而隆重的婚礼仪式，亲朋好友以致祝词、献歌曲的形式，教育和感化新郎新娘并启发和引导他们树立正确的婚姻家庭观念，这是举行巴尔虎婚礼仪式的意义所在。因此，他们二位认为:"不能随便更改巴尔虎传统婚礼仪式,需要以取其精华、去其糟粕的态度对待巴尔虎传统婚礼仪式,要传承和发展巴尔虎传统婚俗中具有思想性、教育性和艺术性的文化内涵,这样才能保证巴尔虎婚礼的独特性和民族性。"

第四,如何传承和发展巴尔虎传统婚俗方面,彭苏格旺吉乐先生和玛·乌云高娃女士提出了以下几点建议。第一,通过各种多媒体平台,广泛宣传巴尔虎传统婚俗礼仪及其文化内涵,普及婚俗文化方面的相关知识。如利用电视台、广播电台、报纸或互联网等媒体平台,播放和刊登以巴尔虎婚礼为主题的文学作品或艺术作品等,加以宣传和普及巴尔虎婚俗文化方面的相关知识,进一步提高民众对巴尔虎传统婚俗的了解和认识。第二,民族文化艺术工作室和巴尔虎文化研究会以及创业基地等相关机构携手合作,通过举办巴尔虎婚礼主持人短期培训班的形式,巩固和提高巴尔虎婚礼主持人的文化素养和主持技巧。第三,鼓励巴尔虎文化研究会或研究机构等开展社会调查工作,搜集和挖掘巴尔虎传统婚俗方面的鲜活资料,进一步夯实巴尔虎婚俗得以传承和发展的基础。第四,巴尔虎文化研究机构与艺术团体要密切合作,开发以巴尔虎婚礼为主体的歌舞剧,以舞台艺术的形式把巴尔虎婚俗文化展现给大众,这样才能促进巴尔虎婚俗文化朝着艺术化、产业化的方向发展。

## 二 民俗学家朝·都古尔扎布及他视野下的巴尔虎蒙古族婚俗变迁

2014年10月12日,课题组成员香梅、乌云、包殿福一行三人到海拉尔区朝·都古尔扎布先生家并对他和其老伴阿瑶西女士进行了采访。朝·都古尔扎布先生,时年73岁,他是一位从呼伦贝市政协副主席的职位上退休的老干部,又是一位呼伦贝尔市具有影响力的巴尔虎民俗学专家。1942年出生于新左旗新宝力格苏木呼格吉勒图嘎查,他从小就喜欢看书,为实现自己的理想而一直刻苦学习,并全身心地准备高考。但是,1966年春天临近高考时,由于"文化大革命"的爆发,不仅摧毁他上大学的梦想,而且也改变了他的人生轨迹。"文化大革命"爆发后,他被打成现行反革命分子,由所在学校的文化革命领导小组给他扣上了"民族分裂者、黑五类、写黑日记"等帽子。1967—1978年，他背负着"民族分裂者、黑五类、写黑日记"等罪名回到牧区当一名牧民并接受了广大牧民群众的再教育。"文化大革命"期间，由于极"左"路线的影响，他备受打击和排斥，给他身心带来巨大的痛苦与折磨。但是他的积极向上的工作态度和较高的文化水平（当年他是在他们嘎查唯一一名受过高中教育的人）在实践当中得到当地牧民群众的肯定，并在当地牧民群众的推荐下，他担任了生产队会计和苏木主管畜牧业生产的副书记等职务。如"1969年开始当生产队会计，1972年经村党委介绍加入中国共产党，1975年12月至1979年8月，当了新宝力高西苏木主管畜牧业生产的副书记。1979年3月中国共产党海拉尔第一中学党委为其平反昭雪"[1]。由此，他在实践当中得到更多的锻炼和提升的机会，为下一步走上更重要的工作岗位奠定了扎实的基础。

朝·都古尔扎布先生是一位多年来在嘎查、苏木和旗等基层单位担任领导职务的老党员、老干部，又是一位热衷于本民族历史文化事业的民俗学家和文学家。自2003年退休以来，他积极投身于巴尔虎历史文化研究工作中，在新右旗政府、新左旗政府和陈旗政府的大力支持和广大巴尔虎历史文化爱好者的帮助下，2007年9月创办"呼伦贝尔市巴尔虎研究学会"，为推进巴尔虎历史文化研究工作提供了重要平台，朝·都古尔扎布先生也被当选为"呼伦贝尔市巴尔虎研究学会"会长。在他的带领下，"呼伦贝尔市巴尔虎研究学会"成立以来，积极开展各项工作，并取得显著的成绩。"呼伦贝尔市巴尔虎研究学会"成立后，主要做了以下几个方面的工作：第一，创办了《巴尔虎研究》期刊；第二，出版和发行了呼伦贝尔文化丛书；第三，与蒙古国巴尔虎研究联合会签订了合作协议；第四，采访新疆宝日塔拉巴尔虎人等具体工作。

"文化大革命"虽然破灭了朝·都古尔扎布先生考上大学并想当一名化学家的梦想，但是，他通过自己的不懈努力和勤奋劳动，最终实现其为国家和民族奋斗终身的美好愿望，而且也成为一名具有丰硕成果的巴尔虎民俗学家和作家。自1994年以来的近二十年期间，他先后编撰并出版了《巴音巴尔虎》（1994年）、《巴尔虎风俗》（2004年）、《巴尔虎哈日嘎纳

---

[1] 朝·都古尔扎布：《沧桑一粟》，内蒙古文化出版社2013年版，第26—29页。

姓氏书》（2006年）、《巴尔虎传说》（2007年）、《宝格达山祭祀经》（2009年）、《巴尔虎牧民在加拿大》（2009）、《呼伦贝尔巴尔虎》（2009年）、《额尔钦巴图生平》（2011年）、《中国巴尔虎》（2012年）等21本有关巴尔虎历史文化民俗方面的专著或编著，并积极开拓巴尔虎历史文化研究领域，为巴尔虎历史文化研究工作提供了较珍贵的第一手资料。特别是在多年来深入基层，搜集民间民俗学资料基础上编著而成的《巴尔虎风俗》一书中，较系统地阐述巴尔虎蒙古族传统婚俗，为巴尔虎婚俗研究奠定了坚实的基础。

我们主要围绕以下几个问题与朝·都古尔扎布先生进行了深度交谈。

1. 关于巴尔虎传统婚礼程序与仪式问题进行了访谈

朝·都古尔扎布先生给我们详细介绍了巴尔虎传统婚礼程序与仪式。据介绍，自古以来，从求亲仪式到迎亲婚宴结束为止，巴尔虎蒙古族具有较完整的结婚仪式和程序。

第一个仪式：举行求亲和献哈达仪式。新中国成立前，巴尔虎蒙古族有男方父亲或能够代表父亲的男性长辈要到女方家求亲和献哈达习俗。男方父亲骑着马并带着哈达和酒等礼物抵达女方家之后，先用缰绳绊马前腿，然后走进蒙古包并向女方父母请安，然后把随身带来的一瓶酒放在位于西北角的柜子上并将带来的哈达系在西北角的哈那头上，以示求亲之意。然后，男方父亲就坐在炉灶西侧并接受女方家的款待，宴席间男方父亲向女方家长表达前来拜访的意图并恳请女方父母将女儿嫁给他儿子当儿媳。如果女方父母接受了男方求亲请求，双方的婚约就得以成立。迄今为止，巴尔虎蒙古族一直保留着求亲和献哈达习俗，特别是从实施婚姻自由政策以来，通过自由恋爱而定终身的男青年，在其父母与亲人的陪同下，前往女方家举行求亲与献哈达仪式。举行献哈达仪式，一方面要表达对女方父母的尊敬与感激之情，另一方面要表明男方父母对儿子婚姻大事的重视与支持的态度。随着时代的变迁，巴尔虎蒙古族传统求亲和献哈达习俗虽然发生了一些演变，但是举行献哈达仪式，具有确认男女青年之间的恋爱关系，加强双方家长之间的友好往来等现实意义，甚至有利于建立平等、自由、和谐的新型婚姻家庭关系。因此，在改革开放以来的新形势下，巴尔虎蒙古族传统求亲与献哈达仪式已演变成巴尔虎男女青年成亲之前，必须要履行的一项重要婚礼仪式。

据课题组调查显示，新中国成立前巴尔虎人要分开举行求亲和献哈达仪式。首先男方派媒人到女方家求亲，在求亲仪式获得成功之后，男方父亲才亲自去女方家举行献哈达仪式。但是，新中国成立之后，由于男女青年自由恋爱风气的盛行，从前男方派媒人到女方家求亲仪式，已失去其存在的意义。所以男方父母得知儿子有结婚对象之后就亲自领着儿子到女方家，举行求亲与献哈达仪式。实际上，将求亲与献哈达两种仪式合二为一，简化了以往的传统仪式。

第二个仪式：举行商谈彩礼仪式。新中国成立前，巴尔虎蒙古族有女方向男方索要彩礼习俗。献哈达仪式结束之后，男方父亲或长辈要到女方家和女方父母商谈彩礼。女方向男方索要一定数量的银子和牛羊等彩礼之后，将用彩礼为女儿制作头饰和缝制新婚礼服。据朝·都古尔扎布先生介绍，举办婚礼前，女方必须要为女儿准备一套"哈布其格、额箍、后背和胸部垂饰、宇勒、图海、手镯、戒指"等银质头饰和装饰品，而且在新婚典礼上将用这些装饰品装扮新娘。要制作一套新娘装饰品，大概需要3—4个元宝，一个元宝重量为35两或50两，贫困家庭要给出嫁女儿制作一套银质装饰品最少也需要一个元宝。按照巴尔虎传统婚俗，女方给新娘制作头饰和装饰品，缝制新婚礼服等费用，必须从男方送来的彩礼中支出，女方不承担此项费用。新中国成立后，由于废除了封建包办婚姻习俗，商谈彩礼和制作新娘装饰品等巴尔虎传统婚俗也随之消失了。据朝·都古尔扎布先生介绍"现在要制作一套巴尔虎新娘传统装饰品，大概需要十万块钱，过去在哈布其格、额箍、后背和胸部垂饰上镶嵌的珊瑚、玛瑙等宝石都是真品，现在这些真品都已升值，因此现在要制作一套巴尔虎新娘传统装饰品，因造价太高而很难恢复和普及了"。

改革开放以来，随着社会经济文化的快速发展，巴尔虎新娘传统礼服和装饰品也逐渐得到恢复并朝着简单、大方和时尚的方向演进。如20世纪80年代起，在巴尔虎婚礼上，新娘要佩戴银手镯、银戒指、银耳环等传统习俗已得到恢复，但是哈布其格、额箍等首饰因造价昂贵并且不便于佩戴而没有得到恢复。与此同时，巴尔虎新娘穿着对襟长坎肩的传统习俗也得到恢复，但是在坎肩上佩戴的宇勒、镐（佩戴在胸前的装饰品）等银质装饰品则没有得到恢复。

第三个程序：男方准备婚房和生活必需品。按照巴尔虎传统婚俗，男方要搭建新蒙古包并准备婚床、被褥、箱子、柜子、碗桌、厨具等生活必需品。男方搭建新蒙古包框架之后，在亲朋好友的帮助下，举行围裹新蒙古包及祝福新蒙古包仪式。

根据课题组调查显示，巴尔虎人一直到现在还遵循着由男方准备婚房及基本生活用品的传统习俗。在城里生活的巴尔虎人，购买楼房为儿子当作婚房，而生活在牧区的巴尔虎牧民，搭建新蒙古包为儿子当作婚房。如2014年7月18日，课题组到新左旗乌布尔宝力格苏木现场观察了青年牧民敖某的婚礼过程，父母给他搭建新蒙古包并对新蒙古包进行了精装修。据新郎母亲介绍，搭建和装修新蒙古包大概花了4万多元。

图 4-1 新郎敖某的婚房内部摆设

（2014年7月19日婚礼）

图片来源：课题组拍摄（2014年7月）

第四个仪式：女方举行给出嫁女穿超巴和姑娘走亲戚仪式。按照巴尔虎传统婚俗，举办送亲宴会之前，女方要举行给出嫁女穿超巴及走亲戚的仪式，亲朋好友也要设宴款待前来告别的新娘并向新娘赠送礼物，以示祝贺。随着包办婚姻习俗的消失，该习俗在新中国成立初期就已经消失。

第五个仪式：女方举办送亲宴会。新中国成立前，女方父母在婚礼前一天晚上要举办送亲宴会，邀请亲朋好友前来参加送亲宴会。送亲宴会上女方亲朋好友欢聚在一起，通宵饮酒欢歌，用吉祥的语言祝福新娘，用动听的歌声为送亲宴会助兴，并在充满喜庆的气氛中送新娘启程。女方举办送亲宴会的当天晚上，精心打扮的新郎，挎着弓箭、骑上骏马，带着几位骑手深夜赶到女方家并参加女方家的送亲宴会。当男方迎亲队伍来到送亲宴会现场后，女方将举行一系列的送亲仪式，如举行女方父母向新郎新娘献鲜奶，女方亲戚朋友向新郎新娘赠送礼物，新娘父母给出嫁女儿赠送嫁妆等仪式。这些富有民族特色和地方特色的婚俗礼仪一直被传承到现在，直接影响着巴尔虎人的婚姻生活。特别是巴尔虎新娘带着丰厚的嫁妆出嫁的习俗对巴尔虎妇女自信心和自豪感的形成具有巨大的促进作用。课题组在走访时也深刻感受到巴尔虎妇女从内心深处所流露出来的那一份自信心和自豪感。

第六个仪式：男方举办迎亲婚宴。男方首先在亲朋好友的帮助下除了搭建主蒙古包之外，还搭建几座或十几座蒙古包，当作招待婚礼宾客的婚庆场地。男方主蒙古包内接待女方首席胡达及女方母亲、舅舅、叔叔等长辈，女方其他亲戚朋友被安排在其他蒙古包内接受款待。

**图 4-2　举办婚礼前男方搭建的蒙古包**
图片来源：课题组拍摄（2014 年 7 月）

在婚礼前一天晚上，男方将举办家宴款待前来贺喜的亲朋好友。男方举办家宴的另一项内容是前来道喜的亲朋好友为迎亲队伍送行。迎亲队伍将在双方提前约定的吉时从新郎家启程之后，男方其他客人便留下来继续饮酒欢歌，可以开心地通宵娱乐。

婚礼当天早晨，新娘将迎着朝阳从娘家启程，并在提前择定的吉时之内要赶到新郎家。按照传统习俗，新娘抵达新郎家并经过梳妆打扮之后，将举行新婚典礼。与女方送亲宴会相比，男方迎亲婚礼较为隆重，参加婚礼的客人也比较多。男方婚礼也要用奶茶、奶制品、烟酒、手把肉、饺子汤等特色食品款待宾客。新婚典礼最精彩的内容当属新娘拜佛、拜火神、叩拜公婆以及给婆家长辈献茶等仪式。通过上述各项仪式，新郎新娘才能成为正式夫妻。在巴尔虎婚礼上举行的每一项仪式都有其深刻的文化内涵和象征意义。如举行给新娘分头发仪式，一方面标志着由单身姑娘到有夫之妇的身份转变，另一方面象征着新娘要拥有一颗正直善良的心。在选择给新娘分头发之人时，也很有讲究，必须要选择一位与新娘属相相合之人给她分头发，这具有祝福新娘生活顺心、永远幸福安康之含义。举行新娘拜火神仪式，一方面标志着赋予新娘以家庭主妇的责任与义务，另一方面象征着新组建的家庭像火一样兴旺发达。

新婚典礼结束后，男方要重新摆酒席，摆上乌查等特色食品，热情地招待参加婚礼的亲朋好友。双方宾客以杯不落桌、刀不离手地喝酒吃肉，就像过节日一样，尽情地唱歌致祝词，不仅祝福两位新人永远幸福安康，而且还祝福在座的亲朋好友健康长寿、永远幸福。

男方迎亲婚宴在欢乐的气氛中持续一天，太阳要落山的时候，婚宴将进入尾声。女方送亲队伍返程之前，还要喝一碗新娘亲手熬制的第一锅奶茶，它标志着又一个新家庭在草原上诞生。喝完新娘熬制的第一锅奶茶之后，女方送亲队伍便启程并踏上返程之路，男方迎亲婚宴就画上圆满句号。

第七个仪式：举行婚后新娘第一次回门仪式。据朝·都古尔扎布先生介绍，新娘不能在结婚当月就回门，而是要到婚后下一个月的月初才能第一次回娘家。新娘第一次回门时，不用向公婆请求在娘家留宿的天数，但是从第二次回娘家开始，必须向公婆请求在娘家留宿的天数，而且第一次回门之后，新娘在娘家留宿的天数不能超过婚后在婆家住宿的天数。婚后新娘第一次回门仪式的结束，标志着巴尔虎传统婚礼仪式全部结束。

2. 关于20世纪60年代巴尔虎婚俗变迁问题进行访谈

朝·都古尔扎布先生主要以自己的结婚经历为个案，给我们详细介绍了20世纪60年代巴尔虎婚俗变迁的概况。1969年9月28日，朝·都古尔扎布先生与新左旗新宝力格苏木滚布日图嘎查阿瑶西女士举行婚礼，喜结良缘。据朝·都古尔扎布先生回忆，由于他在"文化大革命"中被打成现行反革命分子而耽误了其婚事，他结婚那年已经28岁了，属于大龄青年。当年别说在他们的嘎查或苏木甚至连全旗范围之内都找不到和他同龄的姑娘，所以他认为自己岁数太大而很难找到老婆，甚至萌发了去寺庙当喇嘛的念头。由于老天爷眷顾他，28岁那年他娶上年轻美貌的妻子并成立了幸福美满的家庭，妻子比他小5岁，又是一位人民教师。朝·都古尔扎布先生结婚时，正好是"文化大革命"初期，一方面由于政治运动的影响而禁止举办具有巴尔虎特色的婚礼。另一方面，当时巴尔虎牧民的物质生活水平非常低，没有条件举办隆重的结婚仪式，如当年朝·都古尔扎布先生家共有三口人，生产队每个月给他们家发15元的生活费（即每人5元），这15元钱仅够买粮，保证不饿肚子，因而按照当时的政治要求，朝·都古尔扎布先生在家里举办了一场非常简单的巴尔虎婚礼仪式。他的结婚仪式如下：

第一，婚前搭建了一座新蒙古包。布置新房、买床、买箱子、做一床新棉被等共花了90元。由于家庭经济非常困难，没有条件准备更多的结婚物品，连做一件新蒙古袍的条件都没有，他只好穿着旧棉袍去女方家把新娘接了回来。举办婚礼时，又买了几斤酒，杀了一只羊，并且搭建新蒙古包所花的钱和举办婚礼时所宰杀的一只羊都是生产队给提供的。

第二，婚礼当天早晨，新郎骑着马带着几名骑手去女方家，把新娘接回来了。据朝·都古尔扎布先生回忆，"文化大革命"爆发后，由于禁止举办巴尔虎传统婚礼仪式，巴尔虎年轻人结婚时只能新郎一个人去接新娘。如有一位和朝·都古尔扎布先生同嘎查的小伙，1969年春天结婚时，只有新郎一个人去女方家，念完一段《毛主席语录》之后就把新娘带回来了。但是，到1969年秋天，朝·都古尔扎布先生结婚时形势发生了一些变化，新郎可以带着几名骑手去接新娘。

第三，朝·都古尔扎布先生的婚礼规模很小，有20多个亲戚朋友参加了婚礼。在婚礼上新娘穿上了崭新的民族服饰，新郎则穿着旧棉袍参加了婚礼仪式，并且用奶茶、烟酒、奶制品、手把肉、肉面等巴尔虎传统饮食招待了婚宴宾客。

第四，朝·都古尔扎布先生举办婚礼大概花了200—300元，男方承担60%的费用，女方则承担了40%的费用。新娘父母还给女儿陪送一头奶牛和一匹马作为嫁妆。

第五，据朝·都古尔扎布先生回忆，"文化大革命"以前，基本上按照巴尔虎传统婚礼程序举行结婚仪式。但是，"文化大革命"开始后，由于寺庙和佛像等都被毁坏，传统婚礼习俗被禁止。所以在巴尔虎婚礼上，不能举行新娘拜佛、拜火、叩拜公婆等传统仪式，而且新娘更不能佩戴各种首饰。实际上，在"文化大革命"期间不允许巴尔虎人举办传统意义上的巴尔虎婚礼，而且巴尔虎新娘的传统首饰全被造反派没收了。

3. 关于如何传承和发展巴尔虎传统婚俗问题的访谈

在如何传承和发展巴尔虎传统婚俗方面，朝·都古尔扎布先生提了以下几点建议。

（1）传承和发展具有民族特色的巴尔虎婚俗礼仪。要传承和发展男方向女方献哈达仪式，它象征着青年男女之间的自由恋爱关系得到双方父母的认可，而且也体现了巴尔虎人历来重视儿女婚姻大事的优良传统。要传承和发展女方送亲宴会、男方迎亲婚宴以及婚后新娘第一次回门等传统习俗，这些仪式一方面有利于帮助新郎新娘树立在婚姻家庭关系中的责任和义务意识，另一方面有利于规范人们的婚姻家庭关系。

（2）深刻挖掘每一项巴尔虎婚俗礼仪所蕴含的文化内涵及其价值理念。巴尔虎蒙古族具有较完整的婚俗礼仪，每一项婚俗礼仪都包含着深刻的文化内涵。如女方送亲队伍出发之前，举行新娘父母向新郎新娘献鲜奶仪式；新娘要迎着朝阳从娘家启程仪式；新娘拜火神和叩拜公婆仪式；新娘给参加婚礼的宾客献茶仪式等，这些仪式和礼俗都蕴含着祝福新郎新娘健康长寿、美满幸福等文化内涵，而且通过这些结婚仪式，以潜移默化的形式对新郎新娘实施尊敬长辈、夫妻恩爱、勤俭持家，携手共建美好家庭等思想品德教育，进而促进他们树立正确的婚姻观和家庭观。由此之故，朝·都古尔扎布先生提倡在巴尔虎婚礼上，要认真举行上述这些具有巴尔虎特色的婚礼仪式。

据课题组调查显示，由于在上述婚俗文化的熏陶下，在巴尔虎草原上，曾经涌现出儿子去世后，由儿媳侍候年迈的婆婆并为其养老送终的感人事迹，丈夫去世后，由遗孀抚养丈夫与前妻所生的孩子（由遗孀抚养三个孩子，其中包括亲生的两个孩子和前妻的一个孩子，并把他视为己出）等可歌可泣的事迹。如新右旗杭乌拉苏木苏古尔女士就是这样一位可敬可爱的儿媳。苏古尔女士的丈夫去世之后，她不仅把四个孩子拉扯大，而且还替去世的丈夫尽孝道，侍候婆婆并为她养老送终。

（3）传承和发展巴尔虎服饰文化、巴尔虎饮食文化和巴尔虎婚礼祝赞词与婚礼歌曲等文化艺术。巴尔虎婚礼是传承和发展巴尔虎服饰文化、巴尔虎饮食文化和巴尔虎诗歌等文化艺术的重要平台，要搜集和整理巴尔虎婚俗文化并深入挖掘其内在的文化元素，对地方经济文化的发展具有重要的推动作用。如呼伦贝尔市旅游业的发展，必然要以民族餐饮业的发展为依托，奶茶、奶制品、手把肉或烤全羊、饺子汤是巴尔虎婚礼中最具特色的传统饮食，如果将这些特色食品打造成具有地方特色和民族特色的品牌菜系，将会提升呼伦贝尔市旅游业的文化内涵。如果呼伦贝尔市地方艺术团体将巴尔虎婚礼打造成为舞台艺术剧，以地方特色的文化精品来满足旅游观光者的好奇心，将会有力地推动呼伦贝尔市旅游业的快速发展。

（4）要杜绝在巴尔虎婚宴上出现的铺张浪费等不良现象。改革开放以来，一方面，巴尔虎传统婚俗逐渐得到恢复和发展，进一步增强了巴尔虎人的文化自信心和自豪感；另一方面，随着巴尔虎人物质生活水平的提高和婚礼规模的扩大，在巴尔虎婚俗方面，出现了一些铺张浪费和炫富等不良社会现象，这些不良现象的出现，一方面增加老百姓的经济负担，另一方面阻碍了和谐文明、勤俭节约、求真务实等社会风俗的形成，因而在传承和发展巴尔虎传统婚俗方面，必须要坚决杜绝铺张浪费等不良社会现象的发生。

## 三 民俗学家楚勒特木先生及他视野下的巴尔虎蒙古族婚俗变迁

2014年10月31日夜间，呼伦贝尔市下了一场大雪，11月1日早晨，课题组香梅和乌云一行两个人雇了一辆私人小轿车冒着大雪，克服严寒和路滑等困难赶到新左旗阿木古郎镇参加了著名巴尔虎民俗学家楚勒特木先生的《楚勒特木文集》一书首发仪式。新左旗文联在新左旗党校会议室举行了楚勒特木先生发书仪式，来自海拉尔及新左旗、新右旗、陈旗及其所属各单位和各苏木的100多名专家和图书爱好者参加了此次发书仪式。应邀参加发书仪式的各方代表各抒己见，全面评价和肯定了《楚勒特木文集》一书的内容及其写作价值和意义。发书仪式持续了一上午，中午由楚勒特木先生在酒店设宴款待了参加发书仪式的各方来宾。

课题组两人第二天早晨才找到采访楚勒特木先生的机会，并到他家单独采访了楚勒特木先生和他爱人孟和女士。

楚勒特木，1941年生人，时年74岁，新左旗新宝力格苏木人，他是2001年从新左旗教育局副局长的职位上退休的老干部，又是一位有突出贡献的民族教育工作者。楚勒特木先生自1961年参加工作以来，一直到2001年退休为止，四十余年间勤奋耕耘在民族教育战线上，将自己的全部心血与汗水奉献给党的民族教育事业，为地方民族教育事业的发展做出了重要贡献。楚勒特木先生忠于党的教育事业，由于他在工作上认真务实、勤奋努力、业务精湛、业绩突出，曾多次被授予苏木、旗、盟等各级优秀教师荣誉称号，甚至在1981年曾荣获全国少数民族优秀教师荣誉称号并应邀参加了由内蒙古自治区政府组织的参观首都北京的学习活动。楚勒特木先生又是一位酷爱民族历史文化的民俗学家和文学家，自20世纪60年代以来，在《内蒙古日报》《呼伦贝尔日报》《阿木古郎花》《内蒙古教育》《蒙古语文》等报纸、刊物上公开发表了有关文学、新闻报道、语文教学和蒙古族游牧文化等方面的作品200多篇。特别是在公开出版的《游牧巴尔虎》（2005年由内蒙古文化出版社出版）和《楚勒特木文集》（2013年由内蒙古文化出版社出版）等两部著作中，较系统地介绍蒙古族传统居住文化（即蒙古包的构造及包内所使用的物品等）、饮食文化（即奶制品和肉食品的种类与加工方法）、服饰文化（即巴尔虎服饰的种类与制作方式）、交通工具（即巴尔虎车辆种类与制作方法及马的饲养方法）及游牧经济经营方式（即四季转场游牧及游牧的根源）等游牧生产方式与生活习俗，并且分单独篇幅详细介绍了巴尔虎新娘传统礼服及巴尔虎新娘银质装饰品的款式与制作方式等，为巴尔虎传统婚俗文化的研究提供了较珍贵的第一手资料。他曾担任中国蒙古语研究协会会员、中国少数民族作家协会会员、中国作家协会内蒙古分会会员、内蒙古民俗协会会员、呼伦贝尔市作家协会会员等社会职务。

课题组主要围绕以下几个问题与楚勒特木夫妇进行深度访谈。

1. 首先我们向楚勒特木先生和孟和女士询问了他们的结婚经历

楚勒特木先生与孟和女士于1971年春天举行婚礼并喜结良缘。他们二位的成亲经历可以说是被深深地打上了那个时代的烙印。他们结婚时，楚勒特木先生已经29岁，孟和女士25岁，都属于晚婚，而且他们二位的政治素养和经济条件反差也特别大，按照正常人的思维模式来分析，他们二位是不可能走到一起的。当年孟和女士是刚从扎兰屯农牧学校毕业的年轻貌美的女兽医，每月挣40元工资，出身于贫苦牧民家庭，可以说是根红苗壮，又是家里的独生女，其父亲是新左旗食品公司的工人，每月可挣76元工资，论孟和女士的家庭条件和个人素质，当地算是数一数二的。当年有不少经济条件好、政治素质高的小伙向她表白过爱慕之心，但是都被她拒绝了。相反，楚勒特木先生是一位在"文化大革命"中以分裂祖国和"内人党"的罪名被打倒并被开除公职的人民教师，是被送到新左旗嘎拉布尔苏木巴音乌拉嘎查接受劳动改造的"牛鬼蛇神"，是被剥夺政治权利并与年迈的母亲相依为命的现行反革命分子和阶级异己分子，而且基层生产队每个月只给他发5元的生活费，无论经济条件还是政治背景，楚勒特木先生远远赶不上孟和女士。当楚勒特木先生跌入人生的谷底并受到大家的批判与排斥的时候，孟和女士却相中了他并和他组成了幸福的家庭。各方面条件优越的孟和女士为什么偏偏相中了生活条件差，而且被打倒为现行反革命分子的楚勒特木先生呢？原因很简单，拿孟和女士的话来说，她就相中了楚勒特木先生的人品和才华。在采访中孟和女士给我们讲述了当年她执意要选择楚勒特木先生作为终身伴侣的心路历程：第一，她从小就认识和了解楚勒特木先生。他们二位是新左旗阿木古郎小学的上下级同学，在小学阶段楚勒特木先生是一位非常优秀的学生，他当过班长，担任过红卫兵小、中、大队长和校学生会宣传委员等职务，而且能够积极参加学校文体活动，以出色的表现赢得同学们的喜爱，是众多学生中的佼佼者。在小学阶段，楚勒特木先生通过各项文体活动所表现出来的才华和特长给孟和女士幼小的心灵里留下了深刻的印象。第二，楚勒特木先生是一位老实人，心地善良、品行端正、勤奋肯干，不抽烟不喝酒，这些优秀品质深深地打动了孟和女士的心。第三，孟和女士通过其小学同学布日和（布日和是楚勒特木先生舅家的儿媳）详细了解了楚勒特木先生被冤枉为现行反革命分子的不幸遭遇并相信他早晚有一天会得到平反。第四，他们二位都是从小被别人领养的孩子，都有一段辛酸的童年生活经历，所以都能够了解和体会作为养子内心深处的想法与愿望。总之，在那个艰苦的岁月里，促使相互有好感的两位年轻人克服种种困难，最终能够走到一起的动力，不是什么有钱有势或有房子有车子等外在的、物质的东西，而是他们内心深处所具备的相同的价值观和相似的性格秉性而已。楚勒特木先生与孟和女士在相互喜欢、相互认同对方性格品行的基础上缔结的婚姻关系最终经受住了现实的考验，通过四十余年的艰苦努力，两位老人不仅对家庭尽到孝敬老人抚养子女的责任，而且对社会也承担培养祖国的花朵，并为地方畜牧业经济的发展消除病害的责任与义务，以出色的表现谱写了一段精彩的人生篇章。如今两位老人仍然相互扶持、相互鼓励，继续携手探索和研究民族历史文化的奥妙，力争使晚年生活更加丰富多彩。

　　楚勒特木先生和孟和女士的结婚经历也颇具戏剧性。据他们二位回忆，举办婚礼之前，双方家长已商定了结婚吉日。女方按照商定的结婚吉日举行送亲宴会，举行了各项送亲仪式。但是，由于双方家庭相隔距离较远（男方家住在嘎拉布尔苏木巴音乌拉嘎查，女方家住在塔日根诺尔苏木巴音宝力格嘎查），并且交通又不便，加上遭遇大雪天气，新郎被困在半路上没能按时赶到女方家，给女方造成了很尴尬的局面。女方送亲宴会结束后，第二天中午新郎才带着几名骑手抵达女方家。新娘父母只能重新准备宴席为女儿举办了第二次送亲宴会，用奶茶、奶制品、手把肉、饺子汤等饮食招待婚宴宾客。楚勒特木先生是在全国上下极力反对物质享受、广泛宣传艰苦朴素的生活作风、大力推崇奉献精神的70年代初举办的婚礼。由于当时物质条件的限制，楚勒特木先生家所举办的婚礼非常简单，规模也很小，没有准备多少东西，把旧蒙古包修缮之后作为婚房，并且准备了一张旧床、一套新被褥和一条新毛毯等结婚用品。新娘结婚时只做了一件新羊羔袍，并且携带两条旧褥子、一床旧棉被和一个带补丁的枕头等嫁妆嫁到新郎家，体现了艰苦朴素、不断开拓进取的时代精神。婚后新娘父母给女儿陪送了一头奶牛和几只羊等嫁妆。在新婚典礼上，婆婆给新娘的见面礼是一块衣料，舅公给新娘的见面礼是20元现金，有的亲戚朋友将《毛主席语录》当作新婚贺礼送给了新娘。在楚勒特木先生的新婚典礼上，还出现了亲朋好友只给新娘赠送新婚礼物，而不给新郎赠送礼物的奇怪现象。由于新郎在结婚之前已经被打倒为现行反革命分子而被剥夺了政治权利，并且在当时的巴尔虎婚礼上有不能给反革命分子赠送礼物的规矩，因此在结婚典礼上，作为新郎的楚勒特木自然就失去了接受新婚贺礼的资格。

楚勒特木先生结婚时，由于呼伦贝尔盟通往各旗县的交通并不发达，因而隶属新左旗两个苏木之间的送亲过程颇费了一番周折，按照当今呼伦贝尔市交通运输业的发展水平来测算，开汽车两个小时就能够抵达的路程，当年护送孟和女士的送亲队伍整整走了三天才把新娘送到新郎家，并且在路途中还换乘了长途汽车、火车、骆驼车等几种交通工具。

总之，楚勒特木先生和孟和女士的结婚经历，较客观地反映了20世纪70年代初巴尔虎婚礼的大致概况，婚礼程序主要包括女方送亲宴会，新郎带着几名骑手前来女方家接亲，女方派几个人送新娘，男方迎亲婚宴等仪式。但是受极"左"路线的影响和经济条件的限制，他们的婚礼规模很小、婚庆过程也比较简单，没有举行新娘拜佛、拜火神等仪式，新娘携带的嫁妆也特别简朴，送亲过程也特别艰难。甚至，当时他们的婚姻生活也引来社会各方面的非议，例如为什么条件这么好的姑娘要嫁给一个现行反革命分子呢？她受骗上当了吧？她的阶级立场不够坚定等，虽然这些社会舆论对他们的婚姻生活造成一些负面的影响，但是没能动摇两颗相爱的心，他们相亲相爱、相互支持、相互鼓励，以乐观向上的心态去面对生活，以坚强的意志去克服种种困难与挫折，并用勤劳的双手去创造幸福美满的家庭生活。

2. 关于巴尔虎传统婚俗的变迁问题进行访谈

楚勒特木先生向我们介绍了巴尔虎传统婚俗变迁的概况。

（1）楚勒特木先生认为当今的巴尔虎婚礼习俗，由于深受外来文化的影响，其民族特色逐渐被淡化。特别是随着城镇化的发展，巴尔虎人开始接受在城镇酒店举办婚礼的形式，按照婚礼仪式，新郎新娘身着西装与婚纱并举行互送信物、互相拥抱及喝交杯酒等，从而严重弱化了巴尔虎婚礼特有的民族特色。针对巴尔虎婚俗礼仪所面临的困境，楚勒特木先生提出了几点建设性的意见：第一，要传承和发展巴尔虎婚礼的程序和仪式，突出巴尔虎婚礼的地方特色。第二，要传承和发展祭拜火神、叩拜公婆、致祝词、唱民歌等巴尔虎婚礼特有的文化元素，保持巴尔虎婚礼的民族特色。第三，通过开展形式多样的文化娱乐活动，挖掘巴尔虎婚俗固有的艺术性和娱乐性，加以突出巴尔虎婚礼的文化特色。

（2）楚勒特木先生认为目前在巴尔虎婚礼习俗中，普遍存在着互相攀比婚礼规模与档次，并铺张浪费等不良现象。同时，讲究随礼金之礼，使纯朴的巴尔虎婚俗礼仪由此具有了商业文化的色彩。

3. 关于如何传承和发展巴尔虎传统婚俗问题进行访谈

关于如何传承和发展巴尔虎传统婚俗方面，楚勒特木先生提出了以下两点建议：第一，要传承巴尔虎婚俗所固有的尊老爱幼、互相尊重、互相帮助、平等自由、规范有序等思想理念，并通过举行新郎新娘祭拜火神、叩拜父母、向长辈敬酒等仪式，加以体现其内在的价值理念。第二，在表现形式上，通过展示服饰文化及致祝词唱民歌等形式，突出其艺术性和观赏性，使得参加婚礼的宾客们了解和体会巴尔虎婚礼的文化精髓和艺术内涵。这样才能遏制在巴尔虎婚礼中出现的追求物质享受及相互攀比等不良现象。

据课题组调查显示，一直到20世纪90年代初，牧区巴尔虎婚礼上并没有随礼金的习俗，仍遵循着亲戚朋友向新郎新娘赠送礼物（衣料、箱子、毛巾、暖瓶、脸盆等）的古老习俗，其意义在于给新组建的家庭添枝加叶，以此来传递新郎新娘在亲戚朋友的支持与帮助下成家立业的思想理念。正所谓婚事为"两人商量，二十人办成"这句巴尔虎民间谚语，较客观地反映了青年男女在亲朋好友的帮助下成家立业的传统。

## 第二节　20世纪六七十年代巴尔虎蒙古族婚俗变迁

### 一　择定结婚吉日和邀请婚宴宾客习俗的变迁

1. 择定结婚吉日习俗的变迁

巴尔虎人择定结婚吉日习俗的变迁因受萨满教、藏传佛教及新中国成立以来各项民主改革运动的影响而经历了三个不同的发展阶段。

第一阶段：受萨满教文化影响的结婚吉日。巴尔虎人接受藏传佛教之前的远古时期，具有找萨满看卦并择定结婚吉日的习俗。巴尔虎人自古以来就信奉萨满教，所以在日常生活当中有选择吉日以举行祭名山大湖、祭天地、祭祖先、祭敖包等宗教活动。其中敖包祭祀活动一直延续到现在，敖包分为旗敖包、苏木敖包、氏族敖包三种。祭敖包时，场面非常隆重、严肃、认真、欢快。由萨满主持敖包祭祀活动，祭祀品有整羊、奶制品、酒、点心、哈达等。藏传佛教传入巴尔虎地区之后，藏传佛教逐渐在意识形态领域占主导地位并逐渐取代萨满从事各项宗教信仰活动，从此敖包祭祀活动也由喇嘛来主持。例如呼伦贝尔境内著名的宝格德乌拉山敖包祭祀活动，经历二百多年的祭祀岁月，现已发展成为具有固定祭祀时间、祭祀程序、祭祀礼俗的文化活动。新中国成立前，每年农历五月十三日由呼伦贝尔副都统和下辖的五翼官员主祭，农历七月初三由新巴尔虎左右两翼民间祭祀。如今在呼伦贝尔境内发现的宝格德乌拉山（位于新右旗首府所在地阿拉坦额莫勒镇南53千米处，海拔922.3米，方圆20千米）、毛盖图山（位于新右旗首府所在地阿拉坦额莫勒镇东北75千米处，海拔696米，周长15千米，是正黄旗即额尔敦乌拉、达赉、达赉准三个苏木祭奠之山。祭奠日期为每年农历七月初三）等敖包祭祀遗址是巴尔虎人自古以来信奉萨满教的历史见证。萨满教对巴尔虎人的婚姻习俗也产生了深远的影响。巴尔虎人为儿女举办婚礼时，非常看重选定吉日，选择良辰吉日以举行婚礼被视为关系到儿女婚后生活是否美满幸福的大事，因而巴尔虎人为儿子娶亲时，首先要找一位有名望的萨满进行占卜并择定吉日，然后才去女方家，与女方家长商定结婚吉日。巴尔虎人由于受萨满教文化的影响，通常选择万物复苏的春天或丰收富足的金秋举办婚宴，并且选择太阳刚升起的吉祥时刻和一天当中最吉利的时辰，举行新娘从娘家启程和新娘拜火神、叩拜公婆等各项仪式。巴尔虎人选择吉日以举办婚礼的风俗，具有祝愿两位新人永远幸福、安康等象征意义。

　　第二阶段，受藏传佛教文化影响的结婚吉日。藏传佛教在巴尔虎地区盛行之后，巴尔虎人接受了找喇嘛看卦并选定结婚吉日的习俗，这是新中国成立前巴尔虎人择定结婚吉日的主要方式。1578年，土默特部的俺答汗与藏传佛教格鲁派领袖索南嘉措在青海察卜齐雅勒庙举行会面，双方结成政治同盟后，藏传佛教再度传入蒙古地区。从此驻牧于青海的巴尔虎人开始接受了藏传佛教。从17世纪中叶满族入关后，在清朝统治阶级和蒙古王公贵族的扶持下，藏传佛教在蒙古各部得到快速传播并出现了一大批蒙古僧侣和喇嘛寺庙。经过300多年的传播和发展，藏传佛教已渗透到蒙古社会政治、经济、文化和思想等各个领域，对蒙古社会的发展产生了深远的影响。巴尔虎蒙古族也深受藏传佛教影响，除了少数陈巴尔虎人仍在坚持信奉萨满教之外，其他巴尔虎人全部成为虔诚的藏传佛教信徒。1734年（雍正十二年）7月，共有2984名巴尔虎兵丁及家属由喀尔喀蒙古迁入呼伦贝尔，其中就有157名巴尔虎喇嘛随同迁来呼伦贝尔，该数据足以说明18世纪初巴尔虎人已经由原来的萨满教信徒转变为喇嘛教信徒的事实。19世纪末，陈巴尔虎人开始信奉藏传佛教，但是仍以萨满教为主，"新中国成立前夕，陈巴尔虎旗境内巴尔虎人的萨满共有80余人"[1]。

巴尔虎人迁入呼伦贝尔后，藏传佛教在巴尔虎蒙古人当中得到广泛传播并渗透到巴尔虎蒙古人生活的方方面面，例如巴尔虎人在日常生活中迁徙、出远门、结婚、盖新房、祭敖包、看年景等都有请喇嘛卜凶问吉的习俗，遇有生老病死和婚丧嫁娶等大事也会请喇嘛念经，以求神的保佑。因此崇佛敬僧便成为巴尔虎人重要的生活习惯。

新中国成立前新巴尔虎右翼各旗、各苏木都有自己的喇嘛庙，富裕人家甚至有自己的寺庙。在史册上记载的寺庙共有14座：[2]

（1）正红旗庙，1829年建在克鲁伦河南岸，额日合图乌拉东侧。

（2）正红旗二苏木庙，1830年建在呼伦湖南岸的呼和道布。

（3）正红旗三苏木庙，1829年建在克鲁伦河南岸塔林陶勒盖处。

（4）镶蓝旗旗庙，1802年建于贝尔湖北岸。

（5）镶蓝旗一苏木庙，1927年建在贝尔湖北岸旗庙旁。

（6）镶蓝旗二苏木庙，1815年建在乌尔逊河西岸河套中。

（7）镶蓝旗三苏木庙，1823年建在贝尔湖北岸旗庙旁。

（8）正黄旗旗庙，1865年建在克鲁伦河北岸尼古花平原上。

（9）正黄旗一苏木庙，1815年在呼伦湖北岸，哈日敖包图南侧。

（10）正黄旗二苏木庙，1854年建在克鲁伦河南岸的那木格陶勒

---

[1] 王召国主编：《陈巴尔虎旗志》（1949—1990年），内蒙古文化出版社1998年版，第133页。

[2] 巴·哈斯、额尔德尼朝古拉主编：《新巴尔虎右旗志》（1949—1990年），内蒙古文化出版社2004年版，第101—103页。

盖处。

（11）正黄旗三苏木庙，1829年建在克鲁伦河南岸塔林陶勒盖处。

（12）镶红旗一苏木庙，1792年建在宝格德乌拉山南阿拉坦希那嘎北面。

（13）镶红旗二苏木庙，1805年建在乌兰布拉格起源上部。

（14）镶红旗三苏木庙，1817年建在宝格德乌拉山南，德林敖包北侧。

上述这些寺庙大部分在"文化大革命"中遭到破坏。

新中国成立前新巴尔虎左翼各旗、各苏木也都有自己的喇嘛庙，富裕人家甚至有自己的寺庙。在史册上记载的寺庙共有11座[①]：

（1）甘珠尔庙，1775—1784年间建在新左旗阿木古郎宝力格苏木。毁于1966年，共存183年。

（2）阿尔山庙，1925年建于新左旗阿木古郎镇。

（3）铜钵庙，是正白旗庙，建于1785年，毁于1966年，共存182年。

（4）白音查干庙，是镶白旗庙，建于1792年，毁于1966年，共存174年。

（5）乌布尔宝力格庙，是正蓝旗庙，建于1803年，毁于1966年，共存163年。

（6）营庙，是镶黄旗贵苏乐格家族庙，建于1861年，毁于1951年，共存90年。

（7）那木古儒庙，是镶黄旗庙，建于1806年，毁于1966年，共存160年。

（8）额布都格庙，是正白旗第一佐庙，建于1862年，毁于1966年，共存104年。

（9）将军庙，是新巴尔虎左翼庙，建于1887年，毁于1952年，共存65年。

（10）拉兰巴庙，是镶白旗第一座庙，建于1933年，毁于1957年，

---

① 吴玉霞、彭全军主编：《新巴尔虎左旗志》（1949—1996年），内蒙古文化出版社2002年版，第86—88页。

共存 25 年。

（11）来隆庙，是呼伦贝尔庙，建于 1942 年，毁于 1950 年，共存 9 年。

新中国成立前陈旗在史册上记载的寺庙只有 1 座：于光绪四年（1878 年）正式建成的达西达日扎楞庙，坐落在今旗首府所在地巴音库仁镇中心，成为藏传佛教在陈巴尔虎地区战胜萨满教的重要标志之一。

新中国成立前，随着巴尔虎草原上佛教寺庙的陆续建成，受到戒律而做喇嘛的人数也逐年增加，1734 年新巴尔虎蒙古族从今蒙古国境内迁入呼伦贝尔时只有 157 名喇嘛，到 1945 年仅新右旗喇嘛人数就增加到 1162 名。据史料记载："1952 年 7 月，呼伦贝尔境内有喇嘛寺庙 20 座，其中新右旗 6 座、新左旗 10 座、陈旗 1 座、索伦旗（今鄂温克族自治旗）3 座。全盟有喇嘛 1463 人，其中新右旗 649 人、新左旗 669 人、陈巴尔虎旗 21 人、索伦旗 124 人。喇嘛人数占当时牧业四旗总人口的 19%。"[1] 可见藏传佛教在呼伦贝尔牧民当中受到重视与敬仰的程度。

20 世纪 50 年代开始，呼伦贝尔地区藏传佛教的宗教活动明显减少，有的喇嘛还俗并娶妻过上了普通人的生活。1966 年"文化大革命"爆发后，喇嘛教的宗教活动被迫停止，大部分寺庙都被毁坏。中共十一届三中全会以后，根据党的宗教政策，在呼伦贝尔盟境内开放了部分喇嘛庙，使得藏传佛教得以恢复和发展。例如开放了新右旗的达喜朋思格庙、新左旗的阿尔山庙等，2003 年 7 月 18 日，重建后的甘珠尔庙举行了隆重的开光仪式，使这座具有 200 多年历史的佛教圣地恢复了往日的风光。至 2005 年，"新巴尔虎右旗有 3 个佛教活动场所，全旗有喇嘛 20 人，佛教信徒有 2000 余人"。[2] "新巴尔虎左旗有 2 个佛教活动场所"。[3]

从上述史料内容来看，18—19 世纪是藏传佛教在巴尔虎蒙古族中得到广泛传播和快速发展的鼎盛时期，特别是 19 世纪在巴尔虎地区出

---

[1] 宇·蒙赫达赉、阿敏：《呼伦贝尔萨满教与喇嘛教史略》，民族出版社 2013 年版，第 366 页。

[2] 巴·哈斯、额尔德尼朝古拉主编：《新巴尔虎右旗志》（1949—1990 年），内蒙古文化出版社 2004 年版，第 87 页。

[3] 吴玉霞、彭全军主编：《新巴尔虎左旗志》（1949—1996 年），内蒙古文化出版社 2002 年版，第 105 页。

现了一大批蒙古僧侣和喇嘛寺庙，并且对巴尔虎人的思想文化及民风民俗等产生了深刻影响。故此，巴尔虎传统婚俗深受佛教文化的影响并在其具体程序和仪式当中充分体现了佛教文化的色彩。例如男方派媒人到女方家求亲时，首先向女方供奉的佛像献哈达以示敬重；巴尔虎人通过献哈达仪式来确认青年男女之间的婚约，献哈达仪式包含着在佛像前约定婚约之意；巴尔虎青年男女定亲之后，女婿在其父母和首席胡达的带领下前往女方家拜见岳父岳母，女婿首先要拜女方家供奉的佛像，然后才叩拜未来的岳父岳母；新娘进婆家之门后，首先要拜婆家供奉的佛像，然后才举行拜火神和叩拜公婆等仪式。在巴尔虎婚礼上举行的新娘拜佛仪式，具有新娘要遵守婆家的规矩与礼俗等含义。"蒙古人受喇嘛教的影响，平常有忌时之说，一般每月的初一、初五、初十、十五、二十等为白日；初二、初四、初六、十二、十六、二十六等为黑日。白日主吉，可以从事法事、修殿、盖房、举行婚礼、商谈生意等各种活动；黑日主凶，一般忌谈论上述事宜或出门办大事等。"[①] 巴尔虎人也深受忌时之说影响，为儿女操办婚礼时，首先要找高僧喇嘛算卦并择定结婚吉日，按照喇嘛算卦的良辰吉日以举办新婚典礼，以示祈求新婚夫妇婚后生活吉祥、平安、幸福、顺心等之义。

由于巴尔虎人深受藏传佛教的影响，迄今为止还保留着找人看日子或找喇嘛看卦并择定结婚吉日的传统习俗。据课题组调查显示，该习俗仍然为民间所保留，它已演变成为满足巴尔虎人祈求平安、健康、吉祥、幸福等心理需求的一种文化象征。

第三阶段，受民主改革运动影响的结婚吉日。新中国成立后，在各项民主改革运动的影响下，巴尔虎人择定结婚吉日的方式也呈现出多元化的趋势。特别是 60 年代以来，由双方父母协商决定儿女结婚日子的方式，逐渐演变成最主要的择定方式。例如从事畜牧业生产的巴尔虎男女青年结婚时，双方父母主要根据牧业生产的空闲时间来择定结婚吉日；在行政事业单位工作的男女青年结婚时，双方父母主要根据节假日来择定儿女的结婚吉日；随着由双方父母协商决定儿女结婚吉日方式的普及，请喇嘛看卦并

---

① 李·蒙赫达赉、阿敏：《呼伦贝尔萨满教与喇嘛教史略》，民族出版社 2013 年版，第 470 页。

择定结婚吉日的方式，演变为次要方式，更加突出了社会大众的主体作用。新中国成立以来，还出现由当事人自主决定结婚吉日的新方式，进一步强化了婚姻当事人的主体作用。由此可见，巴尔虎人择定结婚吉日方式也随着时代的变迁而发生演变，并呈现出朝着多元化方向演进的趋势。

表 4-1　　　　　　　巴尔虎人择定结婚吉日方式的变迁

| 结婚时间（年） | 案例（个） | 找喇嘛择定结婚吉日（个） | 双方家长商定结婚吉日（个） | 自己选定结婚吉日（个） | 备注 |
| --- | --- | --- | --- | --- | --- |
| 1950—1959 | 6 | 1 | 1 | 4 | |
| 1960—1969 | 12 | 5 | 7 | | |
| 1970—1979 | 17 | 3 | 12 | 2 | "文化大革命"期间，找喇嘛择定结婚吉日习俗基本上消失了。 |
| 1980—1989 | 27 | 11 | 14 | 2 | "文化大革命"结束后，找喇嘛择定结婚吉日习俗逐渐得到恢复。 |
| 1990—1999 | 14 | 5 | 7 | 2 | |
| 2000—2015 | 9 | 3 | 5 | 1 | |
| 合计 | 85 | 28 | 46 | 11 | |
| 百分比 | 100% | 32.94% | 54.11% | 12.94% | 在陈巴尔虎人当中找喇嘛择定结婚吉日的案例很少，因为陈巴尔虎人接受藏传佛教的时间较晚，并且其影响也不深。 |

根据表 4-1 内容，新中国成立以来巴尔虎人择定结婚吉日的方式已发生根本性的变化，以双方家长商定结婚吉日为主，找喇嘛择定结婚吉日为辅。其中新巴尔虎人仍保留着找喇嘛择定结婚吉日的传统习俗，而陈巴尔虎人基本通过双方家长商谈的方式来选定结婚吉日。"文化大革命"时期，由于藏传佛教被禁止，喇嘛庙被毁坏，喇嘛被迫还俗等原因，巴尔虎人也被迫放弃了找喇嘛择定结婚吉日的习俗。但是，从表 4-1 内容来看，改革开放以来，特别是从 20 世纪 80 年代以来找喇嘛择定结婚吉日的习俗逐渐得到恢复并演变成为满足巴尔虎人祈求平安、健康、吉祥等心理需求的一种文化象征。

2. 邀请婚宴宾客习俗的变迁

从前巴尔虎人确定结婚吉日之后，男女双方各自选派自家直系亲属

（叔伯或兄长），按照从近到远和从左到右的规矩，邀请所有的亲戚、朋友和左邻右舍，届时前来参加婚礼。邀请时要以巴尔虎人独特的请安方式请安，同时递上鼻烟壶（烟袋或香烟），然后向他传达婚宴宴请："某某哈拉的某某于某年某月某日举办为子娶妻（或嫁女）之喜宴，请您届时光临"，并详细说明举办婚礼的地点。邀请婚宴宾客时，忌讳在路上或室外邀请，因为巴尔虎人将这种行为视为不尊重对方。

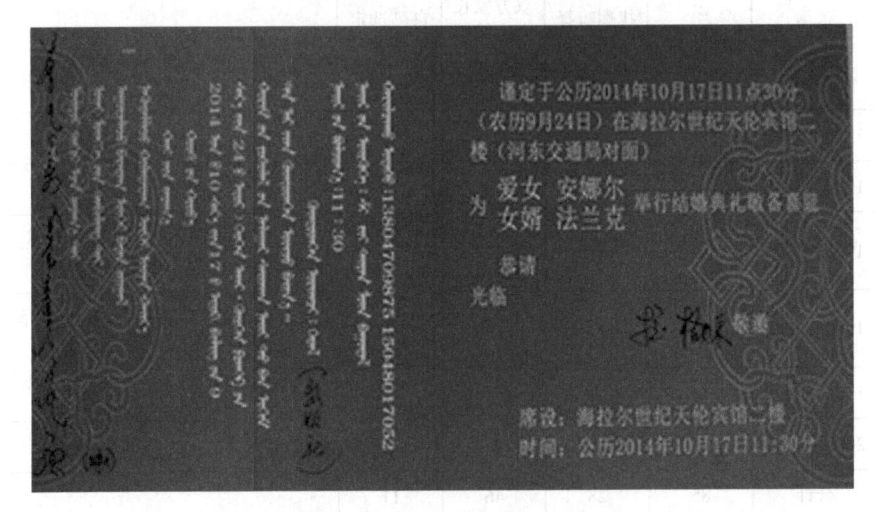

**图 4-3　精心设计的巴尔虎婚礼请帖**
图片来源：课题组拍摄（2015 年 4 月）

随着现代通信技术和广告媒体业的发展，巴尔虎人邀请婚宴宾客的方式也发生了变化，特别是从 20 世纪 90 年代以来，随着电话和手机等现代通信工具的普及，新兴通信工具被广泛利用于人际交往中，进而通过打电话的方式邀请婚宴宾客已发展成为一种新兴的邀请方式。进入 21 世纪以来，特别是随着广告媒体业的发展，通过发请帖的方式邀请婚宴宾客已演变成为最主要的邀请方式。邀请人首先选择一份精心设计的请帖，并用蒙古文或蒙汉两种语言书写邀请书，详细填写举办婚礼的时间和地点并在请帖上签上邀请人的姓名和联系电话，然后派人把婚礼请帖送到被邀请者手中。这种邀请方式更加方便、有效，不仅有利于邀请者向被邀请者传达准确的婚宴信息，而且便于双方之间的联系和交往。

## 二 20世纪60年代巴尔虎蒙古族婚姻习俗的变迁

### （一）60年代结婚的巴尔虎青年人婚礼基本信息

表 4-2　60 年代结婚的巴尔虎青年人婚礼状况（一）

| 序号 | 结婚时间 | 姓名 | 性别 | 年龄 | 职业 | 配偶 | 年龄 | 职业 | 送亲工具 | 结婚费用 | 参加婚礼人数 |
|---|---|---|---|---|---|---|---|---|---|---|---|
| 1 | 1960年 | 乌某 | 女 | 78 | 牧民 | 图某 | 84 | 牧民 | 马匹 | 200元 | 20多人 |
| 2 | 1960年 | 苏某 | 女 | 75 | 干部 | 扎某（已去世） | 75 | 干部 | 无 | 200元 | 30多人 |
| 3 | 1960年 | 边某 | 女 | 73 | 干部 | 道某（已去世） | 75 | 干部 | 马匹 | 1000元 | 15多人 |
| 4 | 1961年 | 巴某 | 女 | 72 | 无 | 官某 | 77 | 教师 | 马匹 | 400元 | 30多人 |
| 5 | 1962年 | 央某 | 女 | 70 | 牧民 | 嘎某 | 72 | 干部 | 马匹 | 400元 | 10多人 |
| 6 | 1962年 | 沙某 | 女 | 71 | 牧民 | 阿某 | 72 | 牧民 | 马匹 | 300元 | 30多人 |
| 7 | 1962年 | 吉某 | 女 | 74 | 牧民 | 巴某 | 76 | 干部 | 马匹 | 400元 | 20多人 |
| 8 | 1966年 | 道某 | 女 | 65 | 牧民 | 赛某 | 75 | 干部 | 马匹 | 300元 | 20多人 |
| 9 | 1966年 | 扎某 | 女 | 68 | 牧民 | 宝某 | 70 | 干部 | 马匹 | 300元 | 20多人 |
| 10 | 1968年 | 玛某 | 女 | 69 | 教师 | 彭某 | 76 | 干部 | 马匹 | 300元 | 20多人 |
| 11 | 1968年 | 苏某 | 女 | 72 | 干部 | 邦某（已去世） | 75 | 干部 | 无 | 300元 | 20多人 |
| 12 | 1969年 | 阿某 | 女 | 68 | 教师 | 都某 | 73 | 干部 | 马匹 | 300元 | 20多人 |
| 平均 | | | | | | | | | | 366元 | 21人 |

表 4-3　60年代结婚的巴尔虎青年人婚礼状况（二）

| 序号 | 结婚时间 | 女子结婚年龄 | 男子结婚年龄 | 婚房 | 婚礼举办地 | 家庭住址 | 新娘嫁妆 计算单位：羊 |
|---|---|---|---|---|---|---|---|
| 1 | 1960年 | 23 | 29 | 蒙古包 | 牧区 | 陈旗西乌珠尔苏木 | 1头奶牛、3件蒙古袍 |
| 2 | 1960年 | 21 | 21 | 蒙古包 | 牧区 | 新右旗宝格达乌拉苏木 | 几件蒙古袍 |
| 3 | 1960年 | 19 | 21 | 蒙古包 | 牧区 | 新右旗杭乌拉苏木 | 1头牛、1匹马、四季服饰、1辆箱车、镶日格尼格车辕和银手镯 |
| 4 | 1961年 | 19 | 24 | 蒙古包 | 牧区 | 海拉尔区 | 几件蒙古袍，婆家给新娘赠送了金戒指 |
| 5 | 1962年 | 18 | 20 | 蒙古包 | 牧区 | 新右旗赛罕塔拉苏木 | 1头奶牛、4件蒙古袍 |
| 6 | 1962年 | 18 | 20 | 蒙古包 | 牧区 | 新左旗塔穆公社 | 3头奶牛、1辆箱车、四季服饰 |
| 7 | 1962年 | 22 | 24 | 蒙古包 | 牧区 | 新右旗阿拉坦额莫勒镇 | 3头牛、10只羊、缎面蒙古袍 |
| 8 | 1966年 | 17 | 27 | 蒙古包 | 牧区 | 新右旗宝格达乌拉苏木 | 四季服饰 |
| 9 | 1966年 | 20 | 22 | 蒙古包 | 牧区 | 新右旗阿拉坦额莫勒镇 | 1匹马、四季服饰、新娘有金戒指 |
| 10 | 1968年 | 22 | 29 | 平房（单） | 苏木所在地 | 新左旗阿木古郎镇 | 四季服饰 |
| 11 | 1968年 | 25 | 28 | 蒙古包 | 牧区 | 陈旗东乌珠尔苏木 | 1件羊羔新婚礼服（新娘新婚礼服） |
| 12 | 1969年 | 23 | 28 | 蒙古包 |  | 海拉尔区 | 1匹马、1头牛、四季服饰 |
| 平均 |  | 20.5 | 24.4 |  |  |  | 说明：1头牛或1匹马相当于7只羊。新娘平均嫁妆：8只羊（其中不包括四季服饰） |

## （二）60 年代巴尔虎蒙古族婚姻习俗的变迁

课题组根据上表 4-2 和 4-3 内容和课题组所采访到的具体案例来分析和阐述 60 年代巴尔虎蒙古族婚姻习俗的变迁概况。在整个 60 年代，巴尔虎人将婚姻自由，男女权利平等、一夫一妻制等现代婚姻观念全面贯穿于婚姻家庭关系当中，有力地促进了巴尔虎传统婚姻习俗的变迁。60 年代的巴尔虎婚礼，既保留了巴尔虎传统婚礼的基本程序，又吸收了一些具有时代特色的新元素。例如男女青年自由恋爱之后，在双方家长的帮助下举办具有民族特色的巴尔虎婚礼并喜结良缘。在结婚吉日的选择上，以双方家长商定为主，找喇嘛看卦为辅。在结婚典礼上，不仅要演唱巴尔虎传统民歌，而且还要演唱新时代的创作歌曲等。但是，"文化大革命"爆发后，由于受"左"倾路线的影响而形成了新郎新娘向毛主席画像行礼，并在婚宴上演唱革命歌曲等具有时代色彩的新式婚礼仪式。60 年代的巴尔虎婚俗变迁主要体现在以下几个方面。

1. 60 年代的巴尔虎婚礼基本上遵从了传统婚礼习俗，牧区蒙古包仍然是举办婚礼的重要场所。60 年代的巴尔虎婚礼要按照以下程序进行：第一，婚礼前一天晚上，女方举办送亲宴会。第二，婚礼前一天晚上，男方也举办家宴，招待前来贺喜的亲朋好友并派首席胡达等几个人前往女方家与女方父母商定新郎抵达女方家的时辰及新娘从娘家启程的吉时。第三，婚礼前一天晚上，男方迎亲队伍在双方商定的时辰之内要赶到女方家，按首席胡达、婚礼司仪、新郎、伴郎等辈分高低的顺序进入女方蒙古包并靠右边哈那入席，首席胡达要坐在北面的尊位席上。男方宾客接受女方热情款待之后，男方将随身带来的糖、点心和奶制品等食品摆在女方宴席桌上的盘里并举行向女方亲朋好友敬酒、献奶食品等仪式。第四，在送亲宴会上，女方亲朋好友聚集在一起，一边为将要出嫁的女儿致祝词唱民歌，祝福她永远幸福安康，一边饮酒唱歌，在轻松愉快的气氛中，大家能够尽情地娱乐到深夜。在 60 年代的巴尔虎婚礼上，除了演唱《陪嫁的栗色马》《肥壮的白马》《长颈枣红马》《明亮的太阳》《辽阔的草原》等巴尔虎传统民歌之外，还演唱《猎人巴图胡》《珍贵的手帕》《黄岩》等具有代表性的新时代创作歌曲。到第二天拂晓之时，女方将重新摆酒席并举行父母向新郎新娘献鲜奶，父母与长辈等向新娘赠送礼物等送亲仪式，较隆重地送女儿出嫁。仪式结束之后，新娘将迎着朝阳从娘家启程，在亲朋好友的护送下向新郎家前行。第五，男方举办迎亲婚礼。女方送亲队伍抵达男方家之后，男方要设宴款待女方送亲人员。酒过三巡之后，男方将举行新娘拜佛、拜火神、叩拜公婆、给婆家长辈献茶等一系列的结婚仪式，这些仪式标志着新娘由小姑娘到小媳妇的身份转变。礼毕之后，男方迎亲婚宴将进入大家尽情欢歌、饮酒对歌的联欢阶段。男方迎亲婚宴将持续到傍晚，送走婚宴宾客之后，男方迎亲婚礼才算画上圆满的句号。第六，新娘母亲陪着新婚女儿在新郎家住三天。第七，婚后第三天新娘父亲启程到新郎家看望新婚女儿。第八，婚后新娘第一次回门。从上述一系列的仪式和程序来看，60年代的巴尔虎婚礼仪式，基本上传承了巴尔虎传统婚礼习俗。

1966年"文化大革命"爆发后，由于受"左"倾路线的影响，巴尔虎传统婚礼习俗也发生了演变。如在"文化大革命"前的巴尔虎婚礼上，仍保留着给新娘分头发，新娘拜佛、拜火神、叩拜公婆等传统仪式。但是，"文化大革命"爆发后，给新娘分头发，新娘拜佛、拜火神等具有巴尔虎传统文化特色的婚礼仪式，因被视为具有封建性的陋习而受到禁止，进而新郎新娘向毛泽东画像行礼、讲述恋爱经历以及婚宴宾客们演唱革命歌曲等新式婚礼仪式开始盛行，从而改变了巴尔虎婚礼所固有的文化内涵和民族特色。

2. 60年代的巴尔虎人仍保留着由男方准备婚房、婚床、被褥、箱子、碗桌、厨具等生活必需品，由女方准备新娘新婚礼服及四季服饰等传统婚姻习俗。从表4-3所示内容来看，每一位巴尔虎姑娘出嫁时，不仅不向男方索要彩礼，而且还带着四季服饰、马牛羊等少量嫁妆嫁到婆家。60年代的巴尔虎新娘所携带的嫁妆平均为8只羊，其中不包括四季服饰，由于受当时社会经济条件的限制，女方向出嫁女儿陪送的嫁妆数量非常有限，但是嫁妆所包含的意义则远远超过嫁妆本身，其中包含着重视妇女权利，提倡男女权利平等进步思想。从50年代初至今，巴尔虎人一直遵循着女方不但不向男方索要彩礼，反而给出嫁女儿陪送嫁妆及男女双方共同承担结婚费用等新式婚礼习俗，这是巴尔虎婚俗顺应时代潮流而发生演变的重要标志，也是巴尔虎婚俗区别于其他地区婚俗的重要特征之一。

3. 60年代的巴尔虎婚礼上，较完整地保留着巴尔虎传统服饰文化和饮食文化。在新婚典礼上除了新郎新娘穿着巴尔虎传统服饰之外，其他亲朋好友也穿着民族服饰参加婚礼，并且用奶茶、奶制品、烟酒、手把肉、肉面汤等具有民族特色的饮食招待婚宴宾客。上表4-2所示12对结婚案例中，只有两位新娘在结婚时佩戴了金耳环和银手镯等首饰，而其他新娘没有佩戴金银首饰，由此可见，60年代的巴尔虎婚礼上，已经不太重视新娘要佩戴金银首饰之类的习俗了。特别是"文化大革命"爆发后，巴尔虎新娘结婚时要佩戴传统头饰或装饰品等习俗被当作封建腐朽的陋习而备受批判，甚至遭到没收或彻底毁坏。

4. 60年代的巴尔虎婚礼有规模小、花销少等特点。从表4-2所示内容来看，参加婚礼的宾客，基本上局限于亲戚和左邻右舍等狭小的范围之内，婚礼规模不大，参加婚礼的平均人数为21人，最多也不超过30人，由此可见，60年代的巴尔虎婚礼规模并没有超出亲戚朋友和左邻右舍的范围。当时新郎新娘在婚前分别做一件新蒙古袍和一套新被褥就可以举办婚礼，表4-3的12对结婚案例中，有11对新人婚后与男方父母生活在一起。他们结婚时都没有条件搭建新蒙古包，而是把旧蒙古包进行修缮之后充当婚房。这些老人被询问结婚时花费多少钱时，他们的回答基本上一致，都回答说："没花多少钱，大概花了200—300元钱吧！"那时候举办婚礼的主要开销是购买烟酒、糖果以及点心等食品，从表4-2统计数据来看，60年代的巴尔虎婚礼平均花了366元钱，婚礼费用特别少。当年巴尔虎牧民家里都饲养着十多只私留羊，要在婚礼上宰杀1—2只羊来招待婚宴宾客并不需要花钱，参加婚礼的亲朋好友向新郎新娘赠送衣料、枕巾等小礼物也不需要花很多钱，牧民群众还骑着自己的马匹送新娘，所以在送亲途中也不需要花路费，如表4-2的12对结婚案例中有两场婚礼由于双方家庭之间的距离较近，没有使用送亲工具之外，其他十场婚礼所使用的送亲工具都是马匹。这些客观条件是60年代的巴尔虎婚礼得以顺利进行的有效保证。

5. 60年代的巴尔虎男女青年在婚姻大事上都是自己做主，父母不干涉子女的婚姻大事，从而充分体现了婚姻自由、男女平等原则。如由男女双方共同承担结婚费用及新娘还带着嫁妆嫁到男方家等。60年代的巴尔虎男女青年在择偶时，主要考虑对方是否忠厚老实、心地善良、勤劳能干、乐观向上等内在因素，而基本上不考虑对方家庭的物质条件与社会地位等问题,如60年代在行政机关上班的小伙与牧民姑娘成亲的案例也不少。60年代的巴尔虎男女青年的结婚年龄仍保持在男24岁、女20岁的水平线上,基本上消除了早婚现象,甚至出现了丈夫年龄普遍大于妻子年龄的婚俗现象,这一点则不同于新中国成立前妻子年龄普遍大于丈夫年龄的婚俗现象。课题组通过走访发现,60年代的巴尔虎男女青年在婚姻自由,男女权利平等基础上缔结的婚姻关系特别稳定,婚后他们一直互敬互爱、相互扶持,绝大多数夫妻都携手度过了40—60年的美满婚姻生活。

表4-4　　　　60年代结婚的巴尔虎老人婚姻生活年限统计

| 序号 | 结婚时间 | 姓名 | 性别 | 年龄 | 配偶 | 性别 | 年龄 | 婚姻生活年限 |
|---|---|---|---|---|---|---|---|---|
| 1 | 1960年 | 乌某 | 女 | 78 | 图某 | 男 | 84 | 54年 |
| 2 | 1961年 | 巴某 | 女 | 72 | 官某 | 男 | 77 | 53年 |
| 3 | 1962年 | 央某 | 女 | 70 | 嘎某 | 男 | 72 | 52年 |
| 4 | 1962年 | 沙某 | 女 | 71 | 阿某 | 男 | 72 | 52年 |
| 5 | 1962年 | 吉某 | 女 | 74 | 巴某 | 男 | 76 | 52年 |
| 6 | 1966年 | 道某 | 女 | 65 | 赛某 | 男 | 75 | 48年 |
| 7 | 1966年 | 扎某 | 女 | 68 | 宝某 | 男 | 70 | 48年 |
| 8 | 1968年 | 玛某 | 女 | 69 | 彭某 | 男 | 76 | 46年 |
| 9 | 1969年 | 阿某 | 女 | 68 | 都某 | 男 | 73 | 45年 |
| 平均 | | | | | | | | 50年 |

6. 60年代巴尔虎人的通婚半径只局限于所在旗、苏木和嘎查范围之内,而且基本上在巴尔虎部族内部通婚。表4-2所示12对结婚案例都属于生活在一个苏木或一个嘎查里的巴尔虎部族之间的通婚案例。由于新郎和新娘父母家都隶属一个嘎查或一个苏木等基层组织,因而非常有利于举行传统意义上的巴尔虎婚礼。如男方一般提前一周赶着牛羊,带着生活用品迁徙到离女方居住地20多里(10多千米)处安营,并搭建蒙古包,选好膘肥的羊,酿好醇香的奶酒,做好招待婚宴宾客的准备工作,一字排开的蒙古包分为主包、邻包和专门当作厨房的蒙古包。虽然有的巴尔虎青年远离家乡,在城镇行政与事业单位从事工作,但是结婚时都回到生活在牧

区的父母身边举行巴尔虎传统婚礼。如官某和彭某都在城镇工作,但是结婚时都回到牧区举办了巴尔虎传统婚礼。

7. 60年代巴尔虎婚礼结婚吉日的择定方式,主要以双方家长商定为主。

上表4-2所示12对结婚案例中,有7对新人的结婚吉日是由双方家长经协商后择定的。按照传统习俗,男方选定"吉日"后要派人去告知女方,当地称为"定日子"。1949年前,"定日子"要找高僧喇嘛看卦后选择一个"黄道吉日",老人一般称其为"看日子"。1949年以后,在民主改革运动的推动下,广大牧民群众的思想观念逐渐得到解放,主体意识得到恢复,并按照自己的意愿和想法去从事社会实践活动成为一种社会新风尚。所以60年代以来,由双方家长经协商择定结婚吉日的方式,逐渐发展成为巴尔虎婚礼最主要的"定日子"方式,而传统意义上的"找喇嘛定日子"习俗已经演变为次要方式,并且作为一种习俗文化仍在民间保留。

## 三 20世纪70年代巴尔虎蒙古族婚姻习俗的变迁

### (一) 70年代结婚的巴尔虎青年人婚礼基本信息

表4-5　　　70年代结婚的巴尔虎青年人婚礼状况(一)

| 序号 | 结婚时间 | 姓名 | 性别 | 年龄 | 职业 | 配偶 | 年龄 | 职业 | 交通工具 | 结婚费用 | 参加婚礼的人数 |
|---|---|---|---|---|---|---|---|---|---|---|---|
| 1 | 1970年 | 哈某 | 女 | 67 | 教师 | 那某 | 70 | 播音员部 | 汽车 | 200元 | 20多人 |
| 2 | 1970年 | 道某 | 女 | 63 | 牧民 | 阿某 | 65 | 牧民 | 马匹 | 500元 | 100多人 |
| 3 | 1971年 | 孟某 | 女 | 69 | 兽医 | 楚某 | 74 | 教师 | 火车 | 300元 | 30多人 |
| 4 | 1971年 | 阿某 | 女 | 65 | 牧民 | 道某 | 66 | 牧民 | 马匹 | 300元 | 15多人 |
| 5 | 1971年 | 阿某 | 女 | 64 | 牧民 | 占某 | 65 | 牧民 | 马匹 | 300元 | 30多人 |
| 6 | 1974年 | 萨某 | 女 | 62 | 牧民 | 朋某 | 61 | 牧民 | 马匹 | 800元 | 50多人 |
| 7 | 1974年 | 扎某 | 女 | 60 | 牧民 | 道某 | 60 | 干部 | 马匹 | 400元 | 40多人 |
| 8 | 1974年 | 斯某 | 女 | 61 | 牧民 | 边某 | 62 | 牧民 | 马匹 | 500元 | 40多人 |
| 9 | 1975年 | 苏某 | 女 | 58 | 牧民 | 森某 | 59 | 牧民 | 马匹 | 500元 | 30多人 |
| 10 | 1975年 | 其某 | 女 | 61 | 牧民 | 额某 | 62 | 牧民 | 拖拉机 | 500元 | 30多人 |

续表

| 序号 | 结婚时间 | 姓名 | 性别 | 年龄 | 职业 | 配偶 | 年龄 | 职业 | 交通工具 | 结婚费用 | 参加婚礼的人数 |
|---|---|---|---|---|---|---|---|---|---|---|---|
| 11 | 1977年 | 桑某 | 女 | 57 | 牧民 | 额某 | 57 | 牧民 | 马匹 | 800元 | 60多人 |
| 12 | 1977年 | 满某 | 女 | 57 | 牧民 | 巴某 | 58 | 牧民 | 马匹 | 500元 | 30多人 |
| 13 | 1978年 | 娜某 | 女 | 59 | 干部 | 巴某 | 60 | 警察 | 马匹 | 2000元 | 50多人 |
| 14 | 1978年 | 阿某 | 女 | 60 | 牧民 | 关某 | 59 | 干部 | 马匹 | 500元 | 40多人 |
| 15 | 1978年 | 都某 | 女 | 59 | 牧民 | 泽某 | 59 | 干部 | 马匹 | 2000元 | 100多人 |
| 16 | 1978年 | 巴某 | 女 | 62 | 教师 | 赛某 | 62 | 教师 | 没用 | 500元 | 50多人 |
| 17 | 1979年 | 苏某 | 女 | 55 | 牧民 | 苏某 | 56 | 牧民 | 马匹 | 2000元 | 40多人 |
| 平均 | | | | | | | | | | 741元 | 44人 |

表4-6　　70年代结婚的巴尔虎青年人婚礼状况（二）

| 序号 | 结婚时间 | 女子结婚年龄 | 男子结婚年龄 | 婚房（单*） | 婚礼举办地 | 家庭住址 | 新娘嫁妆 |
|---|---|---|---|---|---|---|---|
| 1 | 1970 | 23 | 26 | 平房 | 牧区 | 新左旗阿木古郎镇 | 四季服饰 |
| 2 | 1970 | 18 | 20 | 蒙古包 | 牧区 | 新左旗新宝力格苏木 | 几件蒙古袍 |
| 3 | 1971 | 24 | 29 | 蒙古包 | 牧区 | 新左旗阿木古郎镇 | 1头牛、几只羊额日格尼格车 |
| 4 | 1971 | 22 | 23 | 蒙古包 | 牧区 | 新右旗宝格达乌拉苏木 | 1头牛1匹马、1辆箱车 |
| 5 | 1971 | 20 | 21 | 蒙古包 | 牧区 | 新右旗光明队 | 1匹马，四季服饰 |
| 6 | 1974 | 20 | 21 | 蒙古包 | 牧区 | 新右旗呼伦苏木 | 几件蒙古袍 |
| 7 | 1974 | 20 | 20 | 蒙古包 | 牧区 | 新右旗杭乌拉苏木 | 1头牛2匹马 |
| 8 | 1974 | 21 | 22 | 蒙古包 | 牧区 | 新左旗乌布日宝力格苏木木 | 1头奶牛 |
| 9 | 1975 | 18 | 19 | 蒙古包（单） | 牧区 | 新右旗呼伦苏木 | 几件蒙古袍 |
| 10 | 1975 | 22 | 23 | 蒙古包（单） | 牧区 | 陈旗东乌珠尔苏木 | 四季服饰和1个上海手表 |
| 11 | 1977 | 20 | 20 | 蒙古包（单） | 牧区 | 新右旗呼伦苏木 | 四季服饰 |
| 12 | 1977 | 20 | 21 | 蒙古包（单） | 牧区 | 新左旗乌布日宝力格苏木木 | 四季服饰和1头奶牛 |
| 13 | 1978 | 23 | 24 | 平房（单） | 牧区 | 新右旗阿拉坦额莫勒镇 | 3头奶牛 1头犍牛 20只羊 |
| 14 | 1978 | 24 | 23 | 蒙古包（单） | 牧区 | 新右旗阿拉坦额莫勒镇 | 1头奶牛1匹马 |
| 15 | 1978 | 24 | 23 | 蒙古包（单） | 牧区 | 新左旗阿木古郎镇 | 4头牛 |

续表

| 序号 | 结婚时间 | 女子结婚年龄 | 男子结婚年龄 | 婚房（单*） | 婚礼举办地 | 家庭住址 | 新娘嫁妆 |
|---|---|---|---|---|---|---|---|
| 16 | 1978 | 26 | 26 | 平房（单） | 城镇 | 海拉尔区 | 4头牛 |
| 17 | 1979 | 20 | 21 | 蒙古包（单） | 牧区 | 新右旗杭乌拉苏木 | 四季服饰 |
| 平均 | | 21.4 | 22.4 | | | | 说明：1头牛或1匹马相当于7只羊，新娘平均嫁妆：10只羊（其中不包括四季服饰） |

\* 单为单独居住。

### （二）70年代巴尔虎蒙古族婚姻习俗的变迁

课题组根据表4-5内容和所采访到的具体案例来分析和阐述70年代巴尔虎婚姻习俗的变迁概况。70年代巴尔虎蒙古族婚姻习俗的变迁主要体现在以下几个方面。

1. 70年代的巴尔虎婚礼仍然比较简单，具有规模小、结婚费用低等特点。70年代的巴尔虎人仍遵循着男方准备婚房、被褥、箱子、柜子、厨具等生活必需品，女方准备新娘新婚礼服和四季服饰以及给出嫁女儿陪送嫁妆等传统习俗。从表4-5中17对夫妇的结婚案例来看，70年代参加婚礼的平均人数达到44人，结婚费用平均达到741元，较60年代正好增加了一倍。但是其规模仍然很小，结婚费用也很低，参加婚礼的平均人数还不到50人，结婚费用主要花在购买婚床、新被褥、厨具等生活必需品和烟酒、糖果、点心等食品上。新娘携带的嫁妆种类跟过去一样，主要有四季服饰和马牛羊等嫁妆，嫁妆数量较60年代多一点，平均达到10只羊。婚后居住条件较60年代有所改善，表4-6中17对夫妇的结婚案例中就有9对新人婚后有自己单独居住的蒙古包或平房。在结婚典礼上，新郎新娘都穿着民族服饰参加婚礼仪式，并用烟酒、奶茶、奶制品、手把肉、炸果子、肉面汤等特色饮食来招待宾客。蒙古包仍然是举办婚礼的重要场所，马匹是送亲的主要交通工具。从表4-5内容来看，有16对夫妇在牧区举办婚礼，其中除了在城里举办的一场婚礼未使用交通工具，还有三场婚礼使用汽车或火车送亲外，其他13场婚礼均以骑马送亲，而且在送亲途中女方送亲小伙们经常和新郎进行"夺太阳"比赛。

2. 70年代初期举办的巴尔虎婚礼具有浓厚的政治色彩和时代特色。70年代的巴尔虎婚礼程序与仪式基本上和60年代相同，不同之处在于

"文化大革命"时期的巴尔虎婚礼仪式,完全被具有政治色彩的婚礼仪式所取代。如在巴尔虎婚礼上禁止新娘佩戴头饰,禁止举行新娘拜佛、拜火神和叩拜公婆等仪式,禁止演唱巴尔虎传统民歌等,取而代之的是新郎新娘向毛主席画像行礼、背诵《毛主席语录》,亲友向新郎新娘赠送《毛泽东选集》或毛主席像等新式婚礼仪式,进而传统巴尔虎婚礼仪式的文化内涵完全被革新了。

案例4.1:道某和阿某于1971年在牧区举行具有民族特色的巴尔虎婚礼并喜结良缘。但是,由于他们在"文化大革命"时期举行婚礼,使得其婚礼仪式具有浓厚的政治色彩。如在婚礼上举行新郎新娘读《毛主席语录》,向毛主席画像行礼等新式仪式,并以《大海航行靠舵手》《东方红》《三大纪律八项注意》《金太阳毛主席》《牧民歌唱共产党》《草原上升起不落的太阳》等革命歌曲作为婚礼主题歌曲,甚至有的亲朋好友把《毛泽东选集》当作新婚贺礼送给了新郎新娘。这是"文化大革命"期间在巴尔虎婚礼上出现的特有的婚俗现象。

案例4.2:楚某和孟某于1971年在牧区举行了具有民族特色的巴尔虎婚礼。楚某在"文化大革命"初期就被诬陷为"牛鬼蛇神",并以分裂祖国等罪行被打倒,成为被下放到基层生产队接受劳动改造的阶级异己分子。楚某结婚时,由于被剥夺了政治权利而失去了其接受新婚贺礼的资格,因此在其婚礼上亲朋好友只给新娘赠送新婚礼物,而不给他赠送新婚礼物,把巴尔虎婚礼仪式尽量与打倒"牛鬼蛇神"的政治运动相结合,从而体现了以阶级斗争为纲的时代特色。这是巴尔虎婚礼习俗在"文化大革命"期间被扭曲的真实写照。

3. 70年代的巴尔虎婚礼择定结婚吉日的方式仍以双方家长商定为主。

表4-5所示17对夫妇的结婚案例中,有10对夫妇在"文化大革命"期间举行了婚礼,他们的结婚吉日都是由双方家长经过协商后择定的,这10对青年的结婚吉日选定在牧业空闲时间,有意避开牧业生产的繁忙季节,突出了牧业生产在牧区工作生活中的中心地位。还有三对新人在"文化大革命"结束后举行了婚礼,他们在择定结婚吉日时,找喇嘛看卦或看历法书后选定了结婚吉日。其余两对是由新郎新娘自己选定的结婚吉日。从表4-1所示内容来看,"文化大革命"结束后,巴尔虎婚礼择定结婚吉日的方式,开始呈现出朝着多元化方向演进的趋势。

4. 在70年代的巴尔虎婚礼习俗中，开始出现使用汽车送亲和新娘佩戴手表等新习俗。

案例4.3：1971年结婚的孟某，从新左旗塔日根诺尔苏木嫁到新左旗嘎拉布尔苏木，由于双方家庭之间的地理位置相距较远（大概有160千米的距离），送亲过程费尽周折，在送亲途中还更换了几次交通工具，先骑马将新娘送到长途汽车站，后坐长途汽车到海拉尔市换乘火车，到嵯岗站后又换乘骆驼车，经过三天的艰难跋涉，新娘终于被送到新郎家。由于送亲路途的遥远与艰辛，在此次送亲途中不仅采用马匹与骆驼车等传统送亲工具，而且还充分利用了当时最先进的交通工具即汽车和火车等。

案例4.4：1975年结婚的其某，从陈旗东乌珠尔苏木嫁到陈旗鄂温克苏木，由于双方家庭之间的地理位置相距较远，骑马或用马车送亲不太方便，因而女方选择了用拖拉机送亲的方式，而且由于送亲路途遥远而被迫取消了让一位小姑娘陪着新娘在新郎家住一天的习俗。据其某回忆，当年她结婚时，男方准备了一张旧床、两套被褥、一条毛毯和一对红色皮箱。她所携带的嫁妆有两件羊羔袍、两件单袍、一件棉袍、一件短羊毛皮袍、两双皮靴子和一块上海牌手表，特别是上海牌手表是当年最时尚的嫁妆，从当时的生活条件来讲，她所携带的嫁妆是较丰厚的。

案例4.5：桑某（1977年结婚）和阿某（1978年结婚）结婚时，男方都买了一台收音机，这是当年最时尚的家用电器，它标志着巴尔虎牧民开始拥有收听新闻和娱乐节目的新型媒体工具。

案例4.6：1974年斯某结婚时，穿了一件缝制银扣的新蒙古袍，1977年满某结婚时，置办了一对银耳环。这是当年巴尔虎新娘佩戴的最珍贵的首饰和装饰品，它象征着巴尔虎传统婚俗开始得到恢复。

5. 70年代，在城里举办的巴尔虎婚礼也都比较简单，巴尔虎婚礼的许多程序都被省略。一般就在单位食堂或会议室举办简单的婚礼仪式，准备一些简单的饭菜来款待参加婚礼的宾客。如1978年赛某和巴某在海拉尔举办了一场新式婚礼。他们将学校教室布置成婚礼场地，请来同事和同学等参加了婚礼，新郎父母送来2只羊，准备一些简单的饭菜招待了婚宴宾客。参加婚礼的亲朋好友向两位新人赠送了一些小礼物。当年参加婚礼者不随礼金，而购买1—2块钱的东西作为贺礼送给新郎新娘。赛某的几个同事凑钱购买了一对红色皮箱（价值58元钱，58元钱相当于当年中学高级教师一个月的工资）当作新婚贺礼送给他，这对皮箱是赛某在其婚礼上收到的最贵重的礼物，一直到现在他们还珍藏着这对皮箱。据巴某介绍，当年在城里上班的巴尔虎青年人的婚礼仪式基本上属于类似情况。

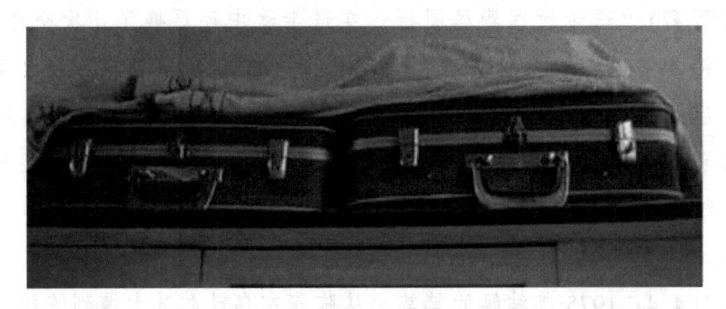

图 4-4　70 年代在巴尔虎婚礼上新郎所收到的最贵重礼物
（一对红色皮箱）
图片来源：课题组拍摄（2014 年 10 月）

6. 70 年代巴尔虎人的通婚半径仍然局限于所在旗、苏木和嘎查范围之内，而且基本上在巴尔虎部族内部通婚。表 4-5 所示 17 对结婚案例中，有 16 对是属于生活在一个旗、一个苏木或一个嘎查里的巴尔虎部族之间的通婚案例。1971 年结婚的孟某，从新左旗塔日根诺尔苏木嫁到新左旗嘎拉布尔苏木就感觉嫁到很远的地方，由 4—5 人组成的送亲队伍经过三天的艰难跋涉才把新娘送到新郎家。1975 年结婚的其某，从陈旗东乌珠尔苏木嫁到陈旗鄂温克苏木，就感觉路途遥远，因而取消了婚后第二天新娘父亲回看女儿和让一位小姑娘陪着新娘在新郎家住一宿的程序。唯有赛某和巴某的婚姻是属于跨旗、跨部族联姻，在鄂温克旗长大的厄鲁特姑娘嫁给了在新左旗长大的巴尔虎小伙。因为他们是大学同学，毕业后又在同一个单位工作，所以他们共同的求学经历和工作环境促成了他们之间的美好姻缘。

从表 4-5 所示 17 对夫妇的结婚案例来看，20 世纪 70 年代，巴尔虎青年人走出草原并在城里求学或工作的经历，客观上促进了巴尔虎蒙古族通婚半径的扩大。但是，60—70 年代从离开草原到大城市求学或求职的巴尔虎人由于种种原因，不少人都先后回到家乡呼伦贝尔盟工作。因此 60—70 年代的巴尔虎年轻人在选择配偶时，大多数选择本部族的人作为自己的终身伴侣。课题组在新右旗走访时发现新中国成立以来在新右旗生活的巴尔虎人，基本上和生活在本旗或新左旗及陈旗的巴尔虎人进行通婚。究其原因有以下几个方面：第一，自18世纪初巴尔虎人迁入呼伦贝尔以来，一直从事游牧生产，其周围很少有其他民族或其他部族的人，因而他们没有条件或没有机会去认识其他民族和其他部族的人。第二，20世纪50—60年代，虽然有少数汉族人和兴安盟扎赉特旗等地迁来的3000多名蒙古族人到新右旗落户并带来了农耕文化，但是由于自然环境的影响，农耕生产方式并没有在新右旗得到广泛推广，巴尔虎人仍然按照传统游牧生产方式进行生产和生活，从而保证了游牧生产方式在新右旗经济生活中的主体地位，并且巴尔虎人口在全旗总人口中一直占多数。由于游牧文化和农耕文化在生活习惯上的差异，巴尔虎人在生活习俗方面很难与其他民族和其他部族的人融合在一起，因而有游牧文化传统的巴尔虎人更喜欢和本部族的人通婚。第三，受过高等教育或走上行政事业工作岗位的巴尔虎年轻人，由于文化上的差异，一般都愿意找本部族的人作为自己的终身伴侣。据课题组调查显示，自新中国成立以来一直到20世纪末，在呼伦贝尔市巴尔虎三旗境内并没有形成巴尔虎人同其他民族或其他部族人进行广泛联姻的社会风气。

7. 新中国成立以来，巴尔虎人的婚姻观发生了质的变化。特别是1950年颁布和实施《中华人民共和国婚姻法》之后，巴尔虎人主动摒弃包办婚姻、早婚、门当户对等封建婚姻观，确立并接受了男女平等、婚姻自主等现代婚姻观。在婚姻问题上男女青年私订终身之后，把喜事告诉父母并得到父母的认可。随后男方父亲就亲自到女方家，向女方父母献哈达并恳请女方父母将女儿嫁给其儿子做儿媳，如果女方父母接受了男方父亲献上的哈达就表示答应了这门亲事，这是以献哈达形式体现双方父母在儿女婚姻问题上的权利，是传统婚姻习俗与现代婚姻观相结合的标志。所以在新中国成立以来，在巴尔虎婚姻习俗方面，基本上不存在包办婚姻和门当户对等封建落后的婚俗现象。

# 第五章　改革开放以来巴尔虎蒙古族婚俗的变迁

## 第一节　改革开放以来巴尔虎蒙古族经济文化的发展

### 一　改革开放后的巴尔虎三旗畜牧业的发展

在人民公社化时期，巴尔虎三旗牧区在生产资料所有制方面的"一大二公"和分配上的平均主义，把自留畜当作"资本主义尾巴"一割再割，严重挫伤了广大牧民的生产积极性，影响了畜牧业的发展。改革开放后，受农区家庭联产承包责任制的影响，呼伦贝尔牧区也开始探索各种形式的生产责任制。1980年10月，呼盟部署了在牧区公社、生产队全面实行畜牧业生产责任制的步骤、办法，印发了新左旗阿木古郎镇宝力格公社第5生产队实行的纯增大包干责任制等几个典型调查材料，各旗、公社把建立健全生产责任制和进一步搞好劳动计酬作为重要任务。1980年冬季开始，牧区从实际出发，解放思想，大胆探索，陆续试行了"新苏鲁克制""三包一奖""三定一奖""小段包工""队有户养""专业承包""以产计酬"等各种不同形式的生产责任制，改进了生产队的劳动计酬办法，初步纠正了生产指导上的主观主义和分配中的平均主义。放宽了对牧民自留畜的限制，允许社员搞家庭副业和开展集市贸易。[①]

---

① 呼伦贝尔盟畜牧业志编纂委员会编：《呼伦贝尔盟畜牧业志》，内蒙古文化出版社1992年版，第282页。

## 第五章 改革开放以来巴尔虎蒙古族婚俗的变迁

"新苏鲁克制"是生产队与接"苏鲁克"（汉语意为畜群）的牧户经过协商，订立租放畜群的合同书，将畜群租放给牧民饲养。租放期限一般是从上一年的6月30日至下一年的6月30日为止，即一个牧业年度。少数队也实行过一定3年的租放期。租放羊群的保畜率，经过双方协商，一般定在95%—97%的比例内，即允许大羊的合理亏损为3%—5%。在一年的租放期内未损失3%—5%的部分，归"苏鲁克"的牧户所有，若亏损超过3%—5%，牧户赔偿超过部分。繁殖的仔畜，当年接的羔羊按双方协商同意的比例分成。有的队六四分成，有的队五五分成。牧业税、集体提留的公积金、公益金、管理费、苏木统筹费等均由接"苏鲁克"户负责交纳。[①] "三包一奖"责任制是指生产队根据本生产队的计划管理的任务和要求向承包畜群的牧户采取包工、包产、包投资，超产奖励、减产受罚的办法。具体方法为生产队与牧户在固定草牧场、畜群、生产工具、设备、役畜、劳动力的基础上，做好包产、包工、包投资的三包工作。[②] "三定一奖"责任制是在"三包一奖"责任制基础上发展起来的一种形式。即定产、定工、定费用，超产奖励，是由生产队统一经营，分工协作，联产计酬的一种生产责任制形式。[③] "两定一奖"责任制是生产队对承包畜群的组或牧户实行定产、定工，超产奖励制度。[④] 小段包工责任制是牧区基层干部和牧民群众，根据自然条件，畜牧业生产的季节特点提出来的一种简便易行的包工包产制度。[⑤] "队有户养"制则为生产队集体的牲畜分给社员饲养，不计工，不付费用，保本保值或本利平。增产全归社员，一定几年不变。承包户根据协议要求每年向生产队交一定数量的公积

---

[①] 呼伦贝尔盟畜牧业志编纂委员会编：《呼伦贝尔盟畜牧业志》，内蒙古文化出版社1992年版，第282—283页。

[②] 呼伦贝尔盟畜牧业志编纂委员会编：《呼伦贝尔盟畜牧业志》，内蒙古文化出版社1992年版，第283页。

[③] 呼伦贝尔盟畜牧业志编纂委员会编：《呼伦贝尔盟畜牧业志》，内蒙古文化出版社1992年版，第284页。

[④] 呼伦贝尔盟畜牧业志编纂委员会编：《呼伦贝尔盟畜牧业志》，内蒙古文化出版社1992年版，第284页。

[⑤] 呼伦贝尔盟畜牧业志编纂委员会编：《呼伦贝尔盟畜牧业志》，内蒙古文化出版社1992年版，第286页。

金、公益金、管理费等。① 这些措施调动了牧民的积极性，促进了畜牧业生产的恢复和发展。

## 二 从牲畜的"作价归户"到"双权一制"改革

1984年内蒙古自治区人大批准公布《内蒙古草原管理条例（试行）》，同年7月，内蒙古自治区牧区工作会议决定，在牧区全面推行草原分片承包、牲畜作价归户的"双包制"，即"草场公有，承包经营，牲畜作价，户有户养"，把"人畜草""责权利"有机地统一协调起来。这就是首先在内蒙古实行，后在全国牧区推行的"草畜双承包"责任制。在呼伦贝尔地区，通过总结"定包奖"责任制经验的基础上，大范围推广各种形式的家庭联产承包责任制，以"包畜到户""牲畜作价归户"等形式实现了牧民对集体牲畜的承包。

"作价归户"以家庭经营为基础的责任制，是把集体的畜群及其他大中型固定资产作价卖给牧民私有经营的办法。牲畜作价归户是以劳动力和人口为基础，照顾户数的原则进行的。一般大畜250—400元，小畜15—20元。同时还对生产队所有的固有资产、拖拉机等大型机具也作价卖给了牧民。对老弱病残及烈军属中的欠款户，经群众民主讨论后，采取延长偿还期或减免措施。② 至1984年末，呼伦贝尔牧区42个苏木，193个嘎查，其中实行"作价归户，家庭经营"责任制的有133个嘎查，占69%。实行"作价保本"责任制的有7个嘎查，占3.6%，其余53个嘎查，占27.4%，因退还社员的畜股报酬以后，生产队成了空壳，没有作价归户经营的集体财产。③

在草牧场的承包方面，在1984年牲畜作价归户的同时，将草牧场的所有权划归嘎查（村）集体所有，随后不断完善草牧场的承包责任制，

---

① 呼伦贝尔盟畜牧业志编纂委员会编：《呼伦贝尔盟畜牧业志》，内蒙古文化出版社1992年版，第287页。

② 王召国主编：《陈巴尔虎旗志》（1949—1990年），内蒙古文化出版社1998年版，第174页。

③ 呼伦贝尔盟畜牧业志编纂委员会编：《呼伦贝尔盟畜牧业志》，内蒙古文化出版社1992年版，第288页。

1996年内蒙古自治区人民政府下发了《内蒙古自治区进一步落实完善草原"双权一制"的规定》（简称《规定》），"双权一制"的落实完善工作正式开始。所谓的"双权一制"是指草原所有权、使用权和承包责任制，《规定》中明确要求草原承包责任制一定要落实到最基层的生产单元，凡是能够划分承包到户的，特别是冬春营地、饲料基地和基本打草场等一定要坚持到户；对一些确实难以承包到户的放牧场，必须承包到浩特或嘎查，并应制定各牧户权、责、利统一的管理利用制度。草原承包期宜长不宜短，一般坚持三十年不变，也可以承包五十年。群众在承包草场上进行各种建设的成果，坚持谁建设谁所有，谁使用谁受益的原则，允许继承，允许依法转让。呼伦贝尔盟的"双权一制"工作从1996开始推进，至1998年通过内蒙古自治区验收，将草场使用权落实到户，以"双权一制"为核心的草场家庭承包经营制完全确立。

## 三　畜牧经济及各项经济取得的新进展

从改革开放之后，呼伦贝尔盟的畜牧业取得新的发展，不仅牲畜数量大为增加，而且畜牧业基础设施日益完备，畜牧业经济结构不断得到优化，畜牧业的专业化水平不断提高。具体表现在以下几个方面。

一是针对传统落后的生产方式提出了"建设养畜、科学养畜，国家、集体、个人一起上，多渠道筹集资金，加快发展"的思路。1984年制定"谁建谁有""民办公助"等政策，鼓励和帮助牧民进行棚圈建设，经过系统建设，当年牧区新建棚圈就达903座，其中新左旗80座，新右旗480座，陈旗173座。至1995年呼伦贝尔地区的棚圈已达22340座，816871平方米，基本实现了牲畜的棚圈化。其间，牧区共打水井3002眼，其中机井200眼，牧民生产生活用水基本得到解决。此外，牧区以户为主建设各类型草库伦，总面积达到870626亩。畜牧业基础设施建设上，牧区牧民购置各类拖拉机10241台，打搂草机8738台，畜牧业的主要生产环节实现了机械化。二是针对单一发展畜牧业的倾向，因地制宜，实事求是地贯彻"以牧为主，多种经营，全面发展"的牧区经济建设的指导思想。把奶牛业作为发展牧区畜牧业的重点，从政策上进行倾斜尤其在1985年后，从全盟畜牧业的角度，把奶牛业作为畜牧业发展的突破口，提出"以奶牛为重点"的畜牧业发展方针。奶牛业的发展使牧区畜牧业的结构得到进一步优化,增加了牧民增收致富的渠道,也促进了牧区乳品加工的兴起和发展。三是针对畜牧业长期以来的粗放经营,改革过程中适时地提出了"走专业化、商品生产基地化"的畜牧业发展目标。促进奶、肉、毛等生产基地建设,在支持以专业户为主的畜产品商品生产,实现主要畜产品生产的专业化和区域化方面迈出了较大的步伐。[1]

## 四 文化教育事业的进一步发展

在"文化大革命"时期,呼伦贝尔盟的文化教育事业受到很大的破坏,部分学校被撤并,校舍等教学设施和设备损失严重,师资流失,学生学业荒废,教育教学质量严重下滑。改革开放后,呼伦贝尔盟的文化教育事业进行了全面的整顿和恢复发展,包括缩减高中班和高、初中在校生;大力发展民族教育,提出"优先、重点"的方针,加大基础建设投资,加强民族语言、文字教学;积极发展职业教育,为经济社会发展服务;系统开展成人教育、扫除文盲等。通过对教育的整顿,文化教育事业走向了正规化并取得了新的发展。

在1984年,新右旗有中学6所,在校生3144人,教职工149人,小学21所,在校生4664人,教职工338人,职业中学1所,在校生106人,其中设大专班2个。在新左旗,有中小学20所,在校生7131人,中小学教师744人,还设有教师进修学校和托儿所等。而陈旗有中学9所,其中民族中学4所,在校生达3144人,中学教职工360人,其中教师239人,有小学50所,其中蒙古族和其他少数民族学校7所,在校学生5804人,教职工480人,其中教师359人。[2]

---

[1] 呼伦贝尔盟档案史志局编:《新时期农村牧区变革(呼伦贝尔盟卷)》,内蒙古人民出版社1999年版,第39—41页。

[2] 呼伦贝尔盟地方志办公室编:《呼伦贝尔盟情》,内蒙古人民出版社1986年版,第638—645页。

## 第二节　改革开放以来巴尔虎蒙古族婚俗的变迁

改革开放以来，由于社会生产力的快速发展，不仅促使巴尔虎人生产方式与生活方式的变迁，而且客观上促进了巴尔虎蒙古族传统婚姻习俗的变迁。第一，改革开放以来，随着地方经济的发展和文化事业的繁荣，巴尔虎传统婚俗文化显示出勃勃生机。巴尔虎新婚礼服、新娘头饰、婚礼歌曲、婚礼祝赞词等传统婚俗文化逐渐得到恢复和发展，向世人展示出巴尔虎传统婚俗文化的魅力与风采。第二，改革开放以来，巴尔虎传统婚礼所固有的群众性文化娱乐特色更加凸显。随着市场经济的发展、各民族之间的文化交流的加深，激发了巴尔虎人创造美好生活的热情。巴尔虎牧民向往重温巴尔虎传统婚礼的那份喜悦和幸福，而且城市化的巴尔虎人也开始在草原旅游景点为儿女举办婚礼，凸显了巴尔虎婚礼的群众性文化娱乐特色。第三，改革开放以来，现代汽车工业及交通运输业的快速发展，不仅改变巴尔虎人的传统出行方式，而且也改变了其传统送亲方式，甚至巴尔虎人的传统骑马送亲方式逐渐被用汽车送亲等现代送亲方式所取代，甚至还出现了用飞机送亲等新兴送亲方式。第四，改革开放以来，随着巴尔虎人物质生活水平的提高，巴尔虎新娘嫁妆中，开始出现摩托车、电视、冰箱、洗衣机、电脑、汽车及金银首饰等新式嫁妆，体现了巴尔虎婚俗的时代特色。第五，改革开放以来，巴尔虎传统婚俗礼仪虽然在形式上发生了一些变化，但是巴尔虎传统婚俗礼仪所包含的价值理念一直未变，并以各种礼仪形式得到传承和发展。巴尔虎婚礼通过其隆重的仪式向世人传递着一种以礼待人、以情动人、尊敬长辈、关爱儿童、热爱生活等积极向上的价值理念，这些价值理念是巴尔虎婚礼永恒不变的主题。在巴尔虎婚礼上，从尊贵的客人和长辈开始敬烟敬酒等古老的婚姻习俗至今未曾改变，这些尊老敬老的价值理念是传承和发展巴尔虎婚俗文化的意义所在。

### 一　20世纪80年代巴尔虎蒙古族婚姻习俗的变迁

20世纪80年代，巴尔虎婚俗在婚礼规模、结婚费用、结婚年龄、送亲方式及新娘嫁妆等方面较70年代发生了明显的变化。

## （一）80年代结婚的巴尔虎青年人婚礼基本信息

表5-1　　80年代结婚的巴尔虎青年人婚礼状况（一）

| 序号 | 结婚时间 | 姓名 | 性别 | 年龄 | 职业 | 配偶 | 年龄 | 职业 | 送亲工具 | 结婚费用 | 参加婚礼人数 |
|---|---|---|---|---|---|---|---|---|---|---|---|
| 1 | 1980年 | 图某 | 女 | 61 | 公务员 | 钢某 | 61 | 公务员 | 马匹 | 1000元 | 60多人 |
| 2 | 1980年 | 布某 | 女 | 58 | 职工 | 图某 | 61 | 牧民 | 汽车 | 3000元 | 100多人 |
| 3 | 1980年 | 道某 | 女 | 55 | 牧民 | 斯某 | 56 | 牧民 | 马匹 | 500元 | 60多人 |
| 4 | 1981年 | 乌某 | 女 | 58 | 牧民 | 乌某 | 58 | 牧民 | 马匹 | 800元 | 30多人 |
| 5 | 1981年 | 色某 | 女 | 56 | 牧民 | 巴某 | 57 | 牧民 | 马匹 | 5000元 | 30多人 |
| 6 | 1982年 | 乌某 | 女 | 53 | 公务员 | 陶某 | 54 | 牧民 | 汽车 | 2000元 | 50多人 |
| 7 | 1983年 | 苏某 | 女 | 57 | 教师 | 敖某 | 58 | 兽医 | 汽车 | 2000元 | 40多人 |
| 8 | 1984年 | 乌某 | 女 | 57 | 医生 | 玛某 | 56 | 职工 | 汽车 | 2000元 | 100多人 |
| 9 | 1984年 | 乌某 | 女 | 60 | 职工 | 呼某 | 60 | 公务员 | 汽车 | 3000元 | 100多人 |
| 10 | 1984年 | 敖某 | 女 | 54 | 牧民 | 宝某 | 55 | 职工 | 汽车 | 3000元 | 100多人 |
| 11 | 1984年 | 赛某 | 女 | 54 | 牧民 | 道某 | 56 | 牧民 | 马匹 | 3000元 | 60多人 |
| 12 | 1985年 | 苏某 | 女 | 52 | 牧民 | 那某 | 51 | 公务员 | 马匹 | 1.5万元 | 50多人 |
| 13 | 1985年 | 巴某 | 女 | 52 | 牧民 | 陶某 | 52 | 公务员 | 马匹 | 3000元 | 100多人 |
| 14 | 1986年 | 巴某 | 女 | 53 | 兽医 | 赛某 | 55 | 公务员 | 汽车 | 6000元 | 100多人 |

第五章　改革开放以来巴尔虎蒙古族婚俗的变迁

续表

| 序号 | 结婚时间 | 姓名 | 性别 | 年龄 | 职业 | 配偶 | 年龄 | 职业 | 送亲工具 | 结婚费用 | 参加婚礼人数 |
|---|---|---|---|---|---|---|---|---|---|---|---|
| 15 | 1986年 | 米某 | 女 | 49 | 裁缝 | 白某 | 50 | 牧民 | 马匹 | 5000元 | 40多人 |
| 16 | 1986年 | 乌某 | 女 | 49 | 牧民 | 斯某 | 51 | 牧民 | 马匹 | 3000元 | 40多人 |
| 17 | 1987年 | 巴某 | 女 | 51 | 牧民 | 图某 | 52 | 公务员 | 汽车 | 2000元 | 30多人 |
| 18 | 1987年 | 斯某 | 女 | 51 | 兽医 | 宝某 | 52 | 公务员 | 汽车 | 3000元 | 20多人 |
| 19 | 1987年 | 道某 | 女 | 50 | 职工 | 赛某 | 50 | 摄影师 | 汽车 | 6000元 | 100多人 |
| 20 | 1987年 | 乌某 | 女 | 52 | 牧民 | 特某 | 52 | 牧民 | 汽车 | 3000元 | 80多人 |
| 21 | 1988年 | 诺某 | 女 | 52 | 牧民 | 特某 | 54 | 牧民 | 马匹 | 2万元 | 40多人 |
| 22 | 1988年 | 娜某 | 女 | 53 | 公务员 | 赛某 | 53 | 公务员 | 汽车 | 5000元 | 100多人 |
| 23 | 1989年 | 米某 | 女 | 53 | 牧民 | 苏某 | 53 | 牧民 | 马匹 | 2万元 | 100多人 |
| 24 | 1989年 | 阿某 | 女 | 48 | 牧民 | 浩某 | 48 | 牧民 | 马匹 | 2万元 | 100多人 |
| 25 | 1989年 | 其某 | 女 | 52 | 职工 | 菁某 | 53 | 牧民 | 汽车 | 4000元 | 80多人 |
| 26 | 1989年 | 米某 | 女 | 45 | 牧民 | 呼某 | 45 | 牧民 | 马匹 | 4000元 | 50多人 |
| 27 | 1989年 | 娜某 | 女 | 48 | 牧民 | 伊某 | 49 | 牧民 | 马匹 | 2万元 | 60多人 |
| 平均 | | | | | | | | | | 6085元 | 67人 |

表 5-2　80 年代结婚的巴尔虎青年人婚礼状况（二）

| 序号 | 结婚时间 | 女子结婚年龄 | 男子结婚年龄 | 婚房（单*） | 婚礼举办地 | 家庭地址 | 新娘嫁妆 |
|---|---|---|---|---|---|---|---|
| 1 | 1980 年 | 27 | 27 | 平房（单） | 牧区 | 新右旗阿镇 | 四季服饰 |
| 2 | 1980 年 | 24 | 27 | 平房（单） | 牧区 | 陈旗东乌珠尔苏木 | 四季服饰/五对皮箱/上海手表 |
| 3 | 1980 年 | 21 | 22 | 蒙古包（单） | 牧区 | 新左旗乌努苏木 | 1 头奶牛/手摇缝纫机/手表/木箱子 |
| 4 | 1981 年 | 25 | 25 | 蒙古包（单） | 牧区 | 新左旗甘珠尔苏木 | 20 只羊/1 匹马/4 头奶牛/1 辆箱车 |
| 5 | 1981 年 | 23 | 24 | 蒙古包（单） | 牧区 | 新右旗克尔伦苏木 | 1 头奶牛/1 匹马/1 辆箱车 |
| 6 | 1982 年 | 21 | 22 | 平房（单） | 牧区 | 新左旗新宝力格苏木 | 四季服饰/1 头牛/男方买了一台收音机 |
| 7 | 1983 年 | 26 | 27 | 平房（单） | 苏木所在地 | 新右旗杭乌拉苏木 | 1 头奶牛/四季服饰/银首饰 |
| 8 | 1984 年 | 27 | 26 | 平房（单） | 城镇 | 海拉尔区 | 20 只羊/1 头奶牛/20 只长/蒙古袍/箱子/缝纫机/西服 |
| 9 | 1984 年 | 29 | 29 | 平房（单） | 苏木所在地 | 陈旗巴彦库仁镇 | 被褥 1 套/四季服饰/缝纫机 |
| 10 | 1984 年 | 24 | 25 | 蒙古包（单） | 城镇 | 新左旗阿木古郎镇 | 四季服饰/一对箱子 |
| 11 | 1984 年 | 24 | 26 | 平房（单） | 牧区 | 新右旗呼伦镇 | 3 匹马/3 头牛/20 只羊/1 辆箱车/四季服饰 |
| 12 | 1985 年 | 23 | 22 | 蒙古包（单） | 牧区 | 新右旗宝格达乌拉苏木 | 1 头奶牛/1 匹马/1 头奶牛/婆婆嫁给新娘金戒指 |
| 13 | 1985 年 | 23 | 23 | 蒙古包（单） | 牧区 | 新左旗呼伦镇 | 1 头奶牛/1 匹马/四季服饰 |
| 14 | 1986 年 | 25 | 27 | 平房（单） | 牧区 | 新左旗阿镇 | 50 只羊/10 头犍牛/四季服饰/金首饰 |
| 15 | 1986 年 | 21 | 22 | 蒙古包（单） | 牧区 | 新左旗宝格达乌拉苏木 | 20 只羊/1 头奶牛/1 匹马/1 辆箱车/四季服饰 |
| 16 | 1986 年 | 21 | 23 | 蒙古包（单） | 牧区 | 新右旗呼伦镇 | 1 头奶牛/1 匹马/1 辆箱车/四季服饰 |

第五章 改革开放以来巴尔虎蒙古族婚俗的变迁　193

续表

| 序号 | 结婚时间 | 女子结婚年龄 | 男子结婚年龄 | 婚房（单*） | 婚礼举办地 | 家庭地址 | 新娘嫁妆 |
|---|---|---|---|---|---|---|---|
| 17 | 1987年 | 24 | 25 | 平房（单） | 牧区 | 新右旗达赉苏木 | 10只羊/2头奶牛/自行车/四季服饰/料子衣服 |
| 18 | 1987年 | 24 | 25 | 平房（单） | 牧区 | 新左旗乌苏木 | 四季服饰 |
| 19 | 1987年 | 23 | 23 | 平房（单） | 城镇 | 新左旗阿镇 | 4头牛/四季服饰/男方购置彩电和双卡录音机 |
| 20 | 1987年 | 25 | 25 | 平房（单） | 牧区 | 陈旗东乌珠尔苏木 | 缝纫机/自行车/四季服饰/600元存折 |
| 21 | 1988年 | 26 | 28 | 蒙古包（单） | 牧区 | 新右旗达赉苏木 | 50只羊/10头牛/1辆箱车/缝纫机/四季服饰/金银首饰 |
| 22 | 1988年 | 27 | 27 | 平房（单） | 城镇 | 陈旗巴彦车仁镇 | 1头奶牛/电视机/洗衣机/四季服饰 |
| 23 | 1989年 | 28 | 28 | 蒙古包 | 牧区 | 陈旗西乌珠尔苏木 | 50只羊服饰/录音机/四季服饰/银首饰 |
| 24 | 1989年 | 22 | 22 | 蒙古包 | 牧区 | 陈旗西乌珠尔苏木 | 四季服饰/四个箱子 |
| 25 | 1989年 | 27 | 28 | 平房（单） | 城镇 | 新右旗阿镇 | 四季服饰（羊羔袍，皮大衣，呢子大衣） |
| 26 | 1989年 | 20 | 20 | 蒙古包 | 牧区 | 新右旗克尔伦苏木 | 10只羊/2头奶牛/1匹马/四季服饰/1辆箱车 |
| 27 | 1989年 | 23 | 23 | 蒙古包 | 牧区 | 新右旗宝东苏木 | 1头奶牛/1匹马/1辆箱车 |
| 平均 |  | 24.4 | 24.8 |  |  |  | 说明：1头牛或1匹马相当于7只羊。新娘平均嫁妆：24只羊（其中不包括新娘四季服饰） |

\* 单为单独居住。

## （二） 80 年代巴尔虎蒙古族婚姻习俗的变迁

课题组主要根据表 5-1 中 27 对夫妇的结婚案例和课题组所采访到的具体案例来分析和阐述 80 年代巴尔虎婚俗的变迁概况。80 年代巴尔虎婚俗的变迁主要体现在以下几个方面。

1. 改革开放以来，随着社会经济的发展和巴尔虎人生活水平的提高，巴尔虎婚俗在其表现形式上呈现出由传统向现代演进的趋势。80 年代的巴尔虎人在婚俗方面仍遵循着由男方准备婚房、被褥、箱子、柜子、厨具等生活必需品，由女方准备新娘新婚礼服、四季服饰及嫁妆等传统习俗。但是，从 80 年代后期起，在男女双方所准备的结婚物品当中，开始出现彩电、洗衣机、双卡录音机等现代家用电器。表 5-2 所示 27 对夫妇的结婚案例中，有两对新人在结婚时，购买了彩电、洗衣机、双卡录音机等家用电器，占总人数的 7.4%，这个数字足以说明彩电、洗衣机、双卡录音机等现代家用电器开始走进巴尔虎家庭，不仅改变了巴尔虎人传统生活方式，而且也促进了巴尔虎传统婚俗的变迁。除此之外，表 5-1 所示 27 对夫妇的结婚案例中，有三对新人在结婚时，购买了组合家具，占总人数的 11.1%，其中两对新人是在城镇工作的公职人员，一对新人是在牧区生活的牧民。20 世纪 80 年代末开始时兴的组合家具由于体积大，不便于在蒙古包内摆放和使用，因此已经定居的巴尔虎牧民才能购买和使用组合家具，这种变化在一定程度上反映了 20 世纪 80 年代巴尔虎人生产方式和生活方式的变迁。

2. 进入 80 年代以来，在巴尔虎婚礼规模、结婚费用和男女结婚年龄以及新娘嫁妆等方面，较 70 年代有明显变化。从婚礼规模来看，80 年代参加婚礼的人数平均达到 67 人，较 70 年代增加 23 人，参加人数超过 100 人以上的婚礼就有 10 场，占婚礼总场次的 37%。从结婚费用来看，80 年代的巴尔虎婚礼总费用平均达到 6085 元，较 70 年代多花 5344 元，增长了 8.2 倍。从结婚年龄来看，男女结婚年龄均达到 24 岁，较 70 年代有明显提高，其中女子平均结婚年龄达到 24.4 岁，较 70 年代提高 3 岁，男子平均结婚年龄达到 24.8 岁，较 70 年代提高 2.4 岁，特别是男女结婚年龄均达到并超过 25 岁者就有 11 对，占总人数的 40.7%，由此可见，从 80 年代起，在巴尔虎婚姻习俗方面，开始出现了晚婚晚育现象。晚婚晚育习俗的形成，一方面同 1980 年 9 月 10 日第五届全国人民代表大会第三次会议修订并颁布的《中华人民共和国婚姻法》（第一次修订的婚姻法）密切相关，新修订的婚姻法自

1981年1月1日起正式施行，同时废除旧婚姻法。新婚姻法第五条明确规定："结婚年龄，男不得早于二十二周岁，女不得早于二十周岁，晚婚晚育应予鼓励。"新婚姻法将男女结婚年龄较以往平均提高两岁，并将提倡晚婚晚育的政策加进新婚姻法当中。因此，新婚姻法的颁布和实施，客观上促进了巴尔虎人晚婚晚育习俗的形成。另一方面同70年代末我国开始恢复高考制度有关，由于高考制度的恢复，一部分巴尔虎男女青年有机会升入高等学府继续学习和深造，他们的求学经历必然要导致晚婚晚育现象的发生，上述被采访者当中就有10人拥有大专以上学历，接受高等教育的巴尔虎男女青年，基本上都属于晚婚晚育的行列。

80年代是改革开放政策初见成效的年代，是人民物质生活水平得到快速提高的关键时期，巴尔虎人民物质生活水平的提高，客观上促进了巴尔虎婚姻习俗的变迁。从新娘嫁妆的数量来看，女方给出嫁女儿陪送的嫁妆数量远远超过了70年代的平均水平。70年代女方给出嫁女儿陪送的嫁妆主要有两种，一是几件蒙古袍；二是一头牛和一匹马或几只羊，嫁妆数量非常少。到80年代，女方给出嫁女儿陪送的嫁妆数量比以往大幅度增加，而且在新娘携带的嫁妆当中还出现了金银首饰、电视机、洗衣机、录音机、自行车等新兴产品，其中电视机和金银首饰是当年最时兴的、最贵重的礼物，尤其马牛羊等传统嫁妆数量平均达到24只，较70年代多14只，增长了2.4倍。如表5-2所示27对夫妇的结婚案例中，有七个女方家庭嫁女儿时陪送了20多头（只）牛羊，甚至有两个女方家庭嫁女儿时陪送了60多头（只）牛羊。上述这些变迁，客观上反映了改革开放以来呼伦贝尔市畜牧业生产的发展及巴尔虎牧民群众物质文化生活水平的提高。

3. 进入80年代以来，巴尔虎人婚后居住条件得到明显改善，新婚夫妇单独居住方式已演变成为较为普遍的居住方式。在苏木和城镇上班的巴尔虎青年，婚后一般居住在单位分给他们的平房里，过着比较稳定的生活，而从事畜牧业生产的巴尔虎青年，婚后基本上都居住在蒙古包里，过着逐水草而迁徙的生活。从表5-2所示27对夫妇的结婚案例来看，婚后居住在平房里的新婚夫妇有13对，占总人数的48.1%，居住在蒙古包里的新婚夫妇有14对，占总人数的51.9%。80年代的巴尔虎人婚后居住条件较六七十年代有明显的改善，六七十年代的新婚夫妇基本上和父母生活在一起，没有单独居住的条件。而80年代后，单独居住的新婚夫妇明显增加，出现逐年上升趋势。从表5-2

所示内容来看，婚后单独居住的新婚夫妇有 20 对，占总人数的 74.1%，只有 7 对夫妇婚后与父母居住在一起，占总人数的 25.9%。由此可见，新婚夫妇在婚后单独居住方式已演变成为最主要的居住方式。

4. 进入 80 年代以来，巴尔虎婚礼场地由牧区逐渐转移到城镇，马匹作为传统送亲工具逐渐被汽车等现代交通工具所取代。70 年代的巴尔虎婚礼举办场地仍然是在牧区，牧民的蒙古包是重要的婚庆场所，马匹是最主要的送亲工具。到 80 年代，上述情况发生了明显的变化，从表 5-2 所示 27 对夫妇的结婚经历来看，有 5 对新人在城镇举办了婚礼，占婚礼总数的 18.5%。但是受当时经济条件的限制，城镇巴尔虎人都是在自己家里举办具有民族特色的巴尔虎婚礼。除此之外，表 5-1 所示 27 对夫妇的婚礼中，用汽车送亲的婚礼就有 13 场，占婚礼总数的 48.1%。由此可见，从 80 年代开始汽车已经成为巴尔虎婚礼中不可缺少的重要送亲工具，并且为顺利举办巴尔虎婚礼提供了诸多便利条件。80 年代结婚的巴尔虎人认为"当年用汽车送亲是最时尚的婚礼。"随着以汽车送亲方式的普及，以往在送亲途中，女方送亲小伙们与新郎之间进行的"夺太阳"比赛也由此消失。从上述这些变化来看，汽车等现代交通工具的普及客观上促进了巴尔虎婚姻习俗的变迁。

5. 进入 80 年代以来，巴尔虎人在"文化大革命"时期被废除的找喇嘛看卦后择定结婚吉日的传统习俗逐渐得到恢复，并且该习俗已演变成为巴尔虎人择定结婚吉日的主要方式。表 5-1 所示 27 对夫妇的结婚案例中，有 14 对新人通过双方家长协商方式择定了结婚吉日，占婚礼总数的 51.9%，这个比例较 70 年代（70 年代占 70.5%）下降了 18.6 个百分点。除此之外，有 11 对新人在择定结婚吉日时，选择了找喇嘛看卦的方式，占婚礼总数的 40.7%，这个比例较 70 年代（70 年代占 17.6%）提高了 23.1 个百分点。找喇嘛看卦并择定吉日习俗得到重新恢复，一方面表明巴尔虎人择定结婚吉日的方式呈现出多元化的趋势，另一方面也满足了巴尔虎人历来期盼和向往平安吉祥、美满婚姻的心理需求。

6. 在整个 80 年代，巴尔虎男女青年的恋爱结婚行为，基本上遵从"婚姻自由、一夫一妻、男女权利平等"等现代婚姻制度，以相互喜欢、相互爱慕为缔结婚姻关系的根本立足点。据课题组调查显示，巴尔虎蒙古族父母较尊重自己儿女的婚姻自主权，不会任意干涉儿女的恋爱结婚行为。当听到儿女有结婚对象的喜讯后，尽力帮助儿女筹备婚礼，为他们举办喜庆、和谐、热闹的新婚典礼。

7. 进入80年代以来，巴尔虎人基本上遵循巴尔虎传统婚礼程序与仪式，并且恢复了在"文化大革命"时期被废除的某些传统婚礼仪式。据课题组调查显示，80年代的巴尔虎婚礼，按照如下程序进行。

（1）首先男女青年在社会交往中，自愿建立恋爱关系，并把有结婚对象的喜事告诉各自的父母。

（2）男方父亲或长辈带着哈达和酒等礼物前往女方家，并向女方父母表达前来为儿子求亲的目的，表示愿意迎娶其女儿作为儿媳的意愿。如果女方父母接受了男方父亲献上的哈达与酒就等于举行了定亲仪式。在巴尔虎传统婚俗中，献哈达仪式是缔结婚姻关系时必须履行的首要程序。但是，在"文化大革命"期间，献哈达仪式被当作具有封建性质的旧礼俗而被废除。不过在80年代初，献哈达仪式重新得到恢复并且已演变成为一项重要的婚礼程序。举行献哈达仪式，一方面标志着青年男女之间的恋爱关系已经得到双方父母的认可与祝福，另一方面体现双方家长相互认识、相互尊重等现实意义，并且为下一步的婚礼程序奠定了基础。

（3）择定结婚吉日。青年男女之间确定自由恋爱关系并得到双方父母的认可之后，下一步要择定结婚吉日。主要通过双方家长协商和找喇嘛看卦等方式择定结婚吉日。特别是"文化大革命"结束后，以往找喇嘛看卦并择定结婚吉日方式，逐渐得到恢复并成为择定结婚吉日的主要方式。

（4）婚礼前一天晚上，女方按照传统将举办送亲宴会。送亲宴会前，女方亲戚朋友都提前来到女方家，帮助女方搭建（一般搭建两三座到十几座不等）蒙古包，准备宴会酒席。女方举办送亲宴会的当晚，男方还派来以首席胡达为首的几个人与女方父母商定男方迎亲队伍抵达女方家和新娘从娘家启程的吉祥时刻。双方长辈商定吉时后，男方客人当晚就立即返回。在送亲宴会上，女方父母用烟酒、奶茶、奶制品、炸果子、手把肉、饺子汤等传统饮食招待婚宴宾客。据课题组调查显示，80年代送亲宴的前半夜是女方亲朋好友欢聚在一起尽兴娱乐与欢庆的时刻，因此男方迎亲人员就不能参加女方前半夜的宴会。女方送亲宴会将进行到后半夜时，在男方首席胡达、伴郎及其他迎亲人员的陪同下，经过精心打扮的新郎骑着骏马，携带一些糖、酒、点心、奶制品等礼品，按照既定的吉时提前赶到女方家。如果男方迎亲队伍没按时赶到女方家，女方将用拖延新娘启程时间的方法对男方不守约行为进行惩罚。据课题组调查显示，80年代男方迎亲队伍大概在女方家停留两个小时，假如迎亲队伍早晨五点钟抵达女方家，女方将款待男方宾客，举行双方合婚宴仪式、女方父母给女儿女婿献鲜奶仪式、女方亲人给出嫁女儿赠送礼物等一系列仪式，大概需要两个小时，也正好是太阳刚升起的吉祥时刻。巴尔虎人认为太阳刚升起来的时刻为最吉祥的时刻，女方选择在太阳刚升起的吉祥时刻举行送亲仪式，象征着新娘婚后的生活像初升的太阳一样吉祥、兴旺、幸福。所以一直到现在巴尔虎人仍遵循着新娘要迎着初升的太阳从娘家启程的传统婚姻习俗。

男方迎亲队伍按时抵达女方家之后，女方家人要出来迎接并将他们请进主蒙古包，用奶茶、烟酒、奶制品、手把肉和饺子汤等饮食款待男方客人。接着女方将举行送亲仪式，首先新娘父母向女儿女婿敬献鲜奶，祝福两位新人长命百岁、永远幸福安康。然后新娘父母和至亲向两位新人赠送礼物，以示祝贺。最后两位新人向父母与亲人告别之后，分别骑上骏马并在众人的祝福声中离开女方家，缓缓地向男方家行进。如果女方给出嫁女儿陪送了马匹，新娘就骑着娘家陪送的马匹前往婆家，而女方没有给出嫁女儿陪送马匹，新娘出嫁时所乘骑的马匹就要由男方送来，这是双方提前要商量好的婚礼细节。新郎新娘按时从女方家启程之后，女方送亲队伍也带着新娘的嫁妆随之启程。此时，女方小伙们也快马加鞭，与新郎进行夺太阳比赛，男方往往让新郎乘骑最快的马匹，所以在夺太阳比赛中，女方小伙们几乎没有取胜的可能。在送亲途中双方所进行的夺太阳比赛，既活跃了送亲的气氛，又检验了双方马匹的耐力与速度。

在80年代的巴尔虎婚礼上，新娘佩戴银耳环、金戒指、辫梢装饰品等传统习俗开始得到恢复，而且女方亲戚朋友向新郎新娘赠送新婚礼物的传统习俗也得到传承。但是由于受当时物质条件的限制，亲朋好友只能向新郎新娘赠送衣料、毛巾、暖瓶等小礼物。

（5）男方举办迎亲婚礼。男方举办迎亲婚礼之前，亲戚朋友都提前赶到男方家，并帮助男方搭建（一般搭建两三座到十几座不等）蒙古包，准备宴会酒席。在迎亲婚礼上，男方也用奶茶、烟酒、奶制品、点心、手把肉、饺子汤等传统饮食款待婚宴宾客，双方客人在较轻松、欢快的气氛中饮酒唱歌，共同祝福两位新人健康长寿、永远幸福安康。在80年代的巴尔虎婚礼上，宾客们主要演唱《贝尔呼伦》《乌尔逊河》《牧民的幸福》《月光下》等新时代的创作歌曲。同时，还举行新娘拜火神，男方清点嫁妆及男方亲朋好友向新郎新娘赠送礼物等传统仪式。如在80年代结婚的27对结婚案例中，公婆向儿媳赠送金戒指作为见面礼的案例有两个，举行新娘拜火仪式的案例有一个，婆家亲人向新郎新娘赠送礼物的案例有很多。这些传统仪式的恢复，标志着巴尔虎人正在顺应时代发展的要求而对传统婚俗进行扬弃。

(6) 80年代的巴尔虎婚礼仍保留着新娘母亲陪着新婚女儿在新郎家住三天，并婚后第三天新娘父亲回看女儿等古老习俗。不过，这些古老习俗在各地的表现形式有所区别，如陈旗有一位小姑娘（如新娘的妹妹等）陪着新娘在新郎家住一宿，第二天小姑娘就跟着回看女儿的新娘父亲一起返回。新右旗和新左旗则保留着新娘母亲陪着新婚女儿在新郎家住三天的古老习俗。

自从改革开放以来，随着城镇化的发展，城镇巴尔虎人已主动摒弃了新娘母亲陪着新婚女儿在新郎家住三天的传统习俗。牧区巴尔虎婚礼上，也有由于送亲路途遥远而被迫取消陪着新娘住宿的个别案例。同时，80年代的巴尔虎婚礼仍保留着婚后第三天新娘父亲回看女儿的传统习俗。随着时代的变迁，该习俗也发生了演变。如在陈旗婚后第二天新娘父亲就带着几个人前往新郎家看望新婚女儿，而新右旗和新左旗仍保留着婚后第三天新娘父亲回看女儿的传统习俗。从总体上看，80年代的巴尔虎婚礼，基本按照上述程序进行，除了女方送亲小伙们与新郎进行"夺太阳"比赛消失之外，其他的婚礼程序至今仍被保留。

案例5.1：1981年9月，新右旗巴某结婚时，由于双方家庭之间的地理位置相距较远（新郎是克尔伦苏木人，新娘是宝格达乌拉苏木人），又遇大雪灾。所以巴某家考虑实际困难，结合游牧生产的特点，赶着牛羊迁徙到离新娘家秋营地20多里（10多千米）处驻扎，方便了双方家庭举办具有草原特点的巴尔虎婚礼。据巴某回忆："当年他家承包集体畜群进行游牧生活，为了举行迎亲婚礼，将所有的生活用品装在九辆车上，浩浩荡荡地迁徙到女方家附近安营扎寨，并用一周左右的时间来准备婚礼所需的食品和物品等，顺利地举行了婚礼。"父母为他搭建新蒙古包作为婚房，并且在送亲途中和女方送亲小伙们进行夺太阳比赛并获胜。婚礼结束后，他就带着新婚妻子转场到其他营地游牧了。

案例5.2：1988年新右旗达赉苏木牧民诺某和青年牧民铁某举行巴尔虎传统婚礼，喜结良缘。诺某结婚时，娘家给她陪送了2匹马、4头犍牛、4头奶牛、50只羊、1辆额日格尼格车、一台缝纫机、金银首饰等丰厚的嫁妆。为什么诺某出嫁时，父母给她陪送了那么多嫁妆呢？这跟80年代初牧区开始实行牧业生产承包责任制有密切相关，自1983起年牧区在生产经营方面开始实行承包责任制，将集体牲畜承包给牧民，带动了广大牧民的生产积极性。因而，牧民家庭所拥有的牲畜头数快速增长，客观上促进了巴尔虎传统婚俗的传承和发展。

8. 在整个80年代，巴尔虎人的通婚半径，仍局限于所在旗、苏木和嘎查范围内。表5-1所示27对夫妇的婚姻关系都是属于巴尔虎部族内部的通婚案例。但是，从80年代后期开始，出现了巴尔虎人与其他民族或部族人成亲的典型案例。如有巴尔虎小伙娶达斡尔族姑娘或鄂温克族姑娘为妻的案例，也有巴尔虎小伙娶科尔沁姑娘为妻或巴尔虎姑娘嫁给科尔沁小伙的案例。这些跨民族或跨部族之间的联姻关系，真实地反映了巴尔虎人通婚半径在逐渐扩大。到80年代后期，引发巴尔虎人通婚半径发生演变的根本原因是什么？据课题组调查显示，这主要与改革开放以来，由中央政府决策和部署的鼓励年轻人到大城市学习和就业的各项政策有关。改革开放以来，全国高等教育事业的快速发展给巴尔虎年轻人提供了到大城市上学或就业的机会，而且地方经济文化事业的快速发展也吸引着其他民族或部族的年轻人到呼伦贝尔工作或创业，这种有利于地区之间人才流动的政策给巴尔虎人提供了与其他民族或部族人进行共事的机会，从而促成了一部分巴尔虎青年与其他民族或部族青年之间的美好姻缘。这种跨民族或跨部族之间的联姻现象，主要出现在曾接受高等教育的巴尔虎知识分子中。

案例5.3：科尔沁小伙子巴先生和巴尔虎姑娘图女士在大学毕业后被分配到同一个单位工作，他们在同一个工作岗位上相识并相爱，最终步入婚姻殿堂，组成了幸福的家庭。这种跨部族之间联姻的案例还有很多，在这里就不一一赘述了。

9. 随着社会经济的发展和巴尔虎人物质生活水平的提高，80年代后期在巴尔虎婚俗方面，出现了婚后到外地去蜜月旅行的婚俗现象。

案例5.4：1987年结婚的新右旗达来苏木牧民巴某，婚后到北京进行蜜月旅行，观看了首都北京的繁荣景象。据她介绍，当年她和丈夫蜜月旅行走了十多天，共花了2000多元。这是课题组所搜集到的蜜月旅行的个案，由于当年很多新婚夫妇仍没有足够的物质条件去蜜月旅行，因此蜜月旅行在巴尔虎地区没有形成风气。

## 二 20世纪90年代巴尔虎蒙古族婚姻习俗的变迁

### （一）90年代结婚的巴尔虎青年人婚礼基本信息

表5-3　90年代结婚的巴尔虎青年人婚礼状况（一）

| 序号 | 结婚时间 | 姓名 | 性别 | 年龄 | 职业 | 配偶 | 年龄 | 职业 | 送亲工具 | 结婚费用 | 参加婚礼人数 |
|---|---|---|---|---|---|---|---|---|---|---|---|
| 1 | 1990年 | 苏某 | 女 | 49 | 牧民 | 巴某 | 50 | 牧民 | 汽车 | 6000元 | 80多人 |
| 2 | 1990年 | 乌某 | 女 | 50 | 编辑 | 阿某 | 50 | 警察 | 汽车 | 5000元 | 80多人 |
| 3 | 1990年 | 道某 | 女 | 48 | 诗人 | 孟某 | 49 | 教师 | 汽车 | 5000元 | 70多人 |
| 4 | 1991年 | 娜某 | 女 | 43 | 牧民 | 曙某 | 44 | 牧民 | 马匹 | 2万元 | 80多人 |
| 5 | 1991年 | 萨某 | 女 | 44 | 牧民 | 宝某 | 44 | 牧民 | 马匹 | 6000元 | 60多人 |
| 6 | 1991年 | 图某 | 女 | 49 | 牧民 | 巴某 | 54 | 牧民 | 马匹 | 1万元 | 80多人 |
| 7 | 1992年 | 策某 | 女 | 43 | 牧民 | 关某 | 44 | 牧民 | 马匹 | 1.5万元 | 60多人 |
| 8 | 1992年 | 图某 | 女 | 48 | 牧民 | 胡某 | 48 | 牧民 | 汽车 | 2万元 | 60多人 |
| 9 | 1993年 | 萨某 | 女 | 47 | 牧民 | 巴某 | 49 | 公务员 | 汽车 | 2万元 | 100多人 |
| 10 | 1994年 | 巴某 | 女 | 44 | 牧民 | 雄某 | 44 | 职员 | 汽车 | 1万元 | 50多人 |
| 11 | 1994年 | 萨某 | 女 | 45 | 牧民 | 布某 | 46 | 牧民 | 汽车 | 1万元 | 60多人 |
| 12 | 1994年 | 敖某 | 女 | 43 | 牧民 | 图某 | 44 | 牧民 | 马匹 | 1万元 | 100多人 |

续表

| 序号 | 结婚时间 | 姓名 | 性别 | 年龄 | 职业 | 配偶 | 年龄 | 职业 | 送亲工具 | 结婚费用 | 参加婚礼人数 |
|---|---|---|---|---|---|---|---|---|---|---|---|
| 13 | 1995年 | 德某 | 女 | 44 | 公务员 | 巴某 | 44 | 职员 | 汽车 | 1万元 | 200多人 |
| 14 | 1998年 | 窦某 | 女 | 42 | 个体 | 达某 | 42 | 公务员 | 汽车 | 3万元 | 300人 |
| 平均 |  |  |  |  |  |  |  |  |  | 12642元 | 98人 |

**表5-4　90年代结婚的巴尔虎青年人婚礼状况（二）**

| 序号 | 结婚时间 | 女子结婚年龄 | 男子结婚年龄 | 婚房 | 婚礼举办地 | 家庭地址（苏木） | 新娘嫁妆 |
|---|---|---|---|---|---|---|---|
| 1 | 1990年 | 25 | 26 | 蒙古包 | 牧区 | 陈旗西乌珠尔苏木 | 四季服饰/缝纫机/被褥 |
| 2 | 1990年 | 26 | 26 | 平房 | 牧区 | 新左旗阿镇 | 四季服饰/1头奶牛 |
| 3 | 1990年 | 24 | 25 | 平房 | 牧区 | 新右旗阿镇 | 四季服饰/4头奶牛/1匹马/缝纫机/自行车 |
| 4 | 1991年 | 19 | 20 | 蒙古包 | 牧区 | 新右旗克尔伦苏木 | 四季服饰/4头牛/2匹马/银首饰 |
| 5 | 1991年 | 21 | 21 | 蒙古包 | 牧区 | 新右旗克尔伦苏木 | 四季服饰/30只羊/1头犍牛/1头奶牛/1匹马 |
| 6 | 1991年 | 25 | 30 | 蒙古包 | 牧区 | 新右旗呼伦镇 | 四季服饰/1头牛/1匹马/1辆箱车 |
| 7 | 1992年 | 21 | 22 | 蒙古包 | 牧区 | 新右旗宝格达乌拉 | 四季服饰/50只羊/8头牛/7匹马/1辆箱车 |

第五章　改革开放以来巴尔虎蒙古族婚俗的变迁　203

续表

| 序号 | 结婚时间 | 女子结婚年龄 | 男子结婚年龄 | 婚房 | 婚礼举办地 | 家庭地址（苏木） | 新娘嫁妆 |
|---|---|---|---|---|---|---|---|
| 8 | 1992年 | 25 | 25 | 蒙古包 | 牧区 | 新右旗达赍苏木 | 四季服饰/1头奶牛/1匹马 |
| 9 | 1993年 | 26 | 28 | 平房 | 牧区 | 陈旗东乌珠尔 | 四季服饰/缝纫机/自行车 |
| 10 | 1994年 | 24 | 24 | 平房 | 牧区 | 新旗阿镇 | 四季服饰/2头奶牛/1匹马 |
| 11 | 1994年 | 25 | 26 | 蒙古包 | 牧区 | 新左旗嵯岗镇 | 四季服饰/30只羊/10头牛/10匹马 |
| 12 | 1994年 | 23 | 24 | 蒙古包 | 牧区 | 新右旗克尔伦苏木 | 四季服饰/1头奶牛/1匹马 |
| 13 | 1995年 | 25 | 25 | 平房 | 牧区 | 新右旗宝格达苏木 | 四季服饰 |
| 14 | 1998年 | 25 | 25 | 平方 | 牧区 | 新右旗杭乌拉苏木 | 四季服饰/50只羊/10头牛/5匹马/1辆摩托/冰箱 |
| 平均 | | 23.8 | 24.7 | | | | 说明：1头牛或1匹马相当于7只羊，新娘嫁妆平均：48只羊（其中不包括新娘四季服饰） |

## （二）90年代巴尔虎蒙古族婚姻习俗的变迁

课题组主要根据表5-3中14对夫妇的结婚案例和所采访到的具体情况来分析和阐述90年代的巴尔虎蒙古族婚俗变迁概况。90年代的巴尔虎蒙古族婚俗变迁主要体现在以下几个方面。

1. 90年代的巴尔虎人在坚持婚姻自由、一夫一妻制、男女权利平等等基本原则的基础上，仍传承了巴尔虎传统婚俗礼仪。据课题组调查显示，90年代的巴尔虎人不仅按照献哈达、择定吉日、女方送亲宴、男方迎亲婚宴、新娘母亲陪着新婚女儿在新郎家住三天、婚后第三天新娘父亲回看女儿以及婚后新娘第一次回门等传统仪式举办婚礼，而且仍遵循着由男方准备婚房、被褥、家具、厨具等生活必需品和由女方准备新娘新婚礼服与嫁妆等传统习俗。亲朋好友将身着节日服饰参加婚礼，并用烟酒、奶茶、奶制品、手把肉、饺子汤等传统饮食款待客人，参加婚礼的亲朋好友不仅积极参与送亲、迎亲等一系列的仪式，而且还主动参加致祝词唱民歌等文化娱乐活动，以其优美的歌声和充满激情的祝赞词为婚宴增添光彩。

2. 90年代以来，随着巴尔虎人民文化生活的不断丰富，巴尔虎婚礼歌曲也呈现出快速发展的势头。在巴尔虎婚礼上，歌手们不仅要演唱巴尔虎传统婚礼歌曲，而且还演唱新时代的创作歌曲。有些歌手还按照自己的喜好演唱一些《乌赫尔图辉腾》《黑色缎面坎肩》等伤感歌曲。《乌赫尔图辉腾》是一百多年以前创作的巴尔虎民歌，它所描述的内容是20世纪初发生在巴尔虎草原上的真实故事：一位年轻妇女因家里发生火灾而失去生命，其丈夫因思念亡妻而创作了《乌赫尔图辉腾》这首歌，该歌曲并不适合于在婚庆场合演唱，但是90年代的年轻人却因该歌曲曲调优美而忽略了其所产生的时代背景与所表达的思想内涵。因此在当时的巴尔虎婚礼上，经常能够听到《乌赫尔图辉腾》这首歌。课题组在调研过程中，还搜集到对上述婚礼歌曲持反对意见的个案。有位巴尔虎老人提出，在婚庆场合演唱这类表达悲伤心情的歌曲并不符合巴尔虎传统婚礼习俗，巴尔虎婚礼歌曲以赞美草原、歌唱家乡、赞美爱情、赞美骏马、想念父母为主旋律，曲调悠扬、嘹亮、优美、清新。而演唱充满悲伤心情的歌曲，不仅违背巴尔虎婚礼歌曲的宗旨，而且也不利于传承和发展巴尔虎婚礼歌曲。

3. 在90年代的巴尔虎婚礼上，仍保留着亲朋好友向两位新人赠送新婚礼物的传统习俗，并且在整个婚礼过程中贯穿着崇尚民族传统、尊敬长辈、关爱儿童、热爱生活等积极向上的思想理念，这些思想理念是巴尔虎传统婚俗得到传承和发展的内在驱动力。

4. 90年代的巴尔虎婚礼规模、婚礼费用、嫁妆数量等方面，较80年代有明显的提高。从表5-3所示14对夫妇的结婚案例看，90年代参加婚礼的人数平均达到98人，较80年代增加了30多人。90年代的巴尔虎婚礼费用平均达到12642元，较80年代多花6557元，增长了两倍。女方给新娘陪送的嫁妆仍以马牛羊等传统嫁妆为主，传统嫁妆平均数量为48只羊，较80年代正好增长了一倍。90年代巴尔虎婚礼的最明显变化为汽车已成为最主要的送亲工具。表5-3所示14对夫妇的结婚案例中就有9场婚礼采用汽车送亲方式，占婚礼总数的64.3%，较80年代提高16.2个百分点。

5. 90年代在巴尔虎婚俗方面，婚后居住方式基本上和80年代相同，婚后新婚夫妇单独居住的比例较80年代有明显提高。生活在苏木和城里的巴尔虎青年，婚后一般居住在单位分配的平房或自己建造的平房里，从事畜牧业生产的巴尔虎青年，婚后基本上都居住在自己搭建的蒙古包里。从表5-4所示14对夫妇的结婚案例看，婚后居住在平房里的新婚夫妇有6对，占总数的42.9%，居住在蒙古包里的新婚夫妇有8对，占总数的57.1%。婚后单独居住的新婚夫妇有11对，占总数的78.6%，较80年代提高了4.5个百分点，只有3对新婚夫妇婚后与父母居住在一起，占总数的21.4%。

6. 90年代巴尔虎人的通婚半径仍局限于所在旗、苏木和嘎查范围之内，而且基本上属于巴尔虎部族内部的通婚。正如表5-4所示14对夫妇的结婚案例所示，基本都属于生活在同一个旗、苏木或嘎查的部族内部通婚，通婚半径拓展现象并不明显。

7. 90年代在巴尔虎婚礼仪式中，传统婚俗礼仪开始得到恢复。如给新娘分头发，举行新娘拜火神和叩拜公婆仪式等，这些传统婚俗礼仪，虽然在"文化大革命"中被当作旧社会腐朽的习俗而被废除了。但是，这些传统婚俗礼仪承载着民族文化的精髓和合理内核，它具有尊敬长辈、重视灶火（即重视家族血脉）、维护家风等象征意义，有利于加强民族的凝聚力和增强民族的自信心。

表 5-5　　　　　90 年代巴尔虎蒙古族传统婚俗恢复状况

| 结婚时间（年） | 案例（个） | 举行给新娘分发仪式 | 举行新娘拜火仪式 | 举行新娘叩拜公婆仪式 | 备注 |
| --- | --- | --- | --- | --- | --- |
| 1960—1969 | 11 | 1 | 3 | 3 | 60 代初遵循传统婚俗礼仪 |
| 1970—1979 | 17 | 0 | 0 | 0 | "文化大革命"期间废除了巴尔虎传统婚俗礼仪 |
| 1980—1989 | 27 | 0 | 1 | 0 | 婚俗礼仪为新娘给长辈敬酒献茶 |
| 1990—1999 | 14 | 4 | 5 | 5 | 传统婚俗礼仪正在得到恢复。 |
| 合计 | 69 | 5 | 9 | 8 | |
| 百分比 | | 7.24% | 13.04% | 11.59% | |

## 三　2000 年以来巴尔虎蒙古族婚姻习俗的变迁

### （一）2000 年以来结婚的巴尔虎青年人婚礼基本信息

表 5-6　　　2000 年以来结婚的巴尔虎青年人婚礼状况（一）

| 序号 | 结婚时间 | 姓名 | 性别 | 年龄 | 职业 | 配偶 | 年龄 | 职业 | 送亲工具 | 结婚费用 | 参加婚礼人数 |
| --- | --- | --- | --- | --- | --- | --- | --- | --- | --- | --- | --- |
| 1 | 2000 年 | 娜某 | 女 | 43 | 职员 | 巴某 | 43 | 牧民 | 汽车 | 10 万元 | 200 多人 |
| 2 | 2002 年 | 斯某 | 女 | 36 | 牧民 | 阿某 | 36 | 牧民 | 汽车 | 3 万元 | 150 多人 |
| 3 | 2002 年 | 娜某 | 女 | 38 | 牧民 | 孟某 | 38 | 牧民 | 汽车 | 3 万元 | 150 多人 |
| 4 | 2004 年 | 满某 | 女 | 31 | 牧民 | 朝某 | 31 | 牧民 | 汽车 | 5 万元 | 300 多人 |
| 5 | 2005 年 | 娜某 | 女 | 32 | 牧民 | 苏某 | 32 | 牧民 | 马匹 | 3 万元 | 100 多人 |
| 6 | 2012 年 | 乌某 | 女 | 26 | 没工作 | 宝某 | 27 | 职员 | 飞机 | 40 万元 | 200 多人 |
| 7 | 2012 年 | 妮某 | 女 | 26 | 教师 | 阿某 | 26 | 职员 | 汽车 | 55 万元 | 800 多人 |
| 8 | 2013 年 | 乌某 | 女 | 32 | 教师 | 查某 | 32 | 教师 | 汽车 | 50 万元 | 600 多人 |
| 9 | 2014 年 | 斯某 | 女 | 26 | 公务员 | 满某 | 26 | 公务员 | 汽车 | 70 万元 | 500 多人 |
| 10 | 2014 年 | 玛某 | 女 | 24 | 牧民 | 敖某 | 25 | 牧民 | 汽车 | 30 万元 | 500 多人 |
| 11 | 2015 年 | 娜某 | 女 | 30 | 公务员 | 朝某 | 30 | 商人 | 火车 | 60 万 | 500 人 |
| 平均 | | | | | | | | | | 26.9 万元 | 350 人 |

表 5-7    2000 年以来结婚的巴尔虎青年人婚礼状况（二）

| 序号 | 结婚时间 | 女子结婚年龄 | 男子结婚年龄 | 婚房 | 婚礼举办地 | 家庭住址 | 新娘嫁妆 |
|---|---|---|---|---|---|---|---|
| 1 | 2000 年 | 29 | 29 | 楼房 | 城镇 | 新右旗阿镇 | 四季服饰 |
| 2 | 2002 年 | 24 | 24 | 平房 | 牧区 | 新左旗嵯岗镇 | 四季服饰/13 头牛/60 只羊 |
| 3 | 2002 年 | 26 | 26 | 平房 | 牧区 | 新左旗嵯岗镇 | 四季服饰 |
| 4 | 2004 年 | 21 | 21 | 平房 | 牧区 | 新左旗新宝力格 | 四季服饰/30 只羊/8 头牛/2 匹马/1 辆摩托车 |
| 5 | 2005 年 | 23 | 23 | 平房 | 牧区 | 新右旗宝东 | 四季服饰/2 头牛/1 匹马/50 只羊/1 辆摩托车 |
| 6 | 2012 年 | 24 | 25 | 楼房 | 城镇 | 陈旗西乌珠尔 | 四季服饰/10 头牛/10 匹马/40 只羊/10 万元 |
| 7 | 2012 年 | 24 | 24 | 楼房 | 城镇 | 陈旗巴音库仁 | 四季服饰/14 头牛/4 匹马/30 只羊/电脑/摩托车 |
| 8 | 2013 年 | 31 | 31 | 楼房 | 城镇 | 海拉尔区 | 四季服饰/小轿车/金银首饰/家用电器 |
| 9 | 2014 年 | 26 | 26 | 楼房 | 城镇 | 陈旗巴音库仁 | 四季服饰/家用电器 |
| 10 | 2014 年 | 24 | 25 | 蒙古包 | 牧区 | 新左旗乌苏木 | 四季服饰/20 头牛/1 匹马/100 只羊/1 辆汽车/各种金银首饰 |
| 11 | 2015 年 | 30 | 30 | 楼房 | 城镇 | 海拉尔区 | 四季服饰/轿车/金银首饰 |
| 平均 | | 25.6 | 25.8 | | | | 说明：1 头牛 = 7 只羊，1 匹马 = 7 只羊<br>新娘平均嫁妆：82 只羊（其中不包括新娘四季服饰） |

## （二）2000 年以来巴尔虎蒙古族婚姻习俗的变迁

课题组主要根据表 5-6 中 11 对夫妇的结婚案例和所采访到的具体情况来分析和阐述 2000 年以来巴尔虎婚俗的变迁概况。2000 年以来巴尔虎婚俗的变迁主要体现在以下几个方面。

1. 自 2000 年以来，巴尔虎婚礼规模发生巨大变化，巴尔虎人开始在城镇大酒店举办婚礼。自 2000 年以来参加婚礼的人数平均达到 350 人，较 90 年代增长了约 3.5 倍，特别是近几年来婚礼规模明显扩大。从表 5-6 所示 11 对夫妇的结婚案例来看，参加人数超过 500 人以上的婚礼就有五场，有三场小规模婚礼的参加人数也超过 100 人，相当于 80 年代最大规模的婚礼。由于婚礼规模过于庞大，不便于在家里摆酒席，因而近几年以来，巴尔虎婚礼举办场地逐步向城镇转移，巴尔虎人选择在城镇大酒店举办婚礼已成为一种不可扭转的发展趋势。其原因有以下三点：第一，城镇化的必然结果。城镇大酒店不仅给婚礼举办方提供宽敞明亮的就餐环境，而且其可口的饭菜、豪华的舞台和微笑的服务，都给人一种舒适、温暖的感觉，并能够替举办方完成婚宴准备、招待宾客等许多烦琐的工作，所以多数巴尔虎人愿意到城里大酒店举办婚礼。一般情况下，生活在城里的巴尔虎人和城镇附近的巴尔虎牧民愿意到城里酒店举办婚礼。如分别在陈旗东乌珠尔和西乌珠尔苏木上班的满先生和斯女士两位新人，于2014年11月在陈旗首府所在地巴彦库仁镇举办了具有民族特色的巴尔虎婚礼，因为他们上班的单位离巴彦库仁镇较近，只有40分钟的路程，所以他们才有条件在城里举办婚礼。第二，巴尔虎人社会交往圈逐渐扩大的结果。改革开放以来，随着商品经济的快速发展，多种所有制经济就像雨后春笋般在巴尔虎草原上开花结果，为巴尔虎人提供更多的就业岗位，促使一部分巴尔虎人到城里就业和创业。由于巴尔虎人从业方式的变迁，巴尔虎人与其他不同人群之间的交往日益加深，进而扩大了巴尔虎人社会交往的圈子。假如巴尔虎人要举办一场婚礼，不仅要邀请亲戚与左邻右舍，而且还要邀请同事、同学、同乡、朋友等地缘和业缘关系人参加婚礼，他们所邀请的宾客当中，既有本民族的朋友，又有其他民族的朋友。因而以往只能招待少数亲属和左邻右舍的传统婚礼场地，已经不能满足新时期巴尔虎婚礼的发展需求，而且城镇餐饮业的发展为巴尔虎婚礼举办场地由牧区转向城镇提供了有利的条件。第三，改革开放以来，巴尔虎人物质生活水平的提高，为巴尔虎婚礼举办场地由牧区向城镇转移提供了物质保障。第四，新时代的年轻人，在追求时尚的道路上，做出了举办一次豪华婚礼的选择。随着社会的发展，人人都有追求幸福生活的权利，其中包括为自己举办一次既豪华又体面的婚礼仪式。据课题组调查显示，巴尔虎年轻人都有个美好的愿望，即给自己举办一次具有民族特色的现代婚礼仪式。如生活在牧区的年轻人，不仅在牧区举办一次传统意义上的民族婚礼，而且还希望到城镇酒店再举办一次具有民族特色的现代婚礼。如今，一对新人办两次婚礼仪式的现象仍很普遍。这种新兴婚姻习俗，一方面增加了婚礼举办方的经济负担，另一方面能够给新婚夫妇带来无限的荣耀和幸福。

2. 自2000年以来，巴尔虎婚礼费用呈现出逐年上升的趋势。如2000

年以来婚礼费用平均达到26.9万元，较90年代增长22.2倍，其中最大的一笔开销是花在购买婚房上。从表5-7所示11对夫妇的结婚案例中就有6对新人结婚时，从城镇购买了楼房，房款在婚礼全部费用中大概占2/3的比例。据课题组调查显示，城镇上班的年轻人在双方父母的资助下从城里购买楼房作为婚房。特别是近几年来从城里购买楼房作为婚房的巴尔虎青年逐年增加，从而根本上改变了巴尔虎人的传统居住方式。由此可见，城镇化的发展，不仅推动着巴尔虎人传统居住方式的改变，而且也促进了巴尔虎传统婚俗的变迁。

3. 自2000年以来，巴尔虎婚礼传统送亲方式发生根本性的变化，并出现了利用飞机送亲的现象。从表5-6所示11对夫妇的结婚案例来看，用汽车或火车送亲的案例有9个，用飞机送亲的案例有1个，用马匹送亲的案例只有1个，用现代交通工具送亲的案例占了90%以上，巴尔虎人传统送亲方式完全被现代送亲方式所取代。

4. 自2000年以来，巴尔虎人通婚半径明显得到拓展，出现了跨省、跨国联姻等现象。改革开放以来，由于我国文化教育事业的快速发展和高等教育的普及，使得巴尔虎年轻人拥有了到全国各地去求学和求职的机会，由此改变了巴尔虎人以往只能在一个嘎查、一个苏木或一个旗范围之内通婚的传统习俗，极大地扩大了巴尔虎年轻人寻找终身伴侣的空间和范围。同时，我国公路、铁路和航空等交通运输业的快速发展，特别是近几年来航空运输业的快速发展，为顺利举行巴尔虎婚礼提供了前所未有的便利条件。表5-6所示11对夫妇的结婚案例中，有一位巴尔虎姑娘嫁到遥远的鄂尔多斯市当新娘，一位巴尔虎姑娘与在青海省长大的和硕特蒙古族小伙子喜结良缘，一位巴尔虎小伙从通辽市奈曼旗迎娶科尔沁姑娘为妻，甚至出现了巴尔虎姑娘与外国小伙成亲的典型案例。由此可见，以往在巴尔虎部族内部通婚的传统习俗因巴尔虎人社会交往范围的扩大而发生了变迁。

案例5.5：2012年陈巴尔虎姑娘乌某与鄂尔多斯小伙宝某喜结良缘，组成了幸福的家庭，这是在巴尔虎婚俗史上跨地区联姻的典型案例。两位新人是在呼和浩特市求学时相识相爱并在呼和浩特市安家落户。但是，他们回家乡举办了具有地方特色和民族特色的蒙古族婚礼，即女方在陈旗举办具有巴尔虎特色的送亲宴会，而男方在鄂尔多斯市举办了具有鄂尔多斯特色的迎亲婚礼。女方送亲宴会结束后，女方有 6 位亲人坐飞机将新娘送到遥远的鄂尔多斯市，从而保证了男方迎亲婚礼如期举行。在此次婚礼中，由于女方利用飞机送亲而缩短了送亲时间，仅仅用 3—5 天的时间就圆满完成了跨地区婚礼的全部程序与礼仪。

案例 5.6：巴尔虎姑娘安某 1984 年出生于呼伦贝尔市海拉尔区，她从小就接受民族教育，2003 年考入中央民族大学民族语言文学专业就读本科，2007 年以优异成绩大学毕业之后，进入国际广播电台从事蒙古语频道节目播音员的工作，她在北京学习和工作期间，认识了德国小伙法某。2014 年巴尔虎姑娘安某与德国小伙法某在呼伦贝尔市海拉尔区世纪天伦酒店举办具有民族特色的巴尔虎婚礼，开启了在呼伦贝尔长大的巴尔虎姑娘嫁给外国小伙的先例。这是课题组所搜集到的第一个跨国联姻案例。

5. 自 2000 年以来，随着社会经济的发展和巴尔虎人物质生活水平的提高，巴尔虎新娘所携带的嫁妆更加丰厚，其种类也呈现出多样化的趋势。从表 5-7 所示 11 对夫妇的结婚案例来看，女方给出嫁女儿陪送的嫁妆种类有四季服饰、金银首饰、家用电器、电脑、摩托车、汽车、马牛羊等，其中家用电器、电脑、摩托车、汽车等嫁妆是最具代表性的新型嫁妆，并且马牛羊等传统嫁妆数量较 90 年代增长了将近两倍。表 5-7 所示 11 对夫妇的结婚案例中，有六个女方家庭给出嫁女儿平均陪送 65 头（只）牛羊，甚至有一个女方家庭给出嫁女儿陪送了 120 头（只）牛羊，创造了新中国成立以来巴尔虎新娘嫁妆史上的新高。2014 年 7 月课题组在新左旗进行社会调查时，向导乌云高娃女士也给我们讲述了乌布尔宝力格苏木有一位牧民给出嫁女儿陪送 100 只羊、20 头牛作为嫁妆的案例。2014 年 11 月课题组在陈旗进行社会调查时，苏苏尔老人也给我们讲述了陈旗东乌珠尔苏木有一位牧民给出嫁女儿陪送 200 只羊、18 头牛、10 匹马、1 辆汽车等作为嫁妆的案例。同时，乌云高娃女士和苏苏尔老人给我们深刻分析了近十年来巴尔虎人给出嫁女儿陪送的嫁妆愈加丰厚的原因：第一，近十年来，随着呼伦贝尔市畜牧业经济的快速发展，富裕起来的巴尔虎牧民才有条件给出嫁女儿陪送丰厚的嫁妆。从课题组调查的具体案例来看，新左旗乌布尔宝力格苏木巴尔虎牧民木某家有近万头牲畜，其中羊 5000 只，他是该苏木十多户富裕牧民之一，所以他才有条件给出嫁女儿陪送丰厚的嫁妆,如他女儿玛某结婚时,除了给女儿陪送大量的金银首饰、现金、四季服饰等嫁妆之外,还陪送了100只羊、20头牛、1匹配有银鞍的骏马、1辆汽车、2辆箱车等丰厚的嫁妆。陈旗西乌珠尔苏木牧民阿某家有400多只羊、10多头牛、70多匹马。据陈旗西乌珠尔苏木干事恩和先生介绍,阿某家生活条件在当地来讲属于中等水平。因此,2012年嫁女儿时,她们家给女儿陪送10头牛、10匹马、40只羊、10万元现金等丰厚的嫁妆。第二,自1980年起,在呼伦贝尔市牧业四旗开始实行计划生育政策以来,巴尔虎人积极响应国家号召,一对夫妇只生1—2个孩子。进入21世纪以来,出生于20世纪八九十年代的巴尔虎青年人结婚时,他们的物质条件要比父辈好许多,并且兄弟姐妹又少,因此父母给出嫁女儿陪送的嫁妆跟过去相比自然就丰厚。第三,改革开放以来,随着社会经济的发展和人们思想认识的提高,巴尔虎妇女的社会地位也得到了显著提高。巴尔虎姑娘出嫁时,其父母不仅给她陪送丰厚的嫁妆,而且还把一部分家产以嫁妆的形式分给出嫁女儿。所以近几年来,在巴尔虎人给出嫁女儿陪送的嫁妆当中,必然要包含父母分给出嫁女儿一部分财产之含义。巴尔虎人自古以来就有给出嫁女儿陪送嫁妆的习俗,根据巴尔虎人的解释,在传统意义上的嫁妆中,并没有父母将一部分财产分给出嫁女儿之含义,而只含有出嫁女儿分享其父母福祉之含义。由此可见,近几年来,我国法治建设的加快和老百姓法律意识的提高,进一步巩固了巴尔虎妇女在家庭生活中的地位与作用,并且为巴尔虎传统嫁妆习俗的变迁创造了有利的条件。

6. 自2000年以来,在城镇酒店举办的巴尔虎婚礼仪式,开始变得隆重,且具有浓郁的舞台艺术形式。其艺术性主要体现在巴尔虎婚礼的各项仪式中。首先婚礼主持人用吉祥、华丽的语言做开场白之后,宣布新郎某某和新娘某某的新婚典礼正式开始,并邀请新郎新娘第一次上台。在众人的掌声中,穿着新婚礼服的新郎新娘在伴郎伴娘的陪伴下走上台并排站在舞台中央。一般情况下,婚礼主持人由一男一女两个人组成,一个用蒙古语主持婚礼,另一个用汉语主持婚礼,两人密切配合,以独特的主持风格将大家的注意力吸引到婚礼现场。婚礼主持人的着装打扮也尽量与婚庆场面搭配,有时女主持人穿着民族服饰,男主持人穿着西装,有时两位主持人都穿着民族服饰,尽量凸显婚庆的民族特色。第二个仪式,婚礼主持人向来宾介绍英俊潇洒的新郎和美丽善良的新娘。第三个仪式，在婚礼主持人的指点下，新郎新娘首先向保佑大家平安吉祥的宝格达山一鞠躬，接着向父母的养育之恩二鞠躬，最后向给予无私帮助的亲朋好友三鞠躬，以此表达对大自然的敬仰之心、对父母的感恩之心、对亲朋好友的感谢之情。第四个仪式，双方父母受邀上台。上台之后，双方各选一名代表讲话并致祝词，祝福新郎新娘相亲相爱、白头偕老、永远幸福安康。有的婚礼上，双方父母致完祝词之后，接着就举行男方父母给儿子儿媳赠送新婚礼物仪式。仪式结束之后，新郎新娘第一次走下台并为下一个仪式做准备。接着邀请歌手上台为婚宴献歌以活跃现场气氛。第五个仪式，歌手们经过几轮的歌曲表演之后，主持人再一次邀请新郎新娘上台，将举行新郎新娘互换信物及新娘点燃灶火仪式。新郎新娘第二次上台时，会重新更换新婚礼服以提升婚礼仪式的观赏性和艺术性。一般情况下，新郎向新娘赠送钻石戒指，新娘向新郎赠送手表或金戒指作为定情物。第六个仪式，新郎父母给儿子儿媳献鲜奶，祝福两位新人拥有一颗像鲜奶般纯洁、善良的心。礼毕之后，新郎新娘第二次走下台。第七个仪式，参加婚宴的宾客们陆续上台演唱歌曲，尽力活跃婚礼气氛。有的婚礼上，特意邀请专业歌手和舞蹈队前来婚礼现场助兴，以此来提升巴尔虎婚礼仪式的观赏性和艺术性。参加婚礼的亲朋好友一边品尝美味佳肴，一边观看精彩的歌舞表演，在欢快、喜庆的氛围中，慢慢欣赏以婚礼仪式、新婚礼服、婚礼歌曲、婚礼音乐为载体的民族文化的精彩画面。第八个仪式，主持人邀请新郎新娘第三次上台并在台上举杯向参加婚礼的亲朋好友敬酒致谢。近几年来，婚礼举办方非常重视婚礼仪式的文化内涵和艺术效果，专门邀请婚庆公司对婚礼仪式进行策划，精心设计和用心安排每一项婚礼仪式，尽量突出民族服饰、民族礼节和民族歌舞等文化艺术在巴尔虎婚礼中的独特作用。要想举办一场具有民族特色的巴尔虎婚礼，不仅需要半年到一年的准备时间，而且还要提前做好以下几个方面的准备工作：第一，要选定环境幽雅、宽敞明亮的酒店；第二，要找好资深民族婚礼主持人，布置婚庆场地，安排好音响师、歌手和舞者等；第三，新郎新娘要定制两到三套新婚礼服，找好伴郎伴娘，点好婚宴烟酒菜肴；第四，安排好迎亲的车辆等一系列的准备工作。上述这些准备工作做好之后，在亮丽的舞台上才能充分展示巴尔虎婚礼的美丽画面和精彩内容，给参加婚礼的宾客们才能带来无限的艺术享受。

现代都市巴尔虎婚礼上，不仅有条不紊地举行各项婚礼仪式，而且从中还穿插着歌舞类节目，以歌舞表演形式突出巴尔虎婚礼的艺术特色，而传统巴尔虎婚礼则突出巴尔虎婚礼的娱乐特色。如参加婚礼的亲朋好友积极参与到致祝词、唱民歌、送礼物、送亲、迎亲等各项婚礼仪式中，使得巴尔虎婚礼仪式，具有了群众性文化娱乐活动的色彩。总之，进入 21 世纪以来，随着时代的发展和社会生产方式的变迁，巴尔虎婚俗也发生了相应的演化。但是，从巴尔虎婚礼的社会功能上来说，巴尔虎人更加喜欢传统巴尔虎婚礼。因为通过传统巴尔虎婚礼仪式，他们能获得更多的生活乐趣和思想的喜悦。

7. 近几年来，随着呼伦贝尔市草原民俗旅游业的快速发展，巴尔虎婚俗方面也出现了都市巴尔虎人到旅游景点举办新婚典礼的个别现象。每年 6—8 月正好是呼伦贝尔草原最美的季节，向往草原游牧生活的都市巴尔虎人在亲朋好友的帮助下，选择旅游景点为儿女举办具有草原特色的巴尔虎婚礼。在旅游景点举办的婚礼上，除了举行巴尔虎特色的新婚典礼之外，还举办歌舞表演、摔跤、赛马和射箭等比赛活动，不仅让宾客们亲身体验巴尔虎人的文化生活，而且使他们尽情地享受大自然的新鲜空气与温暖的阳光。身穿民族服饰的亲朋好友聚集在一起为两位新人致祝词献歌曲并分享他们的新婚喜悦，同时，还在悠闲自在、载歌载舞的娱乐生活中，让疲惫的身心得以放松。据课题组调查显示，一部分巴尔虎人开始组建民间巴尔虎服饰模特队，积极参加国内外各种服饰表演大赛，以实际行动向世人展示巴尔虎传统服饰文化的魅力与特色，为巴尔虎传统婚礼服饰的恢复和发展提供了有利的条件。

## 四　20 世纪八九十年代及 2000 年以来巴尔虎婚俗变迁之比较

改革开放 40 年来，随着呼伦贝尔市经济文化事业的快速发展，巴尔虎人生产方式和生活方式逐渐发生改变，客观上促进了巴尔虎婚姻习俗的变迁。巴尔虎婚俗变迁也随之经历三个不同演进的阶段，呈现出快速发展的趋势。对比 20 世纪八九十年代及 2000 年以来的巴尔虎婚俗变迁，具有明显的时代发展特征。具体表现如下。

1. 改革开放以来，随着呼伦贝尔市文化艺术事业的发展，巴尔虎婚礼服饰、婚礼歌曲、婚礼祝赞词、婚礼仪式等婚俗文化逐渐得到恢复并显示出快速发展的势头。巴尔虎婚礼服饰是巴尔虎婚礼中重要的文化元素，也是成功举办一场巴尔虎婚礼的重要标志。巴尔虎人历来对婚前做一身新婚礼服非常重视，生活再困难也得做一身崭新的巴尔虎民族服饰作为新婚礼服。20世纪八九十年代的巴尔虎新婚礼服具有款式简单、颜色单一、风格传统等特点，而且都是亲手缝制。但是进入21世纪以来，随着巴尔虎传统服饰文化的复苏，巴尔虎新婚礼服的种类、款式、风格等呈现出多元化的趋势，并引发了巴尔虎人对传统服饰文化的创造热情。随之在巴尔虎三旗和海拉尔等地，巴尔虎民族服饰加工店先后成立，为巴尔虎新婚礼服的开发和创新提供了条件。如今巴尔虎年轻人不仅在婚前定做两到三套风格各异的新婚礼服，而且在新婚典礼上，通过更换不同的新婚礼服来向大家展示巴尔虎传统服饰的魅力与风采。巴尔虎婚礼已经成为传承和发展巴尔虎服饰文化的重要平台。巴尔虎婚礼歌曲和祝赞词作为巴尔虎人表达思想感情的艺术手段，始终贯穿于巴尔虎婚礼的各项仪式中，使巴尔虎婚礼充满诗情画意。据课题组调查显示，改革开放以来，在巴尔虎婚礼上不再演唱六七十年代的革命歌曲，除了演唱《额尔顿乌拉的远影》《辽阔的草原》《肥壮的白马》《陪嫁的栗色马》《秀丽的海骝马》等巴尔虎传统民歌之外，80年代主要演唱《贝尔呼伦》《乌尔逊河》《水晶杯》《牧民的幸福》《月光下》等歌曲，90年代演唱《我的额吉》《母亲熬的奶茶》《父亲》《女人的命运》等歌曲和蒙古国歌曲等，进入21世纪以来演唱《心中的恋人》《善良的心》《伊日贵》《我爱你》《梦中的额吉》等新时代创作歌曲，使得婚礼歌曲内容更加丰富多彩。但是，巴尔虎人至今仍非常忌讳在婚宴上演唱悲伤、伤感的歌曲。如今在巴尔虎婚礼上，祝赞词逐渐得到恢复，长辈们和婚礼主持人通过致祝词、献赞词等艺术形式，衷心地祝愿两位新人健康长寿、永远幸福快乐。有的婚礼主持人还亲自创作婚礼祝赞词，使得巴尔虎婚礼仪式更具民族性和独特性。如2014年7月，青年牧民敖某婚礼上，婚礼主持人向大家献上全羊祝赞词和祭火祝赞词。巴尔虎婚礼祝赞词有全羊词、祭火词、祝酒词、祝福词等诸多种类。

2. 改革开放以来，巴尔虎婚礼举办场地逐渐由牧区转移到城镇，在城镇酒店举办婚礼已成为一种不可扭转的发展趋势。自古以来，辽阔的草原和洁白的蒙古包是举办巴尔虎婚礼的重要场所，巴尔虎婚礼是草原人民亲身体验和感受巴尔虎传统文化的重要活动。但是，随着城镇化的发展和巴尔虎人生活方式的变迁，传统意义上的巴尔虎婚礼已经失去往日的风采，特别是在城镇巴尔虎婚礼上，许多婚俗礼仪被简化，亲朋好友聚集在一起载歌载舞、通宵饮酒欢歌的文化内容被省略，只有民族特色的新婚礼服成为巴尔虎婚礼区别于其他民族婚礼的重要标志。据课题组调查显示，20世纪80年代，多数巴尔虎人仍在牧区举办传统巴尔虎婚礼，只有少数巴尔虎人在城镇家里为儿女举办婚礼，占婚礼总数的18.5%。到90年代，仍在牧区举办婚礼为主，少数巴尔虎人开始选择在城里酒店举办婚礼。进入21世纪以来，在城里酒店举办婚礼已成为一种时尚，而且婚礼规模逐渐扩大，甚至生活在牧区的巴尔虎人开始选择在城里酒店举办婚礼。

随着呼伦贝尔市旅游业的发展，生活在城里的巴尔虎人开始选择在牧区旅游景点举办巴尔虎婚礼，重温巴尔虎婚礼的往日风采。草原上的巴尔虎婚礼既是祝愿两位新人百年好合的隆重仪式，又是草原人民欢聚一堂，赞美生活，畅想未来、交流情感的文化娱乐活动。通过搭建蒙古包、歌舞表演、骑马送亲、摔跤赛马等多种形式的民俗活动，再现了巴尔虎传统婚礼的精彩画面。于是，随着巴尔虎人生活水平的不断提高，城镇化的巴尔虎人非常向往草原婚礼的那种壮观场面和轻松氛围，向往在广阔的草原上搭建十几座蒙古包，悠闲自在地与亲朋好友们聚集在一起，通宵饮酒唱歌，共同畅想美好明天的快乐生活。与此同时，巴尔虎人所举办的婚礼更加隆重且具有浓厚的文化色彩，吸引越来越多国内外媒体的广泛关注，使其成为呼伦贝尔市特色旅游业的文化标签。上述这些婚礼习俗的盛行，一方面有利于传承和发展巴尔虎传统婚俗文化，另一方面增加婚礼举办方的经济负担，也有互相攀比婚礼规模与档次等负面影响。

3. 改革开放以来，现代交通业的发展，不仅从根本上改变巴尔虎人传统出行方式，而且也彻底改变了巴尔虎人传统送亲方式。从新中国成立以来一直到80年代初，巴尔虎人传统送亲方式为骑马送亲。改革开放后，随着现代交通运输业的发展，巴尔虎人传统送亲方式逐渐被汽车等现代送亲方式所取代。据课题组调查结果显示，20世纪80年代，用汽车送亲的婚礼就有13场，占婚礼总数的48.1%，到90年代用汽车送亲的婚礼比例达到64.28%。进入21世纪以来，开始出现了利用飞机送亲等新兴送亲方式。20世纪70年代，由于呼伦贝尔盟交通运输业的相对滞后，陈旗东乌珠尔苏木的姑娘嫁到陈旗鄂温克苏木（跨苏木联姻）时，女方用拖拉机送亲，仅仅50多千米的路程就走了四五个小时。当时大家都觉得送亲的路途太远，不便于举行相关的巴尔虎送亲仪式，所以在此次送亲仪式中，直接取消了让一位小姑娘陪着新娘在新郎家住一宿和婚后第二天新娘父亲回看女儿等传统习俗。相反，2012年陈巴尔虎姑娘嫁到遥远的鄂尔多斯市时，双方家庭之间的距离就有2000多千米，如果女方采用传统骑马送亲方式，在送亲途中最少也得花一两个月的时间。但是，在此次婚礼中，女方采用飞机送亲的现代方式，极大地加快了女方在送亲途中的行进速度，仅用3—5天的时间，便顺利完成了跨地区联姻的所有仪式。如1590年，土默特蒙古部的（今呼和浩特一带）阿拉坦汗把女儿巴拉金公主远嫁给额尔古纳河流域的苏龙古德部布伯贝勒的儿子代洪台吉，陪嫁的一万名媵婢（其中有部分巴尔虎、布里雅特人）和随从等庞大的送亲队伍自黄河流域出发穿过无边的草原、封冻的江河以及高峻的大兴安岭，经历了三年的艰难跋涉最终到达了目的地。巴尔虎、布里雅特蒙古人为了纪念这段漫长而艰难的送亲历程而编唱了歌曲《兴安河的麻雀》，这首曲调舒缓并略带伤感的古老民歌至今仍流传于巴尔虎及布里雅特蒙古人当中。由此可见，利用飞机送亲方式的诞生可以看作巴尔虎婚俗变迁史上的一个新的里程碑。

4. 改革开放以来，巴尔虎人的传统通婚圈被打破，出现了许多与其他民族或其他地区的蒙古人进行联姻的典型案例。随着市场经济的发展和高等教育的普及，巴尔虎人能够到全国各地去求学和求职。为此，巴尔虎蒙古族青年找对象的空间也得到拓宽，不像以往那样仅局限于一个苏木或一个旗等狭小的范围内，而是能够在其他省、盟、市等更广阔的空间内寻找自己的终身伴侣，从而进一步扩大了巴尔虎人的通婚半径。特别是进入21世纪以来，在呼伦贝尔长大的巴尔虎姑娘（或小伙）和在锡林郭勒、通辽、赤峰、鄂尔多斯等盟市长大的其他蒙古部落的小伙（或姑娘）成婚的案例有很多，甚至出现了巴尔虎姑娘嫁给德国小伙和法国小伙的典型案例。同时，我国公路、铁路和航空等交通运输业的发展为巴尔虎婚俗的变迁提供了有利的物质条件和技术保障。

5. 改革开放以来，随着巴尔虎人物质生活水平的提高，女方给出嫁女儿陪送的嫁妆数量逐年增加，种类愈加齐全，更加讲究嫁妆的品质。20世纪80年代，由于受当时经济条件的限制，女方给出嫁女儿陪送的嫁妆非常有限，生活条件差、孩子多的家庭嫁女儿时，只陪送几件蒙古袍，而生活条件好一点的家庭嫁女儿时，所陪送的嫁妆相对多一点儿，不过也仅仅陪送几只羊或1头奶牛和1头犍牛，或1头奶牛和1匹马以及1辆箱车和四季蒙古袍等。据统计，20世纪80年代，新娘携带的嫁妆按当时的物价来折算平均达到24只羊，20世纪90年代达到48只羊，每十年约增长一倍。

进入21世纪以来，随着社会经济的发展和巴尔虎人民物质生活水平的提高，巴尔虎新娘所携带的嫁妆数量和种类更加丰厚齐全。如"80"后或"90"后的巴尔虎姑娘出嫁时，新娘除了携带马牛羊、四季蒙古袍、箱车等传统嫁妆之外，还携带摩托车、电视、冰箱、洗衣机、电脑、汽车以及各种金银首饰等高档嫁妆，其中马牛羊等传统嫁妆的数量逐年增加，平均达到82只羊，羊羔袍、棉袍、特日力格、单袍等蒙古袍为必带的嫁妆。一般情况下，女方父母或男方父母把羊羔袍作为最珍贵的礼物送给新郎新娘。随着时代的进步，一方面由于巴尔虎妇女社会地位的不断提高，其出嫁时所携带的嫁妆中已包含作为儿女理应分到父母一份财产的新内涵，另一方面，80年代初牧区开始实施计划生育政策以来，巴尔虎人积极响应国家号召只生一两个孩子，所以在改革开放后富裕起来的巴尔虎人，嫁女儿时所陪送的嫁妆自然就丰厚了。

6. 改革开放以来，巴尔虎婚礼规模逐年扩大，婚礼费用也逐年上升，与经济社会发展的程度形成正比。20世纪80年代，参加巴尔虎婚礼的平均人数为67人，平均费用为6000多元，基本上属于小规模的简朴婚礼。到90年代，参加婚礼的平均人数增长到98人，平均费用提高到12600多元，婚礼平均费用较80年代正好增长一倍，婚后居住条件得到明显改善。进入21世纪以来，参加巴尔虎婚礼的平均人数达到350人，甚至出现了800多人参加的婚礼。婚礼平均费用达到26.9万元，创下了历史新高。这些费用包括新婚夫妇购买家用电器、楼房及小轿车等生活必需品的开销，甚至包括金银首饰等奢侈品费用，显然体现了巴尔虎人物质生活水平的提高。

7. 改革开放以来，巴尔虎婚俗礼仪虽然在形式上发生了一些演变，但是巴尔虎婚俗礼仪所蕴含的价值理念一直未变并以各种礼仪形式得到传承和发展。巴尔虎婚礼通过其隆重的仪式向世人传递着一种以礼待人、以情动人、遵守传统、传承文化、尊敬长辈、关爱儿童、热爱生活等积极向上的价值理念，这种价值理念是巴尔虎婚礼永恒不变的主题。据课题组调查显示，如今在巴尔虎婚礼上仍保留着尊贵的客人和长辈坐在尊位席上并从尊贵的客人和长辈开始敬烟敬酒等古老的婚姻习俗，仍坚守为新郎新娘致祝词唱巴尔虎民歌等传统，这是传承和发展巴尔虎婚俗的意义所在。

8. 改革开放以来，在巴尔虎婚俗方面，丧偶者再婚的现象比较普遍，而且还出现了个别离婚的现象。据课题组调查显示，导致离婚的主要原因是有一方不履行义务或有外遇。夫妻离婚后，子女抚养权一般归女方，并且离婚对女方造成的心理和精神上的打击更大。离婚后，有的妇女已经再婚，有的妇女一直与儿女生活在一起，没有复婚或再婚的打算。特别是离婚后的女性同胞表现出更坚强的一面，不仅把家庭生活料理得井井有条，而且在事业上也取得了一定的成就。如普通牧民妇女离婚后，为了改变生活方式，进城开了一家民族服饰裁缝店并走上自主创业的道路，开辟了人生的新篇章。丧偶者再婚的理由很简单，就是找一个伴侣互相扶持着过日子。

## 五　对当今巴尔虎婚礼进行现场观察的记录

（一）到新左旗乌布尔宝力格苏木巴音宫嘎查现场观察牧区巴尔虎婚礼

2014年7月18日至19日，课题组香梅、乌云、包殿福等一行五人到新左旗乌布尔宝力格苏木巴音宫嘎查现场观察了牧区巴尔虎婚礼。新郎敖某为新左旗乌布尔宝力格苏木巴音宫嘎查牧民，新娘玛某为新左旗乌布尔宝力格苏木第五嘎查牧民。7月18日下午五点左右我们课题组一行五人抵达新郎家。男方迎亲婚礼将在7月19日举行，按照巴尔虎传统习俗，新郎家在主房东侧一共搭建12座蒙古包，其中一座为新郎新娘的婚房，一座为新郎哥哥嫂子居住的蒙古包，其余蒙古包用于招待婚礼宾客。新郎父母居住的主房为砖瓦结构的三间平房，主房左侧还有一座砖瓦结构的厢房，里面摆放着三张圆桌用于招待婚宴宾客。距蒙古包正前方40米以外是停车场，在宽阔而碧绿的草原上，由东向西一共停放着40多辆汽车，显得特别壮观。距蒙古包正后方10米以外也是停车场，由东向西停放着十多辆篷车和铁皮箱车，以便参加婚宴的宾客们拴马。亲戚朋友骑马或开车提前来到新郎家帮忙，有的宰羊灌血肠，有的熬奶茶做饭，还有的招待客人，就像过节一样热闹。此次婚礼上，我们还遇见了来自蒙古国的摄影师宝力德先生和内蒙古电视台记者乌仁巴图等人。近几年来，草原上的巴尔虎婚礼因其固有的民族特色而深受国内外媒体人的广泛关注。我们的向导乌云高娃女士为新郎母亲莫某的高中同学，所以才有幸亲临现场观察了草原上的巴尔虎婚礼。在乌云高娃女士的带领下，我们先走进新郎哥哥嫂子的蒙古包会见新郎父母并接受款待，同时按照草原上的礼仪向新郎父母赠送婚礼礼物，以表示祝贺。然后课题组成员到蒙古包外随机对婚礼准备工作进行现场观察，还找一些参加婚礼的宾客们进行了问卷调查。据课题组观察，草原上的巴尔虎婚礼，按照巴尔虎传统婚俗举行了如下各项仪式：

　　第一个仪式：当天晚上（宴会从晚上6点左右开始）新郎家准备丰盛的酒席，热情地款待了前来贺喜的亲朋好友。这是巴尔虎人自古以来传承下来的古老的婚姻习俗，称为新郎家晚宴。新郎家举办如此盛大的晚宴具有两层含义：一是向前来贺喜的亲朋好友表示感谢。二是送迎亲队伍上路。当天晚上，男方亲朋好友穿着节日的服饰，带着贺礼从四面八方赶到新郎家，营造出晚宴的喜庆气氛。应邀赶来的亲朋好友都带来了双份礼物，一份为新婚家庭添枝加叶的礼物，小到茶具、锅碗、盘子、果盘等日用品，大到洗衣机、电视机等大件，用蒙古语称为"格日因讷莫日"（ᠭᠡᠷ ᠤᠨ ᠨᠡᠮᠡᠷᠢ）。另一份为向新郎新娘赠送的新婚贺礼，包括衣料、毛毯、皮箱、首饰、蒙古袍等平常穿戴的物品。巴尔虎人有一个不成文的规定，长辈才有资格向两位新人赠送新婚礼物，晚辈则不能向两位新人赠送礼物。当晚新郎家一共宰了八只羊，专门用于招待婚宴宾客，所以当晚新郎家举办的晚宴特别丰盛，主要以手把肉为主，配备一些凉拌菜。宴会开始后，从远道而来的亲朋好友悠闲自在地饮酒吃肉，畅谈着草原上发生的趣事。跟着父母前来参加婚宴的小孩们在外面尽兴地玩耍，男孩子们在踢足球，女孩子们在赛跑，玩得特别开心。

第二个仪式：晚上 8 点开始，新郎在新蒙古包内举行祭火仪式。首先由新郎家人点燃炉火，新郎长辈们围坐在炉灶周围，将提前准备好的祭祀品摆放在炉灶周围。然后由一位男性长者指点新郎举行祭火仪式。新郎将提前准备好的祭祀品按照一定顺序敬献给火神，即先献油脂、后献奶制品和彩色布条等，而后，新郎需跪拜火神，以示敬畏之心。与此同时，站在火炉旁边指点新郎的男性长者高声致祝赞词："用羊胸脯祭拜高大洁白的蒙古包之礼，由白发老人赐予祝赞词之俗，选择高处搭建蒙古包，迁徙到宽阔的草原上去放牧，尊敬长辈，关爱幼儿，与广大民众和睦相处，祝你们长命百岁，福禄无边，永远幸福安康。"新郎在新蒙古包内举行的祭火仪式，标志着又一个新家庭在草原上诞生，且象征着新婚家庭像火一样越来越兴旺发达。

第三个仪式：新蒙古包内举行的祭火仪式结束之后，蒙古包外面的篝火晚会就开始了。草原上由于没有通电，新郎家只能用发电机来解决夜晚的照明问题。新郎家为了办好此次婚礼做了精心的准备，特意从海拉尔、新左旗阿木古郎镇等地请来主持人、伴奏师和摄影师等相关工作人员，专门为本次婚礼提供录音、摄像等服务。篝火晚会开始之后，首先由晚会主持人宣布新左旗乌布日宝力格苏木巴音宫嘎查牧民达某和莫某的小儿子敖某的新婚家宴正式开始，并代表新郎父母向远道而来的亲朋好友表示感谢。其次向大家介绍了从蒙古国乌兰巴托市赶来的摄影师宝力德先生和呼和浩特市赶来的内蒙古电视台记者乌仁巴图和乌仁高娃等客人。接着邀请当地歌手们为晚会献歌曲，用歌舞形式活跃晚宴现场气氛。身穿节日服饰的宾客们，伴着悠扬的歌声走进篝火晚会现场翩翩起舞，时而跳交际舞、时而跳集体舞，沉浸在歌舞的海洋中，尽情地享受着大草原所独有的静谧与幽香。伴着歌声起舞的人们露出了幸福的笑容，给我们的感觉是草原上的人们就像天生的歌者和舞者，他们富有穿透力和感染力的歌声荡漾在广阔无垠的草原上，将大家带到了无限的幸福与快乐之中。篝火晚会一直持续到深夜，让婚宴宾客们开心地娱乐，使得他们的身心得到了放松。

第四个仪式：送迎亲队伍上路。男方迎亲队伍由首席胡达、婚礼主持人、新郎、伴郎以及十多个小伙等近二十人组成，动用了十多辆汽车，课题组两名成员有幸随迎亲队伍前往女方家现场观察了巴尔虎婚礼迎亲过程。7 月 19 日凌晨 1 点 30 左右，以新郎舅舅为首席胡达的迎亲队伍按时出发，前往女方家去迎亲。女方家居住在离新郎家一百多里（50千米）路程的乌布尔宝力格苏木第五嘎查，由于迎亲途中遭遇阴雨天，路上积水，天然路不平坦，又是半夜赶路。因此，迎亲队伍的行进速度非常缓慢，仅一百多里（50千米）的路程就走了三个多小时，迎亲队伍早晨五点多才抵达女方家。女方热情地迎接迎亲队伍并把他们请进蒙古包，按照巴尔虎传统婚礼席位顺序落座，双方首席胡达及长辈靠北哈那入席，男方迎亲人员靠右边哈那由上而下入席，女方亲人们靠左边哈那由上而下入席。

男女双方亲人入席后，先由女方年轻媳妇给大家敬献奶茶和奶制品，然后由女方小伙给大家敬烟敬酒并行磕头之礼。接着女方年轻媳妇给在座的宾客盛饺子汤。酒过三巡之后，男方主持人起身代表新郎父母向女方长辈们表示感谢并宣布合婚宴仪式开始，随后男方两位小伙起身，其中一位小伙把从新郎家带来的糖、奶皮子、奶干等食品添加到女方盘子里并从女方尊贵的长辈开始向婚宴宾客敬献奶制品，然后另外一位小伙敬酒并行磕头之礼，该仪式被称为合婚宴之礼。上述仪式结束后，女方婚宴主持人走进蒙古包，代表女方父母向在座的亲朋好友表示感谢并向大家献唱巴尔虎民歌《肥壮的白马》，接着男方主持人也为大家献唱巴尔虎民歌。双方主持人献歌曲之后，由女方主持人向大家宣布："在蒙古包外面草场上将重新摆酒席，敬请大家移到外面入席。"

第五个仪式：女方在蒙古包外面草场上重新摆上酒席后，敬请双方客人入席并举行了隆重的送亲仪式。首先举行隆重的敬献馐斯（即用整羊宴款待）仪式。按照以下步骤进行敬献馐斯仪式：首先由男方首席胡达对摆在桌子上的馐斯入刀，将修饰好的羊头和一根羊排献给新娘父亲，新娘父亲再把羊头和羊排转交给女方家族其他男子（即侄子、儿子等），经过三位男子之手，最后第四位男子将羊头和羊排接过来送到主人蒙古包里。

其次男方首席胡达对摆在桌子上的乌查从左右两侧入刀，将切下来的乌查和一根羊排献给新娘母亲，新娘母亲再把乌查和羊排转交给女方家族其他女子（即侄媳、儿媳等），经过三位女子之手，最后第四位女子将乌查和羊排接过来送到主人蒙古包里，其余分给大家吃。正在举行献馐斯仪式时，站在宴会现场中央的女方主持人手里捧着洁白的哈达并向大家致全羊祝赞词：

  吃过山坡上生长的嫩草
  喝过宝南河清澈的水
  长得肥大的四岁公羊
  将其献给在座的大家！
  有一对坚硬的犄角
  有一双乌黑明亮的眼睛
  有一张小巧玲珑的嘴巴
  有宽阔的额头
  有宽大的尾巴
  有宽广的胸脯
  有敦实的肋扇
  有十二条腿
  有笔直的脊柱
  有弯曲的腰骨
  有二十四根肋条
  将稀奇珍贵的馐斯
  摆在沉香木桌子上
  献给在座的宾客们
  祝愿品尝它的宾客口福增长
  祝愿接受它的客人财富倍增
  忽来　　忽来（汉语意为招福）
  祝愿五畜兴旺！

  巴尔虎婚礼上举行献馐斯仪式，具有如下象征意义：一方面以蒙古族最高贵的礼节款待宾客，以示敬重，另一方面祝愿五畜兴旺，祝福大家拥有肥壮的畜群之义。接着在女方送亲宴上，举行新娘父母向女儿女婿献鲜奶仪式。先由女儿女婿向父母敬献蓝色的哈达，以示对父母的敬重之心。后由新娘父母将两个银碗盛的鲜奶给女儿女婿，并父亲向女儿女婿致祝词：

享受酸奶汁之精华

永享荣华富贵

像那木斯来佛一样富有

像乃旦珠德格佛一样繁盛

培养吃俸禄的儿子

养育心灵手巧的女儿

前面赶着洁白的羊群

后面牵着奔驰的骏马

多听一听九十岁老人的祝福词吧！

新娘父母通过向女儿女婿献鲜奶、致祝词的形式，表达了对女儿女婿婚后生活的祝福和期盼。女儿女婿喝完鲜奶之后，把银碗揣在蒙古袍里。

接着在女方送亲宴上，举行了女方亲人向新娘新郎赠送新婚礼物仪式。女方给新娘新郎赠送贺礼的场面非常壮观，父母给女儿陪送的嫁妆也特别丰厚。新娘父母除了给女儿陪送100只羊、20头牛、配有银鞍的马一匹、两辆铁皮箱车、一辆汽车等嫁妆之外，新娘父母和其他亲人还将金项链、金戒指、金耳环、金手镯等各种精美的首饰和羊羔袍、棉袍、特日力格等民族服饰以及现金、洗衣机、衣料、毛毯子、皮箱子等贵重的物品作为贺礼送给女儿女婿。古往今来，在巴尔虎婚礼上，父母和亲朋好友向新娘新郎所赠送的新婚贺礼与嫁妆有本质的区别，嫁妆是指父母给出嫁女儿陪送的并利于繁殖与发展的马牛羊等牲畜，新婚贺礼是指父母及亲朋好友向新郎新娘赠送的蒙古袍、衣料、首饰等物质礼物。在此次送亲宴上，新娘新郎所收到的各式各样的新婚贺礼装满了两辆汽车。新娘父母与亲戚不仅亲手向女儿女婿赠送新婚礼物，而且还把赠送的金银珠宝等首饰亲自给新娘新郎戴上并衷心地祝愿两位新人永远幸福安康。女方亲戚亲手给新娘新郎戴上的项链、戒指、手链、耳环等各种金银首饰闪闪发光，特别引人注目。伴随着为新娘新郎赠送新婚礼物仪式的进行，陪伴新郎前来接亲的小伙们唱起了《月光下》《父亲》《女人的命运》《母亲熬的奶茶》《梦中的额吉》等草原歌曲，以歌声来体现蕴含在巴尔虎婚礼送亲仪式中的浓浓的亲情与友情，使得巴尔虎婚礼送亲仪式充满了诗情画意。

第六个仪式：女方在蒙古包内重新摆酒席，邀请双方客人入席并举行新郎新娘向父母告别仪式。首先由女方服务人员向在座的双方亲人敬酒，献奶制品。同时，女方主持人和男方小伙向在座的亲朋好友献草原歌曲，将送亲宴会推向高潮。告别仪式结束后，女方亲朋好友聚集在蒙古包外面，为新郎新娘送行，新娘父亲亲自为女儿坐骑勒紧肚带并扶女儿上马，目送女儿女婿上路。

新郎新娘启程后，新娘母亲左手拎着奶桶，右手拿着勺子，向天地诸神敬献鲜奶，祝福女儿女婿一路平安顺利。在此次婚礼上，男女双方主要使用现代交通工具即汽车来接送新娘。但是，为了体现巴尔虎蒙古族传统送亲习俗，在此次婚礼上采用了传统交通工具与现代交通工具交替并用的送亲方式。如男方迎亲队伍前往女方家时，专门用一辆汽车运来一匹马作为新郎坐骑，女方给新娘陪送了一匹马。所以新郎新娘从女方家启程时，采用骑马送亲的方式。新郎新娘首先在几位小姑娘和小伙的陪同下骑马从女方家出发，按照顺时针绕女方蒙古包转三圈后正式上路，在半道上换乘了汽车赶路，男方专用一辆汽车拉回新郎新娘乘骑的两匹马，临近新郎家时，新郎新娘下汽车并重新骑上用专车拉回来的马匹，在新郎家派来的几位骑手的陪同下前往新郎家。此次婚礼通过新郎新娘骑马从女方家启程和骑马抵达新郎家的形式，体现了骑马送亲的传统习俗。但是，在送亲途中主要采用了汽车送亲的现代方式。

第七个仪式：男方款待女方送亲人员。在男方迎亲婚宴上的款待方式，基本上和女方送亲婚宴相同。女方送亲队伍抵达新郎家之后，男方亲朋好友都出来迎接女方送亲人员并将他们请进蒙古包，其中将新娘父母和长辈等亲人请进主蒙古包内（即新郎新娘的婚房），按照巴尔虎传统婚礼席位顺序入座，其余宾客被安排在其他蒙古包内接受款待。招待女方送亲人员的礼仪如以下顺序进行：先由年轻媳妇向在座的女方客人和男方亲人敬献奶茶和奶制品，然后由年轻小伙向女方客人和男方亲人敬酒并行磕头之礼，最后由年轻媳妇向女方客人和男方亲人盛饺子汤。男方第一轮款待仪式结束后，女方小伙起身，举行合婚宴仪式。先将从女方家带来的糖、奶皮子、奶制品等食品放入男方盘子并从男方长辈开始向婚宴宾客敬献奶制品、敬酒、行磕头之礼，以示双方婚宴融合在一起，象征着双方将成为姻亲。

第八个仪式：男方在蒙古包外面草场上重新摆酒席，邀请双方客人入席并举行隆重的迎亲仪式。男方迎亲仪式也包括敬献馐斯、新郎父母向儿子儿媳献鲜奶、新郎亲人向新郎新娘赠送礼物等三个仪式。但是，在敬献馐斯仪式中，由女方首席胡达对摆在桌子上的馐斯入刀并把羊头和乌查分别敬献给新郎父母，最后新郎以儿子身份，新娘以儿媳身份分别从男方亲人手中接受羊头和乌查，将它送到蒙古包里。除此之外，男方婚礼主持人在迎亲婚宴上致全羊祝颂词及大家演唱草原歌曲等内容与女方送亲仪式相同，在这里不再赘述。上述一系列的仪式进行完毕，男方迎亲宴会也进入尾声，送走女方送亲队伍后，男方迎亲婚礼也就画上了圆满的句号。

总之，通过对牧区巴尔虎婚礼进行现场观察，一方面进一步了解巴尔虎传统婚礼各项仪式，另一方面也深刻体会到巴尔虎婚礼仪式中所蕴含的深刻文化内涵。从现场观察结果来看，当今牧区巴尔虎婚礼仍以民族服饰、民族饮食、民族歌舞、民族祝赞词、民族礼仪为重要特色。通过举行祭火、敬献馐斯、献鲜奶及向新郎新娘赠送新婚贺礼等完整的礼仪形式，充分展示巴尔虎传统婚礼习俗的特色与魅力。同时，运用现代技术手段，对牧区巴尔虎婚礼的整个过程进行摄像，体现了与时俱进的时代特色。本次婚礼最大的亮点就是新婚礼服的高贵典雅、庄重大方又不失时尚。新郎新娘在婚礼中更换三种不同风格的新婚礼服向婚宴宾客展示巴尔虎服饰文化的独特魅力。

牧区巴尔虎婚礼的另一个亮点是自始至终用蒙古语主持婚礼并用蒙古语演唱婚礼歌曲。歌手们不仅演唱《肥壮的白马》等传统巴尔虎民歌，而且还演唱《妈妈熬的奶茶》《梦中的额吉》等新时代创作歌曲，为草原婚礼增添新的元素。嫁妆方面，女方给出嫁女儿陪送的嫁妆中，除了马牛羊等传统嫁妆外，还包括金银首饰、家用电器、现金、汽车等具有时代特色的新式嫁妆。传统嫁妆是巴尔虎人仍在坚守传统游牧生产方式的重要标志，新式嫁妆则是巴尔虎人逐步改变传统生活方式的象征。从前，巴尔虎人有新娘父亲不能前去送女儿出嫁的禁忌。但是，此次婚礼上，新娘父亲不仅亲手扶女儿上马，而且还亲自将女儿送到新郎家，体现了巴尔虎传统婚俗顺应时代潮流而发生的演变。婚礼前一天晚上，在新郎家举办的晚宴上，男方通过举办篝火晚会的形式，体现巴尔虎婚礼的传统特色，同时还邀请主持人、歌手、伴奏师和摄影师等前来为婚庆服务，充分体现了巴尔虎婚礼的现代特色。尤其在送亲途中，采用传统交通工具与现代交通工具交替并用的送亲方式，充分体现了传统习俗与现代生活方式融为一体的生活画面。

课题组通过此次观察活动所得到的结论。

第一，广袤的呼伦贝尔大草原为巴尔虎婚俗文化的传承和发展提供了历史舞台。

第二，巴尔虎人所从事的游牧生产方式是巴尔虎传统婚俗得以传承和发展的坚实基础。牧区从事畜牧业生产的巴尔虎人较完整地保留了传统婚姻习俗。

第三，现代摄影技术与文化艺术的发展为成功举办巴尔虎传统婚礼提供了有利的技术支持和文化环境。如现代音响设备、摄影录像设备等为巴尔虎传统婚俗的发展提供了技术保障。受过高等教育的一部分巴尔虎年轻人积极投身到艺术摄影、歌舞表演、婚庆主持及民族服饰制作等服务行业中，为巴尔虎传统婚俗的发展提供了人才保障。此次婚礼举办方，男女双方都付出了很大的努力，如新郎新娘到城镇民族服饰店定做新婚礼服，从艺术摄影室、音乐创作室、婚庆公司等服务企业聘请工作人员全程为巴尔虎婚礼进行拍摄和录像，客观上促进了巴尔虎婚姻习俗的变迁。

第四，改革开放以来，呼伦贝尔市畜牧业生产的快速发展为巴尔虎婚俗的传承和发展提供了物质条件。如随着呼伦贝尔市畜牧业生产的恢复和发展，巴尔虎牧民的物质生活水平得到大幅度提高，富裕起来的巴尔虎人才有能力购买和制作巴尔虎传统新婚礼服与头饰等，为成功举办传统意义上的巴尔虎婚礼提供了物质保障。

第五，社会生产力的发展和巴尔虎人生产方式的变迁是促进巴尔虎婚俗演变的内在动力。如巴尔虎牧民不仅每家都拥有汽车等现代交通工具，而且还掌握了熟练的驾车技术，进而形成了牧民家庭动用二三十辆汽车去接送、送亲等新式婚姻习俗。

第六，地方政府创建的创业基地和民族文化团体等，并经常举办丰富多彩的文化交流活动，为巴尔虎婚姻习俗的恢复和发展提供了重要平台。如呼伦贝尔市政府投资创办的创业园为有创业志向的年轻人提供了自主创业平台。该创业园有计划、有步骤地组织创业者进行培训和交流活动，为自主创业的年轻人提供了大量的创业机会。有些文化团体通过举办民族服饰展演和婚礼主持人大奖赛等文化艺术活动，并为巴尔虎婚姻习俗的恢复和发展提供了宽松的文化环境。上述这些环境因素、经济因素、文化因素、政治因素等各项因素融合在一起，构成了推动巴尔虎婚俗向前发展的内在动力。

（二）到陈旗巴音库仁镇现场观察城镇巴尔虎迎亲婚礼

2014年11月21日至22日，课题组香梅、包殿福、乌日图、王全等一行5人到陈旗巴音库仁镇以新郎亲戚身份现场观察了城镇巴尔虎婚礼。新郎满某是陈巴尔虎人，在陈旗西乌珠尔苏木上班，新娘斯某是一位美丽聪慧的科尔沁姑娘，大学毕业后通过国家公务员考试，当上了陈旗东乌珠尔苏木司法助理。新郎新娘虽然在基层苏木工作，但是由于苏木政府所在地距陈旗首府巴音库仁镇只有40多里（20多千米）的路程，所以两位新人将新家安置在巴音库仁镇，并在巴音库仁镇金鼎酒店举办了具有巴尔虎特色的城镇婚礼。据课题组调查显示，城镇巴尔虎婚礼较牧区巴尔虎婚礼有很大的差别，而且婚俗习惯也发生了某些演变，如在城镇举办巴尔虎婚礼，无须提前搭建蒙古包，也无须在家准备酒席，不用起早去女方家接亲等。本次婚礼仪式按照如下步骤进行。具体仪式如下：

第一个仪式：婚礼前一天晚上，新郎家在巴音库仁镇酒店准备几桌酒席，款待前来道喜的亲朋好友。前来道喜的亲朋好友以新郎父母的直系亲属及新郎的同学朋友为主。晚宴上请来十几位白发苍苍的老奶奶，她们的到来，使新郎家的晚宴变得更加隆重与喜庆。晚宴上，新郎给到场的亲朋好友逐一敬酒，以示对他们的感激之情。晚宴持续到深夜，直到每一位婚宴宾客都高兴而归。

第二个仪式：婚礼当天早晨九点钟，新郎带着迎亲队伍前往新娘下榻的宾馆并将新娘接回婚房。由于新娘是通辽市奈曼旗人，所以女方在老家已举办了送亲宴会。送亲宴结束后，新娘父母、姨妈、姐夫、弟弟、弟妹等亲人在婚礼前一天把新娘送到陈旗巴彦库仁镇并入住宾馆。因此婚礼当天早晨，新郎带着迎亲队伍来到宾馆将新娘接回婚房，并在婚房举行两位新人向男方长辈敬烟、敬酒等简单的拜见仪式。由于此次婚礼是属于跨部族联姻，难免会出现一些文化差异问题，因此双方事先协商女方按奈曼蒙古族习俗举行送亲宴会，男方按巴尔虎婚俗举行新婚典礼。如新郎前往女方家接亲时，新娘父母按照现行的奈曼蒙古族婚礼习俗给新郎赏2000元的改口钱，而新郎父母则按照巴尔虎婚礼习俗给新郎新娘赠送华丽的羊羔袍作为新婚贺礼。巴尔虎蒙古族有双方父母与长辈向两位新人赠送新婚贺礼的古老习俗,本次婚礼上,新郎父母向两位新人赠送较贵重的羊羔袍来体现这一习俗。

第三个仪式:男方在陈旗巴彦库仁镇金鼎酒店为新郎新娘举办了具有民族特色的新式婚礼。本次婚礼仪式最显著的特色是融合了中式与西式两种婚礼风格,如按照巴尔虎传统婚俗举行上半场仪式,而按照西式婚礼习俗举行下半场仪式。新婚典礼开始后,首先男女两位主持人登台做了开场白之后,宣布新郎先生和新娘斯女士的新婚典礼正式开始,同时邀请两位新人上台。两位新人在伴郎伴娘的陪同下身着巴尔虎传统服饰特日力格第一次闪亮登台,着重体现了巴尔虎婚礼的传统特色。但是,两位主持人的着装打扮则明显融合中西文化的特色,女主持人身穿民族服饰,男主持人则身穿西装。

接着两位主持人向来宾介绍英俊潇洒的新郎和美丽善良的新娘,然后邀请新郎父母上台并举行新郎父母向儿子儿媳赠送新婚贺礼仪式。新郎父母把巴尔虎传统礼服羊羔袍作为新婚贺礼送给儿子儿媳。然后邀请新娘父母上台,并请双方家长代表讲话并致祝词。这些仪式结束后,请双方父母和两位新人退场。接着,邀请亲朋好友登台为婚宴献歌曲,逐步活跃现场气氛。

亲朋好友上台献唱几首歌曲后,婚礼主持人邀请两位新人第二次登台并举行新郎新娘单位领导上台讲话和新郎新娘互换信物仪式。身着巴尔虎民族服饰羊羔袍的新郎新娘二次登台,充分体现了巴尔虎婚礼的传统特色。而后邀请新郎新娘单位领导上台讲话并致祝词,接着举行新郎新娘互换信物仪式,新郎向新娘赠送钻石戒指、新娘向新郎赠送名牌手表作为定情物,体现了巴尔虎婚礼习俗与时俱进的时代特色。仪式结束后,婚礼主持人再次邀请亲朋好友登台继续为婚宴献歌曲,着重体现了巴尔虎婚礼始终以歌声为伴的艺术特色。

婚礼主持人第三次邀请新郎新娘上台并举行新郎新娘点燃灶火和倒香槟塔仪式。新郎新娘按照现代都市婚礼习俗,身着西装与婚纱第三次上台,按先后顺序举行点燃灶火和倒香槟塔仪式,为巴尔虎传统婚礼融入了西式婚礼的元素。在新婚典礼上,举行新郎新娘点燃灶火仪式,象征着婚后生活红红火火、幸福美满,它包含着巴尔虎传统婚俗中新娘祭拜火神仪式；新郎新娘倒香槟塔仪式则象征着甜美的爱情源远流长。香槟塔起源于西方，代表了甜蜜爱情的坚实巩固，更体现了对美满姻缘的永恒纪念。现如今，年轻人举办的婚礼中，"香槟塔"几乎成为保留仪式，两位新人将香槟缓缓倒入摆好的多层杯塔内，预示着爱情天长地久。倒香槟塔仪式后，两位新人将在台上向参加婚礼的各位亲朋好友敬酒，以示感谢。在同一场巴尔虎婚礼上，按照先后顺序分别举行中式与西式两种婚礼仪式，一方面反映西式婚礼习俗对巴尔虎婚俗的影响，另一方面体现了改革开放以来在中西方文化交融中，巴尔虎婚礼习俗随着时代潮流而发生的演变。同时，城镇巴尔虎人仍保留着巴尔虎婚礼的许多传统特色。本次婚礼具有以下几个方面的特色。

第一，巴尔虎婚礼最显著的特点是始终与歌声为伴。在本次婚礼上，不仅新郎家的亲朋好友登台演唱婚宴歌曲，还从陈巴尔虎旗歌舞团请来专业歌手为婚宴献唱歌曲，以活跃现场气氛。同时，两位婚礼主持人也演唱两三首歌曲，为新婚典礼增添色彩。课题组王全先生也代表新郎亲属登台向大家献上"成吉思汗的两匹骏马""呼伦贝尔大草原"等歌曲。

从课题组现场观察结果来看，城镇巴尔虎婚礼的显著特色是歌手们根据自己的喜好，既可以演唱中文歌曲，又可以演唱蒙文歌曲，其他宾客在台下欣赏演出。这一点较牧区巴尔虎婚礼有明显的区别，在牧区巴尔虎婚礼上，宾客们自始至终都在演唱纯蒙文歌曲，而且主动参与到婚宴歌曲的大联唱中，亲身体验婚俗文化的精彩瞬间，显示巴尔虎婚礼的群众性文化娱乐特色。

第二，本次婚礼体现了巴尔虎蒙古族传统饮食特色。巴尔虎婚礼传统饮食以奶茶、奶制品、糖酒、手把肉、饺子汤为主，虽然种类不多，但是营养丰富、制作方法简单。本次婚宴开席之前，男方不仅在每张宴席桌上摆放糖果、水果、瓜子等食品，而且还摆放一盘奶制品，体现了巴尔虎婚礼的传统饮食特色，而其他城镇婚礼上，只摆放糖果、水果、瓜子和点心等食品。本次婚宴的菜肴以中式菜肴为主，搭配了一些羊排、凉拌肚丝等民族特色菜系。据课题组调查显示，烤羊排、烤牛排、凉拌肚丝或手把肉等菜肴是城镇巴尔虎婚礼中极具特色的经典菜肴。

第三，本次婚礼仍遵循着由男方准备婚房，女方准备嫁妆等巴尔虎传统婚俗习俗。男方父母资助儿子从巴彦库仁镇购买楼房作为婚房并进行了精装修，而女方则准备首饰、四季服饰、家用电器等嫁妆，充分体现男女双方共同承担结婚费用的传统习俗。

第四，本次婚礼巧妙解决了不同地区之间的文化差异问题。由于新郎新娘是在不同地区、不同文化环境下长大的年轻人，因此双方生活习惯必然不同，或多或少会存在文化差异。针对婚礼中将出现的文化差异问题，双方事先商定女方按奈曼蒙古族习俗举办送亲宴会，男方按巴尔虎婚俗举行新婚典礼，进而巧妙地解决了因地区文化差异而产生的误解。

第五，本次婚礼将西式婚礼仪式融进巴尔虎婚礼仪式中，不仅提升婚俗礼仪的文化内涵，而且在一定程度上也体现了巴尔虎婚俗的开放性和包容性。如两位新人身着西装与婚纱、举行倒香槟塔仪式等，形象地体现了这一特性。

课题组通过此次观察活动得到的结论是：

第一，城镇巴尔虎婚礼较传统巴尔虎婚礼最明显的区别在于婚礼举办场地从牧区蒙古包转移到城镇高级酒店，传统送亲工具马匹完全被汽车、火车、飞机等现代交通工具所取代，并且婚后居住方式也发生根本性的改变，从城里购买楼房作为婚房，以新婚夫妇单独居住方式为最普遍的居住方式。

第二，城镇巴尔虎婚礼有专门的主持人，一般婚礼上都聘请男女两位主持人，一位主持人用蒙古语主持，另一个则用汉语主持，并且婚礼主持人都是有偿服务的。此外，还邀请音乐伴奏师及歌手等为新婚典礼进行有偿服务，从而以往由祝颂人免费主持婚礼，宾客们共同演唱婚礼歌曲的传统习俗被革新。歌手们在城镇巴尔虎婚礼上主要演唱新时代的创作歌曲，包括流行歌曲、民族歌曲、蒙古国歌曲及汉语歌曲等，甚至还演唱巴尔虎长调歌曲。由此可见，以往民间巴尔虎婚礼祝颂人逐渐向独立的职业人方向演进，具有群众性的文化娱乐活动特色逐渐被具有商业活动性质的专业歌手表演形式所取代。

第三，城镇巴尔虎婚礼上，巴尔虎传统服饰文化普遍得到恢复并呈现出快速发展的态势。如今城镇巴尔虎年轻人结婚时，多数人都在城镇民族服装店定做两到三套不同颜色、不同款式、做工讲究的特日力格、呼布图、羊羔袍等具有巴尔虎特色的新婚礼服。有时亲戚朋友还亲手为新郎新娘缝制巴尔虎民族服饰如羊羔袍等当作最珍贵的礼物送给他们。每一场巴尔虎婚礼，都非常讲究新郎新娘的着装打扮，并注重整体效果。根据新婚礼服的款式和颜色，不仅要佩戴与其搭配的首饰和帽子，而且还准备不同款式、不同颜色的腰带和靴子等。新婚典礼上，新郎新娘通过更换两到三套不同颜色和不同款式的新婚礼服来体现巴尔虎服饰文化的特色与魅力，进而提升巴尔虎婚礼的文化内涵。随着巴尔虎蒙古族民族文化事业的快速发展，现代巴尔虎婚礼已演变成为传承和发展巴尔虎服饰文化的重要平台。

第四，城镇巴尔虎婚礼具有规模大、仪式隆重、参加婚礼人数多等特点。一般情况下，参加巴尔虎婚礼的人数平均达到500人左右，人员构成包括新郎新娘及其父母的亲戚、朋友、同事、同学等社会各阶层人士。城镇巴尔虎婚礼有完整的婚礼仪式，基本上按照巴尔虎传统婚礼程序举行，以传承巴尔虎婚俗文化为主题，吸收一些外来文化的元素，如城镇巴尔虎婚礼上，已经接受新郎新娘互换礼物及新郎新娘在台上向参加婚礼的亲朋好友敬酒致谢等新式婚礼仪式。

第五，城镇巴尔虎婚礼上，仍保留着巴尔虎婚礼传统饮食文化的特色。巴尔虎婚宴菜肴以炒菜、炖菜、凉拌菜等中式菜系为主，而烤牛排和烤羊排为巴尔虎婚宴上必不可少的美味佳肴。在城镇婚宴上已很少有奶茶、奶制品等传统饮食，逐渐被糖果、瓜子和果汁饮料等现代饮食所替代。

第六，巴尔虎人传统通婚半径完全被打破，逐步形成了跨地区、跨部族、跨民族、跨国界联姻的新风俗。巴尔虎知识分子率先接受这种新风俗，成为拓宽巴尔虎人传统婚姻圈的开拓者。他们远赴他乡求学、求职或回乡就业的经历，为他们跨地区、跨部族、跨民族联姻提供了有利的条件。同时，改革开放以来，随着我国市场经济的快速发展，各地区之间的经济文化联系得到进一步加强，人才流动逐步加快，客观上促进了巴尔虎婚姻习俗的变迁。

第七，城镇巴尔虎婚礼随礼方式发生演变，基本上以随现金为最主要的随礼方式。据课题组调查显示，20世纪90年代以前，在牧区巴尔虎婚礼上，亲朋好友向新婚夫妇赠送小礼物作为新婚贺礼，没有向两位新人随礼金的习俗。随着商品经济的发展和巴尔虎人生活方式的变迁，婚礼随礼方式逐渐发生演变，据观察，如今牧区不仅保留亲朋好友赠送新婚贺礼的传统习俗，而且还出现了随礼金等新兴礼俗。一般情况下，新郎新娘的至亲向他们赠送物品和礼金等作为新婚贺礼，而其他亲戚朋友基本上向他们随礼金作为新婚贺礼。与此相比，城镇巴尔虎婚礼上，亲朋好友基本上以随礼金形式，表达对新婚夫妇的祝福之情。

（三）到海拉尔区王朝酒店现场观察城镇巴尔虎送亲婚礼

2015年6月14日早晨六点钟，课题组香梅、乌云、包殿福等一行3人抵达海拉尔区河西新城区移动小区新娘娜某家，现场观察了城镇巴尔虎婚礼送亲仪式。新娘母亲哈某为呼伦贝尔学院教授，也是我们的老朋友，课题组成员以好友身份参加送亲仪式。新娘娜某为陈巴尔虎人，在陈旗呼和诺尔镇政府上班的公务员，新郎朝某为青海省海西自治州的和硕特蒙古人，职业为商人。新郎朝某和新娘娜某是就读于内蒙古财政学院的同学，所以才促成了巴尔虎姑娘与青海和硕特小伙之间的美好姻缘。新娘在基层镇政府工作，镇政府所在地完工镇距海拉尔区只有一百多里（距离有62千米）的路程，所以新郎新娘将新家安置在海拉尔区，女方在海拉尔区王朝酒店为女儿女婿举办了具有巴尔虎特色的送亲婚宴。女方送亲宴会由两个部分组成，第一部分女方在家里举行具有巴尔虎特色的送亲仪式，第二部分女方在海拉尔区王朝酒店举办隆重的送亲宴会。

第一部分女方送亲仪式：早晨7点钟，由新郎舅舅舅妈、姐姐姐夫、新郎以及新郎外甥女儿六人组成的迎亲队伍按时抵达了女方家。以新郎舅舅为首席胡达的迎亲队伍提前一天从遥远的青海省赶来并入住海拉尔区宾馆。因此婚礼当天早晨，身穿和硕特蒙古族服饰的新郎在其舅舅及其他亲人的陪同下（新郎陪同人员也都穿上了和硕特蒙古族服饰），带着名酒、绸缎、奶制品等礼物，按时抵达女方家并接受女方家的盛情款待。男方迎亲队伍被请进客厅之后，新郎舅舅与舅妈坐在客厅右手边的沙发上，新郎和其姐姐姐夫坐在沙发对面的椅子上，女方长辈们按辈分高低在男方迎亲人员的两侧入席。女方用奶茶、奶制品、糖酒、手把肉、炸果子等传统饮食招待远方来的男方客人。只有女方直系亲属、新娘闺蜜及男方迎亲人员等少数人参加了女方的送亲仪式，而其他亲朋好友则到王朝酒店参加女方举办的送亲宴会。

女方第一轮款待仪式结束后，新郎姐姐姐夫便起身向女方长辈和亲人敬酒，以示感谢。男女双方第一轮互相敬酒仪式结束后，女方送亲仪式就正式开始了。

第一个仪式，女方将新娘请出，由女方主持人向大家介绍新郎新娘。

第二个仪式，举行新娘父母向女儿女婿献鲜奶仪式。

第三个仪式，举行新娘父亲给新郎扎腰带仪式。该仪式，象征着新婚夫妻长命百岁之意。据课题组调查显示，只有在陈巴尔虎婚礼上才有新娘父亲给新郎扎腰带仪式，而新巴尔虎婚礼上则没有此类仪式。如果新娘父亲已经离世，由新娘叔叔等男性长辈替新娘父亲举行该仪式。

第四个仪式，举行新娘父母向新郎新娘赠送新婚礼物仪式。新娘父母把羊羔袍、特日力格等民族服饰作为最珍贵的礼物送给女儿女婿。

第五个仪式，新郎舅舅舅妈向新娘赠送绸缎、礼金等礼物。同时，男方向新娘父母赠送名酒、绸缎等礼物，以示对女方父母的感激之情。男方向新娘及其父母赠送礼物时，将叠好的绸缎打开之后再送给对方，并且向他们赠送黄色的哈达，这显然体现了和硕特蒙古族的风俗习惯。

最后女方亲友向婚宴宾客献歌曲以将女方送亲仪式推向高潮。

第二部分女方送亲宴会。女方送亲仪式结束之后，除男方迎亲人员及女方直系亲属之外，还有新娘父母及新娘的同学、同事及其他亲朋好友等都赶到王朝酒店参加女方举办的送亲宴会。送亲宴会规模很大，约有500人参加了送亲宴，在送亲宴会上举行了如下仪式：

首先在婚礼主持人上台做了开场白之后，宣布女方送亲宴会正式开始，同时邀请新郎新娘上台。身着巴尔虎传统服饰特日力格（即黄色沿边的深蓝色情侣袍）的新郎新娘伴着音乐第一次登台，向大家展示巴尔虎婚礼的传统特色。婚礼主持人用标准的巴尔虎蒙古语向大家介绍今天婚礼的主角即新郎朝某和新娘娜某。接着婚礼主持人邀请新娘父母与新郎舅妈与姐姐姐夫上台，请双方家长代表讲话并致祝词。身穿巴尔虎民族服饰的新娘父母及青海和硕特蒙古族民族服饰的新郎亲人上台后，使婚礼舞台绽放出耀眼的光芒。在婚礼舞台上，共同展示风格迥异的蒙古族不同部落的传统服饰，实属罕见。这不仅提升了巴尔虎婚礼的文化内涵，而且也显示出东西蒙古族婚俗文化的交流与融合。这些仪式结束后，双方家长和新郎新娘退场，邀请歌手上台献歌曲，进一步活跃婚礼现场气氛。

歌手们演唱几首歌曲之后，婚礼主持人第二次邀请新郎新娘上台并举行新娘单位领导上台致祝词及新郎新娘互送礼物仪式。身着和硕特蒙古族新婚礼服的新郎新娘一上台，受到大家的强烈喝彩。在新婚典礼上新郎向新娘赠送钻石戒指、新娘向新郎赠送名牌手表作为定情物，并且邀请新娘单位领导上台致祝词。仪式结束后，婚礼主持人再次邀请歌手上台并为大家演唱歌曲。

歌曲表演节目结束之后，婚礼主持人第三次邀请新郎新娘上台并举行向亲朋好友敬酒致谢仪式。敬酒仪式结束后，女方送亲婚宴进入边饮酒娱乐、边欣赏歌曲的联欢阶段。

总之，本次巴尔虎送亲婚礼以巴尔虎传统婚俗礼仪为主题，充分吸收当今新式婚俗礼仪的时尚元素，交替举行巴尔虎蒙古族婚礼仪式与和硕特蒙古族婚礼仪式，向宾客们形象地展示了东西部蒙古族婚俗礼仪相互交融的精彩画面。

课题组通过此次观察活动得到的结论是：

第一，城镇巴尔虎送亲仪式，仍保留着巴尔虎传统婚俗礼仪的基本特征。如女方亲戚朋友身穿节日服饰前来女方家参加送亲仪式，而且女方用奶茶、奶制品、烟酒、手把肉、炸果子等巴尔虎传统饮食招待从远方来的男方客人和各位亲朋好友。新娘父母向女儿陪送一辆汽车作为嫁妆。同时，在送亲仪式上，举行了新娘父母向女儿女婿献鲜奶、赠送礼物以及为新郎扎腰带等传统仪式，较形象地体现了巴尔虎送亲仪式的传统特色。

第二，女方在家里举行了传统送亲仪式，款待亲朋好友的婚宴安排在酒店，较好地融合了传统习俗与现代文明的交汇与对接。

第三，随着巴尔虎人传统生产和生活方式的变迁，巴尔虎传统婚礼习俗也随之发生了演变。新娘娜某从小在城里长大，父母又是高校教师，因此新娘父母为女儿陪送一辆汽车作为嫁妆来代替牛羊等传统嫁妆。

第四，在此次巴尔虎送亲婚礼中，青海和硕特蒙古族和呼伦贝尔巴尔虎蒙古族婚俗文化得到完美的展现，促进了东西部蒙古族传统婚俗文化之间的交流与融合。

第五，在此次巴尔虎送亲婚礼中，采用利用飞机、火车、汽车等现代交通工具送亲的方式，实现了巴尔虎传统送亲方式的历史性飞跃。女方送亲宴会结束后，女方亲人坐火车或坐飞机（长辈坐飞机）将新娘送到遥远的青海省举行具有和硕特蒙古族特色的新婚典礼，为两位新人的跨省、跨部族联姻画上了圆满的句号。

# 第六章 新中国成立以来巴尔虎蒙古族婚俗变迁的原因分析

## 第一节 政治因素对巴尔虎蒙古族婚俗变迁的影响

### 一 政治动因与婚俗变迁的关系

新中国成立以来，在学术界对国家与婚俗变迁关系研究中，研究者大都强调国家政治因素所起的重要作用，特别是从新中国成立至改革开放之前的这一时期，随着现代社会主义国家的建构，新的政治制度得以确立，国家主流意识形态干预民众生活，同时，国家通过政治权力大力推进移风易俗，对民风民俗进行重塑。在婚俗方面，《婚姻法》的颁布和实施以及一系列的政治运动，对民众生活产生前所未有的影响，新的价值观念逐步确立，婚俗发生显著变迁。正如高丙中所指出：社会意识诸形态和社会制度"作为社会的理性，又会主动干预民俗的发展和演变，甚至会引出一些新俗，窒息一些旧俗，操民俗兴亡之法柄。"①

在相关的研究成果中，较为有代表性的是阎云翔的研究，他通过对下岬村的观察，指出："虽然在中国农村推行的全面的社会主义改造并没有如期产生出新的社会主义家庭模式，多年的改造却在家庭关系与观念上带动了重要的变化，包括年轻一代独立程度的增加，老一代权威的下降，青年妇女在家庭人际关系中的活跃角色，等等。另外，在集体化时代出现的

---

① 高丙中：《民俗文化与民俗生活》，中国社会科学出版社1994年版，第88页。

爱情、自由恋爱、夫妻自主、个人财产等观念自 80 年代以来在家庭生活中日益重要。"阎云翔充分揭示了国家对社会家庭和婚姻的改造及其影响,认为"国家是一系列家庭变化和个性发展的最终推动者"。①

新中国成立后,呼伦贝尔巴尔虎婚俗发生变迁,从原因上来看,政治因素是其主要原因之一,国家政治精英开始改造中国社会,影响到民众私人生活领域,很多旧有的民风民俗和价值观念被视为封建落后的文化而成为被改造的对象,国家极力帮助民众树立现代的民风民俗。正如张乐天对人民公社制度研究中指出:"共产党革命具有鲜明的反传统特征,革命所建构的剧场社会处处展示出革命的风格,时时提示着一个'真理'——共产党领导农民进入了一个迥然不同于传统小农的新时代,一个经典的社会主义时代。"② 新中国成立初期,通过中国共产党领导的社会主义改造运动,彻底消灭以生产资料私有制为基础的封建剥削制度,建立以生产资料集体所有制为基础的社会主义经济制度,实现了由新民主主义社会到社会主义社会的转变,为传统婚姻习俗的变迁提供了制度保障。

## 二 《婚姻法》颁布实施及其影响

新中国成立之初,对呼伦贝尔地区的巴尔虎婚俗影响最显著的是《婚姻法》的颁布和宣传。1950 年 5 月 1 日,《中华人民共和国婚姻法》正式颁布实施,并且成为新中国的第一部法律。在《婚姻法》中,明确宣布废除包办强迫、男尊女卑、漠视子女权益的封建主义婚姻制度,实行男女婚姻自由、一夫一妻、男女权利平等、保护妇女和子女合法权益的新民主主义婚姻制度。禁止纳妾、童养媳、近亲结婚等,提倡男女平等、婚姻自由等新的风尚。

在呼伦贝尔地区,当时的呼纳盟从 1950 年就开始了这一宣传活动,到 1953 年已遍及全盟城乡,并在这一年的 6 月形成高潮。在开展这一活动中,根据东部区党委和地委的指示和部署,由盟旗两级宣传部组织妇联、法院、民政等有关部门的干部组成工作组,下到基层宣传《婚姻

---

① 阎云翔:《私人生活的变革:一个中国村庄里的爱情、家庭与亲密关系(1949—1999)》,龚小夏译,上海书店出版社 2006 年版,第 12 页。

② 张乐天:《告别理想:人民公社制度研究》,上海人民出版社 2016 年版,第 6 页。

法》。同时，根据农牧民文化程度低的实际，将《婚姻法》的有关条文写成通俗易懂的宣传稿，或开会或分组讨论，使群众大致理解和通晓《婚姻法》。针对牧区的具体情况，主要提出了不准打骂妇女、男女平等、自由恋爱、禁止早婚等口号。经过宣传，牧区先后有 12 名基层干部、132 名群众自由结婚；这一大规模的、连续性的宣传活动一直持续到 1954 年，所动员的宣传员和报告员有 5500 多人，受教育的妇女占应受教育面的 80%以上，基本上达到了家喻户晓、成人皆知。① 在新左旗，妇联承担了新婚姻法的宣传工作，1950—1966 年，新左旗妇联共召开五次代表大会。旗妇联号召广大妇女继续开展识字扫盲运动，学知识、学文化，发挥积极分子的模范带头作用。《婚姻法》颁布后，在牧区妇女中进行广泛宣传，反对包办婚姻，实行男女平等，重视妇幼保健，保护妇女权利等。②

呼伦贝尔的婚姻法宣传活动对巴尔虎人的婚姻礼俗产生了明显的影响，一些牧民的婚姻观发生一定的转变。主要体现在几个方面。

一是早婚习俗的改变。在新中国成立前，呼伦贝尔的巴尔虎人崇尚早婚，很多巴尔虎人十几岁就已经成婚。据我们课题组调查，朝某于 1944 年结婚时才 15 岁，而她的丈夫比她小 4 岁，刚 11 岁。另外，道某于 1946 年结婚时才 13 岁，妻子则比他大 5 岁。可以说当时早婚现象较为普遍。新中国成立后，特别是 1950 年颁布和实施《婚姻法》后，随着婚姻登记制度的逐步推行，早婚习俗得到改变，据我们课题组调查显示，新中国成立前，巴尔虎男女青年平均结婚年龄为 16.5 岁（参见第三章表 3-1），基本上都属于早婚。新中国成立后，早婚习俗得到彻底改变，50 年代结婚的十多对具体案例中，无一例早婚者，其中男子平均结婚年龄为 22.3 岁，女子平均结婚年龄为 19.6（参见第三章表 3-2），基本上消除了早婚现象。

二是包办婚姻现象的减少。在巴尔虎传统婚俗中，子女的婚姻一般由父母包办，子女没有婚姻的自主权。在我们调查中就有很多这样的案例，如新右旗的色某，1949 年结婚时他还在海拉尔上中学，假期回家时父母

---

① 呼伦贝尔盟档案史志局编：《巴图巴根与呼伦贝尔》，内蒙古文化出版社 2001 年版，第 251—252 页。

② 新巴尔虎左旗史志编纂委员会编：《新巴尔虎左旗志》，内蒙古文化出版社 2002 年版，第 170 页。

已经为他娶进新娘了。巴尔虎的女性则更没有婚姻的自主权，在巴尔虎婚俗中有"让姑娘知道"的习俗，就是将结婚的事确定下来后才告知女儿，很多人在结婚前是没有见过自己的丈夫的。这一状况在《婚姻法》颁布实施后也发生了改变，随着《婚姻法》的宣传，恋爱自由、男女平等等新观念开始被接受，在婚姻中也更加注重个人的意愿，据调查结果显示，新中国成立初期绝大部分男女青年为自由恋爱，一般都经过1—3年的恋爱期间，这一期间能够加深了解，增进彼此的感情。在《巴图巴根与呼伦贝尔》一书中曾记录了在呼伦贝尔驱梅运动中的一个案例，巴尔虎妇女沙某16岁时被迫与比自己大十多岁的塌鼻子（梅毒病症状）男人结婚，丈夫病死后成为寡妇，新中国成立后，在驱梅运动中不仅治好了梅毒，并自愿结婚，生了两个男孩。从这一案例中可以看出，妇女在婚姻中的自主权明显提高。

三是近亲结婚现象日渐减少。在蒙古族的传统婚俗中，存在着表亲婚的婚制。"蒙古族实行族外婚制，禁止血亲结婚，但不限制姻亲结婚。……但这种表亲婚多限于姑作婆，很少有舅家娶外甥女的，因人们认为那是'姑血倒流'。"[1] 新中国成立前的呼伦贝尔的巴尔虎婚俗中存在较多舅表兄弟姊妹和姨表兄弟姊妹之间成亲的事例。如门某，17岁那年（1943年）与其姨表哥额某成婚。花某15岁那年（1926年）与其舅舅交由他人抱养的女儿即舅表妹达某结婚。巴尔虎人有一句古老的谚语"娶舅家的姑娘，像太阳升起般兴旺；娶外甥女，像收拴牲畜的绳子般衰败"，这句谚语也真实地反映了以往在巴尔虎人中广为盛行的舅表兄弟姊妹之间通婚的婚姻习俗。《婚姻法》颁布后，严禁直系血亲结婚，巴尔虎人中的姻亲结婚现象开始减少。

当然，婚姻习俗的变化并非是一蹴而就的，阎云翔在下岬村的研究中发现，《婚姻法》颁布后，一些青年人仍然没有自主婚姻的意识，发生的显著变化就是父母开始征求子女的意见了，进而指出："尽管政府采取了激进的措施来改革农村的婚姻家庭制度，但60年代基层农村中的社会文

---

[1] 王迅、苏赫巴鲁编著：《蒙古族风俗志》（上册），中央民族学院出版社1990年版，第37页。

化环境并没有多大改变。"[①] 这种状况在呼伦贝尔的巴尔虎婚俗变迁中也有所体现,特别是巴尔虎人生活在我国的边疆地区,大部分巴尔虎人还过着游牧生活,要改变巴尔虎人的传统习俗绝非易事。我们课题组对20世纪50年代结婚的巴尔虎人进行的调查对此有所反映。

表6-1　　　　　　　20世纪50年代巴尔虎人婚礼形式

| 姓名 | 居住地 | 文化程度 | 职业 | 结婚时间 | 婚姻形式 | 婚礼形式 |
| --- | --- | --- | --- | --- | --- | --- |
| 爬某 | 陈旗巴音库仁镇 | 初中 | 医生 | 1950年 | 自由婚姻 | 新式婚礼 |
| 汗某（女） | 新左旗查岗镇伊和乌拉嘎查 | 高中 | 牧民 | 1953年 | 自由婚姻 | 传统婚礼 |
| 杜某 | 新右旗阿敦朝鲁苏木 | 初中 | 小学教员 | 1953年 | 自由婚姻 | 新式婚礼 |
| 占某 | 新右旗达赉苏木 | 高中 | 新右旗副旗长 | 1954年 | 自由婚姻 | 新式婚礼 |
| 边某 | 新右旗呼伦苏木 | 小学 | 牧民 | 1957年 | 父母包办 | 传统婚礼 |

从表6-1来看,最早也是最容易接受自由恋爱、婚姻自主、男女平等等新思想的是巴尔虎人中的知识群体,在职业方面,他们已经脱离了畜牧业生产,成为国家公职人员或工人,婚姻以自由恋爱为主,婚礼也采取了简单的新式婚礼。例如原呼伦贝尔盟政协主席占某,1954年结婚,与爱人图某在新右旗的食堂举行了婚礼,结婚时没有准备新衣服,也没有通知双方家长,新人只准备了一些喜糖,并在晚上举办了交谊舞会,属于当时典型的新式婚礼。而当时小学教员杜某的婚礼,主要仪式为苏木领导和同事参加,领导讲话并表达祝福。与此相对应的是文化程度相对较低的巴尔虎牧民,他们受新的婚恋思想影响是不一致的,部分牧民开始自由恋爱,而也有很多牧民仍恪守传统,他们的婚礼形式仍以民族传统婚礼为主。

## 三　政治运动对巴尔虎蒙古族婚俗的影响

从新中国成立至"文化大革命"结束,在政治制度上的变革以及一系列的政治运动也波及边远的呼伦贝尔地区,对生活在这里的巴尔虎蒙古

---

[①] 阎云翔:《私人生活的变革:一个中国村庄里的爱情、家庭与亲密关系（1949—1999）》,龚小夏译,上海书店出版社2006年版,第12页。

人产生了一定的影响，也在一定程度上改变了巴尔虎人的思想观念和行为模式。从新中国成立后的合作社到人民公社化，到60年代后的一系列政治运动，深刻改变了巴尔虎人的社会结构，在政治运动的压力之下，阶级、剥削、压迫等政治话语被灌输并深刻影响民众生活。巴尔虎传统婚俗中的一些文化元素被抛弃，在婚姻礼仪上契合了很多具有当时时代背景的要素，对巴尔虎婚俗的变迁产生了明显的影响。

内蒙古自治区成立后，在中国共产党的领导下，结合内蒙古自治区实际，全面推进牧区民主改革。在废除封建特权基础上，实行了"三不两利"的方针政策，即在牧业区不批斗牧主，不没收牧主牲畜和财产平分，不公开划分阶级，以及"牧主牧工两利"的方针。在这一方针政策下，巴尔虎人受到的政治运动冲击较小，因此，有利于巴尔虎民俗文化的发展延续。从20世纪50年代末开始，巴尔虎地区受到一些政治运动的冲击，其中影响较大的是人民公社化运动、"四清"运动（社会主义教育运动）和"文化大革命"。

呼伦贝尔巴尔虎三旗的人民公社化运动也是"大跃进"的产物，至1958年10月，仅仅用了一个月的时间就实现了人民公社化，并一直延续至1984年。人民公社既是社会主义的基层政权组织，也是农村牧区集体经济组织。人民公社化运动更是对我国产生显著影响的一次社会政治运动。借助人民公社，国家主流意识形态开始全面渗透至巴尔虎人的社区，对巴尔虎人的经济、日常生活和思想观念产生重大影响。

农牧区"四清"运动也是影响较大的政治运动，其纲领性文件是《关于目前农村工作中若干问题的决定（草案）》（即"前十条"）和《关于农村社会主义教育运动中的一些具体政策的规定（草案）》（即"后十条"），在运动中强调以阶级斗争为纲，出现了一些"左倾"错误。"四清"也由最初的"清账目、清仓库、清财物、清工分"转变为"清政治、清经济、清组织和清思想"。在呼纳盟，1963年将陈旗的呼和诺尔公社作为牧区的试点，1964—1965年，又在新右旗全面开展了"四清"运动。以新右旗的"四清"运动为例，这一运动是在内蒙古党委领导下进行的，历时9个月，从内蒙古各地区抽调925名干部组成工作队。运动的经过是划分阶级和复议阶级，建立阶级队伍；发动群众清经济；以反修、反民族分裂主义为中心进行清政治；整顿和建立各级组织等。① 在"四清"运动的影响下，很多巴尔虎牧民有了阶级和阶级斗争的意识。"贫苦牧民"和劳动者成为光荣的称号，牧主被视为剥削者（牧主已经不存在，经过50年代的社会主义改造运动，牧主已经被改造成为自食其力的劳动者。），一些牧主的子女都表示要与其家庭划清界限。

另外，1966—1976年的"文化大革命"对呼伦贝尔的巴尔虎人的影响和冲击则更加明显。由于受到"左倾"错误的影响，呼盟被列为所谓的"乌兰夫反党叛国集团"的重点地区，大挖"新内人党""民族统一党"和"苏蒙修特务组织"，人为制造了一批冤假错案。据统计呼伦贝尔盟冤假错案为5151起，受害人数8万多人，受株连者更是众多。② 另外，在破四旧等运动中，对巴尔虎三旗的藏传佛教造成较大冲击。以新右旗为例，"红卫兵"对该旗的查干诺尔、乌吉胡鲁、阿敦础鲁等寺庙采取了行动，拆除庙宇，推倒法像，毁坏法器，焚烧经卷，驱赶喇嘛。③ 致使喇嘛数量大为减少，虽然十一届三中全会后有所恢复，但对巴尔虎人的宗教信仰意识造成较大冲击，甚至影响到今天。以目前情况来看，巴尔虎中老年宗教意识有所恢复，但对青年人而言，虽然有所敬畏，但真正崇信者较少。

政治运动对呼伦贝尔巴尔虎人影响和冲击较为明显，也影响到婚俗方面。如陈旗东乌珠尔苏木的苏某1968年结婚，由于父亲被打成内人党，因此，在结婚后不敢回娘家。而新左旗的楚某在"文化大革命"时期被打倒为内人党，受到大家的排斥和批判，在这种情况下，1970年与孟某结为夫妻，组成了幸福的家庭，在他们的婚礼上，因内人党身份，很多亲友不敢赠送礼品。上述事例能够反映出政治运动在一定程度上造成了巴尔虎人之间人际关系的紧张，对于社会交往也带来一定的阻碍。政治运动在一定程度上改变了巴尔虎人的思想观念，直接影响到了择偶方面，在择偶中，阶级和成分成为考量因素之一。

---

① 呼伦贝尔档案史志局编：《呼伦贝尔市四清运动》，内蒙古文化出版社2006年版，第1—10页。

② 呼伦贝尔档案史志局编：《呼伦贝尔市平反冤假错案》，2008年版，第9页。

③ 新巴尔虎右旗史志编辑办公室编：《中共新巴尔虎右旗党史资料》，内蒙古文化出版社1994年版，第221页。

在此期间的巴尔虎婚俗发生了一些变化，主要包括：一是婚姻礼仪的程序大为简化。在我们课题组调查的案例中，"文化大革命"时期取消订婚仪式的案例明显增多，即使举办订婚仪式，往往也很简单；二是新娘的嫁妆大为减少，一方面是由于人民公社时期牧民自留畜较少，另外也与政府提倡的简朴的生活方式有关；三是婚礼的规模较小，过程也较为简单。由于政府提倡婚礼简约，这一时期的婚礼一般规模很小，调查中显示以20—30人的较多，而婚礼过程尽管仍保留巴尔虎传统婚礼的部分程序，但也有相当的简化，一些传统仪式拜佛、拜火以及戴金银首饰等被禁止，结婚日子也由父母商定而不再找喇嘛看卦；四是婚礼中出现了一些政治色彩明显的元素。如婚礼上背诵毛主席语录、唱革命歌曲（《大海航行靠舵手》《东方红》《三大纪律八项注意》等）；新婚夫妇向毛泽东像行礼；《毛主席语录》和《毛泽东选集》成为亲友赠送给新人最常见的礼品。

　　当然，这一时期巴尔虎婚俗的变化主要是受到外来政治压力的结果，一旦外来政治压力减弱或消失，很多消失的传统婚俗元素会迅速复苏。"文化大革命"结束后，国家对民众私人生活领域的干预减少，巴尔虎婚俗中一些被取缔或禁止的部分再次出现。例如在巴尔虎婚礼上已经恢复了新娘佩戴金银首饰、新娘穿长坎肩、新娘拜火，唱巴尔虎民歌等传统婚俗。由此可见，即使在政治运动的强烈冲击下，以婚俗为代表的民俗文化仍然保持着较顽强的生命力。

　　虽然政治因素在巴尔虎婚俗变迁中发挥了重要作用，但是，这种政治因素究竟带来多大的影响仍然值得进一步探讨。一些研究者认为这种依靠超经济强制力导致的变革是肤浅的和不稳固的，主要借助于外在的政治控制和压力，一旦政治控制减弱，则会出现迅速反弹。"文化大革命"结束后，特别是改革开放后，国家政治权力对民众私人生活领域的干涉逐渐减弱，而被政治权力扭曲的民风民俗也出现了回潮现象，一些传统民俗再次成为民众生活的重要组成部分。这一点在巴尔虎婚俗演变中也有明显体现，"文化大革命"结束后，"文化大革命"中带有明显政治色彩的一些仪式和程序从婚俗中消失，而原本被批判的拜火、喇嘛看卦、戴金银首饰等婚俗内容再次出现。

## 第二节　经济发展与革新对巴尔虎蒙古族婚俗变迁的影响

根据马克思主义的基本观点，经济基础决定上层建筑，社会民俗文化作为上层建筑的组成部分，其发展变迁必然受制于经济变迁。社会学家李银河认为：新中国成立以来"带来婚姻方式进步的原因首先在于生产资料私有制的废除。由于个体家庭不再是社会经济单位，'绝大部分耐久的、可继承的财富——生产资料——变为社会所有，而把这一切传授遗产的关切减少到最低限度'。（《马恩选集》第四卷）消费资料的私有虽仍存在，但它的一般来源是工资，数量极为有限，这样，以产生合法子嗣继承私有财产为目的的婚姻就丧失了其存在的绝对必要性；其次，生产的社会化程度的提高和社会服务事业的发展，使得婚姻不再是维持起码生存条件的必要手段（夫妇作为劳动力合作、丧失劳动力后靠子女抚养等）。人们的谋生手段对家庭的依赖程度少了，而对社会的依赖程度大大增加，人们的生存方式从家庭本位向个人本位转变的条件已趋成熟"。[1] 从新中国成立至改革开放，我国婚俗变迁主要受到政治性因素的扰动，但在改革开放后，生产力发展和经济因素对促进婚俗的变迁发挥越来越重要的作用。侯松涛就曾提出："在改革开放后，生产力发展成为社会风俗变迁最直接、最具基础性的促动力。"[2]

虽然李银河和侯松涛是从中国整体上的剖析和论述，与呼伦贝尔草原巴尔虎蒙古族的情况有所不同，但是，生产力的发展，生产方式的变迁，经济制度的革新等同样是巴尔虎人民俗文化变迁的最主要原因。对于巴尔虎人来说，长期过着"逐水草而居"的游牧生活，在经济上以畜牧经济为主，因此在民俗文化上打下了深刻的游牧文明的烙印。孛尔只斤·吉尔格勒在他的《游牧文明史论》一书中谈道："游牧文明不仅是一种生产方式，而且还是一种文化模式，它不仅与游牧民族的经济生活紧密地联系在一起，而且还是游牧人价值观、生活方式、思维方式、审美取向、传统习

---

[1] 李银河：《中国人的性爱与婚姻》，中国友谊出版公司2002年版，第237页。
[2] 侯松涛：《改革开放与中国社会风俗变迁动力机制的转型》，《中国特色社会主义研究》2009年第2期。

惯、精神和心理构型的文化载体。"① 新中国成立后，巴尔虎人的游牧经济也出现了显著的变迁，这也深刻影响着婚俗等民俗文化。

## 一 经济制度与生产方式变迁对巴尔虎蒙古族婚俗的影响

### （一）经济制度的变迁及其对婚俗的影响

新中国成立后，呼伦贝尔牧区的经济制度变迁主要经历了三次。第一次经济制度变迁是1948—1952年牧区民主改革时期，通过民主改革，确立了"草牧场公有"和"放牧自由"的原则，废除了封建特权，草场的所有权为蒙古民族公有，牲畜则为牧民私人所有，在此基础上推行牧工工资制和新"苏鲁克"制。第二次经济制度变迁是在牧业合作化和人民公社化时期，在草场和牲畜的所有制结构上确立了完全的公有制，在经营模式上由私人经营转变为集体经营。1958年9月，呼伦贝尔牧区开始全面实行人民公社化，到10月底，牧业四旗将232个牧业合作社合并为31个大社，在一个多月的时间内完全实现了人民公社化。随着人民公社化运动的完成，草原所有权发生了变化，由1958年之前的社会主义集体所有，转变为社会主义全民所有。牧民的牲畜和生产工具作价归社，另外允许牧民保留少量自留畜。第三次经济制度变革是1984年开始推行的草畜双承包，通过牲畜"作价归户"，实现了牲畜的牧民私人所有，另外，实行草场集体所有，承包经营，后经过"双权一制"改革，最终实现了草场的承包到户。畜牧业的经营方式也由集体经营转变为家庭经营为主的模式。

三次主要的经济制度的变迁涉及了草原和牲畜所有权的变化，特别是牲畜作为牧民重要的生产和生活必需品，其所有权的变化对牧民的生活产生了很大的影响，也直接影响了其婚俗。

第一次变革中由于承袭了蒙古族草场公有的传统，而牲畜的所有权也没有变化，反而促进了巴尔虎三旗畜牧业的恢复和发展，牧民中中牧数量大为增加。因此，对巴尔虎的婚俗影响不大。第二次变革，特别是人民公社化后，由于草场和牲畜变为公有，牧民只有少量的自留畜，对巴尔虎婚俗影响较大。以嫁妆为例，在巴尔虎婚俗中往往要给出嫁的女儿准备较为

---

① 李尔只斤·吉尔格勒：《游牧文明史论》，内蒙古人民出版社2002年版，第68页。

丰厚的嫁妆，但人民公社化后，嫁妆数量大为减少。另外，在择偶观方面也有一定的影响，在传统的巴尔虎婚俗中，存在着"门当户对"的观念。在人民公社化时期，由于公有制的确立，牧民生活水平较为平均，"门当户对"的观念没落，而人们在择偶时更加注重的是人品、身体状况和劳动能力，并对之后巴尔虎人的择偶观产生了相当大的影响。第三次变革牲畜归牧民私人所有，而草场虽为集体所有，但最终承包到户，因此促进了畜牧业的发展，牧民生活水平大为改善，为巴尔虎传统民俗的回归奠定了经济基础。具体表现为：一是婚礼规模逐年扩大，人们开始讲究筵席的文化品位，恢复了在婚宴上摆乌查（即整羊）的传统习俗；二是崇尚民族婚礼，以举办民族特色的巴尔虎婚礼为荣。例如新婚礼服以款式新颖、颜色搭配、做工考究的巴尔虎服饰为主；三是婚前两位新人都在双方父母的资助下购买楼房或搭建崭新的蒙古包作为婚房。四是拍照和录像等现代摄影艺术被广泛应用于巴尔虎婚礼当中，为传承巴尔虎婚俗文化提供了技术支持。五是亲友向新郎新娘所赠送的贺礼愈加丰厚。

（二）生产方式的变迁及其对婚俗的影响

新中国成立前，在呼伦贝尔草原，由于"草原公有，放牧自由"，巴尔虎牧民可以在旗属范围内自由放牧，过着"逐水草而居"的游牧生活。牧民将草场分为冬营地和夏营地，进行转场放牧。在季节性牧场的迁移中，主要交通工具是勒勒车，迁移的路线每年基本相同，也是世世代代固定下来的。由于过着游牧生活，因此牧民并无固定的房屋，而是居住在可以迁徙的蒙古包内。

新中国成立后，巴尔虎草原的牧民开始从传统的游牧向半定居半游牧的生产方式的过渡。当时的呼纳盟政府为了改变过去"靠天吃饭"的落后的畜牧业，倡导建设养畜，鼓励牧民建设冬营地和简易棚圈，在冬天采取定居舍饲的方式。当时，很多定居点十分简陋，往往就近利用芦苇、土坯或石头搭建的简易棚圈。主要用来饲养病、弱牲畜和种畜，最大限度地降低牲畜的损耗。很多牧民虽然依然保留着转场放牧的传统，但是，冬季定居舍饲被越来越多的牧民所接受。在人民公社时期，由于草场和牲畜为公有，由生产队统一组织和协调牧民的放牧，一般要根据畜种、季节和牧场生长、水源具体情况配置草场，进行放牧，统一计划型放牧成为主要形式。80年代以来，随着"草畜双承包"，特别是草原"双权一制"改革，草场承包到户，牧民也多在自己的草场上修建了围栏，很多牧民逐渐放弃了过去的游牧生产方式，转场放牧（"走敖特尔"）现象开始减少，很多牧民转而采取在自家的草场上定居放牧。

定居放牧对牧民的生产生活产生许多影响，很多牧民劳动强度大为减少，能够有更多的时间用于社交，另外，在自家承包的草场内修建了固定的住房，居住和生活条件大为改善，定居生活也使牧民的日常生活消费品增加，获取外界的信息途径更加丰富，与外界的联系更加频繁。定居放牧为巴尔虎牧民生产生活带来便利的同时，对巴尔虎人的传统风俗习惯也产生了一定的影响。由于巴尔虎人的传统婚俗是建立在游牧文化的基础上的，生产生活方式的改变致使一些传统风俗文化失去基础，另外，也深刻改变了牧民的价值观、思维方式、审美取向等。

表6-2　　新中国成立以来巴尔虎送亲方式与婚后居住条件一览

| 年代 | 案例（个案） | 送亲方式 |  |  | 婚后居住条件 |  |  |
|---|---|---|---|---|---|---|---|
|  |  | 骑马 | 汽车 | 飞机 | 蒙古包 | 平房 | 楼房 |
| 1960—1969 | 12 | 10 |  |  | 11 | 1 |  |
| 1970—1979 | 17 | 13 | 3 |  | 14 | 3 |  |
| 1980—1989 | 27 | 14 | 13 |  | 14 | 13 |  |
| 1990—1999 | 14 | 5 | 9 |  | 8 | 6 |  |
| 2000—2016 | 11 | 1 | 9 | 1 | 1 | 4 | 6 |
| 合计 | 81 | 44 | 33 | 1 | 48 | 27 | 6 |
| 百分比 | 100% | 54.3% | 40.7% | 1.23% | 59.2% | 33.3% | 7.4% |

从巴尔虎婚俗变迁上来看，生产生活方式的改变主要从积极和消极两个方面产生了影响。从积极方面来看，随着巴尔虎牧民享受到现代文明带来的便捷和舒适的生活，也影响到婚姻中。如在新婚后的居住方面，传统的巴尔虎婚俗婚后居住在蒙古包中，蒙古包由男方负责，大都在男方父母的蒙古包旁另建新包。而随着定居生活的实现，居住条件发生变化，固定的住房甚至城里的楼房成为婚后主要居住房，并且衣柜、组合家具等体积大的现代家具走进巴尔虎家庭，从根本上改变了巴尔虎人以往更加喜欢小巧玲珑的家具之审美观。在送亲方式的选择方面，一直到20世纪70年代末，巴尔虎人最主要的送亲方式为骑马送亲。改革开放以来，随着巴尔虎

人生产生活方式的变迁，巴尔虎人传统送亲方式也发生根本性改变，基本上被现代交通工具所取代，用汽车、火车甚至用飞机送亲等已经发展成为不可逆转的新式送亲方式。在女方提供的嫁妆方面，现代化的家用电器等生活用品也逐渐成为主要物品之一。从消极方面来看，生产生活方式的改变给巴尔虎传统婚俗的传承带来一定的挑战。如草场承包到户以及围栏的出现，一定程度上影响了迎亲队伍行进的速度。由于汽车等现代交通工具已经成为主要的送亲工具，越来越多的巴尔虎人选择在城镇饭店举行婚礼，传统婚俗中的人与自然和谐、互助友爱等理念也在不断消融。

## 二 市场经济与经济发展对巴尔虎蒙古族婚俗的影响

### （一）市场经济对巴尔虎婚俗的影响

在改革开放后，我国经济逐渐实现了由计划经济向市场经济的过渡。对于巴尔虎三旗的畜产品来说，由之前的国家统购统销向价格逐步放开过渡，越来越突出市场的作用。在这一转变过程中，牧民成为市场的主体，与市场发生了更加紧密的联系。在市场经济条件下，牧民在市场上出售牲畜和其他畜产品，并且越来越注重追求利润，另外，也要在市场上购买畜牧业机械、饲料等生产要素以及生活用品。对于商品经济观念薄弱的巴尔虎人来说，这无疑是一个重大的变革，也深刻改变了巴尔虎人的价值观，并直接影响到巴尔虎婚俗方面。

巴尔虎人清晰地观察到了市场经济对巴尔虎人价值观念带来的变化，在调研中，很多巴尔虎老人提到：以前巴尔虎牧民很亲密，没有你我之分，但现在，牧民之间的经济纠纷，特别是草场之间的纠纷越来越多了。可以说，市场经济逐渐改变了巴尔虎人的价值观念，而且也触动了巴尔虎人传统社会的人际关系网络。市场经济影响带来的变化也体现在婚礼上赠送的礼品方面，在传统的婚俗中，巴尔虎人赠送的礼品更多的是表达祝福，而不注重礼品的价值。但现在的巴尔虎婚礼中，礼金逐渐取代了礼品。据课题组调研显示，一直到20世纪90年代初，在巴尔虎婚礼上，并没有向举办方随礼金的习俗，而亲朋好友则向新郎新娘赠送礼品（物质性的礼品），以表达对两位新人的祝福。但是，随着我国市场经济体制的形成和完善，商品经济观念渗透到巴尔虎婚俗当中，直接影响了巴尔虎传统婚俗的变迁。例如从90年代后期开始，礼金逐渐取代礼品，成为一种较重要的新婚贺礼。

### （二）经济发展对巴尔虎婚俗的影响

2014年，新中国成立60多年来，巴尔虎三旗经济建设取得很大成就，特别是改革开放后，畜牧业取得了快速发展，且基础日益稳固，建设养畜和现代畜牧业都取得了一定的进展，传统畜牧业摆脱了靠天吃饭的局面。另外，巴尔虎三旗的第二产业和第三产业也取得较大发展，逐渐改变过去经济结构单一的局面，成为在呼伦贝尔地区经济较为发达的地区，城镇和农牧区居民的可支配收入也持续增加。巴尔虎三旗的主要经济指标可见表6-3。

表6-3　　　　　　　　2014年巴尔虎三旗主要经济指标

| 地区 | 地区生产总值（亿元） | 人均GDP（元） | 城镇人均可支配收入（元） | 农牧区人均可支配收入（元） |
| --- | --- | --- | --- | --- |
| 新左旗 | 35 | 81663 | 19795 | 15570 |
| 新右旗 | 77.1 | 217796 | 22834 | 15671 |
| 陈旗 | 89 | 151626 | 23635 | 15868 |

资料来源：2015年新左旗、新右旗、陈旗的《政府工作报告》。

从表6-3中可见，巴尔虎三旗经济的变化趋势。首先，经济结构发生明显变化。巴尔虎三旗在畜牧经济稳步发展的同时，工业和服务业也取得了很大的进步，第二产业和第三产业在国民经济中所占比重不断增加，已经超过农牧业成为支柱产业。其次，城镇居民和农牧区居民人均可支配收入不断提高，生活水平不断改善。最后，各项经济指标和数据在呼伦贝尔市名列前茅。以人均GDP为例，新右旗人均GDP位列呼伦贝尔市各区、旗第一，陈旗位列第二，新左旗则位列第五，均高于呼伦贝尔市60152元的人均GDP水平。

上述经济指标的变化体现出巴尔虎三旗在经济建设方面取得的成就，同时也是促使巴尔虎婚俗变迁的重要原因。如在嫁妆方面，在巴尔虎婚俗中，嫁妆是很重要的一个文化元素，新中国成立后，巴尔虎婚俗中不再索取彩礼，反而要在女儿出嫁时陪送丰厚的嫁妆。除了"文化大革命"时期受到一些干扰外，陪送嫁妆习俗始终保留下来，成为婚俗的重要组成部分。最初，嫁妆主要以牲畜、额日格尼格车和服饰等生产生活物质资料为主。改革开放之后，随着经济的发展，嫁妆的种类不断增多，价值也有很大的提高。可以说，嫁妆的陪送与经济发展之间关系极为密切，呈现出正相关性。特别是近年来，很多巴尔虎人的收入不断提高，家庭财富增长，陪送的嫁妆也日益丰厚。当然，嫁妆的数量和价值与家庭实际情况也有很大关系，在一些较为贫困的巴尔虎人中，陪送嫁妆还是很有限的。

表 6-4　　　　　　　　近年来结婚案例的嫁妆统计

| 姓名 | 配偶 | 结婚时间 | 嫁妆种类及数量 | 嫁妆的价值 |
| --- | --- | --- | --- | --- |
| 满某 | 朝某 | 2004 年 | 30 只羊、8 头牛、2 匹马、一辆摩托车、四季衣服 | 6 万元 |
| 乌某 | 宝某 | 2012 年 | 40 只羊、10 头牛、10 匹马、10 万元现金 | 20 万元 |
| 尼某 | 阿某 | 2012 年 | 30 只羊、14 头牛、4 匹马、电脑、摩托车、首饰、四季服饰 | 15 万元 |
| 乌某 | 查某 | 2013 年 | 汽车、首饰、四季服饰 | 25 万元 |
| 玛某 | 敖某 | 2014 年 | 100 只羊、20 头牛、1 匹银马鞍的马、2 辆铁皮箱车、1 辆汽车、首饰及四季服饰 | 45 万元 |

## 第三节　社会转型对巴尔虎蒙古族婚俗变迁的影响

### 一　家庭变迁对巴尔虎蒙古族婚俗的影响

婚姻与家庭的关系十分密切，对于家庭来说，婚姻是家庭最重要的事务之一，"作为家庭绵延的一个关节点，是全部家庭生活围绕着运转的一个轴心"。[①] 同时，婚姻的变迁也直接体现在家庭内部与外部的关系上。在我国婚俗变迁的研究中，对婚姻与家庭关系的研究始终是热点领域之一。如阎云翔认为：婚姻变迁的表现之一是家庭内部权力关系的转变，"父母一代的权力、权威、地位日益下降，同时，年轻一代则日益自

---

① 张乐天：《告别理想：人民公社制度研究》，上海人民出版社 2016 年版，第 295 页。

主。……上述权力关系变化显现在家庭生活的各个方面,包括配偶选择、婚后居住、家庭财产管理、家庭内部关系处理、赡养老人等等。""父权的衰落使青年一代能够拥抱新的生活方式,于是年轻人里面开始了自由恋爱、夫妻之间的亲密,以及新一代人对个人空间与隐私权的追求。家庭内部两性之间的关系也改变了。妇女,特别是年轻一代的妇女对自己的生活有了更多的主动权,而且在家庭生活转型的过程中扮演了决定性的角色。"[①] 另外,扬善华强调:婚姻变迁的实质,是婚姻文化模式的变迁,即婚姻行为规范和反映这种规范的观念之变迁。具体来说,是完全改变"结婚消费的男家为中心"的格局而代之以"男女家并重,男女方合力建设婚后小家庭"的格局。这种新的格局,是与适应工业化社会的强调男女平等的新的婚姻文化模式及家庭制度相一致的。[②]

在巴尔虎婚俗中,婚姻与家庭的关系也十分密切。新中国成立前,由于婚姻高昂的费用使子女不得不依靠家庭的帮助,因此婚姻问题上要听命于父母,父母有绝对的决定权,包办婚姻成为最主要的婚姻形式。新中国成立后,随着自由恋爱和婚姻自主的观念日益深入人心,子女在婚姻上取得了一定的发言权,自由恋爱的形式也日益被青年男女所接受,成为巴尔虎青年男女步入婚姻殿堂的重要一环。特别是随着一些青年脱离畜牧业生产到城市工作,有了稳定的工资收入,在婚姻上对家庭的依赖性有所降低,也导致父母在婚姻问题上的发言权的下降。如在 1954 年结婚的新右旗的占某,当时为新右旗副旗长,在他结婚时没有通知双方父母,婚后也居住在办公室中。虽然这只是一个个案,但是也体现出巴尔虎人家庭权力格局的变化。

社会的发展也带来了婚后居住方式的变迁。对于巴尔虎青年一代来说,自主意识日益增强,在婚姻方面也更加重视追求个人生活幸福,而家族延续的职责却退居次要位置。这种转变也体现在婚后居住方式上。在巴尔虎传统婚俗中,在婚后居住方式是从夫居,即新婚夫妇与男方的父母一起生活,承担赡养老人、生儿育女,延续家族血脉等职能。新中国成立

---

① 阎云翔:《私人生活的变革:一个中国村庄里的爱情、家庭与亲密关系(1949—1999)》,龚小夏译,上海书店出版社 2006 年版,第 239—240 页。

② 杨善华:《经济体制改革和中国农村的家庭与婚姻》,北京大学出版社 1995 年版,第 140 页。

后,逐渐出现改变。从我们调查结果来看,随着时代的发展,从夫居的婚后居住方式呈逐渐降低的趋势,据所调查70年代结婚的17个个案中,有8例在婚后居住方式上采取了从夫居,与男方父母一起居住生活,而9例为单独组成核心家庭。而90年代结婚的11个个案中,婚后与男方父母同住的仅有2例,而单独组成家庭的则为9例。以此可见,在婚后居住方式上,单独组成新的核心家庭成为趋势。

## 二 社会阶层变迁对巴尔虎蒙古族婚俗的影响

在新中国成立前,从社会阶层上来看,除民族上层和喇嘛阶层之外,绝大多数的巴尔虎人属于牧民阶层,从事畜牧业生产。新中国成立后,巴尔虎三旗经济社会发生了显著的变化,通过民主改革,民族上层逐渐消失,喇嘛数量也大幅减少,虽然主体仍为牧民,但有一部分巴尔虎人进入城镇成为国家干部或国家工人。改革开放后,这一趋势更加明显,在巴尔虎人中国家公职人员、工人、工商业者的比重有所增加,脱离畜牧业生产和定居在城市的巴尔虎人的数量也越来越多。

这种社会阶层上的变化对巴尔虎婚俗也产生了明显的影响。据课题组调查结果显示,在牧区巴尔虎传统婚俗保护得较好,虽然也有一定的变迁,但婚俗中的大量传统仪式被保存了下来,而对于城市居住的巴尔虎人来说,他们的婚礼中的变迁更为剧烈。在城镇中,无论是在生活情境还是工作情境中,巴尔虎人与其他民族的接触和互动都更加强烈,在社会风俗方面的相互影响也更为明显。对比牧区和城镇的巴尔虎人婚礼,主要有几个方面的不同:一是婚礼持续时间的长短不同。牧区婚礼一般持续3—5天,而城镇婚礼则持续1—2天。从这一变迁来看,牧区婚礼遵从传统婚俗,发挥社会交往、娱乐等功能,而城镇婚礼则适应了城镇的快节奏生活方式。二是举办场地不同。牧区婚礼一般在家搭建蒙古包举办,也多用巴尔虎传统饮食招待客人,而城镇婚礼一般选择在饭店,婚礼上的饮食也多用中餐。三是婚礼上的服饰不同。牧区婚礼不仅新人身穿民族服饰,而且客人也基本身穿民族服饰;城镇婚礼则除了新人及直系亲属身穿民族服饰外,其他客人主要穿着西装、夹克、休闲装等现代服饰。四是婚礼上的艺术表演形式不同。牧区巴尔虎人更加注重巴尔虎婚礼的文化娱乐功能,鼓励宾客们主动参与唱歌跳舞等文艺活动。城镇婚礼则采取邀请几名歌手在台上演唱，多数宾客在台下欣赏文艺节目的形式，突出了巴尔虎婚礼的舞台艺术效果。上述这些变化，实际上是巴尔虎人生产生活方式的变迁对婚礼习俗上的反映。

## 第四节 文化教育和价值观念对巴尔虎蒙古族婚俗变迁的影响

### 一 文化教育的发展对巴尔虎蒙古族婚俗的影响

新中国成立前，在海拉尔等地创立了一些民族学校，民族教育取得初步发展，新中国成立后，在各级政府的推动下，民族教育取得快速发展，至 1965 年，呼伦贝尔民族地区的各乡、苏木均设有小学，旗政府所在地则兴办了中学，少数民族学生入学率和教育质量都不断提高。"文化大革命"时期，民族教育发展受到了一些干扰，"文化大革命"结束后，特别是党的十一届三中全会之后，呼伦贝尔地区的民族教育取得了新的发展。至 2004 年，民族地区初等义务教育入学率达到 99.8%，初级中等义务教育入学率达到 99%。[①]

表 6-5　　　　呼伦贝尔少数民族在校生统计　　　　单位：人

| 年份 | 合计 | 少数民族小学生 | 其中 蒙古族 | 少数民族中学生 |
| --- | --- | --- | --- | --- |
| 1949 | 4867 | 4713 | 1878 | 154 |
| 1957 | 9190 | 8190 | 2738 | 1000 |
| 1965 | 21891 | 19248 | 7949 | 2643 |
| 1979 | 58141 | 36639 | 16674 | 21502 |
| 1984 | 62091 | 40342 | 17232 | 21749 |

资料来源：《呼伦贝尔盟情》，内蒙古人民出版社 1986 年版，第 475 页。

在发展民族教育的同时，成人教育也取得很大发展。从 50 年代开始，

---

① 徐占江主编：《呼伦贝尔市要览（2005）》，远方出版社 2005 年版，第 144 页。

巴尔虎三旗开展扫盲教育，委派扫盲干部深入苏木和嘎查组织牧民互教互学，开展识字运动，至1964年，大部分牧区的干部和牧民实现了脱盲。进入80年代，扫盲教育进一步发展，牧民中文盲人数不断降低。可以说，通过发展民族教育和成人扫盲教育，巴尔虎人的整体文化素质有很大的提高。

教育对巴尔虎婚俗也产生了明显的影响。一方面，随着巴尔虎人整体文化素质的提高，更容易接受一些新的思想和价值观念。如通过50年代的《婚姻法》宣传活动，婚姻自主和男女平等等观念很快被巴尔虎人所接受，在我们调查的新中国成立后的巴尔虎人的结婚案例中，仅有一例为父母包办婚姻，可见，自由恋爱和婚姻自主成为主要潮流。另一方面，越来越多的巴尔虎青少年到学校接受教育，特别是对牧区的巴尔虎人来说，社会交往的空间大为拓展，青年男女之间的接触机会逐渐增多，更易于相互之间的了解和培养感情。在巴尔虎人的择偶过程中，同学和朋友关系日益成为择偶的重要途径之一。特别是近年来，越来越多的巴尔虎年轻人考上大学，接受大学教育，社会交往空间进一步扩大，择偶网络也向外延伸，在巴尔虎人中，也出现了越来越多的跨旗、跨市、跨民族甚至跨国界的通婚现象。

## 二 思想和价值观念的革新对巴尔虎蒙古族婚俗的影响

呼伦贝尔的巴尔虎人居住的地区较为偏远和闭塞，与外界信息交流不畅，因此，外部世界对巴尔虎人的思想和价值观影响较小。在历史上，游牧的牧民相互传递信息的途径是相互串门，互相沟通所了解的信息，也孕育出蒙古族热情好客的民俗。新中国成立后，这一相对封闭的环境被逐渐打破，巴尔虎人与外界的交流开始增加，并影响到巴尔虎人的婚俗。从50年代到70年代，伴随着国家权力的渗透和干预，巴尔虎人与外界的接触与交流空前增加，国家主流价值观念对巴尔虎人的思想和观念不断进行重塑。在婚俗中表现为现代理念的嵌入和传统婚姻观念的被批判。据课题组调查结果显示，新中国成立以来，在巴尔虎婚俗方面发生的革命性的变迁有两个，一是根除封建包办婚姻习俗，真正实现了青年男女的婚姻自主权利。随之，巴尔虎人也主动放弃了与包办婚姻习俗紧密相连的商谈彩礼、让姑娘知道和姑娘走亲戚等漠视子女权利的封建陋习。二是根除了女方向男方索要彩礼的传统习俗。新中国成立初期，巴尔虎人虽然彻底废除封建买卖婚姻性质的彩礼习俗，但是仍保留女方给出嫁女儿陪送嫁妆的传统习俗，为传统婚姻习俗的变迁注入了具有时代特色的男女平等观念。可见，自由、平等等现代价值观念对巴尔虎婚俗变迁中的影响与作用。

改革开放之后，巴尔虎人与外部交往更加密切，也更容易受到外来的思想和价值观念的影响。如在我国80年代的婚礼中，"三转一响"① 是标志性的物品，也是人们追求的目标。特别是在改革开放初期，能够备齐"三转一响"的婚礼是最流行和最体面的婚礼。这一流行潮流刚刚出现就已经影响到了呼伦贝尔的巴尔虎人，"三转一响"也开始出现在巴尔虎人的婚礼中。如新左旗的色某与道某在1980年结婚，在新娘道某陪送的嫁妆中不仅有牲畜和民族服饰等，还出现了缝纫机和手表。同样1980年结婚的图某和布某婚礼的嫁妆中也有一块上海牌手表。在访谈中，很多陪送手表为嫁妆的巴尔虎人都不忘告诉我们：手表是当时最时尚、最流行的嫁妆。另外，自行车也是这一时期城镇巴尔虎人常见的嫁妆之一。

进入90年代后，"三转一响"被新"三大件"所取代，即电视机、电冰箱、洗衣机。这也同样对巴尔虎人产生了影响，陈旗巴彦库仁镇的赛某和娜某在1988年结婚，其嫁妆中就已经出现了电视机和洗衣机。当然，从整个90年代的调查情况来看，陪送家用电器等新"三大件"并不普遍，主要集中在居住于城镇的巴尔虎人的婚礼中。而对于牧区的巴尔虎人来说，限于基础设施建设的滞后，缺少使用家用电器的必要条件，使之在嫁妆中没有流行起来。

步入21世纪，随着信息时代的来临，特别是随着巴尔虎人居住地基础设施建设的日益完备，电视、电脑、手机等现代家用电器和通信工具在巴尔虎人的生活中日益普及，深刻改变了巴尔虎人的思想观念和价值观。一方面，巴尔虎人对外界沟通和联系更加频繁，社会上主流的婚姻观念与婚恋文化很容易影响到巴尔虎人。另一方面，通过电视、互联网等媒介，现代生活方式日益被一些巴尔虎人所接受，特别是对巴尔虎年轻人的影响极大。如在乌云娜对巴尔虎婚礼仪式（乃日）的音乐的调查中发现，在

---

① 20世纪80年代的"三转一响"是自行车、缝纫机、手表和双卡录音机。

婚礼的仪式中，传统的长调淡出了舞台，而新创作的歌曲则成为主角，被巴尔虎青年所喜爱并被普遍接受。如在迎亲宴会中，传统是以"巴尔虎三褐色"开始，即《褐色的麻雀》《褐色的雄鹰》和《褐色的三岁马》。而如今则以现代创作的《巴彦巴尔虎》开始，另外还有蒙古国的创作歌曲《哈拉哈萨仁嘎》等。①

## 第五节　民族间交往对巴尔虎蒙古族婚俗变迁的影响

清代巴尔虎人主要是分两批迁入呼伦贝尔地区的，雍正十年（1732），清政府从布特哈地区抽调索伦八旗兵丁3000人迁驻呼伦贝尔，其中有巴尔虎兵丁275人。雍正十二年（1734）清政府从喀尔喀蒙古车臣汗部迁来巴尔虎人2984人，为了以示区别，第一批迁入的被称为"陈巴尔虎"，而后迁入的则称"新巴尔虎"。巴尔虎人在呼伦贝尔有了稳定的游牧地，并发展成为今天的陈旗、新左旗和新右旗。巴尔虎人不仅生产生活的游牧地较为稳定，而且，长期以来也很少有外来族群迁入，因此，巴尔虎人主要在本族群内部进行通婚和社会交往，以婚俗为代表的民俗文化保存较好。新中国成立后，巴尔虎三旗外来人口数量开始增加，不仅有来自其他地区的蒙古族迁入，汉族等其他民族人口也不断增长，巴尔虎人与蒙古族其他部族及汉族等民族间的交往日益频繁，这也成为促使巴尔虎婚俗变迁的原因之一。

### 一　蒙古民族内部的交往对巴尔虎蒙古族婚俗的影响

至新中国成立，呼伦贝尔巴尔虎人主要居住在巴尔虎三旗，据1953年第一次全国人口普查统计资料，新右旗蒙古族5485人，新左旗蒙古族8100人，陈旗蒙古族3512人，巴尔虎三旗的蒙古族人口达到17097人，

---

①　乌云娜：《当代巴尔虎婚礼及其音乐的调查与研究》，《内蒙古大学艺术学院学报》2009年第4期。

其中主要为巴尔虎蒙古族人口。① 可以说，巴尔虎三旗巴尔虎人族群基本稳定，受外来民族影响较小。1960年经内蒙古党委决定，从"扎赉特旗动员了680户约3500人，从科左中旗、科右前旗、阿荣旗动员了400户约2000人"，② 分别移民至新左旗和新右旗。另外，有1000多名蒙古族人口以其他方式流入了巴尔虎三旗。从兴安盟、通辽（时称哲里木盟）等地移民的迁入对巴尔虎人产生了一定的影响。

新迁入的蒙古族由于受到汉族文化影响较大，与巴尔虎人相比，在生产生活方式、风俗习惯、语言、服饰等方面都有一定的区别。新移民由于较早接触了农业生产方式，因此在原住地也是以半农半牧为主，在日常交流中使用的蒙语经常夹杂着一些汉语词汇，在服饰上也更喜欢穿短装，迁入巴尔虎三旗后，也主要居住在城镇地区。这种区别在相互称呼上也有体现，巴尔虎人喜欢称呼新来的移民 oodong（蒙语中有"短"之意）蒙古人，而新移入的蒙古人称巴尔虎人为 khudee khuun，意为农村人或者草地人。③

由于生活空间上的接近，巴尔虎人与外来的蒙古人之间的交往和互相影响不可避免。据兴安的研究，外来蒙古族移民与巴尔虎人在自然资源的占有上没有明显的冲突，但是，在地方政治领域内，当地牧民的传统权威受到了威胁，越来越多的外来蒙古人进入行政管理体系内。依据《中华人民共和国民族区域自治法》，外来蒙古人和巴尔虎蒙古人拥有平等资格竞争旗长职位，过去从巴尔虎蒙古人内部产生旗长的习惯，于20世纪末被实质性地打破。④ 对于巴尔虎人和外来蒙古移民来说，既有合作也有竞争，虽然在调查中双方通婚的案例不多，对婚俗的影响并不直接，但随着时间的推移，相互潜移默化的影响日益显现。如在服饰方面，巴尔虎人在日常生产劳动中已经改穿短装，而蒙古袍也成为重要节日和活动上的

---

① 呼伦贝尔盟史志编纂委员会：《呼伦贝尔盟志》（上册），内蒙古文化出版社1999年版，第195页。

② 李·蒙赫达赉：《巴尔虎蒙古史》，内蒙古文化出版社2004年版，第237页。

③ 兴安：《巴尔虎蒙古族的历史记忆与认同实践》，《北方民族大学学报》（社会科学版）2010年第4期。

④ 兴安：《巴尔虎蒙古族的历史记忆与认同实践》，《北方民族大学学报》（社会科学版）2010年第4期。

礼服。

从婚俗方面来看，据我们课题组调查显示，巴尔虎人保留了族群内部通婚的习俗。巴尔虎人在择偶时尽可能地选择巴尔虎人结成伴侣，据我们调查的案例来看，20世纪50年代和70年代分别出现了一例巴尔虎人与厄鲁特蒙古族通婚的案例，其他则主要以巴尔虎人内部通婚为主。20世纪八九十年代虽然出现了一些巴尔虎人与其他蒙古族之间通婚的案例，但主要集中在城市的知识分子群体中。这一局面直到步入21世纪后被逐渐打破，随着越来越多的巴尔虎后代走出草原，上大学或到城市生活，与其他蒙古部族及其他民族接触的机会增多，在择偶方面出现了许多跨部族、跨地区联姻的案例。虽然，很多巴尔虎人不能接受与自己生活习惯不同的其他民族的配偶，但是，对其他地区蒙古族则采取了接纳的态度。在我们调查的案例中，分别出现了巴尔虎人与鄂尔多斯蒙古族、通辽蒙古族的通婚案例。以陈旗的满某和斯某的婚姻为例，两人在2014年结婚，满某为陈巴尔虎蒙古族，而他的妻子斯某来自通辽的奈曼旗，由于两地婚俗有所不同，因此在结婚仪式过程中两地婚俗的一些元素都呈现了出来。男女双方分别举办了送亲宴会和接亲宴会，在结婚前，女方向男方索要了5万元彩礼，而新中国成立之后的巴尔虎蒙古族婚俗中已经没有彩礼，在结婚仪式中，接新娘之前按照通辽奈曼旗蒙古族的习俗，女方还给了新郎2000元的改口钱[1]，在接到新娘后则采用了巴尔虎蒙古族习俗，这种婚礼安排巧妙地解决了双方婚俗上的文化差异，使婚礼圆满举行。

## 二 汉族等其他民族与巴尔虎人的交往及对婚俗的影响

新中国成立后，巴尔虎三旗汉族等其他民族人口十分有限，从50年代末开始逐渐流入。50年代末60年代初，由于兴建国营农场，从黑龙江等地农垦职工迁入呼伦贝尔，仅1960年就有3500人。[2] 另外，在三年困难时期，一些内地的农民也盲目流入呼伦贝尔，在1960年，就有683户，2458个农民流入陈旗，另外，也有一些山东、河北、山西的汉族农民进

---

[1] 蒙古族传统婚俗中并无改口钱一说，此显然受到汉族婚俗的影响。
[2] 呼伦贝尔档案史志局编：《呼伦贝尔市三年困难时期与国民经济调整》，中共呼伦贝尔党史资料丛书之十九，第137页。

入新左旗和新右旗。此后，随着人口迁移，巴尔虎三旗的汉族等其他民族人口不断增长，使巴尔虎三旗的人口的民族结构发生了很大的变化（见表6-6、表6-7）。

表6-6　　　　　　　　1984年巴尔虎三旗人口民族结构　　　　　　单位：人

| | 总人口 | 蒙古族 | 汉族 | 其他民族 |
|---|---|---|---|---|
| 新右旗 | 29255 | 21692 | 6736 | 827 |
| 新左旗 | 37053 | 25232 | 10678 | 1143 |
| 陈旗 | 41726 | 15856 | 21790 | 4080 |

资料来源：《呼伦贝尔盟情》，内蒙古人民出版社1986年版，第52页。

表6-7　　　　　　　　2008年巴尔虎三旗人口民族结构　　　　　　单位：人

| | 总人口 | 蒙古族 | 汉族 | 其他 |
|---|---|---|---|---|
| 新右旗 | 34281 | 28229 | 5276 | 776 |
| 新左旗 | 41922 | 30748 | 8516 | 2658 |
| 陈旗 | 59736 | 26650 | 27712 | 5374 |

资料来源：徐占江主编：《呼伦贝尔市要览（2009）》，内蒙古文化出版社2009年版，第26页。

从上面两个表中可见，1984年，新右旗蒙古族人口占全旗总人口的74.1%，汉族及其他民族占总人口的25.9%，在新左旗，蒙古族占全旗总人口的68.1%，汉族及其他民族占总人口的31.9%，在陈旗，蒙古族占全旗总人口的38%，汉族及其他民族占全旗总人口的62%。而2008年，新右旗蒙古族人口占全旗总人口的82.3%，汉族及其他民族占总人口的17.7%，在新左旗，蒙古族占全旗总人口的73.3%，汉族及其他民族占总人口的26.7%，在陈旗，蒙古族占全旗总人口的44.6%，汉族及其他民族占全旗总人口的55.4%。上述两个表中的数据表明，至1984年，在巴尔虎三旗中汉族及其他民族人口比重已经有很大的增加，特别是陈旗汉族及其他民族人口比例更是超过了蒙古族的比例。到2008年，蒙古族人口所占比重有所提高，但也没有改变巴尔虎三旗多民族交错杂居的局面。

人口民族结构的变迁也影响到了婚俗方面，虽然巴尔虎人与汉族等其他民族通婚并不多见，但是双方生活方式、社会风俗等方面的相互影响仍然十分深刻。特别是近年来，巴尔虎婚俗中受汉族文化影响日深，由于越来越多的婚礼在饭店举行，婚礼前不仅燃放烟花爆竹，而且婚礼仪式也开始聘请专业的婚庆公司负责运作，很多巴尔虎传统婚俗的元素已经丧失。这种现象也引起了一些巴尔虎老人的不满，他们甚至拒绝参加这样的婚礼，他们说在饭店举行的婚礼就像西方国家的快餐一样，虽然速度很快，但是婚礼中却丧失了巴尔虎蒙古族的文化特征，巴尔虎蒙古族的婚礼习俗也逐渐演变成了没有自己文化特征的婚礼。目前，巴尔虎年轻人基本都不会吟诵古老的巴尔虎蒙古族关于婚礼的诗歌，也不会展现优美的巴尔虎长调歌曲。[①]

近年来，巴尔虎人迁出数量也开始增加，特别是一些巴尔虎人已经离开草原到城市生活。从迁出的途径来看，上大学而留在城里工作生活是一个重要的方面，另外，也有少量的巴尔虎人外出经商或务工。特别是近年来，一些牧民将所承包的草场的使用权流转出去而到城里居住的比例不断增加。可以说，人口的迁出增加了巴尔虎人与其他民族人口间交往的强度与频度，也直接影响到了巴尔虎人的婚俗，促进了婚俗的变迁。通过我们课题组调查发现，在传承传统婚俗方面，牧区的巴尔虎人比城市居住的巴尔虎人保留了更多的传统元素，城市居住的巴尔虎人受外来文化的影响也更加明显。如在城市巴尔虎婚礼上，曾经有过新郎新娘身穿西装和婚纱并举行互换信物、喝交杯酒、倒香槟塔等仪式，这显然反映了其他婚礼习俗对巴尔虎婚俗的渗透与影响。

---

① 苏布德：《新巴尔虎蒙古社区的变迁与发展》，中央民族大学，博士学位论文，2011年，未刊。

# 第七章　21世纪呼伦贝尔巴尔虎蒙古族婚俗的传承与展望

## 第一节　呼伦贝尔巴尔虎蒙古族传统婚俗的变迁路径及文化元素

### 一　呼伦贝尔巴尔虎蒙古族婚俗变迁的路径

新中国成立后，内蒙古呼伦贝尔市巴尔虎蒙古族婚俗发生剧烈的变迁，传统婚俗中的一部分内容逐渐走向消亡，新的具有时代背景或现代色彩的婚俗不断嵌入，构成了巴尔虎蒙古族婚俗变迁的历史图景。从变迁的动因来看，既受到政治和社会革命的影响，也是现代化洪流冲击的结果，其与巴尔虎社会现代转型具有内在的一致性。近几十年来，巴尔虎蒙古族经历了明显的社会转型，具体表现在政治、经济、社会和文化等各个方面。从政治上看，新的地方行政管理体制取代了清代以来的八旗制，政治权力前所未有地渗透到了巴尔虎基层社会，对民众日常生活影响日益增加；在经济上，传统的游牧经济走向解体，畜牧业开始现代转型，经济生产方式和生活方式发生巨大变革；在社会和文化上，巴尔虎社会由封闭走向开放，受外部社会影响日深，呈现出多元化的特点。这些都深刻影响到巴尔虎蒙古人的民风民俗，特别是对婚俗的变迁产生显著的影响。从巴尔虎蒙古族婚俗变迁的历程来看，可以分为两个阶段：

第一阶段是从新中国成立至改革开放之前，这一时期政治权力在婚俗变迁中起到主导作用。国家权力干预民众生活，贯彻主流意识形态的理念，主导了社会的移风易俗。一些传统文化和宗教等被视为封建落后的代表而被改造，新的婚姻自由、男女平等的理念被灌输和接受。对巴尔虎蒙古族而言，婚俗中涉及自然崇拜、祖先崇拜和宗教的一些仪式被改造，与此相关的一些婚姻习俗（如拜火、合属相、请喇嘛看日子等）逐渐消亡。另外，传统婚俗中的"门当户对""父母包办"等原则也被逐渐废除，随着青年男女在婚姻上自主权的增加，原本在求亲、定亲等环节中的风俗和礼仪失去存在的基础而消亡或被简化。与此同时，一些新的具有时代特点的新婚俗被嵌入，如婚礼仪式上领导讲话、举办舞会等等。

第二阶段是从改革开放以来至今，呼伦贝尔的巴尔虎蒙古族社会现代转型加速，经济取得快速发展，社会发展日新月异，现代文明给巴尔虎蒙古族传统文化以前所未有的冲击。这一阶段的巴尔虎婚俗，一方面随着国家政治权力对民众日常生活干预的减少而出现了传统回归趋势，诸多原本被批判和改造的传统民俗再次出现；另一方面，现代色彩浓重的新婚俗给巴尔虎婚俗带来深刻的影响，使巴尔虎婚俗呈现出传统与现代元素交织在一起，以突出民族特色为基本的新面貌。

可以说，随着社会发展进步和时代变迁，巴尔虎传统婚俗经历了较为剧烈的变迁，并逐渐步入回归传统的历程。特别是近年来，具备现代气息的社会主流文化急剧扩张，对很多地区的具有特色的民族文化带来了挑战，而呼伦贝尔的巴尔虎文化作为民族亚文化之一，也受到了很大的冲击。在此背景之下，越来越多的巴尔虎人产生文化危机意识，保护本民族传统文化的呼声日益强烈。在我们调查过程中，许多巴尔虎人，特别是巴尔虎老人对当前的掺杂现代因素的巴尔虎婚礼十分反感，他们呼吁传统民俗文化的回归，表现出强烈的本民族文化认同意识。

当然，由于社会进步，巴尔虎传统婚俗所依托的社会经济条件已经发生改变，婚姻仪礼的简化与婚俗中文化元素的变迁都十分明显，完全回归传统显然不符合实际。从巴尔虎婚俗变迁的过程来看，实际上，与其说是巴尔虎传统婚俗的回归，不如说是现代语境下对传统婚俗的一种重构，使其更加适应时代的步伐。在研究 80 年代以来我国传统民俗的复兴中，吉国秀的研究具有一定的代表性，她通过对辽宁省清原镇的研究认为："传统婚姻仪式的复兴不是简单的再现，也不仅仅是国家权力退出以后民俗的反弹，而是当地民众对传统仪式的重构。……民众通过对民俗事象的再利用与重新解释，努力将日常生活的经验系统化，从而建立地方社会的结构和秩序，这已经成为民众应对现代国家与社会的一个策略性组成部分。"①

对传统婚俗的再利用与重新解释方面，现代巴尔虎人也不甘落后，为重新构建现代意义上的巴尔虎婚俗而正在努力。如 2015 年 12 月 26 日，新左旗巴尔虎研究会主持下在新左旗阿木古郎镇成功举办了呼伦贝尔市第二届民族婚庆研讨会。本次研讨会以传承和发展巴尔虎传统婚俗为议题，在呼伦贝尔市海拉尔区和牧业四旗从事婚庆服务工作的人员即民族婚礼摄影师、民族婚礼主持人、民族婚礼伴奏师、民族婚礼美容师、民族婚礼舞台设计师以及研究巴尔虎、布里亚特民俗问题的有关专家等共三十余人应邀参加了研讨会。研讨会上，与会代表各抒己见，热烈讨论在现代化的大背景下，如何传承和发展巴尔虎传统婚俗礼仪及举行具有地方特色的巴尔虎婚礼仪式等问题，并提出了一些宝贵的意见和建议。

第一，深刻挖掘巴尔虎传统婚俗中蕴藏的文化内涵，传承和发展民族特色的婚俗礼仪。与会代表认为："目前在城镇酒店举办巴尔虎婚礼是一种普遍的社会现象，也是不可逆转的发展趋势。在城镇化的大背景下，通过举行两位新人拜火神、叩拜父母及父母向新郎新娘献鲜奶等传统仪式，挖掘其重视婚姻家庭、孝敬父母、尊敬长辈等文化内涵，传承和发展民族特色的婚俗礼仪。"

第二，保持巴尔虎婚俗礼仪的严肃性和庄重性。巴尔虎婚礼不仅是青年男女百年好合的成婚仪式，而且也是通过各项严肃、庄重的婚俗礼仪向新郎新娘传递孝敬父母、关爱子女、和睦相处、热爱生活等传统思想理念的文化盛会。与会代表认为，"如今在巴尔虎婚礼上，仍存在个别婚礼主持人为了活跃现场气氛随意跟两位新人开玩笑，并把严肃、认真的婚礼仪式当作搞笑类活动的现象"。这种新式婚俗现象不仅违背巴尔虎传统婚俗礼仪的宗旨，而且也歪曲了巴尔虎婚俗文化。因此，与会代表们提出了"今后在巴尔虎婚礼上加以禁止此等搞笑类活动"的建议。

第三，传承和发展巴尔虎传统婚礼歌曲。自古以来，草原上的巴尔虎婚礼是男女老幼皆可参加的群众性的文化、娱乐活动。婚宴宾客们，积极参与致祝词、唱民歌等文化娱乐活动，营造出一种喜庆的婚宴氛围。参加婚礼的亲朋好友主要演唱赞美草原、歌颂家乡、感恩父母、颂扬爱情为主

---

① 吉国秀：《婚姻仪礼变迁与社会网络重建》，中国社会科学出版社 2005 年版，第 256 页。

题的歌曲,以唱民歌致祝词的形式真心地祝福两位新人永远健康、幸福。但是,如今在巴尔虎婚礼上,由于不懂得巴尔虎传统婚俗而歪曲巴尔虎婚俗礼仪的现象屡屡发生,引发了巴尔虎老人们的不满。如个别歌手在巴尔虎婚礼上演唱悲伤、伤感的歌曲,以影响婚礼气氛的事情时有发生。所以在此次研讨会上,与会代表们认为在巴尔虎婚礼上演唱悲伤、伤感的歌曲,并不符合巴尔虎婚礼主题曲的基本精神。

第四,恢复不燃放烟花爆竹的传统习俗。以往在巴尔虎婚礼上,并没有燃放烟花爆竹的习俗。如今在城镇巴尔虎婚礼上,将新娘接到新房或酒店门口时,都要燃放烟花爆竹,以庆祝婚宴。该习俗一方面制造噪声和垃圾,另一方面也影响了附近居民的安静生活。所以大部分与会代表认为在巴尔虎婚礼上应该取消燃放烟花爆竹的仪式,还给城市居民一个安静、整洁的生活环境。这样不仅符合城市发展的需要,而且也能够体现出巴尔虎传统婚俗所固有的文化内涵。

第五,保持巴尔虎婚礼的传统特色,必须谢绝举办将巴尔虎婚礼仪式与西式婚礼仪式融合在一起的婚礼仪式。如今在巴尔虎婚礼上,普遍存在着交替举行巴尔虎婚礼仪式和西式婚礼仪式的婚俗现象,这种将截然不同的两种婚礼仪式融为一体的婚俗现象,严重影响了巴尔虎传统婚俗礼仪的传承和发展。为了避免此类现象的发生,民族婚礼主持人不仅要不断提升自己的文化素养,而且还要向婚礼举办方推荐具有鲜明民族特色的婚礼仪式,这样才能保持巴尔虎婚礼的传统特色。

第六,取消让两位新人拜山神、水神等仪式。以往在巴尔虎传统婚礼上,并没有让两位新人拜山神、水神等仪式。为了尊重传统,应该取消此类婚礼仪式。上述这些意见和建议,不仅充分表达了与会代表们的想法和意愿,而且在一定程度上反映了巴尔虎婚俗的演进趋势。

## 二 呼伦贝尔巴尔虎蒙古族婚俗变迁中的文化元素

在现代巴尔虎人传统婚俗的重构中,不仅是简单地对传统仪式的简化或者创造,而是在婚俗重新建构中突出强调一些传统性和民族性的文化元素,虽然这些文化元素本身也发生了巨大的变迁,但对巴尔虎人来说似乎具备了永恒的意义,通过对这些文化元素的坚守和重新诠释,使之具有新的民俗学意义，并建构为现代的巴尔虎婚俗。

（一）哈达

哈达，蒙古语称"哈达噶"，汉语意为礼巾，是蒙古民族礼上往来必备的丝织礼品，而献哈达是一种普遍而崇高的礼节。献哈达是向对方表示纯洁、诚心、忠诚和尊敬的意思。在蒙古族的传统婚俗中哈达是十分重要的文化符号之一，经常被使用，甚至贯穿于婚姻礼俗的全过程中。男方求婚时，先由中间人献哈达，如接受哈达则表示可以议婚，退回则为拒绝之意；婚礼上呈献哈达，意为恭贺新禧，祝愿新婚夫妇恩爱如山，白头偕老；迎送宾客时奉献哈达，表示对远方来客的热烈迎送和崇高的敬意。

在巴尔虎蒙古族婚俗中，哈达也起到很重要的作用，特别是在求亲和定亲仪式上，敬献哈达是必不可少的，以至于当代巴尔虎人称定亲仪式为"献哈达"。在求亲时，如果有相中的亲家，就请媒人前去求亲，亲生父母不能为自己的儿女做媒。男方的父母从亲戚朋友当中邀请口才出众的媒人前往女方家，向女方的父母献哈达和酒替男方求婚。另外，在订婚仪式后的"认门儿"中，伴郎要给女方父母、亲戚朋友献哈达敬酒并说："××姓氏××的儿子能够跨上马背长大成人，想和福大财粗的××家千金成家立业。"对方长辈接哈达倒酒回敬。

在新中国成立后，巴尔虎蒙古族的婚姻逐渐由父母包办向自由恋爱转变，男女青年在结为伴侣前往往经过1—3年的恋爱期，这一转变致使巴尔虎蒙古族传统婚俗中的求亲和定亲环节消失或弱化，因此，相应的一些传统仪式也逐渐简化或消失，但是，献哈达作为一个文化符号却在新式的定亲仪式中保留了下来。据课题组调查显示，新中国成立以来，除"文化大革命"时期较为特殊外，巴尔虎婚俗普遍存在简化了的定亲仪式，而很多被调查者被问到定亲仪式时，都刻意强调"献哈达"。可见，哈达已经成为新式定亲仪式中最具标志性的文化符号，在一定程度上也成为双方订立姻亲关系的象征。

（二）马

蒙古族谚语：歌是翅膀，马是伴当。在游牧时代，马在蒙古族的生产生活中扮演了重要的作用，是蒙古族最重要的交通工具。同时，蒙古民族与马结成了一种特殊的情感，神骏的蒙古马身上彰显的奔腾、灵动以及顽强的生命力与蒙古民族的特质具有内在的一致性。在蒙古族的婚俗中，马扮演着重要的角色并具有象征意义。在《蒙古族婚礼歌》中很多都是颂扬马的篇章，如《赞马歌》《赛马歌》《长尾巴的红骏马》《你是我的兄弟》等。如在套曲第二十二首《赞马歌》："雄狮一般的脖颈，星星一般的双眼，猛虎一般的啸声，麋鹿一般的矫健。精狼一般的耳朵，凤尾一般的毛管。彩虹一般的尾巴，钢蹄踏碎千座山。这就是，我们新郎的骏马，前来迎亲的坐骑，汗水洗过一般哟，腾起坚硬的四蹄，踏开幸福的开端。"套曲第五十九首《你是我的兄弟》，是新郎在迎亲路上献给骏马的歌："你还是一匹幼小的马驹之时，就再也没有见到母亲的容颜，是你的主人，像父亲一般，把你深深疼爱。从此，我在山峰上搭弓，射出流星般的箭，你却把湖水整整地绕了三圈。游牧出猎的夜晚，你和我相亲相伴，相互偎依在草原，你和我的感情哟，好似兄弟，从那时起我们就扬名一千里。"[1]

　　在巴尔虎蒙古的婚俗中，马同样起到关键的作用。马是巴尔虎新娘嫁妆的必备品，用马接亲也是草原巴尔虎人婚礼的重要仪式，而在接亲过程中考验新郎骑术的"夺太阳""抢银碗"等游戏也极具特色，有关马的长调也是巴尔虎婚礼上最常见的婚礼歌，如《褐色的三岁马》《铁青马》《肥壮的白马》《秀丽的海骝马》《麒麟血马》《陪嫁的栗色马》等。

　　但是，随着时代的进步，在巴尔虎婚俗中，马的作用逐渐降低，其象征性也开始弱化。这主要是几方面原因造成的：一是改革开放以来，随着新式交通工具摩托车、汽车等进入草原牧民家庭，马在生产生活中的作用逐渐下降。巴尔虎三旗马匹数量呈逐渐下降趋势，近年来由于旅游业的发展，对马匹需求增加才有所恢复；二是越来越多的巴尔虎人离开草原到城镇生活，在婚礼中已经不具备使用马的条件；三是随着巴尔虎三旗基础设施和道路建设改善，更加便利现代交通工具的使用；四是受现代婚恋文化的影响，一些巴尔虎人认为用汽车车队接亲更加时髦和气派。上述四个方面的原因导致越来越多的巴尔虎婚礼中采用了现代的交通工具而不再使用马，而与马相关的一些婚礼中的仪式和习俗也失去了存在的基础。

　　当然，近年来随着巴尔虎人自身民族意识的觉醒，以及对自身传统社会风俗和文化的危机感，复兴传统婚俗成为潮流，越来越多的巴尔虎年轻

---

[1] 特木尔巴根、苏赫巴鲁：《蒙古族婚礼歌》，中国民间文艺出版社1983年版。

人采用传统的巴尔虎婚礼。例如，新左旗乌布日宝力格苏木的敖某和玛某的婚礼（2014年结婚），此次婚礼因标榜恢复传统婚俗而备受关注，在接亲仪式中，刻意采用了骑马迎亲的习俗，但因为新郎与新娘家距离60千米之遥，因此采用了马与汽车兼用的方法，主要乘坐汽车，新郎到新娘家接亲和返回新郎家的时候换乘马匹，甚至还专门准备了一辆汽车拉新郎和新娘所骑的马。从这一个案中可见，马成为传统婚俗重要的文化符号已被重新重视，在今天的很多牧民看来，是否使用马是衡量婚礼过程遵循传统的标志之一，具有重要的象征意义。

（三）传统民族服饰

"服饰是了解一个民族历史文化、社会风俗、审美观念和生产生活的一面镜子。"[1] 在蒙古族的传统婚俗中，以蒙古袍为代表的民族服饰也是一个重要的文化元素。巴尔虎人的服饰款式风格较多地保留着古代蒙古族服饰的特点和部落服饰的传统风格，在巴尔虎传统婚俗中，姑娘出嫁前要用男方送来的银子让银匠制作"哈布其格"（发夹）、额箍、后背和胸部银质垂饰、宇勒、图海、吉祥结、手镯、戒指等装饰品，准备四季服装，购买布帛锦缎、珊瑚、玉石等新娘用品。新中国成立后，巴尔虎人不再收取彩礼，但陪送嫁妆的习俗保留了下来，四季服饰成为陪送嫁妆的主要物品，一般女方家长要给姑娘准备四季的服饰，包括：单袍、棉袍、羊皮袄、马夹、冬季穿的长毛羊皮袄以及帽子、马靴等，并一直延续至今。在过去，新娘所穿的蒙古袍是母亲、嫂嫂或自己缝制的，今天则可以在城镇上的民族服饰店定制，在样式和款式方面也出现了一定的革新。

例如在巴尔虎婚俗中，新娘出嫁前一般都要备好六七件蒙古袍，以备四季穿用。衣物包括"檫木檫"（没里子的蒙古袍），夏季早晚要穿的"特日力格"（带里子的蒙古袍），入秋时要穿的"呼布图"（夹棉蒙古袍），深秋时穿的"乌珠仁德勒"（羊皮缝的带面蒙古袍），冬天最冷时穿的"讷黑德勒"（羊皮蒙古袍）。巴尔虎妇女冬天的节日盛装是羊羔皮袍，如果条件允许也可以缝制滩羊羔皮蒙古袍。这些袍子均以五颜六色的库锦镶边儿，袍面除了用传统的绸花缎、锦缎之外，还使用毛料、丝绒等现代面料。靴子有夏季穿的帆布密纳靴勒"厚黑"（陈巴尔虎人特有的靴子），

---

[1] 白音查干主编：《内蒙古民俗概要》，内蒙古教育出版社1999年版，第87页。

以及严寒季节穿的羊皮靴鞡"厚黑",这种靴子靴底多用牛皮或骆驼皮,靴鞡镶各种花边。

新中国成立后,巴尔虎人还在一定时期保留了穿蒙古袍等民族传统服饰的习俗,但是,近年来,只有一些老年人仍保留了穿着民族传统服饰的习俗,许多青年人在日常的生产和生活中穿便装成为主要潮流,蒙古袍等民族服饰成为他们重要节日和庆典的礼服。婚礼作为巴尔虎人隆重的庆典之一,也成为展现民族服饰的重要舞台,在婚礼实践中,不仅结婚的新人要穿蒙古袍,而且很多来参加婚礼的亲朋好友也要穿上民族服饰。而且,在婚礼上是否穿着民族服饰成为衡量是否为蒙古族传统婚礼的元素之一。当然,受现代婚礼文化影响,婚礼仪式上交替穿着民族服饰和西式的西装、婚纱被青年人所喜爱,也越来越多地出现在巴尔虎婚礼仪式中。

(四) 传统民族食品

蒙古族的传统饮食文化有悠久的历史,也具有明显的游牧文化的烙印。蒙古族的传统食品主要包括"白食"和"红食"两大类。白食即奶制品,蒙古语称"查干伊德"(Caγan idegen),包括牛羊奶制作的各种饮料和食品。如乌如莫(稀米丹)、朱乞黑、酸奶、奶豆腐、酸奶汁、奶皮子、奶酒。[1] 白食在蒙古族的饮食习惯中占有重要的地位,蒙古人认为白食能够给人们带来幸福和吉祥,是为款待客人最重要的食品之一。红食是指肉食,蒙古语称"乌兰伊德"(ulaγan idegen),主要以牛羊肉为主,包括手把肉、涮羊肉、灌血肠、徐勒(肉汤)、宝日斯(肉干)等。[2] 作为蒙古族传统物质文化和非物质文化的重要组成部分,饮食文化被较为完整地传承和保留下来,随着社会的发展,大量的蔬菜、水果和谷物等食品被蒙古人所食用,但民族食品仍然在蒙古族的日常生活中占据主要地位。

在巴尔虎婚俗中,奶茶、奶制品、马奶酒、手把肉等是重要的款待客人的食品,在婚礼进行前,主人要选好膘肥的羊,酿好醇香的酒,做好招待客人的准备。在婚宴上用整羊待客是蒙古族历史悠久而且十分隆重的礼

---

[1] 新巴尔虎左旗史志编纂委员会编:《新巴尔虎左旗志》,内蒙古文化出版社2002年版,第81页。

[2] 新巴尔虎左旗史志编纂委员会编:《新巴尔虎左旗志》,内蒙古文化出版社2002年版,第81—82页。

遇之一。在婚宴上上整羊时将肩胛，棒骨，脊椎，肋条正面朝上，摆在头和后腰下面，按巴尔虎人的习俗前腿小骨，胸骨柄，下巴，脖子，蹄等部位是不能用于招待客人的，要把羊头对着尊贵的男客人摆放。按照巴尔虎传统婚俗要用整羊待客时，先把羊头敬给最尊贵的男客人，客人再回敬，后把羊后腰敬给最尊贵的女客人，羊头要从额部入刀，后腰从左右两侧入刀，从后腰的右侧割下一块摆放在左侧，吃羊胸脯要从中间部位入刀，饮酒的间歇不能让杯子空着。

据课题组调查显示，在巴尔虎婚礼上，传统民族食品始终是婚宴的主角，特别是在草地举行的婚礼上，往往用奶制品、手把肉、羊肉面条等款待客人。当然，近年来在巴尔虎蒙古族的婚宴上，食品也出现了一些变化，在城市居住的巴尔虎人越来越多地选择在饭店、宾馆举办婚礼，而在款待客人的食品方面更多选择了汉族的菜肴为主，并搭配一些蒙古族的传统食品，如烤羊排、手把肉、牛排等。

（五）蒙古长调

蒙古长调是一种具有鲜明游牧文化特征的演唱艺术形式，其基本题材包括牧歌、思乡曲、赞歌、婚礼歌、宴歌（酒歌）等。在2005年，中国和蒙古国联合申报的"蒙古族长调民歌"被列入联合国教科文组织第三批"人类口头和非物质文化遗产代表作"，2006年，蒙古族长调民歌入选中国第一批非物质文化遗产名录。呼伦贝尔的巴尔虎三旗是我国长调的重要分布地区之一，特别是新巴尔虎左旗被中国民间文艺家协会正式命名为"中国蒙古族长调民歌之乡""中国蒙古族长调民歌文化保护基地"。巴尔虎人中，几乎人人会唱蒙古长调。巴尔虎长调是巴尔虎蒙古族释放心灵、慰藉情感、舒展意念、表达喜怒哀乐的载体，是千百年来巴尔虎蒙古族发展史上杰出的文明积淀，世代相传的民族文化遗产。巴尔虎长调，遣词简洁、流畅、直接，韵律起伏跌宕，以拉长、颤腔音为特点，奔放、高亢、优美、嘹亮，拖音随意、自由，往往将简洁、直接的歌词修饰得完美而极致，将情感表达得淋漓尽致，时而舒缓、时而激越、时而低沉、时而高亢，时而开阔如同天空，时而温婉如涓涓细水，时而粗犷、时而细腻、时而平直、时而曲折。巴尔虎长调一般以歌唱草原、故乡、母亲、爱情为主题，表达巴尔虎蒙古族对大自然的崇敬、对亲人的爱戴、对美好生活的向往和热爱。在一定程度上反映巴尔虎蒙古族豪放、热情、纯朴的性格和游牧民族特有的粗犷、坚韧、勇敢品质。[1]

巴尔虎婚礼被称为：歌的海洋，诗的宝藏。在婚礼过程中，都会演唱一些巴尔虎人的传统长调民歌。如传统的巴尔虎婚礼往往以"巴尔虎三褐色"（《褐色的麻雀》《褐色的雄鹰》和《褐色的三岁马》）开始。根据不同的仪式情境，演唱歌颂故乡、感恩父母以及颂扬爱情的歌曲。据乌云娜在2009年调查巴尔虎婚礼，民歌是贯穿巴尔虎婚礼的重要文化符号，在迎亲仪式、送亲仪式和成婚仪式中，始终有巴尔虎民歌相伴，在其调查的一个个案中，演唱的歌曲达到15首，包括《巴彦巴尔虎》《朋友们》《辽阔的草原》《巴尔虎美丽的故乡》《母亲》《女人的命运》《蒙古妇女》《母亲的爱》《飘香的奶茶》《我的父亲是牧马人》《父亲》《牧人的幸福》《乌兰巴托之夜》《母亲熬的奶茶》《请到我家来》等，演唱者包括主婚人、主持人以及参加婚礼的亲朋好友。从演唱的歌曲来看，既有巴尔虎人的传统长调、民歌[2]，也有很多新创作的以及蒙古国的歌曲。[3] 据课题组调查显示，2014年7月19日早晨，在新左旗乌布日宝力格苏木第五嘎查举办的巴尔虎姑娘玛吉格扎布的送亲宴上，参加婚礼的亲朋好友先后演唱了《肥壮的白马》《额尔敦乌拉的远影》《父亲》《月光下》《女人的命运》《梦中的额吉》《母亲熬的奶茶》等十多首歌曲，其中包括巴尔虎传统民歌、蒙古国歌曲和新时代蒙古语创作歌曲等。

（六）祝赞词

祝赞词，蒙古语称为"伊如格勒"，是一种有一定韵调、语言自然流畅、兴之所至一气呵成的自由诗，作为一种民间艺术，2011年列入第三批国家非物质文化遗产名录。蒙古族祝赞词不仅内容广泛，题材丰富，而且句式结构比较完整，语言简洁，形象生动，短小精悍，意味深长，经常采用比喻和夸张的形式，祝福和赞美特定的事物，具有浓郁的生活气息和鲜明的民族风格。祝赞词有很多是世代相传下来的宗教仪式上诵念的诗

---

[1] 新巴尔虎右旗志编纂委员会编：《新巴尔虎右旗志（1991—2005）》，内蒙古文化出版社2011年版，第85页。

[2] 如《辽阔的草原》是巴尔虎最著名的传统长调之一，1955年巴尔虎草原著名歌唱家宝音德力格尔以此歌在波兰首都华沙获得第五届世界青年联欢节金奖。

[3] 乌云娜：《巴尔虎人的仪式音乐与音乐生活的变迁》，内蒙古大学，硕士学位论文，2011年，未刊，第31页。

章，也有一些是在朗诵过程中触景生情，即兴填词，自由发挥，烘托气氛。在婚礼上，祝赞词是最为热烈隆重的，它的吟诵伴随着婚礼的每一个步骤，烘托以华丽的辞藻，气氛喜庆、热烈、浓厚。其中有很多是经典的篇章。如《新郎新娘赞》：一个是马背上的勇士，一个是天宫中的仙女；祝贺这天作之合吧，人人都会心中欢喜。新娘如白鹤般温顺，新郎似神驹般矫健；姻缘的线把他们两人连在一起，这是神驹白鹤比翼双飞的伴侣。

在巴尔虎蒙古族的婚礼上，也普遍使用祝赞词，大部分的婚礼上的对话都是以诗歌的形式呈现的。如在婚礼上祭祀灶神时会颂道：顺从万物神灵之意愿，争当五行阴阳中的顶尖；给您光芒四射的灶神，敬上好酒油脂再磕头；您被圣主成吉思汗所点燃，孛儿帖皇后加柴不断；给您神圣的灶神火焰，赐予我们富贵和平安。① 这些祝赞词体现了巴尔虎蒙古人对生活的热爱之情，充满了积极向上的精神和美好的愿望，给人以鼓励和希望。可以说，在巴尔虎婚礼仪式上，祝赞词和祝赞人起到至关重要的作用。一方面，祝赞词能够很好地烘托婚礼仪式中的气氛，使整个婚礼过程更加热烈、喜庆；另一方面，婚礼上的祝赞词内容广泛、内涵丰富，既有对新人容貌、品格的赞美，也有对新人美好生活的真诚祝福。祝赞词不仅仅是巴尔虎婚俗中具有鲜明特点的文化元素之一，也成为巴尔虎人体验与传承民族文化的重要途径。

## 第二节　巴尔虎蒙古族婚俗功能的转变

"如果一个民俗留存了下来，它常常除了具有其原始的功能外还另有新的功能。民俗存在的原因之一是：古老的形式能适应其新的功能。"② 新中国成立以来，巴尔虎蒙古人的婚俗逐渐发生变迁，其中既经历了依靠国家政治权力的强力"移风易俗"阶段，也经历了传统婚俗的回归与重新建构。正如张乐天所指出："在很多情况下，传统与革命就如一个铜板的两面：从一面看过去是传统的，从另一面看过去恰恰是革命的。……当革命撕裂着村落、冲击着农民的心灵的时候，传统会

---

① 哈斯图娅：《陈巴尔虎婚礼》，《呼伦贝尔学院学报》2009 年第 5 期。
② ［美］阿兰·邓迪斯编：《世界民俗学》，陈建宪、彭海斌译，上海文艺出版社 1990 年版，第 438 页。

起着联络村落、安抚民心的作用。"① 正是在传统婚俗的变迁与重构的过程中，婚俗的社会功能不断发生变迁和拓展，赋予了其新的意义和内涵。

## 一 维系亲属和姻亲关系网络

组建和维系亲属和姻亲社会关系网络是婚俗的基本功能之一，婚姻的意义不仅仅在于个人，更关乎个人背后的家庭，是两个家庭建立社会联系的重要媒介，扩大了以姻亲关系为基础的社会网络。费孝通曾指出："结婚时的宴会为亲戚们提供了一个相聚的机会，对新建立的亲属纽带予以承认，对旧有的关系加以巩固。亲属纽带不仅仅是感情上的关系，它还调解各种类型的社会关系。"②

在巴尔虎人中，婚姻是整个家族的大事，在婚俗以及婚姻仪式中亲属都要发挥重要作用。如在传统的巴尔虎婚俗中，在定亲后，待嫁的姑娘有走亲戚的习俗，要挨个拜访亲属与之告别，而亲属们也要给予姑娘心理安慰和精神、物质上的支持。在整个婚礼仪式中亲属都是关键，婚礼顺利举办也要举家族之力来完成。如在陈巴尔虎婚礼中凡属这一姓氏的媳妇必须帮忙熬茶做饭、端碗服务，而不得坐下来观望或接受招待。辈分小又同姓的男性小伙子们也要主动找活儿干多尽义务而不能坐下来看热闹。③ 双方亲属是参加婚礼以及送亲的主要人员，在巴尔虎的传统婚俗上，还有新人双方亲属赠送礼物的仪式，女方亲属一般在新郎到新娘家迎亲时赠送礼物，并与女方的嫁妆一同送往新郎家，而长辈亲属要向新人赠送较为贵重的礼物，礼物以牲畜、服饰、财物等生产生活物品为主，从而帮助新成立的家庭具备基本的生产生活的物质基础。如在2014年结婚的新巴尔虎左旗敖先生和玛女士的婚礼上，女方亲属赠送的礼物就装了两辆汽车。新郎一方的亲属也要在接回新娘后举行专门的赠送礼物的仪式。

通过婚姻仪礼和庆典，巴尔虎人的亲属关系得到维系和加深，亲属关

---

① 张乐天：《告别理想：人民公社制度研究》，上海人民出版社2016年版，第6页。
② 费孝通：《江村经济——中国农民的生活》，商务印书馆2001年版，第121页。
③ 哈斯图娅：《陈巴尔虎婚礼》，《呼伦贝尔学院学报》2009年第5期。

系网络成为巴尔虎社会的一种重要的资源,并在婚俗和婚姻仪式中起到关键作用。一方面亲属关系是婚姻关系达成的强有力支持者,体现在了人力、物力、财力等方面;另一方面,亲属关系在婚俗及婚礼仪式中得到加强。

## 二 建构社会网络

吉国秀认为婚礼功能的变迁主要表现为从姻亲关系到社会网络,即"民众还在其中灌注了一个新的意义——组建民间社会网络"[①]。具体可以表现为"婚礼参与人的大规模增多,以及多重社会关系的加入,说明近些年来的婚礼不仅仅是家庭内部与家庭之间的私人领域内的事务,而且还是社会公共领域内的事务"。[②] 巴尔虎作为人数较少的蒙古族的分支,居住也较为分散,外部生存环境较为恶劣,其所依赖的游牧经济也十分脆弱,因此构建起紧密的社会网络,充分利用社会资源对每个巴尔虎家庭来说都具有积极意义,是巴尔虎族群赖以发展延续的重要基础之一。在巴尔虎传统社会,人们的社会关系相对单一,但是经过新中国成立后的发展,巴尔虎人的社会关系也逐渐扩散。

巴尔虎的传统婚俗能够巩固和拓展巴尔虎人的社会网络,据课题组调查显示,巴尔虎人的婚礼规模不断扩大,参加婚礼人员的社会关系也得到扩展。在传统巴尔虎婚礼上,操办喜事虽然要请亲朋参加,但亲朋也只派一两个代表人物帮忙搞好喜事,不邀则不许来,如有不邀而来者,则不理不睬。[③] 主要参加者为亲戚和关系亲密的朋友,婚礼规模较小。据调查的50—70年代婚礼案例中,参加婚礼的人数少则十余人,多则30—40人,主流是20—30人之间,可见当时婚礼规模是十分有限的,参加婚礼人员的社会关系也较为简单,也有血缘关系的亲属为主。80—90年代,婚礼规模有所扩大,一般以40—50人为主,一些新的社会关系加入,不仅有亲戚朋友,还有邻居、同学、同事等地缘和业缘社会关系加入。2000年之后的婚礼规模和社会关系可见下表。

---

① 吉国秀:《婚姻仪礼变迁与社会网络重建》,中国社会科学出版社2005年版,第243页。
② 吉国秀:《婚姻仪礼变迁与社会网络重建》,中国社会科学出版社2005年版,第246页。
③ 伊和忠·占其布:《巴尔虎人的传统习惯》,《呼伦贝尔文史资料》第二辑。

表 7-1　　　　　　　　2000 年之后调查案例的婚礼规模

| 新人 | 婚礼时间 | 婚礼地点 | 婚礼规模 | 社会关系 |
| --- | --- | --- | --- | --- |
| 巴某、娜女士 | 2000 年 | 草原 搭建蒙古包 | 200 多人 | 双方亲属、朋友、同学、邻居、同事 |
| 朝某、满女士 | 2004 年 | 草原 搭建蒙古包 | 300 多人 | 双方亲属、朋友、同学、邻居 |
| 苏某、娜女士 | 2005 年 | 草原 搭建蒙古包 | 100 多人 | 双方亲属、朋友、同学、邻居 |
| 宝某、乌女士 | 2012 年 | 草原 搭建蒙古包 | 100 多人 | 双方亲属、朋友、同学、邻居 |
| 阿某、尼女士 | 2012 年 | 陈旗的饭店 | 1000 多人 | 双方亲属、朋友、同学、邻居、领导、同事 |
| 查某、乌女士 | 2013 年 | 陈旗和海拉尔区的饭店 | 1200 多人 | 双方亲属、朋友、同学、邻居、领导、同事 |
| 敖某、玛女士 | 2014 年 | 草原 搭建蒙古包 | 300 多人 | 双方亲属、朋友、同学、邻居 |
| 满某、斯女士 | 2014 年 | 陈旗的饭店 | 600 多人 | 双方亲属、朋友、同学、邻居、领导、同事 |

从表 7-1 可见，2000 年之后婚礼规模明显扩大，普通的婚礼也有上百人参加，甚至出现了 1000 多人参加的大规模婚礼，婚礼上所涵盖的社会关系更加广泛，除了亲属和朋友之外，新人父母的各种社会关系及新人的各种社会关系均加入进来，呈现出多元化的特征。而且规模较大的婚礼都选择在了城里的饭店举行，这一方面是草原婚礼能够提供的场所和空间有限，承载不了这么多的客人，另一方面，参加婚礼由于社会关系广泛，在城里举行更便于人们来参加，特别是同学、同事等社会关系的人参加。

### 三　民众的社交和娱乐功能

对巴尔虎人来说，结婚庆典就是一次草原的节日，其承担着重要的社交和娱乐的功能。特别是对草原居住的巴尔虎人来说，由于居住分散，平时生产生活较为繁重，牧民之间缺乏社交和娱乐的机会，而婚礼恰恰提供了一个重要的场合。传统的巴尔虎婚礼一般时间较长，通常1—7天不等①，另外巴尔虎蒙古族人的各种娱乐方式都得以充分的展现，在送亲和迎亲宴会上充满了巴尔虎传统民歌，很多民歌演唱时都伴有众人的随声附和，甚至参加婚礼的青年男女还会跳巴尔虎民间舞蹈"哲仁黑"②。在婚礼庆典举办过程中往往还会召开小型的那达慕或篝火晚会，参加婚礼的人通宵达旦地庆祝，充满欢乐气氛。巴尔虎婚礼成为重要的公共空间，使得巴尔虎人可以进行深入的互动和社交，增进彼此的情感，增强族群的内聚力和向心力。

近年来，随着巴尔虎婚俗的变迁，越来越多的巴尔虎婚礼选择在城市饭店举行，婚礼时间大为缩短，一般在3小时左右，虽然在婚礼上也会请一些专业演员或亲朋好友献唱，以达到娱乐的目的，但在这类的巴尔虎婚礼上，传统婚俗的社交和娱乐功能大为减弱。但是，在草原举行的婚礼上还较好地保留其社交和娱乐功能。如2014年7月，我们课题组曾经观察的新巴尔虎左旗敖先生和玛女士的婚礼，充满了节日的气氛。在婚礼举办前的头一天晚上，穿着节日服饰的亲朋好友从四面八方赶到新郎家，为新郎家的晚宴增添了色彩。新郎家为了答谢前来贺喜的亲朋好友，不仅准备了丰盛的酒席，而且还举办篝火晚会，给参加晚宴的亲朋好友提供展示才华，交流感情的机会，使男方娶亲婚宴充满了节日的喜庆气氛。

## 四　族群身份认同与增强族群凝聚力

"民间社会仪式是建构和维系社会体系的重要手段，而且在族群社会生活中，仪式也是社会建构和维系的手段，族群通过仪式和庆典构筑或维系共同体。"③ 对巴尔虎人而言，恪守传统婚俗中的仪式和礼俗发挥着维系族群共同体的重要作用。新中国成立后，巴尔虎人与外来的蒙古

---

① 新巴尔虎左旗史志编纂委员会编：《新巴尔虎左旗志》，内蒙古文化出版社2002年版，第82页。

② 新巴尔虎左旗史志编纂委员会编：《新巴尔虎左旗志》，内蒙古文化出版社2002年版，第556页。

③ 菅志翔：《族群归属的自我认同与社会定义——关于保安族的一项专题研究》，民族出版社2006年版。

族及汉族等其他民族的接触和交往日益频繁,这种交往在一定程度上给巴尔虎传统文化带来了一定的挑战,增强族群的身份认同和凝聚力成为巴尔虎人迫切需要解决的问题之一。据兴安对巴尔虎人的族群认同的研究:"(巴尔虎人)在与外来人群的接触和交流过程中,他们在借鉴和采纳外来人群的生产生活等文化习俗的同时,不断强化和建构其族群边界来维持内部的团结,以此在各种博弈中维护自身利益",并着重强调了敖包祭祀的功能,认为"敖包祭祀所承载的信仰,以及其划定的内部边界一直扮演着从内部聚合巴尔虎蒙古人、牢固巴尔虎蒙古人族群边界的核心角色"。[①] 可以说,不仅"天鹅始祖母"的族源传说和祭祀敖包能够起到维系巴尔虎族群的作用,传统婚俗同样也能够发挥相同的功能。

  婚礼是最重要的人生礼仪之一,对于任何一个家庭来说都是件大事,也是使婚姻关系缔结取得社会认同的重要方式。因此,在婚姻关系缔结及婚礼上,礼俗的选择是非常重要的。不仅是标识其族群身份的重要场合,也能够唤起族群群体的民族意识,增强内部认同。对巴尔虎人而言,现今与外界交往空前密切,现代主流文化意识的扩张并深刻影响了巴尔虎婚俗文化。因此,能否在婚礼上恪守传统,展演传统婚俗,成为展现巴尔虎人族群身份的重要标志。以陈巴尔虎旗 2014 年结婚的满先生和斯女士的婚姻为例,新郎为陈巴尔虎人,而新娘则是科尔沁蒙古人,两地婚俗是有一定区别的,由于双方都希望按照自己的婚俗来举行婚礼,因此,最终只能将两地婚俗拼接到了一起,即接新娘之前按照通辽奈曼旗蒙古族的习俗,女方还给了新郎 2000 元的改口钱[②],在接到新娘后则采用了巴尔虎习俗,两地蒙古族婚礼仪式的结合一方面是为保障婚礼顺利进行的权宜之计,表现出民众在婚俗上的实际与变通。另一方面,双方刻意对自己婚俗的坚守也充分体现了通过婚俗来体现自己的族群身份。

---

[①] 兴安:《巴尔虎蒙古族的历史记忆与认同实践》,《北方民族大学学报》(哲学社会科学版) 2010 年第 4 期。

[②] 蒙古族传统婚俗中并无改口钱一说,此显然受到汉族婚俗的影响。

## 第三节　巴尔虎蒙古族传统婚俗文化的传承与展望

邢莉和邢旗在她们的代表作《内蒙古区域游牧文化的变迁》中认为1947年内蒙古自治区成立直至今日是内蒙古区域游牧文化的衰微期，并提出了"连锁式嬗变"的模式，但也同时指出："在步入现代化的过程中，传统并非消失殆尽，游牧文化的传统在当代的语境下被重新复制和建构，传统在现代化的语境中被传承和享用。"[①] 蒙古族婚俗作为蒙古族游牧文化的重要组成，在各种内在和外在因素的交织影响下，从婚姻观念、基本程序、婚姻礼仪等各个层面都发生了一定的变迁。与内蒙古其他地区蒙古族相比，呼伦贝尔巴尔虎人的婚俗变迁开始得较晚，变迁的剧烈程度也有限，一些传统婚俗文化元素仍然很好地保留了下来，为传统婚俗的传承提供了较好的基础。同时，随着社会的变迁，各种现代因素也对巴尔虎婚俗产生明显的影响，以传统婚俗文化为基础，融合各种现代因素的开放的巴尔虎新婚俗正处于不断地建构中。

### 一　巴尔虎蒙古族婚俗是保护和传承巴尔虎非物质文化遗产的重要平台

巴尔虎是蒙古族的一个重要部族，其文化是蒙古族游牧文化的有机组成部分，在其文化中有许多独具巴尔虎特色，如天鹅始祖母的传说、祭敖包等。巴尔虎人从清代雍正时期分两批迁入呼伦贝尔，至此游牧于呼伦贝尔大草原，在此过程中，缔造和传承了丰富的非物质文化遗产。由于巴尔虎人游牧地相对偏远和闭塞，近代以来受外界干扰较少，为巴尔虎人传统文化的延续与传承创造了条件。新中国成立后，巴尔虎三旗的经济社会急剧变迁，生产生活方式的变化导致游牧文化的日益衰微，与之紧密联系的传统文化不可避免地发生了巨大的变迁，传统文化中的部分内容逐渐失去了其赖以存在的经济社会基础。例如随着蒙古族由游牧走向定居，草原上

---

① 邢莉等著：《内蒙古区域游牧文化的变迁》，中国社会科学出版社2013年版，第8页。

的蒙古包日渐减少，蒙古袍也从蒙古族的日常服饰向礼服转变等。近年来，在经济全球化和一体化的冲击之下，文化趋同现象日益普遍。巴尔虎人在享受现代文明生活的同时，传统文化遭遇到前所未有的冲击，给保护、传承与创新巴尔虎蒙古族的非物质文化遗产带来了巨大的挑战。

"民俗不是单纯的物质文化，它既有裸露在生活表层的东西，也有铭刻在人们心理上的精神观念。民俗是社会在历史中逐渐建构起来的生生不息的基础文化，长期以来，它不断吸收人类文化的各种因素，并在这个吸收过程中有所过滤和筛选，借以丰富自己，以至沉淀了一些深层观念。"[1] 巴尔虎传统婚俗作为巴尔虎蒙古人非物质文化遗产的组成部分，"以其独特的民族特色和浓郁的生活气息展示了古老民族多姿多彩的传统文化，是蒙古族世代传承、历史悠久的文化遗产，承载着蒙古族独特的民族性格、思维方式、审美观念、价值判断等精神内涵"[2]。另外，婚俗与蒙古族的服饰、饮食、祭祀、礼仪、传统艺术（祝赞词和长调）、马文化等等联系都十分紧密，成为保护、传承和创新传统文化最重要的载体。

新中国成立以来，巴尔虎蒙古族的传统婚俗虽发生了剧烈的变迁，但是巴尔虎人日常生活中仍然恪守传统婚俗中的一些文化元素和符号，这些元素和符号具有鲜明民族色彩，婚姻程序与礼仪成为保护、传承和发展巴尔虎传统饮食文化、服饰文化、传统艺术的舞台。据乌云娜调查，巴尔虎传统民间音乐形式展现场域主要为婚礼。[3] 在婚礼上，巴尔虎人体验和践行着民族文化传统，强化了对自身传统文化的认同。可以说，加强对巴尔虎婚俗的保护和利用，对于保护、传承和创新巴尔虎蒙古族的非物质文化遗产具有重要意义。

当前，以婚俗等民族非物质文化遗产的保护受到高度重视，如内蒙古通辽市等地的"科尔沁婚礼"在2007年成为内蒙古自治区级非物质文化遗产，加大了对其的挖掘和整理，并在2008年被正式列入国家级非物质

---

[1] 刁统菊：《红山峪村婚姻民俗的调查与研究（1950—2001）》，硕士学位论文，山东大学，2002年。

[2] 姚慧：《霍尔其格嘎查蒙古族婚礼仪式和婚礼歌现状的调查与研究》，《内蒙古大学艺术学院学报》2010年第3期。

[3] 乌云娜：《巴尔虎人的仪式音乐与音乐生活的变迁》，硕士学位论文，内蒙古大学，2011年。

文化遗产名录。2010 年，由通辽市奈曼旗乌兰牧骑演出的大型舞台剧《科尔沁婚礼》在上海世博会上表演，取得较好的效果。① 这对于巴尔虎婚俗的传承和保护起到了一定的启示。2009 年，经陈旗政府申报，"巴尔虎婚礼习俗"列入呼伦贝尔市第一批非物质文化遗产名录，同年，"陈巴尔虎婚礼"被评选为内蒙古自治区级非物质文化遗产，以此为契机，对巴尔虎婚礼习俗开展了初步的挖掘、保护和整理，并取得了一定的效果。但从整体上来看，对巴尔虎婚俗的保护仍亟待加强，需要呼伦贝尔市的巴尔虎三旗密切配合，全面地搜集整理巴尔虎婚俗文化内容，建构完整的文化体系，深入挖掘婚俗文化的内涵，加强宣传与推广，政府层面与民间形成有效互动，推动巴尔虎婚俗文化的保护与传承。

## 二 要大力弘扬巴尔虎蒙古族婚俗文化中的积极因子

### （一）人与自然和谐相处

人类学家卡西尔曾说："人不可能过着他的生活而不表达他的生活。"蒙古族传统游牧文化的最大特点之一是追求人与自然的和谐相处，表现为顺应自然、尊重自然、珍惜资源、热爱草原和保护草原等思想，这一价值观在蒙古族日常的衣食住行等各个方面展现出来。而巴尔虎蒙古族在长期的游牧生活中形成了其婚礼习俗，并成为其游牧文化的组成部分，其中也充分体现了人与自然和谐的"天人合一"的思想。

在传统的巴尔虎婚俗中很多仪式表达了对自然的热爱与崇拜。历史上巴尔虎人认为子女的好姻缘是上天和祖先赐予的，因此要向上天祈福。在巴尔虎人的定亲宴会上，女方在致酒词时一般会说："日行千里的骏马是草原上的至宝，使我们结成亲家的女儿是我们的至宝，感谢上天和祖先的恩德使这对年轻人相识，即将结成良缘，在此祝他们幸福如意……"双方长辈将牛奶和马奶酒洒向天空，以表示对天地神灵的尊敬，祈求神灵的庇护，使一对新人得到幸福美满的生活。他们对选定结婚日期也十分看重，认为结婚吉日的选择与儿女结婚后的幸福平安密切相关，一般由老人或请喇嘛、萨满根据新人的生辰八字选定日子。而且婚礼日期大多选择在

---

① 阿荣高娃：《科尔沁婚俗旅游开发研究》，《内蒙古民族大学学报》2010 年第 5 期。

万物复苏的春天或丰收富足的金秋。春天是牧民接羔的日子，而秋天则是牧民牲畜抓秋膘，是牲畜膘情最好的季节，对草原上的牧民来说是喜悦的日子，自然也成为巴尔虎婚礼举办的最佳时期。在婚礼仪式上，拜火神仪式和祭拜天地神仪式等也体现出巴尔虎人的对自然和天地、神灵的尊重和敬畏。如在送亲途中，如看到高山、河水和敖包等，送亲队伍和新娘都要下马，在女方首席胡达的带领下祭拜山神、水神和敖包神等并祈求神灵的庇护，拜完天地诸神之后，送亲队伍才能上马继续前行。

虽然受萨满教和藏传佛教影响，巴尔虎传统婚俗中有一些宗教因素，但是其中展现出来的崇尚自然、追求人与自然和谐、保护生态平衡等思想仍具有进步性。特别是在国家号召生态文明建设，在发展道路的选择以及向现代社会转型过程中，这种顺应自然、尊重自然，追求人与自然和谐的生态伦理观念无疑具有积极意义。

（二）男女平等的价值观念

在传统社会，与中原地区家庭生活中"男尊女卑"相区别的是，蒙古族妇女在家庭中占有较高的地位。一方面，由妇女在家庭劳动分工中的地位决定的，在以家庭为基本生产单位的畜牧经济中，妇女负责主要的生产工作，不仅直接参加畜牧业生产，承担放牧、接羔、剪毛、挤奶等生产责任，而且还要操持家务，生儿育女。另一方面，蒙古族妇女也享有继承权，为其在家庭中的地位提供了经济基础。对巴尔虎人来说，清代呼伦贝尔的巴尔虎男性一般要被编入八旗，经常应征出战，致使大部分的经济生产和家庭劳动都由妇女承担。在我们调查的案例中，新中国成立前后也有一些丈夫在外读书或工作，而妻子则在家进行畜牧业生产和操持家务，成为家庭的支柱。虽然很多巴尔虎家庭还是男人当家，但在处理家庭大事上一般要取得妻子的同意。

蒙古族妇女较高的社会地位和男女平等的思想也充分体现在婚俗中，新中国成立后，我国颁布的第一部法律就是《婚姻法》，这部法律主要内容就是婚姻自主、男女权利平等、保护妇女和子女合法利益。对巴尔虎人来说，妇女地位较高，有一定的男女平等基础，因此，这些新观念较为容易被巴尔虎牧民所接受。据阎云翔等人对农业区农村的研究显示，农民对《婚姻法》中很多理念的接受经过了一定的时期，甚至是60年代后才逐渐接受的。但据课题组调查显示，呼伦贝尔草原的巴尔虎人显然接受的速度更快。如婚姻自主方面，在我们调查的新中国成立后的结婚案例中，仅有1例是父母包办，其余都是自由恋爱，爱情成为婚姻重要的基础。著名的蒙古族民歌《敖包相会》就是以呼伦贝尔大草原上古老的民歌创作而成的，从50年代开始，在祭祀敖包等社交活动中，巴尔虎青年男女们相识、相知、相恋，并最终步入婚姻的殿堂。而巴尔虎人在择偶方面也更加注重兴趣相投、志同道合，人品、劳动能力等等，正如蒙古族谚语所说："金钱衣物不是爱情之本，相亲互助才是幸福之根。"另外，巴尔虎人也没有门第、职业差别及城乡差别的观念，在婚姻中不过于强调门当户对，在我们调查的案例中，巴尔虎人中的国家公务员、事业单位职工以及国家工人娶或者嫁给牧区牧民的事例十分普遍。而且新中国成立后巴尔虎人婚俗中也不再收取彩礼，反而要尽量陪送较为丰厚的嫁妆（特殊时期除外），帮助女儿成家立业。随之，在新中国成立前存在的虐待儿媳妇等现象也基本消失了。

可以说，在巴尔虎传统婚俗中，已经初步具有了婚姻上的男女平等这些现代观念，这无疑是十分宝贵的，也为巴尔虎人婚俗的现代变迁提供了重要的基础。

（三）互助友爱的理念

蒙古族是一个注重互助友爱精神的民族，在游牧时代，在经济生产上产生了互助组织——阿寅勒，牧民们分工协作，共同劳动，以应对恶劣的自然环境。长期以来，巴尔虎蒙古人过着"互相帮助紧密团结的生活"，如亲朋故友迁居时必亲切对待、殷勤照顾。若逢杀牛宰羊，必定要向隔壁邻居送血肠、米饭等食物，送给小孩以腰肝，有老人者要送以做汤的肉。邻居搬家则帮助动址，有新户搬来也一定要去帮助落址，大人如无暇去提供帮助，也要派小孩前去帮忙，邻居如突然有病灾等祸，必然互相帮助。[①] 可以说，牧民们的互助行为对于维系社区和族群的人际关系网络有重要作用，使牧民之间建立了较为紧密的联系。

新中国成立后，合作社以及人民公社化时期，由于以公有制为主，牧民之间的联系和交往仍较为紧密。改革开放后，情况开始发生变化。随着牲畜的作价归户和草场的承包到户，牧民们开始以家庭经营为主，

---

① 伊和忠·占其布：《巴尔虎人的传统习惯》，《呼伦贝尔文史资料》第二辑。

很多草场修建了围栏，转场放牧逐渐消失，特别是在市场经济的熏陶之下，牧民们的商品观念逐渐增强，更加强调自我和个人利益，致使牧民们的公共意识逐渐淡薄。特别是随着畜牧业生产力的进步，牧业机械的广泛使用，牧民生产能力提高了，对于社区和族群其他人的依赖被削弱了，也弱化了人际关系网络。据巴尔虎老人回忆：过去在公家的草原放牧，没有你我之分，但是，最近几年牧民们出现了越来越多的关于草场的纠纷。

互助友爱的观念同样存在于巴尔虎婚俗中，操办喜事亲朋必定出钱出力，婚礼也成为牧民社交活动重要的平台。甚至到了婚俗发生剧烈变迁的今天，草原上举办的巴尔虎传统婚礼仍然是培养巴尔虎人互助友爱，相互协作精神的重要载体。因此，保护和传承巴尔虎传统婚俗对发扬巴尔虎人互助友爱和相互协作的精神具有积极意义。

（四）传承巴尔虎人传统礼仪文化

在巴尔虎传统婚俗中有很多优秀的传统礼仪文化，可以说，巴尔虎婚礼从开始准备到结束，整个过程始终贯穿着一种遵守传统、以礼待人、敬重长辈、关爱儿童、热爱生活等积极向上的价值理念。这些礼仪文化和价值理念是十分宝贵的，对今天的社会发展和生活也具有重要意义。

首先，孝顺和侍奉公婆。在巴尔虎的传统婚俗中，婚后居住方式采取了从夫居，即结婚后要与男方的父母居住生活在一起，承担侍奉和赡养老人的义务。而巴尔虎蒙古人也形成了孝顺公婆的民俗，并始终延续下来，被很多巴尔虎人所承袭。在我们调查中，特别是在牧区，婚后与公婆一起生活的现象仍较为普遍，大都能够孝顺和赡养公婆。如新右旗杭乌拉苏木的苏某，1979年与丈夫结婚，共育有4个子女，由于丈夫早逝，苏某不仅要养活子女，还要侍奉公婆，她赡养婆婆直到去世，后再婚。

其次，尊老敬老。巴尔虎蒙古人有敬老的习俗。在野外遇见骑马或乘车的老人，必须急下车马请安问好，得到允许后方可离开。骑马同行时必在老人右侧，马头不许超前。如中途分路，先行请示，准许后下马等待老人走后才能上马慢行。与老人同到人家，先将老人的马拴好，并先去开门，进屋未坐以前，铺好褥垫，双手捧碗端茶。敬酒须扣头以求吉言，如老人回赏酒，用双手接过酒杯，用中指沾滴酒抹在脑门上再将酒杯奉还，不能同老人一起用酒，也不能在旁平坐表示不敬。老人互相谈话时不许从中插话，只能侧耳倾听。老人吩咐时须"是是"地答应。称呼老人只能以您或某某的父母，某某的兄嫂相称，绝不可以称呼你或直接叫名。① 在巴尔虎的婚俗中也充分体现了对老人的尊重，邀请老人参加婚礼时要先敬烟，在婚礼上老人要坐在尊位上。如男方迎亲队伍或女方送亲队伍抵达对方家，被领进蒙古包后，按照蒙古包里的座位循序，首席胡达和长辈坐在北面的尊位席上，其他男士按辈分高低、岁数大小，在西面由上向下排座。东面的女士也如此类推。在巴尔虎婚礼上，从尊贵的客人或长辈开始献茶、敬酒，以示对长辈的敬重。

最后，热情好客、待人诚恳、心地质朴、讲究礼貌。这些是蒙古族推崇的优秀品质。在巴尔虎蒙古族的婚礼上，主人十分热情好客，在婚礼前就要杀牛宰羊准备丰盛的各种酒、白食和红食，对来宾盛情款待。对待客人十分诚恳，在婚宴上要先把羊的头和后腰敬献给最尊贵的客人，客人再回敬，羊头要从额部入刀，后腰从左右两侧入刀，从后腰的右侧割下一块摆放在左侧，吃羊胸脯要从中间部位入刀，饮酒的间歇不能让杯子空着，不能换座位和杯子。蒙古民族也是讲究礼貌的民族。在婚礼仪式上，也十分重视礼貌，在邀请客人时，较为忌讳在室外或路上邀请，否则被视为不尊重对方，在婚礼上，蒙古包中的座位不能乱坐等。

## 三 积极引导巴尔虎蒙古族传统婚俗的新陈代谢，适应社会发展变迁

在历史发展中，婚俗始终处于变迁的过程中，特别是随着社会的急剧变迁，婚俗自身也要不断进行新陈代谢，以适应社会的发展。扬善华曾经提出社会婚姻文化模式的变迁机制，即由生产方式和生活方式的变迁，引起社会价值体系（主导价值观念）的变迁，导致确立新的关于婚姻的文化目标，从而扬弃旧的婚姻文化模式，并在实现由社会亚文化变迁导致的亚婚姻文化模式的转变之后，确立新的婚姻文化模式，这就是婚姻文化模

---

① 伊和忠·占其布：《巴尔虎人的传统习惯》，《呼伦贝尔文史资料》，第二辑。

式的变迁过程。① 从新中国成立以来，巴尔虎蒙古人的生产生活方式发生了一定的变迁，特别是随着与外来族群的接触，以及更加便捷和有效地接收外界的信息，都直接影响了巴尔虎人的价值观念，并促成了巴尔虎人婚俗的现代转型和变迁。在巴尔虎婚俗变迁中，一些不符合社会发展和时代要求的因素逐渐消失，但婚俗中一些民族文化的精华也受到了冲击，另一方面，一些符合现代社会的新婚俗的融入，也带来了一些糟粕的婚俗文化。因此，如何保护巴尔虎传统婚俗，促使其新陈代谢，从而适应现代社会发展需要成为亟须解决的问题。

我们调研组认为应该从几个方面对巴尔虎传统婚俗进行革新。

一是对巴尔虎传统婚俗进行扬弃，在继承和弘扬巴尔虎婚俗中具有民族色彩的民俗文化以及其中积极的文化元素的同时，要淘汰其中落后的文化元素。一方面传承和发展巴尔虎传统婚礼习俗中所蕴含的尊敬长辈、尊重传统、以礼相待、崇尚自由、热爱草原、追求幸福等价值理念，使其贯穿于巴尔虎婚俗礼仪的整个过程，为巴尔虎婚俗的发展创新指明方向。另一方面舍弃其落后于时代发展要求的一些习俗。在我们调研中，部分巴尔虎蒙古人对巴尔虎婚俗中清点嫁妆的仪式有所非议，按照巴尔虎传统习俗，在男方迎亲婚礼上，要举行一项男方长辈祝福新娘所携带的服饰、鞋帽、被褥等嫁妆仪式，称之为"清点嫁妆"，该习俗有祝福新娘长命百岁、永享幸福之义。但是，随着时代的变迁，有的新娘因携带的嫁妆少而怕被人取笑，因此在迎亲婚礼上举行"清点嫁妆"仪式，觉得有损新娘尊严。因此一部分人主张取消该习俗。此外，还有人认为"新娘母亲陪着新婚女儿在新郎家住三天"习俗，已失去其继续存在的意义，所以同样主张取消该习俗。

二是逐渐建构起简约的新婚俗。现代社会生活节奏加快，导致婚姻礼仪方面必然出现简化的趋势。由于传统婚俗在仪式上过于烦琐，在保持传统婚俗基本功能的基础上，对婚姻仪礼进行适当的简化，才能更有利于实现婚俗与社会发展同步。新中国成立后，巴尔虎婚俗开始逐渐简化，虽然在"文化大革命"时期，由于国家政治权力的强力推进与改造，婚俗经

---

① 杨善华：《经济体制改革和中国农村的家庭与婚姻》，北京大学出版社1995年版，第78页。

历了不正常的过度简化。"文化大革命"后,传统婚俗再度复兴,一些传统婚俗中的仪式逐渐恢复。但从社会发展来看,婚俗的简化是一种必然的趋势。当然,罗梅君在研究中国婚俗变迁时指出一个特点,即婚礼仪式日趋简单而风格上又日趋铺张豪华。① 这一点在巴尔虎婚俗上也有所体现,受现代婚恋文化影响,巴尔虎婚礼也越来越豪华,人们要为婚礼耗费大量的金钱和人力,甚至一些贫困的牧民家庭要因此背负债务,成为一种沉重的负担,因此这一倾向也应该尽量避免。

三是建立多元化、开放性的婚俗体系。现代婚俗发展已经进入多元化时代,巴尔虎婚俗也要适应多元化的时代特点,使现代巴尔虎婚俗成为一个开放性的体系,能够包容其他婚俗文化和现代婚俗文化。这一特点可以体现在婚礼形式、婚礼地点、送亲方式、嫁妆种类、婚礼服饰选择等多方面。从我们课题组调研结果来看,巴尔虎婚俗具有一定的开放性和包容性,无论是城市还是牧区举行的巴尔虎婚礼,在适当保留传统婚俗文化元素的同时,还应对现代婚俗文化持开放态度,能够积极吸收和借鉴其他婚俗文化的一些文化元素,促进巴尔虎婚俗文化的发展。改革开放以来,巴尔虎年轻人能够从其他省份甚至国外寻找终身伴侣,改变了以往都在巴尔虎部族内部通婚的传统。婚礼地点逐渐转移到城镇,出现了牧民到城镇办婚礼,而城镇巴尔虎人到牧区旅游景点举办婚礼等新风俗。此外,传统骑马送亲方式完全被汽车、火车甚至飞机等现代送亲方式所取代。巴尔虎新娘嫁妆更加丰厚,除了马牛羊等传统嫁妆外,还出现了家电、摩托车、汽车等新型嫁妆。在城镇巴尔虎婚礼上,不仅举行拜火神、叩拜公婆、献鲜奶、赠送礼物等传统仪式,而且还举行新郎新娘单位领导上台讲话、两位新人互相交换信物、倒香槟塔等现代婚礼仪式,形成了传统与现代相互交融的婚礼形式。同时,充分利用录音、摄像、照相等现代技术手段,使巴尔虎婚礼仪式更加丰富多彩。上述这些婚俗变化,不仅体现巴尔虎婚俗的开放性和包容性,而且也反映了巴尔虎人生产生活方式的变迁及物质文化生活水平的提高。由此可见,在现代化潮流的冲击下,具有现代色彩的多元化、开放性的巴尔虎婚俗体系正逐渐形成。

---

① [德]罗梅君:《北京的生育婚姻和丧葬——19世纪至当代的民间文化和上层文化》,王燕生、杨立、胡春春译,中华书局2001年版,第287页。

四是婚俗文化要与巴尔虎社会经济发展形成良性互动。婚俗文化是社会最重要的文化之一，其发展变迁是社会进步的标志，同时，也是亟待开发的文化资源。加强对婚俗文化的挖掘和整理，开发婚俗文化产品，将婚俗文化与经济社会发展结合起来，才能焕发出婚俗文化的强大生命力。近年来，呼伦贝尔旅游业取得快速发展，每年吸引几百万中外游客到呼伦贝尔观光旅游，成为当地的支柱产业之一。但是，也出现了旅游产品趋同化等问题，亟须深入开发旅游产品。可以说，民俗是一项重要的旅游资源，能够让游客体验民俗文化，参与民俗活动。特别是婚俗文化，"婚俗形式蕴含着丰富的知识、信息和民族地方文化风采，具有不可复制性，对旅游者具有很强的吸引力，是发展地方旅游经济的独特文化资源"[①]。要立足巴尔虎传统文化，适度开发相应文化产品和旅游产品，这样不仅能够强化对婚俗文化的传承和保护，也能够有效地实现婚俗文化与当地社会经济发展的良性互动，提高牧民经济收入，推动巴尔虎婚俗走出呼伦贝尔，迈向全国甚至走向世界！

---

① 阿荣高娃：《科尔沁婚俗旅游开发研究》，《内蒙古民族大学学报》2010年第5期。

# 主要参考文献

## 一 著作

阿古达睦等整理:《蒙古族婚礼》(蒙文),内蒙古文化出版社2009年版。

[美]阿兰·邓迪斯编:《世界民俗学》,陈建宪、彭海斌译,上海文艺出版社1990年版。

阿日布登编辑整理:《巴尔虎民歌365》(蒙文),民族出版社2010年版。

巴·哈斯、额尔德尼朝古拉主编:《新巴尔虎右旗志》(1949—1990年),内蒙古文化出版社2004年版。

巴·哈斯、额尔德尼朝古拉主编:《新巴尔虎右旗志》(1991—2005年),内蒙古文化出版社2011年版。

白音查干主编:《内蒙古民俗概要》,内蒙古教育出版社1999年版。

宝贵敏:《额吉河:17位蒙古族妇女的口述历史》,民族出版社2011年版。

李尔只斤·吉尔格勒:《游牧文明史论》,内蒙古人民出版社2001年版。

李·蒙赫达赉:《巴尔虎蒙古史》,内蒙古文化出版社2004年版。

李·蒙赫达赉编著:《陈巴尔虎今昔》,内蒙古文化出版社2004年版。

朝·都古尔扎布编著:《巴尔虎风俗》(蒙文),内蒙古文化出版社2004年版。

陈巴尔虎旗史志编纂委员会编:《陈巴尔虎旗志》,内蒙古文化出版社 1998 年版。

程廷恒、张家璠纂：《呼伦贝尔志略》，呼伦贝尔善后督办公署刊，1923 年版。

楚勒特木：《楚勒特木文集》（上下）（蒙文），内蒙古文化出版社 2013 年版。

东省铁路经济调查局编：《呼伦贝尔》，哈尔滨中国印刷局，1929 年。

杜·道尔吉：《记忆人生》（自传）（蒙文），内蒙古新闻出版局，2008 年。

费孝通：《江村经济——中国农民的生活》，商务印书馆 2001 年版。

高丙中：《民俗文化与民俗生活》，中国社会科学出版社 1994 年版。

哈斯图娅：《陈巴尔虎风俗研究》（蒙文），内蒙古文化出版社 2009 年版。

［日］後藤十三雄：《蒙古游牧社会》（蒙文），玛·巴特尔、王银莲、图布吉日嘎拉译，内蒙古人民出版社 1990 年版。

呼伦贝尔盟档案史志局编：《巴图巴根与呼伦贝尔》，内蒙古文化出版社 2001 年版。

呼伦贝尔盟档案史志局编：《呼伦贝尔市四清运动》，内蒙古文化出版社 2005 年版。

呼伦贝尔盟档案史志局编：《新时期农村牧区变革（呼伦贝尔盟卷）》，内蒙古人民出版社 1999 年版。

呼伦贝尔盟地方志办公室编：《呼伦贝尔盟情》，内蒙古人民出版社 1986 年版。

呼伦贝尔盟史志编纂委员会：《呼伦贝尔盟志》（上册），内蒙古文化出版社 1999 年版。

花赛·都嘎尔扎布：《巴尔虎镶黄旗志》（蒙文），内蒙古文化出版社 1995 年版。

花赛·都嘎尔扎布：《沧桑岁月》（自传），内蒙古文化出版社 2003 年版。

吉国秀：《婚姻仪礼变迁与社会网络重建》，中国社会科学出版社 2005 年版。

菅志翔：《族群归属的自我认同与社会定义——关于保安族的一项专

题研究》，民族出版社 2006 年版。

李银河：《中国人的性爱与婚姻》，中国友谊出版公司 2002 年版。

罗卜桑悫丹：《蒙古风俗鉴》（蒙文），哈·丹碧扎拉桑批注，内蒙古人民出版社 1981 年版。

［德］罗梅君：《北京的生育婚姻和丧葬——19 世纪至当代的民间文化和上层文化》，王燕生、杨立、胡春春译，中华书局 2001 年版。

蒙政部调查，晓虹译：《新巴尔虎右翼旗情况调查》，《内蒙古史志资料选编》第 9 辑。

彭苏格旺吉乐主编：《新巴尔虎左旗文史资料》（三）（蒙文），内蒙古文化出版社 2002 年版。

斯琴主编：《新巴尔虎左旗志》（1997—2005 年），内蒙古文化出版社 2009 年版。

特木尔巴根、苏赫巴鲁：《蒙古族婚礼歌》，中国民间文艺出版社 1983 年版。

王迅、苏赫巴鲁编著：《蒙古族风俗志》上册，中央民族学院出版社 1990 年版。

夏连仲、姜宝泰、宿梓枢、邢野主编：《内蒙古民俗风情通志》，内蒙古人民出版社 2004 年版。

新巴尔虎右旗史志编辑办公室编：《中共新巴尔虎右旗党史资料》，内蒙古文化出版社 1994 年版。

《新巴尔虎右旗文史资料》编委会编：《新巴尔虎右旗文史资料》（一）（蒙文），内蒙古文化出版社 2009 年版。

新巴尔虎右旗政协文史资料委员会编：《新巴尔虎右旗巴尔虎世谱》（蒙文），内蒙古文化出版社 1990 年版。

邢莉等著：《内蒙古区域游牧文化的变迁》，中国社会科学出版社 2013 年版。

徐占江主编：《呼伦贝尔市要览（2005）》，远方出版社 2005 年版。

薛双喜主编：《莫尔格勒河往事》（蒙文），内蒙古文化出版社 2003 年版。

阎云翔：《私人生活的变革：一个中国村庄里的爱情、家庭与亲密关系（1949—1999）》，龚小夏译，上海书店出版社 2006 年版。

燕京、清华、北大一九五〇年暑期内蒙古工作调查团编:《内蒙古呼纳盟民族调查报告》,内蒙古人民出版社1997年版。

杨善华:《经济体制改革和中国农村的家庭与婚姻》,北京大学出版社1995年版。

扎·乌力吉:《巴尔虎蒙古史》(蒙文),内蒙古文化出版社2013年版。

张乐天:《告别理想:人民公社制度研究》,上海人民出版社2016年版。

朱延生主编:《呼伦贝尔盟畜牧业志》,内蒙古文化出版社1992年版。

## 二 论文、期刊

阿荣高娃:《科尔沁婚俗旅游开发研究》,《内蒙古民族大学学报》2010年第5期。

刁统菊:《红山峪村婚姻民俗的调查与研究(1950—2001)》,硕士学位论文,山东大学,2002年。

哈斯图娅:《陈巴尔虎婚礼》,《呼伦贝尔学院学报》2009年第5期。

红歌佐拉:《婚姻礼仪的变迁与民众选择——1947—2007年科尔沁左翼后旗包氏家庭为个案》,博士学位论文,中央民族大学,2008年。

红梅:《巴尔虎民歌的记录与研究》,《内蒙古大学艺术学院学报》2005年第4期。

侯松涛:《改革开放与中国社会风俗变迁动力机制的转型》,《中国特色社会主义研究》2009年第2期。

呼日勒沙:《蒙古族婚姻婚俗初探》,《内蒙古社会科学》(蒙文版)1982年第3、4期,1983年第1、2、3期连载。

孟兆芬:《蒙古族传统婚俗与现代英国婚俗异同徐略》,《内蒙古民族大学学报》2007年第4期。

那·舍敦扎布:《蒙古族婚俗之定亲习俗考》,《新疆教育学院学报》2000年第1期。

斯仁巴图:《关于蒙古族和达斡尔族、鄂温克族传统婚俗中的娱乐性民俗》,《呼伦贝尔学院学报》2008年第3期。

　　苏布德:《新巴尔虎蒙古社区的变迁与发展——对中国内蒙古和蒙古国两个牧业区的比较研究》,博士学位论文,中央民族大学,2011年。

　　苏伦嘎:《当代城市蒙古族婚嫁礼仪探析——以呼和浩特土默特为例》,硕士学位论文,内蒙古师范大学,2009年。

　　王琦:《蒙古族婚姻形式及其习俗初探》,《西北民族学院学报》1985年第4期。

　　乌云娜:《巴尔虎人的仪式音乐与音乐生活的变迁》,硕士学位论文,内蒙古大学,2011年。

　　乌云娜:《当代巴尔虎婚礼及其音乐的调查与研究》,《内蒙古大学艺术学院学报》2009年第4期。

　　兴安:《巴尔虎蒙古族的历史记忆与认同实践》,《北方民族大学学报》(社会科学版)2010年第4期。

　　姚慧:《霍尔其格嘎查蒙古族婚礼仪式和婚礼歌现状的调查与研究》,《内蒙古大学艺术学院学报》2010年第3期。

　　赵永铣:《蒙古族婚礼的形成与婚礼祝词》,《内蒙古社会科学》1997年第4期。

# 后　　记

在现代文明冲击下，蒙古族传统文化日渐式微，文化危机唤起了人们保护传统文化的意识，人们应该肩负起保护和传承蒙古族传统文化的历史使命。作为一名普通的蒙古族学者，我将研究对象选择为蒙古族传统文化，希望通过我的一些努力能够为蒙古族传统文化的传承略尽绵力，而本课题为我们提供了一个宝贵的机会。

本课题的研究使我们课题组深入普通的巴尔虎蒙古人家庭中，通过贴近巴尔虎人的日常生活，观察到其中所蕴含的蒙古族传统文化因子，虽然经历了外力的剧烈冲击，但是这些传统文化因子依然展现出强有力的生命力和延续性，其中就包括我们课题组重点调查的巴尔虎蒙古族婚俗。我们系统梳理了巴尔虎蒙古族婚俗的变迁历程，分析巴尔虎婚俗发生演变的原因，提出了保护和传承巴尔虎婚俗文化的思路和构想等，希望这些研究和探索能够对巴尔虎婚俗文化的保护和传承有所裨益。

在课题组成员的共同努力和社会各界人士的热心帮助下，本课题终于形成成果，付梓之际，首先要感谢向我们提供无私帮助和支持的许多巴尔虎蒙古族学者、专家和文人等，包括巴尔虎民俗学家彭苏格旺吉乐先生、朝·都古尔扎布先生、楚勒特木先生、巴泽尔先生和诗人乌云高娃女士等。他们为巴尔虎传统文化的研究和传承做出了重要贡献，他们的研究成果使我们深受启发，也为本课题研究提供了思路和方向。

其次要感谢在课题组调查中接受访谈和提供帮助的巴尔虎蒙古族同胞们，包括扎乐玛老人、阿丽玛老人、门德陶格陶老人、朝鲁老人、色布勒道尔基老先生等，在访谈中这些八九十岁的老人们总是对我们的问题知无不言、言无不尽，为我们提供了高质量的调查资料，为本课题的完成提供了助力。在调研中，我们深切地感受到他们的真挚和质朴，也让我们意识到巴尔虎传统民俗实际上存在于这些普通巴尔虎人的日常生活中，这些普通的巴尔虎大众才是巴尔虎传统文化的坚定守护者。

  同时，还要向我的研究团队表达谢意，包括玛·乌云教授、乌日图教授、萨如拉博士和赵金辉硕士等。玛·乌云教授是一位学识渊博、颇具声望的巴尔虎学者，她的专业见解和社会资源为本课题的调查和写作提供了强有力的帮助。乌日图教授的一些观点让我们很受启发，萨如拉博士和赵金辉硕士也帮助整理了资料并撰写部分内容。还要感谢呼伦贝尔学院各位领导和同事们的支持和帮助。

  最后，要感谢我深爱的家人，我的爱人包殿福教授既是课题组成员，也是我研究工作坚定的支持者，他陪伴我探访了呼伦贝尔大草原上一个个巴尔虎牧户，课题写作中也提出了很多宝贵意见。我的儿子乌尼尔也为该课题付出了努力，他的计算机知识以及资料录入对我的研究工作是莫大的支持。

  本课题各章节执笔人如下：

  香梅（呼伦贝尔学院历史文化学院教授、硕士）撰写了第一章、第二章、第四章、第五章内容。乌云（呼伦贝尔学院马克思主义学院教授）撰写了第三章内容。赵金辉（呼伦贝尔学院历史文化学院副教授、硕士）撰写了第六章、第七章内容。

  限于本人的学识，本课题在研究和写作过程中还存在不足之处，敬请各位专家批评指正。

课题负责人 香梅

2023 年 3 月 1 日